中国对外贸易概论

阎志军　主　编
温　珺　宗永建　副主编

Introduction to China's Foreign Trade

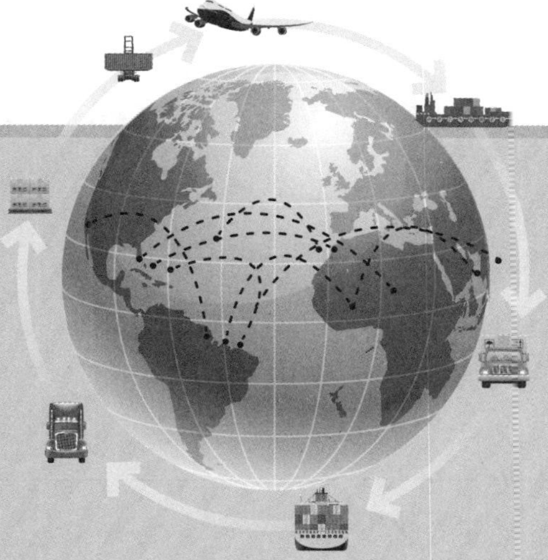

企业管理出版社
EMPH ENTERPRISE MANAGEMENT PUBLISHING HOUSE

图书在版编目（CIP）数据

中国对外贸易概论 / 阎志军主编 . —北京：企业管理出版社，2021.4

ISBN 978-7-5164-2265-6

Ⅰ.①中…　Ⅱ.①阎…　Ⅲ.①对外贸易—中国—高等学校—教材　Ⅳ.① F752

中国版本图书馆 CIP 数据核字（2020）第 196780 号

书　　名：中国对外贸易概论
作　　者：阎志军　温　珺　宗永建
责任编辑：赵喜勤
书　　号：ISBN 978-7-5164-2265-6
出版发行：企业管理出版社
地　　址：北京市海淀区紫竹院南路 17 号　　邮编：100048
网　　址：http://www.emph.cn
电　　话：发行部（010）68701816　　编辑部（010）68420309
电子信箱：zhaoxq13@163.com
印　　刷：河北宝昌佳彩印刷有限公司
经　　销：新华书店
规　　格：710 毫米 ×1000 毫米　16 开本　20.25 印张　382 千字
版　　次：2021 年 4 月第 1 版　2021 年 4 月第 1 次印刷
定　　价：68.00 元

前　言

近些年来，中国对外贸易逆势增长，规模创历史新高，实现稳中提质，高质量发展不断取得新成效。在全球贸易保护主义阴霾下，中国坚持扩大开放，用一系列实际举措坚定支持贸易自由化和经济全球化，“开放红利”惠及全球，为全球经贸复苏增长注入动力。进入“十四五”时期后，世界正经历百年未有之大变局，国际环境极其复杂，不稳定不确定因素明显增多。同时，中国经济已进入高质量发展阶段，经济发展前景向好。在“加快形成以国内大循环为主体、国内国际双循环相互促进的新发展格局”重大战略安排下，中国将“站在历史正确的一边”，继续坚定不移地扩大对外开放，中国对外贸易也将在构建“双循环”新发展格局中发挥出愈加积极的战略性作用。

“中国对外贸易概论”作为一门从宏观层面对中国对外贸易发展实践以及相关理论、政策与战略等进行整体论述的课程，与时俱进是其内在本质性要求。本书围绕中国对外贸易发展状况、对外贸易战略、对外贸易体制改革、对外贸易管理、对外贸易促进、技术贸易、服务贸易、数字贸易等问题，对中国对外贸易做了较为全面的概述总结，相关数据资料大都截至 2020 年。

本书由阎志军担任主编，温珺、宗永建任副主编。各章的编写分工是：第一、第四、第五、第六章由阎志军编写，第二、第八、第十章由宗永建编写，第三、第七、第九章由温珺编写。全书由阎志军和温珺负责统稿并修改定稿。

本书可作为高等院校国际经济贸易类专业本科学生以及其他经济与管理类专业学生的教材，也可作为国际经济贸易领域相关工作人员的培训用书和参考读物。

在本书编写过程中，我们广泛查阅了国内有关教材和专著以及众多机构网站的资料，并引用了其中许多观点和材料，限于篇幅，未能一一注明，在此一并向有关作者和机构表示感谢。囿于编者的学识水平，书中难免存在不足之处，敬请读者批评指正。

编者

2021 年 1 月于南京理工大学经济管理学院

目　录

第一章
中国对外贸易发展概述

对外贸易是指一个国家或地区同其他国家或地区之间的货物和服务的交换活动，一个国家的对外贸易包括进口和出口两部分。[①] 作为一种历史现象，对外贸易是人类社会发展到一定历史阶段的必然产物。对外贸易的产生需要两个基本条件：一是商品生产与商品交换的出现与扩大，二是作为政治实体的国家的形成。在当今经济全球化潮流中，已经没有一个国家能够完全独立于世界经济体系之外，而贸易关系则是构成各国经济间最基本联系的纽带。

中国是历史上最早开展对外贸易的国家之一，直到明代和清代前期仍保持着经济贸易规模世界第一的位置。[②]1840 年以后，随着鸦片战争爆发，中国被迫打开国门，进入半殖民地半封建时代，对外贸易完全丧失主权。中华人民共和国成立后，社会主义的对外贸易得以建立，中国对外贸易在曲折中前进，走过了一段不平坦的发展历程。改革开放新时期的来临，为中国对外贸易的发展掀开了新的一页，中国对外贸易特别是出口贸易增长迅猛，创造了世界贸易史上的奇迹。进入中国特色社会主义新时代以来，面对日趋复杂的国际环境，中国对外贸易发展机遇与挑战并存。当前，在“加快形成以国内大循环为主体、国内国际双循环相互促进”的新发展格局下，中国正通过重塑参与国际合作和竞争的新优势，扎实推进对外贸易高质量发展，在构建“双循环”新发展格局中促进贸易强国建设。

---

① 如无特别说明，本书中的对外贸易指的是货物贸易，有关中国服务贸易的情况将在第八章讨论。

② 高虎城 . 从贸易大国迈向贸易强国 [N]. 人民日报，2014-03-02.

第一节 中国封建社会和半殖民地半封建社会的对外贸易

中国对外贸易的历史源远流长，可以上溯至2000多年前的秦汉时期。闻名于世的丝绸之路即为中国早期对外贸易的典型例证。但中国对外贸易在近代却落伍了，产生了一段屈辱的历史。贸易的发展史，也是一个国家、民族的兴衰史。回顾中国封建社会和半殖民地半封建社会的对外贸易，有助于我们用历史的眼光来看待中华人民共和国成立后，特别是改革开放以来中国对外贸易的发展，深刻理解对外贸易发展与民族复兴的关系。

一、中国封建社会时期的对外贸易

早在公元前20世纪，中国就已进入了奴隶社会，已经具备产生对外贸易的物质条件与社会条件。但由于特殊的地域环境，中国真正意义上的对外贸易产生于约2200年前的西汉时期，自丝绸之路形成后，大规模的对外贸易活动才开始出现。纵观整个封建社会时期，中国对外贸易的特点主要包括：国家垄断对外贸易；贸易方式长期以“朝贡”贸易为主；丝织品与陶瓷是中国长期的优势出口产品；自给自足的自然经济制约了对外贸易的发展。

在中国封建社会时期对外贸易2000余年的历史长河中，丝绸之路和郑和下西洋是两颗璀璨的明珠。尤其是丝绸之路，对当今中国对外贸易的发展产生了深远影响。

（一）丝绸之路

“丝绸之路”（the Silk Road）一词由德国地理学家李希霍芬于1877年首创。他根据《汉书·西域传》和古希腊托勒密《地理志》记录的汉朝与中亚、西亚间的贸易交通路线，绘出了世界上第一张“丝绸之路”地图，时间为公元前128年至公元150年间。今天人们所说的丝绸之路，泛指古代和中世纪联系中国和西方各国的商道网络，广义上包括陆上丝绸之路和海上丝绸之路。

1. 陆上丝绸之路

陆上丝绸之路亦即通常意义上的丝绸之路。这条路以中国长安（今西安）或洛阳为起点，途径新疆塔里木盆地、伊朗高原、地中海东岸，最终到达古罗马帝国首都罗马城或东罗马首都君士坦丁堡（今伊斯坦布尔）。在西汉时期，汉武帝派遣张骞出使西域各国，打通了著名的丝绸之路。自此，中国的丝绸、瓷器等特产运到了阿富汗、波斯、叙利亚等国家，并进一步到达地中海各国及其他欧洲国家。当时的地中海东岸一带，是商业十分发达的古罗马帝国（当时中国称之为大秦），中国同古罗马帝国的贸易，就是通过丝绸之路进行的。中国输往西域各国的商品，主要是丝织品、皮毛、铁器及其他金属制品，古罗马等国用于交换的主要是香料、药材、宝石、玻璃等物品。中国的丝绸在古罗马等国被视为珍品，古罗马人与古希腊人都称中国为“赛勒斯”，意即丝绸之国。我国古代史书中也曾有罗马使节和商人通过丝绸之路多次到达中国的记载。丝绸之路不仅是一条商路，也是一条以丝绸贸易为媒介的文化交流之路，促进了古代中国与当时西方诸国间的文化交流和相互了解。

2. 海上丝绸之路

海上丝绸之路是丝绸之路的海上分支，其发轫于商周，发展于春秋战国，形成于秦汉，兴盛于唐宋，是已知最为古老的海上航线。在地理上，海上丝绸之路的起点主要是泉州（古称刺桐港）和广州，经由中南半岛和南海诸国，穿过印度洋，进入红海，抵达东非和欧洲。通过海上丝绸之路，古代中国主要出口陶瓷、绸缎、茶叶、金银等，进口香料、胡椒、药材、金银珠贝等。作为古代中国与东南亚、西亚、北非乃至欧洲之间文化贸易往来的海上航线，海上丝绸之路对中外交流产生过重要意义。

3. 丝绸之路与“一带一路”

回望历史，我们的祖先以雄浑坚毅的气度和海纳百川的胸襟，谱写出千年丝路的不朽传奇，开创了赋予华夏儿女自信与骄傲的“盛唐气象”。丝绸之路交换了商品，交融了民心，更交汇了文明，在人类文明发展史上留下了浓墨重彩的一笔。先人伟业，泽被后世；筚路蓝缕，春华秋实。2014 年 6 月，由中国、哈萨克斯坦和吉尔吉斯斯坦三国联合申报的“丝绸之路：长安—天山廊道的路网”项目，被联合国教科文组织（UNESCO）正式列入《世界遗产名录》，成为世界上第一个以跨国联合申报形式列入该名录的项目。

昔日大漠斜阳里的声声驼铃和蓝天碧海间的片片帆影已成过往，以和平合作、开放包容、互学互鉴、互利共赢为特征的丝路精神却延续至今。2013 年秋，中国国家主席习近平在出访期间，先后提出共建“丝绸之路经济带”和“21 世纪海上丝绸之路”重大倡议。依托中国与有关国家既有的双多边机制和行之有效的区域合作平台，“一带一路”（the Belt and Road，B&R）旨在借用古丝绸之路的历史符号，高举和平发展的旗帜，积极发展与沿线国家的经济合作伙伴关系，共同打造政治互信、经济融合、文化包容的利益共同体、命运共同体和责任共同体。

（二）郑和下西洋

明朝初期的中西海路交通曾一度大放光彩，这就是1405—1433年（跨明朝“永乐”“洪熙”“宣德”三个年号）的郑和下西洋活动。在明政府组织下，郑和率领庞大的船队前后七次杨帆远航，足迹遍及东南亚、南洋诸岛、阿拉伯半岛和东非一带，与许多国家建立了贸易与外交关系，使中国成为当时世界上最大的海上贸易强国。尽管郑和下西洋的政治目的十分明显，但政治目的需要通过经济贸易和文化交流来实现。郑和船队携带大量中国货物，在远航途中进行广泛的贸易活动。中国的丝绸、瓷器、茶叶、金银器皿、铜钱、雨伞、烧珠、樟脑、麝香等物品深受西洋各国人喜爱，西洋的香料、药材、宝石、琥珀以及一些珍稀动植物也被引入中国。郑和船队还将中国的历法、礼仪、度量衡、建筑及生产技术等传至西洋，西洋各国的绘画、雕刻艺术等也传入中国。郑和下西洋要早于1492年的哥伦布远航，是中国古代对外贸易史上辉煌的一页。

2005年7月11日是郑和起锚首下西洋600周年纪念日。当年4月，国务院批准将每年7月11日确立为“中国航海日”，并作为国家重要节日固定下来。“中国航海日”的设立既是对郑和下西洋壮举的缅怀，也有利于增强海洋意识和海洋国土观念，形成全社会关心、支持港口航运事业发展的氛围，推动海洋文化、科技和经济贸易发展。

二、中国半殖民地半封建社会时期的对外贸易

（一）中国半殖民地半封建社会时期对外贸易概况

1840年鸦片战争前，清政府对同其他国家通商普遍持消极态度。1793年英国马嘎尔尼使团访华，其所提的通商等要求被清政府一概回绝。乾隆皇帝在致英王乔治三世的信函中夸言“天朝物产丰盈，无所不有，原不藉外夷货物以通有无”，体现出一种夜郎自大式的自负。鸦片战争前的清朝正值世界贸易迅猛发展时期，而清政府的闭关锁国政策则严重阻碍了中外商品贸易与文化交流以及国内工商业的正常发展，也导致本土民众长期生活在一种闭目塞听、孤陋寡闻的状态之中，为近代中国的贫穷落后埋下了祸根，其教训极为深刻。

鸦片战争战败后，清政府被迫与英国签订中国近代史上第一个不平等条约——中英《南京条约》。之后，中国又与列强签订了一系列不平等条约，被迫割让领土，开埠通商，给予列强种种特权，甚至海关管理的权力也被列强所控制。西方列强的入侵，使中国传统的闭关自守型的贸易保护政策被迫转为开放型的自由贸易政策。但这并非中国自主实

行的自由贸易与开放，而是列强强加于中国的。中国完全丧失了对外贸易自主权，对外贸易呈现出典型的半殖民地半封建社会的性质。

抗日战争爆发后，日本侵略者完全控制了其占领区的对外经济关系，并对中国实行对外贸易封锁，使中国无法进口用于抗战的物资。从抗战胜利到中华人民共和国成立前，美国又取代日本成为中国最大的贸易伙伴。受内战和国内经济社会动荡的影响，这一时期中国对外贸易规模急剧萎缩。据统计，1949 年中国对外贸易额仅为 3.38 亿美元，远不及 1919 年的 30.84 亿美元。

（二）中国半殖民地半封建社会时期对外贸易特点

自 1840 年鸦片战争至 1949 年中华人民共和国成立的这段历史时期，中国对外开放程度虽有所提高，对外贸易额虽有所增长，但在经济上却完全丧失了独立自主地位，对外贸易完全依附于西方列强，呈现出以下主要特点。

第一，对外贸易被帝国主义和官僚买办资产阶级所控制和垄断。帝国主义列强不仅在华取得协定关税的特权，霸占了中国海关的行政管理权，其洋行也在中国迅速扩张，从而完全控制了中国的对外贸易以及外汇、金融、航运、保险、商检等相关领域。同时，中国的官僚买办资产阶级也开办了各类垄断性贸易公司，垄断了各种重要物资的进出口，实际上成为西方各国在中国的代理行。

第二，进出口商品结构完全适应西方列强利益的需要。当时中国的主要出口商品为丝绸、茶叶、桐油、大豆、猪鬃等农副产品以及钨、锑等工业原料，而进口商品则以棉织品、毛织品、煤油、汽油、糖果、化妆品等消费品及奢侈品为主。如此的进出口商品结构，完全适应西方国家在华掠夺资源和对华倾销产品的需要。值得指出的是，19 世纪 90 年代前，鸦片进口始终在中国进口总值中占据首位，鸦片贸易给中国人民带来了深重苦难。

第三，对外贸易长期巨额逆差和不平等交换。1877—1949 年，中国对外贸易年年入超，累计金额达到 64 亿美元，致使白银大量外流，财政陷入困境，加深了中国对西方列强的屈从与依赖。西方国家还肆意扩大中国进口制成品与出口原材料之间的剪刀差，通过不平等交换，从中国掠走了大量财富。

第四，贸易对象主要集中于少数西方大国。在这一时期，中国的贸易对象主要是英国、日本、德国、美国、法国及俄罗斯等国家。自鸦片战争至 19 世纪末，英国在中国的对外贸易中几乎处于垄断地位。第一次世界大战后，日本和美国又分别成为中国的第一和第二大贸易国。第二次世界大战结束后，美国又凭借其特殊地位，成为当时中国最大的贸易对象国。

第二节　中华人民共和国成立后至党的十一届三中全会前的对外贸易

自1949年中华人民共和国成立至今，中国对外贸易发展可分为两个阶段：改革开放前的对外贸易与改革开放后的对外贸易。这两个阶段以1978年12月召开的党的十一届三中全会为分界点。在此次会议上，中共中央做出了实施改革开放的重大决策。在这两个不同的阶段，对外贸易在中国国民经济中的地位有所不同，发展状况也呈现出显著差异。

中华人民共和国成立后至改革开放前，中国对外贸易长期落后失衡，进出口始终在较低水平上徘徊，贸易规模十分有限。1950—1977年，中国货物进出口额累计为1487亿美元，年均增长不足10%。实施改革开放政策后，随着对外贸易体制的改革和对外开放水平的提升，中国对外贸易发展迅猛。1978—2018年，中国货物进出口额增长223倍，年均增速达到14.5%，高出同期全球货物贸易平均增速7.5个百分点。2019年及2020年，中国货物进出口贸易总额分别为4.58万亿美元和4.65万亿美元，已连续多年位居世界首位。

一、社会主义对外贸易的建立

中华人民共和国成立后，人民政府立即废除了帝国主义列强在华的一切特权，没收了对外贸易领域中的官僚垄断资本，建立了一批国营对外贸易企业，并对民族资本进出口业实施逐步改造，从而建立起全国统一的社会主义对外贸易。

（一）废除帝国主义列强在华一切特权

1949年以前，晚清及民国政府除对帝国主义列强割地赔款、开辟租界外，还给予其在华驻军、领事裁判、协定关税、海关管理、内河航行、兴建铁路、设立银行、开办工厂、自由经商等一系列军事、政治和经济特权。中国的主权与领土完整遭到严重破坏，对外贸易也丧失了独立自主的地位，沦为半殖民地性质的对外贸易。中华人民共和国成立后，人民政府立即废除帝国主义列强在中国的一切特权，收回长期被外国霸占的海关管理权，取消外国资本在金融、航运、保险、商检、公证、仲裁等方面的垄断权，并对对外贸易实行国家统制，实现了对外贸易的独立自主。

（二）没收官僚资本

官僚资本是帝国主义在华总买办，其依靠国际垄断资本势力，凭借旧政权权力，控制了金融业、工业、交通运输业、国内贸易和对外贸易。在对外贸易领域，其独占了绝大部分商品的进出口经营。对于这样的官僚资本，人民政府采取没收政策。官僚资本进出口企业与官僚资本工业企业在拥有资产构成上有所不同，前者主要是外汇，后者则主要是机器设备和厂房等。官僚资本进出口企业所拥有的外汇，在人民解放战争进行过程中，已全部被官僚资产阶级卷逃或汇出大陆，因而所没收的官僚资本进出口企业的资产有限。

（三）建立国营对外贸易企业

1949 年后，为适应恢复国民经济、发展对外贸易的需要，依靠国家政权与整个社会经济的力量，我国在山东、东北、华北、华东等解放区对外贸易基础上，逐步建立起由中央人民政府直接领导的新型国营对外贸易企业，其中有经营对社会主义国家贸易的中国进口公司，有经营对资本主义国家贸易的中国进出口公司，以及中国土产、油脂、茶叶、矿产等国营外贸公司，同时逐步建立与完善其在各地的分支公司。这些公司成立后，即在国家对外贸易中发挥主导作用。1950 年，国营外贸进出口额占全国进出口总额的比重为 68.4%，1952 年即上升至 92.8%，已占有绝对优势。

（四）改造私营进出口业

私营进出口业是建立在生产资料私人所有制基础上的。国家对其实行利用、限制和改造的政策，将私营进出口企业的经营纳入国家计划轨道。1956 年，在全国公私合营高潮中，私营进出口企业也实行全行业公私合营。合营后，根据社会主义对外贸易工作需要，对原有商号进行合并改组，参照国营对外贸易公司制度，按行业成立专业的公私合营公司，也有少数商号直接并入国营对外贸易公司。合营公司已基本上是社会主义性质的企业。自此，中国对外贸易领域基本上完成了对生产资料私有制的社会主义改造，国家对外贸易已基本上是全民所有制。随着中国进入社会主义初级阶段，社会主义对外贸易也就全面建立起来了。

二、改革开放前对外贸易的发展

自中华人民共和国成立初期至党的十一届三中全会前的这段历史时期，受当时国内外环境的影响，中国对外贸易发展过程曲折，经历了两个不同阶段，并在各阶段表现出不同的特征。

（一）“一边倒”式开放下的对外贸易（1950—1958 年）

中华人民共和国成立后，中央人民政府努力开展对外交往和贸易往来，在中华人民共和国成立第一年即同 17 个国家正式建立外交关系，同时也希望与西方资本主义国家广泛开展贸易往来。但美国政府于 1949 年 11 月提议成立巴黎统筹委员会，对中国实施贸易封锁，1950 年又直接介入朝鲜战争，这迫使中国完全倒向社会主义阵营，采取“一边倒”式的对外贸易政策。

1950 年，中国与苏联签订《中苏友好同盟互助条约》。1950—1955 年，中国从苏联共取得 11 笔贷款，总价值为 12.74 亿新卢布，折合人民币 53.68 亿元。利用苏联贷款，中国购买到大量经济建设所亟须的物资与设备，在相当程度上改变了当时中国工业残缺不全的状况。至 1954 年，中国与苏联签订的援建项目共计达到 156 项，史称“156 项工程”。“156 项工程”建设是中国首次通过利用国外资金、技术和设备开展的大规模工业建设，其涵盖了几乎所有的工业门类，为百年来积贫积弱的中国第一次奠定了门类齐全的工业基础。

与此同时，中国并未忽视与西方国家和亚非拉国家的经贸关系。瑞典、丹麦、瑞士及芬兰于 1950 年即同中国建立了外交和贸易关系，芬兰还于 1952 年同中国签订了政府间贸易协定。1953 年，应中国国际贸易促进委员会（CCPIT）邀请，英国工商界数位人士组团访华，受到热情接待。该访问团也被称为“破冰使团”（Icebreaker Mission），意为凿开西方国家对华贸易的“坚冰”。在发展同亚非拉国家贸易关系方面，1952 年中国与斯里兰卡（时称锡兰）开展大米换橡胶的贸易，1956 年与巴基斯坦签订煤炭换棉花的贸易合同，1956 年与印度尼西亚签订 1200 万英镑的易货贸易协议，1957 年与阿富汗签订了两国间首个贸易协定。1957 年，中国开始举办广州出口商品交易会（以下简称“广交会”），面向所有有意愿同中国开展贸易的国家，这也是努力打破对华贸易封锁的重要举措。

1958 年，中国对外贸易总额为 38.7 亿美元，较 1950 年增长了 2.42 倍，其中进口额为 18.9 亿美元，增长了 2.26 倍，出口额为 19.8 亿美元，增长了 2.60 倍。与此同时，出口商品结构得以持续优化，已经能够出口多类别的工业制成品及成套设备。随着出口贸易的增加，自 1956 年起，中国扭转了多年来的贸易逆差局面，实现了进出口贸易出超。

（二）“独立自主”式开放下的对外贸易（1959—1977 年）

20 世纪 50 年代末，在西方国家对中国的贸易封锁逐步放宽的同时，中苏关系却开始恶化，中国与社会主义阵营的贸易额出现大幅度下降。1959 年中苏贸易总额约合 20.97 亿美元，占中国进出口总额的 47.9%（20 世纪 50 年代部分年份占比在一半以上）；1965 年中苏贸易总额仅为 4.07 亿美元，占进出口总额的比重为 9.6%；1970 年，中苏贸易总额进一步降至 0.47 亿美元，仅占中国进出口总额的 1%。

这一时期，中国采取了“独立自主，自力更生”的对外开放和对外贸易发展方式。在对外经济关系上，中国开始从以往主要面向苏联和东欧国家转为面向西方国家，同时扩大与第三世界国家的经贸交往。1962 年 9 月，中国从日本进口了两套维尼纶成套设备。1963 年又先后从日本、英国、法国、联邦德国、瑞典、意大利等国引进石油化工技术方面的 14 个成套设备项目。到 1966 年以前，中国先后与日本、英国、法国、意大利、联邦德国、奥地利、瑞士、荷兰等国家的厂商签订石油、化工、冶金、矿山、塑料、汽车、液压元件、电子、精密仪器等技术设备引进合同 84 项，总成交额为 2.8 亿美元。其中成套设备合同 56 项，用汇 2.6 亿美元，占全部引进金额的 90% 以上。引进设备涉及领域广泛，包括生产资料设备和消费品生产设备，但最主要的还是重型工业项目和重大技术装备，其中钢铁工业占 31.7%，化学工业占 28.1%。到 20 世纪 60 年代中期，中国已同 125 个国家和地区建立了贸易关系，并同其中的 38 个国家签订了政府间贸易协定。

1966 年开始的“文化大革命”，对中国国民经济和对外贸易造成严重影响。1969 年对外贸易额仅为 40.29 亿美元，甚至低于 1959 年的水平。进入 20 世纪 70 年代后，中国的对外关系有了明显改善。1971 年，中国恢复了在联合国大会的合法席位。1972 年 2 月，美国总统尼克松访问中国，中美双方签订《中华人民共和国和美利坚合众国联合公报》；同年 9 月，日本首相田中角荣访华，中日签署《中日联合声明》。此后出现了其他国家同中国建交的热潮，外部封锁被逐渐突破。到 1973 年年底，中国已同大部分发达国家实现了关系正常化。对外关系的重大拓展为中国开展对外贸易、引进国外先进技术和成套设备创造了有利条件。

1973 年，国家制订了“43 方案”，即在其后的 3 ～ 5 年内引进价值 43 亿美元的成套设备。“43 方案”是继“156 项工程”后的首次大规模引进计划，是打破特殊时期闭关自守的重大突破。这次引进主要是为了克服积累多年的“吃、穿、用”严重不足和工业化建设中能源、原材料供应严重短缺的问题，即为缓解紧张的供求矛盾而实施引进。“43 方案”带动了中国对外贸易的发展。1973 年我国对外贸易总额是 1970 年的 2.4 倍，1974 年是 1970 年的 3.2 倍。成套设备和先进技术的引进，为改革开放后的民生改善和经济腾飞储备了必要的物质条件。在出口方面，中国自 1973 年开始输出石油，自 1975 年起石油成为出口收汇最多的商品。

第三节　改革开放以来中国的对外贸易

1978 年 12 月召开的党的第十一届三中全会，决定把全国工作的着重点转移到社会主义现代化建设上来。中共中央在总结历史经验和研究当代世界政治经济特点的基础上，把对内改革和对外开放作为基本国策，提出社会主义现代化建设要利用国内和国外两种资源，开发国内和国际两个市场，学会组织国内建设和发展对外经济关系两套本领。1982 年，对外开放政策被正式写入《中华人民共和国宪法》。对外贸易在中国新的历史时期的重要战略地位因而得以确立。

改革开放以来，中国持续推进经济体制改革，国民经济迅速发展，对外贸易也随之步入一个新的发展阶段，走上了持续发展的快车道。2001 年 12 月加入世界贸易组织，为中国经济进一步融入全球化创造了新的、更大的机遇，也为中国对外贸易发展提供了新的动力源。“入世”以后，中国对外贸易，特别是出口贸易连年高速增长，发展成就举世瞩目。21 世纪前 10 年，尤其是 20 年代初，不断变化的国内国际形势给中国对外贸易发展带来了新挑战。本节将主要从对外贸易规模、对外贸易商品结构、对外贸易市场结构、对外贸易企业结构、对外贸易地区结构以及对外贸易方式等方面，全面考察改革开放以来中国对外贸易的发展情况。

一、对外贸易规模迅速扩大，贸易总量跃居世界首位

对外贸易规模通常用一定时期内一国的进出口贸易额、出口贸易额和进口贸易额来表示。目前，中国同时使用人民币和美元两种货币来标示相关的对外贸易规模[①]。改革开放前夕的 1978 年，中国进出口贸易额为 206.4 亿美元，仅占当年世界进出口贸易总额的 0.78%。其中出口贸易额为 97.45 亿美元，占世界出口贸易总额的 0.75%，排当年世界第 32 位，该出口额甚至远不及日本该年度汽车一项的出口额（156.3 亿美元）[②]。这就是改革开放伊始中国对外贸易的基本状况。

表 1-1 显示了 1981—2020 年中国年度进出口贸易额、出口贸易额、进口贸易额及其增长率和贸易差额情况。可以看出，在改革开放初期的 20 世纪 80 年代，中国进出口额

① 本书内容中所涉及的金额若未注明币种，则均指人民币。

② 裴长洪 . 共和国对外贸易 60 年 [M]. 北京：人民出版社，2009.

长期徘徊在百亿美元水平，到1990年第七个五年计划完成时方才突破1100亿美元。进入20世纪90年代后，中国进出口规模开始提速，1994年突破2000亿美元，1997年突破3000亿美元，到2000年第九个五年计划结束时，已经超过4000亿美元水平。2001年12月，中国成功加入世界贸易组织，对外贸易由此进入腾飞阶段。2004年，进出口贸易额突破1万亿美元，2007年又突破2万亿美元。2008年爆发的国际金融危机重挫了中国对外贸易发展势头，2009年进出口额出现了两位数的负增长。其后，对外贸易迅速实现恢复性增长，2011年进出口贸易额突破3万亿美元，2013年又高歌猛进突破4万亿美元大关。值得指出的是，2013年中国超越美国成为货物贸易世界第一大国。

2015年后，在国内发展步入“新常态”以及国际经济进入“新平庸”[①]的背景下，中国进出口贸易额在2015年及2016年连续两年出现负增长。2017年重回4万亿美元以上，并在2018年达到4.62万亿美元的历史高位。2019年，受中美贸易摩擦等因素的不利影响，进出口额又有所下降，但4.58万亿美元的年度贸易规模仍为历史上第二高水平。根据2020年7月末世界贸易组织发布的《2020世界贸易统计数据》（World Trade Statistical Review 2020），2019年中国依然保持全球第一大货物贸易国的地位。

中国作为世界上最大的发展中国家，发展出口贸易具有突出意义。表1-1显示，改革开放后中国出口贸易额的发展轨迹大致与进出口贸易额相对应。由1981年的220.1亿美元起步，1994年出口贸易额突破1000亿美元，2000年突破2000亿美元。2001年加入世界贸易组织后，出口贸易发展陡然提速，几乎一年一个大台阶，2007年突破1万亿美元，2012年突破2万亿美元。2019年，在中美贸易摩擦的不利背景下，中国出口贸易额依然创出2.5万亿美元的历史最高水平。同样值得指出的是，2009年中国超越德国，成为世界第一大货物贸易出口国，并将该称号一直保持至今。

2020年年初暴发的新冠肺炎疫情对中国对外贸易发展造成严重冲击，困难和挑战前所未有。国家一系列超常规政策措施的出台，迅速稳定了企业信心和市场预期，全国上下形成强大合力，对外贸易逆势增长、好于预期，并刷新历史纪录，以一条激励人心的“V”形曲线谱写出一部跌宕起伏的励志乐章。全年中国进出口总额达32.16万亿元，同比增长1.9%。其中，出口额为17.93万亿元，增长4%；进口额为14.23万亿元，下降0.7%。进出口规模、出口规模均创历史新高。据世界贸易组织发布的数据，2020年前3季度，中国出口增速高于全球9.6个百分点，国际市场份额大幅跃升，货物贸易第一大国地位更加巩固。这是中国对外贸易综合竞争力的充分体现，更是国际市场和全球消费者

---

① “新平庸”（New Mediocre）是国际货币基金组织（IMF）前总裁拉加德于2014年提出的，指西方世界经济增长逐步减缓的态势。

对中国对外贸易投下的信任票。2020年，中国是全球唯一实现贸易正增长的主要经济体。

表 1-1　1981—2020 年中国进出口贸易额、增长率及贸易差额

年份	进出口		出口		进口		贸易差额 / 亿美元
	进出口额 / 亿美元	增长率 / %	出口额 / 亿美元	增长率 /%	进口额 / 亿美元	增长率 / %	
1981	440.2	—	220.1	—	220.2	—	-0.1
1982	416.1	-5.5	223.2	1.4	192.9	-12.4	30.3
1983	436.2	4.8	222.3	-0.4	213.9	10.9	8.4
1984	535.5	22.8	261.4	17.6	274.1	28.1	-12.7
1985	696.0	30.0	273.5	4.6	422.5	54.1	-149.0
1986	738.5	6.1	309.4	13.1	429.0	1.5	-119.6
1987	826.5	11.9	394.4	27.5	432.2	0.7	-37.8
1988	1027.8	24.4	475.2	20.5	552.7	27.9	-77.5
1989	1116.8	8.7	525.4	10.6	591.4	7.0	-66.0
1990	1154.4	3.4	620.9	18.2	533.5	-9.8	87.4
1991	1356.3	17.5	718.4	15.7	637.9	19.6	80.5
1992	1655.3	22.0	849.4	18.2	805.9	26.3	43.5
1993	1957.0	18.2	917.4	8.0	1039.6	29.0	-122.2
1994	2366.2	20.9	1210.1	31.9	1156.2	11.2	53.9
1995	2808.6	18.7	1487.8	23.0	1320.8	14.2	167.0
1996	2898.8	3.2	1510.5	1.5	1388.3	5.1	122.2
1997	3251.6	12.2	1827.9	21.0	1423.7	2.5	404.2
1998	3239.5	-0.4	1837.1	0.5	1402.4	-1.5	434.7
1999	3606.3	11.3	1949.3	6.1	1657.0	18.2	292.3
2000	4743.0	31.5	2492.0	27.8	2250.9	35.8	241.1
2001	5096.5	7.5	2661.0	6.8	2435.5	8.2	225.5
2002	6207.7	21.8	3256.0	22.4	2951.7	21.2	304.3
2003	8509.9	37.1	4382.3	34.6	4127.6	39.8	254.7
2004	11545.5	35.7	5933.3	35.4	5612.3	36.0	321.0
2005	14219.1	23.2	7619.5	28.4	6599.5	17.6	1020.0
2006	17604.4	23.8	9690.0	27.2	7914.6	19.9	1775.4
2007	21761.8	23.6	12200.6	25.9	9561.2	20.8	2639.4
2008	25632.6	17.8	14306.9	17.3	11325.6	18.5	2981.3

续表

年份	进出口		出口		进口		贸易差额 / 亿美元
	进出口额 / 亿美元	增长率 / %	出口额 / 亿美元	增长率 /%	进口额 / 亿美元	增长率 / %	
2009	22075.4	−13.9	12016.1	−16.0	10059.2	−11.2	1956.9
2010	29740.0	34.7	15777.5	31.3	13962.5	38.8	1815.0
2011	36418.6	22.5	18983.8	20.3	17434.8	24.9	1549.0
2012	38671.2	6.2	20487.1	7.9	18184.1	4.3	2303.0
2013	41589.9	7.5	22090.0	7.8	19500.0	7.2	2590.0
2014	43015.3	3.4	23422.9	6.0	19592.4	0.4	3830.5
2015	39530.3	−8.0	22734.7	−2.9	16795.6	−14.1	5939.1
2016	36855.6	−6.8	20976.3	−7.7	15879.3	−5.5	5097.0
2017	41071.4	11.4	22633.5	7.9	18437.9	16.1	4195.6
2018	46224.4	12.8	24867.0	9.9	21357.5	15.8	3509.5
2019	45753.0	−1.0	24984.1	0.5	20768.9	−2.7	4215.2
2020	46462.6	1.5	25906.5	3.6	20556.1	−1.1	5350.3

资料来源：中国海关官网统计数据。

出口贸易的迅猛增长，使得对外贸易顺差越来越显著。由表 1-1 中的“贸易差额”一栏可知，在 1981—1990 年这 10 年，中国对外贸易整体呈逆差局面，其中 1985 年逆差最高，逆差额为 149.01 亿美元，顺差最高的年份为 1990 年，顺差额为 87.4 亿美元。而在 1991—2000 年这 10 年，除 1993 年出现 122.2 亿美元的贸易逆差外，其余年份均为顺差。进入 21 世纪后，贸易顺差增加态势愈发明显，2001—2010 年，贸易顺差累计达到 13265.3 亿美元，其中 2008 年一年顺差就接近 3000 亿美元。2011—2019 年，贸易顺差量级显著抬升，2015 年创出 5939.1 亿美元的历史高位。贸易顺差的大幅增加，为国家外汇积累发挥了决定性作用。2006 年，中国超过日本，成为全球外汇储备最多的国家。截至 2020 年年末，中国外汇储备规模为 32165.2 亿美元，稳居全球第一。

改革开放后，中国对外贸易增速连续多年高于同期 GDP 增速，导致对外贸易依存度显著升高。对外贸易依存度（国外也称“开放指数”，openness index）是指一国的进出口贸易额与其国内生产总值的比值，即对外贸易依存度 =（进口额 + 出口额）/GDP，该指标可用于衡量一国经济对国际市场的依赖程度。1978 年，我国的对外贸易依存度为 9.81%。改革开放后，对外贸易依存度一路攀升，并于 2006 年达到 65.17% 的历史高位。世界银行的资料显示，2004 年美国的对外贸易依存度为 24%，日本为 22%，俄罗斯为 57%，印度为 42%，巴西为 31%。中国的对外贸易依存度不仅显著高于同属“金砖五国”（BRICS）的印度、巴西、俄罗斯，更远高于美国、日本这些世界一流发达国家。对于中国这样一个发展中大国而言，过高的外贸依存度既表明经济开放度高，对外贸易对国民经济发展的促进作用大，同时也表明中国经济发展过于依赖国际市场，容易受到国际环境中不利因素的冲击，2008 年国际金融危机的影响即印证了这一点。进入 21 世纪第二个 10 年后，我国的对外贸易依存度逐步回落，2011 年为 49.97%，2020 年已降至 31.65%。未来，随着中央“加快形成以国内大循环为主体、国内国际双循环相互促进的新发展格局”大政方针的贯彻，预计中国对外贸易依存度将进一步降低。

二、对外贸易商品结构发生根本性改变

对外贸易商品结构，即进出口商品结构，是指一定时期内一国对外贸易中各类商品的组成，也就是某类商品的进出口贸易额与进出口贸易总额的比值。它可以反映一国经济发展水平、产业结构状况以及第三产业的发展水平。目前，国际通行的对进出口商品的分类是按照联合国《国际贸易标准分类》（SITC）进行的，将进出口商品整体上分为初级产品和工业制成品两大类。

初级产品（primary products）是指未经过加工或只经过初步加工的产品，按 SITC 可以划分为五类：①食品及活动物（food and live animals）；②饮料及烟类（beverages and tobacco）；③非食用原料（燃料除外）（crude materials，inedible，except fuels）；④矿物燃料、润滑油及有关原料（mineral fuels，lubricants and related materials）；⑤动植物油、脂及蜡（animal and vegetable oils，fats and waxes）。

工业制成品（manufactures）是指由工业部门对初级产品进行加工或再加工所得的产品，包括中间产品和最终产品，按 SITC 具体又可划分为五类：①化学成品及有关产品（chemicals and related products）；②按原料分类的制成品（manufactured goods classified chiefly by material）；③机械及运输设备（machinery and transport equipment）；④杂项制品（miscellaneous manufactured articles）；⑤未分类的商品（commodities and transactions not classified elsewhere in the SITC）。

2020 年我国的进出口商品结构见表 1–2。

表 1-2　2020 年中国进出口商品结构

商品构成（按 SITC 分类）	出口		进口	
	金额 / 亿美元	同比 /%	金额 / 亿美元	同比 /%
总值	25906.5	3.6	20556.1	−1.1
一、初级产品	1154.7	−13.8	6770.7	−7.2
0 类 食品及活动物	635.5	−2.2	981.9	21.6
1 类 饮料及烟类	24.8	−28.6	62.1	−18.9
2 类 非食用原料（燃料除外）	159.2	−7.6	2944.8	3.3
3 类 矿物燃料、润滑油及有关原料	321.1	−31.8	2675.4	−23.0
4 类 动植物油、油脂及蜡	14.0	21.7	106.5	13.5
二、工业制成品	24751.7	4.6	13785.4	2.2
5 类 化学成品及有关产品	1691.9	4.6	2133.3	−2.5
6 类 按原料分类的制成品	4342.3	6.8	1682.8	20.2
7 类 机械及运输设备	12583.1	5.3	8285.9	5.3
8 类 杂项制品	5848.9	0.2	1460.1	1.3
9 类 未分类的商品	285.5	58.0	223.3	−62.1

资料来源：中国海关官网统计数据。

改革开放以来，在对外贸易规模迅速扩大的同时，中国的进出口商品结构也在不断改善，尤其是出口商品结构得到明显优化。1980 年，初级产品出口占出口贸易总额的比重为 50.3%，工业制成品占 49.7%，基本上各占半壁江山，出口结构明显不够优化。对此，我国在“七五”计划中提出了新的出口商品战略，即出口商品结构要“逐步由主要出口初级产品向主要出口制成品转变，由主要出口粗加工制成品向主要出口精加工制成品转变”。1990 年“七五”计划完成时，初级产品出口比重已降至 25.6%，工业制成品出口比重提高至 74.4%，表明出口商品结构已顺利实现由以出口初级产品为主向以出口工业制成品为主的转变。后历经“八五”“九五”“十五”计划，初级产品出口比重持续大幅下降，工业制成品出口占据了绝对主导地位。2000 年，两者出口所占比重分别为 10.2% 和 89.8%，2005 年各为 6.4% 和 93.6%，2010 年进一步转变为 5.2% 和 94.8%。在“十二五”规划完成的 2015 年，中国货物贸易出口额中的 95.4% 为工业制成品，初级产品出口仅占 4.6%。

2020 年，初级产品出口占中国货物贸易出口总额的比重为 4.5%，工业制成品出口比重为 95.5%。对比 2005 年、2010 年及 2015 年各年度两者所占比例可发现，尽管有所波动，但变动幅度已不是很大。中国是一个地域辽阔、资源禀赋特色鲜明的发展中大国，包括农产品在内的初级产品未来仍将在中国出口贸易中占据一席之地。预计初级产品出口约占 5%、工业制成品出口约占 95% 这一基本结构格局将会继续保持下去。

依照通行的初级产品、工业制成品两大类划分法，将中国出口商品结构与全球其他主要贸易体进行比较，发现中国工业制成品出口比重不仅高于同属发展中国家的巴西等国，而且要高于美国等主要发达国家，但这并不意味着我国出口商品结构已经达到了发达国家出口结构的高度。进一步分析出口工业制成品的构成可知，在我国工业制成品出口中，相当比例的产品还属于劳动密集型、低技术、低附加值的产品。2019 年，“7 大类劳动密集型产品”① 出口金额仍占到中国出口贸易总额的 19.2%。我国出口商品结构优化升级依然任重道远。

截至目前，在中国出口商品结构提升过程中，先后出现了三次大的跨越。1986 年，纺织服装取代石油成为中国第一大类出口商品，标志着我国以资源为主的出口商品结构向以劳动密集型制成品为主的出口商品结构转变；第二次跨越发生于 1995 年，该年度我国机电产品出口比重升至 29.6%，超过纺织服装的出口比重，首次成为中国最大类出口商品。

机电产品（electrical-mechanical products）是机械、电工电器、仪器仪表、运输工具、电子等产品（包括成套设备、机组、单机、零部件等）的总称。按 SITC 分类，机电产品包括专用工业机械、办公及电信设备、汽车、其他机械及运输设备、家用电器等类别。机电产品具有加工层次多、附加值大、配套性强、协作面广、结构复杂、技术密集、多次及耐久的使用性等特性，其国际市场容量巨大，出口前景广阔。特别是在加入世界贸易组织以后，在加工贸易带动下，我国机电产品出口总值连年增长。2020 年，机电产品出口额为 15411.1 亿美元，占我国出口总额的比重达 59.4%，是名副其实的第一大类出口商品。作为资本与技术密集型产品，机电产品已成为中国出口商品结构中的一个支柱。

进入 21 世纪后，中国出口商品结构经历了第三次跨越，其标志是以电子信息技术为代表的高新技术产品（high-tech products）出口的高速增长。高新技术产品出口展现出了蓬勃的生命力，成为推动我国出口发展的新亮点。2000 年，我国高新技术产品出口额为 370.4 亿美元，占出口总额的比重为 14.9%；2020 年，高新技术产品出口额已提升至 7766.6 亿美元，占出口总额的比重达 30.0%。高新技术产品主要涉及生物技术、生命科学技术、光电技术、计算机与通信技术、电子技术、计算机集成制造技术、材料技术、航空航天技术等领域②。目前，中国高新技术产品出口主要以计算机与通信技术产品和电子技术产品为主，2020 年两者合计占高新技术产品出口总额的 86.7%，其中，计算机与通信

① 指纺织品、服装、鞋类、箱包、玩具、家具和塑料制品，共 7 大类。

② 高新技术产品和机电产品中包含部分相互重叠的商品。

技术产品独占 63.0%。

需要指出的是，长期以来，我国出口的大部分机电产品及高新技术产品，是由在华外商投资企业以加工贸易方式完成的。因此，并不能依据我国现有出口商品结构来简单判定中国产业在国际分工及全球产业链中的位置。

改革开放以来，与出口商品结构相比，中国进口商品结构的变化相对较小。1985 年，初级产品的进口比例为 17.1%，工业制成品为 82.9%。进入 20 世纪 90 年代后，初级产品的进口比重呈现上升态势。并且，越是国内经济形势好的年份，初级产品进口的增幅就越明显。1994—2020 年的 26 年间，初级产品的进口比重明显提高，由 14.23% 提高至 32.94%，增长约 20 个百分点。初级产品进口比重提高，又主要体现在非食用原料（燃料除外）和矿物燃料、润滑油及有关原料这两类上。前者由 6.43% 提高至 14.32%，后者由 3.49% 提高至 13.01%。2020 年，这两类产品的进口额合计占初级产品进口总额的 83.01%。这说明，随着近年来中国经济的发展和加工制造能力的扩大，其对外部资源的依赖程度也在提高。例如，数据显示 2020 年我国原油进口量为 54239 万吨，增长 7.3%，石油对外依存度已超过 70%。在工业制成品进口上，最大类别为机械及运输设备，2020 年该类产品的进口额占工业制成品进口总额的 60.11%（见表 1-2）。至于那些国内技术与生产能力已逐步完善的产品（如小汽车、摩托车、家用电器、个人电脑等），其进口额已大幅下降。

三、全方位与多元化的对外贸易市场结构基本形成

对外贸易市场结构也称对外贸易地区分布或国别构成，是指一定时期内各个国家、国家集团或地区在一国对外贸易中所占的地位，通常以它们各自的进口额、出口额、进出口额分别占该国进口总额、出口总额、进出口总额的比重来表示。对外贸易市场结构表征出一国出口货物的去向和进口货物的来源，从而反映出一国与其他国家、地区或国家集团之间经贸联系的紧密程度。

改革开放初期，中国的贸易伙伴相对集中，对欧盟（时称“欧共体”）、美国、日本和中国香港等传统市场的货物进出口所占份额较高。20 世纪 90 年代后，特别是加入世界贸易组织以来，全方位协调发展的国别地区政策使得中国与世界各国和地区的贸易关系有了飞速发展。1980 年，与中国存在贸易关系的国家和地区为 180 个左右。到了 2020 年，中国已与 230 多个国家和地区建立了经贸关系，且进出口市场由主要集中于发达国家向全球化方向转变，基本形成多元化的市场格局。尤其是在出口贸易方面，我国对前 10 大出口市场的依赖程度由 1995 年的 92.2%，下降到 2000 年的 88.9%、2010 年的 80.4%，

2020 年又进一步降至 76.6%，下降幅度明显。

2013 年“一带一路”倡议提出后，随着共建“一带一路”不断走深走实，我国对“一带一路”沿线国家货物进出口年均增速连续数年显著高于同期货物贸易整体增速，成为对外贸易发展中的新亮点。2020 年，在新冠肺炎疫情冲击背景下，我国与“一带一路”国家的贸易进入调整期。以人民币衡量，2020 年我国对“一带一路”沿线国家进出口增长 1.0%，低于进出口总体增速 0.9 个百分点，占进出口总额的 29.14%，较上年下降 0.26 个百分点。展望未来，我国与“一带一路”沿线国家的贸易合作仍前景广阔。

2020 年，按贸易额大小排序，中国的前 10 位贸易伙伴依次为东盟、欧盟、美国、日本、韩国、中国香港、中国台湾、澳大利亚、巴西及俄罗斯，与这 10 位贸易伙伴的贸易额合计占中国当年对外贸易总额的 74.5%。其中，与最大贸易伙伴东盟的双边贸易额为 6846.0 亿美元，占比为 14.7%，对前 10 位贸易伙伴的贸易规模均超过 1000 亿美元。

2020 年我国前 10 位出口市场和前 10 位进口来源地，分别如表 1−3 和表 1−4 所示。

表 1-3　2020 年中国前 10 位出口市场

排序	国别（地区）	1 ~ 12 月金额 / 亿美元	同比 /%	占比 /%	占比变化 /%
总值		25906.5	3.6	100.0	0.0
1	美国	4518.1	7.9	17.4	0.7
2	欧盟	3909.8	6.75	15.1	0.4
3	东盟	3837.2	6.7	14.8	0.4
4	中国香港	2726.6	−2.3	10.5	−0.7
5	日本	1426.6	−0.4	5.5	−0.2
6	韩国	1125.0	1.4	4.3	−0.1
7	印度	667.3	−10.8	2.6	−0.4
8	中国台湾	601.4	9.1	2.3	0.1
9	澳大利亚	534.8	10.9	2.1	0.2
10	俄罗斯	505.8	1.7	2.0	0.0
	小计	19852.6		76.6	

资料来源：中国海关官网统计数据。

注：2020 年对欧盟的货物出口金额不包括英国数据，增速按可比口径计算。

表 1-4　2020 年中国前 10 位进口来源地

排序	国别（地区）	1 ~ 12 月金额 / 亿美元	同比 /%	占比 /%	占比变化 /%
总值		20556.1	−1.1	100.0	0.0
1	东盟	3008.6	6.6	14.6	1.0
2	欧盟	2585.5	2.3	12.3	0.1

续表

排序	国别（地区）	1～12月金额/亿美元	同比/%	占比/%	占比变化/%
3	中国台湾	2006.6	16.0	9.8	1.5
4	日本	1748.7	1.8	8.5	0.2
5	韩国	1727.6	−0.5	8.4	0.0
6	美国	1349.1	9.8	6.6	0.7
7	澳大利亚	1148.4	−5.3	5.6	−0.2
8	巴西	840.8	5.2	4.1	0.3
9	俄罗斯	571.8	−6.6	2.8	−0.1
10	沙特阿拉伯	390.3	−28.0	1.9	−0.7
	小计	15377.4		74.6	

资料来源：中国海关官网统计数据。

注：2020年对欧盟的货物进口金额不包括英国数据，增速按可比口径计算。

2020年，中国的前10位贸易顺差来源地依次为美国、中国香港、荷兰、英国、印度、越南、墨西哥、新加坡、菲律宾、波兰。其中，对美国和中国香港的顺差较为明显，各为3169.0亿美元和2656.7亿美元，对后8位贸易伙伴的顺差则均未超过700亿美元。前10位贸易逆差来源地依次为中国台湾、澳大利亚、韩国、巴西、日本、德国、马来西亚、智利、安哥拉、瑞士。其中，对中国台湾的逆差较为明显，为1405.2美元。对其余9位贸易伙伴的逆差，则均未超过650亿美元。

值得关注的是，2020年，在新冠肺炎疫情肆虐全球的背景下，中国的对外贸易市场结构发生了较大变化，东盟取代欧盟成为中国最大的贸易伙伴。2004—2019年，欧盟曾连续16年保持中国第一大贸易伙伴的地位。欧盟位次的下降既与2020年英国“脱欧”相关，也和近年来中国通过中国—东盟自贸区（CAFTA）深化与东盟的经贸合作有着直接联系，可在某种程度上视为中国优化国际市场布局的进展与成效。同时，欧盟统计局的数据显示，2020年中国首次取代美国，成为欧盟的最大贸易伙伴。

四、对外贸易企业结构趋于多元，民营企业成为出口主力军

对外贸易企业结构，是指一定时期内各类企业在一国对外贸易中的地位，可以用它们各自的进口额、出口额、进出口额分别占该国进口总额、出口总额、进出口总额的比重来表示。对外贸易企业结构反映了一定时期内一国内部的各类企业在该国对外贸易中的相对重要性。

中国的对外贸易额是通过具体进出口企业的实际经营实现的。在以往的计划经济时

代，中国对外贸易几乎全部由国家外贸专业总公司独家垄断经营，对外贸易领域所有制结构呈单一公有制。改革开放后，我国对外贸易经营主体逐步实现多元化，对外贸易领域单一公有制的所有制格局被打破。20 世纪 80 年代，我国赋予外商投资企业自营进出口权；1999 年后，国家又赋予若干家私营企业自营进出口权；自 2004 年 7 月 1 日起，随着修订后的《中华人民共和国对外贸易法》的实施，任何企业、组织及个人均可依法从事对外贸易经营活动。目前，我国的对外贸易企业可划分为国有企业、外商投资企业（包括中外合作经营企业、中外合资经营企业及外资独资企业）和民营企业（包括私营企业和其他）三类。

2020 年我国各类企业的进出口贸易状况如表 1–5 所示。

表 1–5　2020 年中国各类对外贸易企业进出口状况

企业性质	出口		进口	
	金额 / 亿美元	同比 /%	金额 / 亿美元	同比 /%
总值	25906.5	3.6	20556.1	−1.1
国有企业	2074.8	−12.0	4582.4	−14.7
外商投资企业	9322.7	−3.5	8653.2	0.9
民营企业	14508.9	11.8	7320.6	7.3
私营企业	14008.9	12.8	6982.8	9.4
其他	500.0	−10.2	337.8	−25.2

资料来源：中国海关官网统计数据。

表 1–6 和表 1–7 分别列出了 2019 年中国出口额最大和进口额最大的前 20 家企业，它们合计各占当年中国出口总额的 9.4% 和进口总额的 14.6%。由表 1–6 可知，中国头部出口企业主要集中于电子信息技术产业且以外商投资企业为主体，但华为、欧珀（OPPO）、小米等民营企业的出口实力也不可小觑。这种出口企业的产业特征也对应了前文提及的中国出口商品结构的第三次跨越以及高新技术产品出口的快速增长状况。近些年来，鸿富锦精密电子（郑州）有限公司在中国出口企业中表现抢眼。该公司为中国台湾企业富士康科技集团（Foxconn）在中国大陆的独资企业，其主要业务包括为美国苹果公司代工生产 iPhone 手机等。

基于表 1–7，中国的进口企业大户可分为两类：一类是以进口石油资源为主的国有企业，另一类是以进口为加工贸易出口配套的“以进养出”物资为主的外商投资企业。2019 年中国前 20 家进口企业中，就进口额来看，中国国际石油化工联合有限责任公司独领风骚，其为中国石油化工股份有限公司（中石化）的全资子公司。石油贸易国有企业上榜较多也对应了前文提及的初级产品中“矿物燃料、润滑油及有关原料”类别产品的进口增加状况。

表 1-6　2019 年中国出口额最大的前 20 家企业

排名	经营单位	出口额 / 亿元
1	鸿富锦精密电子（郑州）有限公司	2199.2
2	华为终端有限公司	1100.5
3	达功（上海）电脑有限公司	1029.0
4	富泰华工业（深圳）有限公司	1011.6
5	鸿富锦精密电子（成都）有限公司	1008.1
6	昌硕科技（上海）有限公司	884.2
7	华为技术有限公司	861.5
8	名硕电脑（苏州）有限公司	859.1
9	英特尔产品（成都）有限公司	790.1
10	达丰（重庆）电脑有限公司	743.9
11	中国国际石油化工联合有限责任公司	698.5
12	美光半导体（西安）有限责任公司	684.2
13	中国联合石油有限责任公司	683.6
14	苏州得而达国际物流有限公司	627.0
15	世硕电子（昆山）有限公司	585.0
16	戴尔贸易（昆山）有限公司	541.7
17	东莞市欧珀精密电子有限公司	519.2
18	英业达（重庆）有限公司	500.0
19	富士康精密电子（太原）有限公司	475.6
20	小米通讯技术有限公司	423.0
小计		16225.0

资料来源：黄国华，张炳政，王国秀，等 . 2019 中国外贸 200 强［J］. 中国海关，2020（4）：6-13.

表 1-7　2019 年中国进口额最大的前 20 家企业

排名	经营单位	进口额 / 亿元
1	中国国际石油化工联合有限责任公司	6544.2
2	中国联合石油有限责任公司	1391.3
3	英特尔产品（成都）有限公司	1265.4
4	中化石油有限公司	1142.7
5	鸿富锦精密电子（郑州）有限公司	1138.7
6	大庆中石油国际事业有限公司	960.8

续表

排名	经营单位	进口额 / 亿元
7	三星电子（苏州）半导体有限公司	942.1
8	东莞市新宁仓储有限公司	764.3
9	中国石油国际事业有限公司	674.5
10	富泰华工业（深圳）有限公司	631.8
11	中海石油气电集团有限责任公司	617.6
12	瑞钢联集团有限公司	597.1
13	深圳市越海全球电商供应链有限公司	594.3
14	宝马（中国）汽车贸易有限公司	568.6
15	华为终端有限公司	562.3
16	华晨宝马汽车有限公司	533.0
17	英特尔贸易（上海）有限公司	527.0
18	丰田汽车（中国）投资有限公司	479.5
19	深圳市海思半导体有限公司	474.4
20	华为技术有限公司	461.2
小计		20870.8

资料来源：黄国华，张炳政，王国秀，等 . 2019 中国外贸 200 强［J］. 中国海关，2020（4）：6-13.

改革开放 40 余年来，中国出口贸易的主力企业经历了国有企业→外商投资企业→民营企业的历史性转变。传统计划经济时代，国有企业独家垄断出口贸易。20 世纪 80 年代中期后，外商投资企业的出口增速一直领先于全国出口贸易增速，其出口额占我国出口总额的比重持续攀升并于 2001 年突破 50%，占据了中国出口贸易的半壁江山。2002—2011 年，外商投资企业出口占比一直保持在 50% 以上，2010 年为 54.6%。2004 年全面放开对外贸易经营权后，我国民营企业出口发展迅速步入快车道。作为对外贸易的新生力量，民营企业以其灵活的经营机制、多样化的经营方式以及开创性的经营理念，在我国出口贸易中扮演着愈加重要的角色。2007 年，民营企业出口额已超越国有企业，2015 年又超越外商投资企业。2019 年，民营企业在我国出口总额中的占比首次突破 50%，达到 51.9%，2020 年又进一步提升至 56.0%，已成为中国出口贸易的绝对主力。

2019 年，中国有进出口经营实绩的对外贸易企业为 49.9 万家，其中包含 40.6 万家民营企业。[①] 应当看到，尽管我国民营出口企业数目庞大，但绝大多数为中小企业，其抗风险能

① 中华人民共和国商务部国际贸易合作研究院 . 中国对外贸易形势报告（2020 年春季）[EB/OL]. 中华人民共和国商务部官网，2020-06-15.

力较低。2020 年新冠肺炎疫情蔓延以及国际市场的低迷，加之部分国家的贸易保护行为，给我国中小型民营出口企业带来了较大的生存压力。在未来，我国需要培育出更多类似华为、小米、欧珀这样的优秀民营企业，增强中国出口贸易的韧性和可持续发展能力。

五、对外贸易地区结构中沿海省市地位稳固，部分中西部省市异军突起

对外贸易地区结构，即一定时期内一国国内各地区在该国对外贸易中的地位，可用这些地区各自的进口额、出口额、进出口额分别占该国进口总额、出口总额、进出口总额的比重来表示。对外贸易地区结构能够反映出某一时期一国内部的各个区域在该国对外贸易版图中的相对重要性。

在开展对外贸易的地区构成上，改革开放以来，由于在地理位置、交通、侨胞资源以及利用外资和经济发展等方面的明显优势，东部沿海省市成为中国发展对外贸易的领头羊。我国进出口额最大的前 10 个省市，1995 年为广东、北京、上海、江苏、福建、山东、辽宁、浙江、天津和河北；2000 年为广东、上海、北京、江苏、浙江、山东、福建、辽宁、天津和河北；2010 年为广东、江苏、上海、浙江、山东、北京、福建、辽宁、天津和河北。可以看出，东部沿海省市长期是中国发展对外贸易的绝对主力。

近些年来，随着“一带一路”建设推进以及内陆承接加工贸易产业转移取得积极进展，我国对外贸易地区结构发生的一个可喜变化是，以四川、河南、重庆等为代表的中西部地区在发展对外贸易方面进步明显。据统计，2020 年 1 ~ 8 月我国东部地区进出口贸易额为 16.05 万亿元，同比下降 1.9%；同期，中西部地区进出口额为 3.37 万亿元，同比增长 8%，占我国对外贸易总额的比重为 16.8%，较 2019 年同期提高了 1.3 个百分点。其中，四川、河南、陕西等中西部省份对“一带一路”沿线国家的进出口增幅均在 20% 以上。

表 1–8 列出了 2020 年我国前 10 位出口省市及前 10 位进口省市。中西部地区的四川以及河南和重庆已相应跻身其间。

表 1–8　2020 年中国前 10 位出口省市和前 10 位进口省市

排序	省市	出口金额 / 亿美元	全国出口份额 /%	同比 /%	排序	省市	出口金额 / 亿美元	全国出口份额 /%	同比 /%
	总值	25906.5	100.0	3.6		总值	20556.1	100.0	1.1
1	广东	6283.7	24.3	−0.2	1	广东	3952.6	19.2	−2.9
2	江苏	3962.8	15.3	0.4	2	上海	2680.3	13.0	−21.5

续表

排序	省市	出口金额 / 亿美元	全国出口份额 /%	同比 /%	排序	省市	出口金额 / 亿美元	全国出口份额 /%	同比 /%
3	浙江	3632.7	14.0	8.6	3	北京	3050.8	14.8	3.4
4	上海	1981.1	7.6	-0.4	4	江苏	2464.9	12.0	5.0
5	山东	1890.1	7.3	17.1	5	山东	1294.1	6.3	-4.5
6	福建	1224.0	4.7	1.8	6	浙江	1246.7	6.0	10.7
7	四川	672.5	3.0	-10.7	7	福建	802.6	3.9	10.1
8	北京	670.1	2.9	18.9	8	天津	615.7	3.0	-2.0
9	重庆	605.3	2.3	9.4	9	辽宁	561.3	2.7	-6.3
10	河南	593.0	2.3	12.5	10	四川	495.5	2.4	18.4
	小计	21515.3	83.7			小计	17164.5	83.3	

资料来源：中国海关官网统计数据。

六、贸易方式多样化，一般贸易重新成为出口贸易主流方式

贸易方式是指在国际贸易中买卖双方所采用的具体交易做法。在对外贸易业务中，每一笔交易均须通过一定的贸易方式来进行。贸易方式是在买卖双方交易过程中，针对不同商品、不同地区和不同对象，根据双方需要而形成的。当前，在国际贸易中流行着形式各异的贸易方式，各种贸易方式可以单一采用，也可交叉进行。随着国际贸易的发展，新的贸易方式正在不断涌现出来。通过考察一定时期内各种贸易方式的进口额、出口额或进出口额占一国进口总额、出口总额或进出口总额的比重，可以看出该国开展对外贸易的主要方式。

20 世纪 80 年代前，中国的贸易方式较为单一，主要是借助函电成交以及一年两届的中国出口商品交易会（广交会），失去了大量的贸易机会。改革开放后，在对外贸易活动中，根据交易对象及交易商品的不同，我国对外贸易企业灵活采用了国际通行的各类贸易方式，实现了贸易方式多样化。当前，根据贸易方式的不同特征，中国的贸易方式可分为一般贸易、加工贸易及其他贸易三种。

一般贸易是指中国的进出口贸易企业（包括在中国境内设立的外商投资企业）进行单边进出口的贸易，通常是经过对外签订合同、协议、函电往来或当面洽谈而成交，其交易的货物是企业单边售定的正常贸易的进出口货物。

加工贸易是指从境外进口原材料、零部件等，利用本国的生产能力和技术，将其加工成成品后再出口，从中获得相应收益的贸易方式，具有“两头在外”、进口与出口相联系的特征。在我国，加工贸易包括来料加工装配贸易和进料加工贸易两类。其中，来

料加工装配贸易是指企业承接境外厂商的原材料、包装物料、元器件、零部件等，有时也附带有对方提供的专用设备，按照对方的技术与工艺要求进行加工装配，然后再将成品交付对方，并收取加工装配费用。进料加工贸易是指企业由境外进口原材料、辅料等，然后利用自己的技术、设备和劳动力，将其加工成成品后再自行销往境外市场。长期以来，进料加工贸易是我国开展加工贸易的最主要方式。

其他贸易方式是指除一般贸易和加工贸易以外的贸易方式，主要包括易货贸易、边境小额贸易、租赁贸易以及保税监管场所进出境货物等方式。在我国的贸易方式中，相比加工贸易与一般贸易，其他贸易方式长期处于从属地位，但其出口额占中国出口贸易总额的比重近年来呈持续上升态势。1990 年，其他贸易方式出口额占比为 1.9%，2010 年为 7.4%，2019 年已上升至 12.8%。

2020 年中国各类贸易方式的进出口状况如表 1–9 所示。

表 1–9　2020 年中国各类贸易方式的进出口状况

贸易方式	出口		进口	
	金额 / 亿美元	同比 /%	金额 / 亿美元	同比 /%
总值	25906.5	3.6	20556.1	−1.1
一般贸易	15373.7	6.4	12423.0	−1.2
加工贸易	7024.8	−4.5	4033.9	−3.3
来料加工装配	677.4	−13.2	767.2	−14.5
进料加工	6347.4	−3.4	3266.7	−0.3
其他贸易方式	3508.0	9.7	4099.2	1.7

资料来源：中国海关官网统计数据。

改革开放以来，中国的主流出口方式经历了一般贸易出口→加工贸易出口→一般贸易出口的大回转。20 世纪 80 年代初，一般贸易出口占据绝对优势，后随着利用外商直接投资规模的扩大，外商投资企业加入我国进出口企业阵营成为刺激加工贸易出口占比激增的主要因素。1986 年，加工贸易出口比重为 18.6%，1995 年上升至 49.5%，首次超过一般贸易而成为中国出口贸易的第一大方式。1996—2007 年，加工贸易出口占比一直保持在 50% 以上。2008 年后，加工贸易出口比重开始呈下降态势。2010 年，加工贸易出口占比为 46.9%，2015 年为 35.1%，2019 年已降至 29.4%。与之相对应，2010 年一般贸易出口占比为 45.7%，2015 年为 53.4%，2020 已升至 59.3%，在中国出口贸易方式中已重新占据绝对优势。

通常认为，一般贸易出口的产业链条更长、附加值更高、更能反映出我国企业的自主发展能力。近些年一般贸易出口占比持续提高，说明中国对外贸易发展的内生能力在不断增强，产业链价值和贸易竞争力在不断提升。特别地，一般贸易出口占比提升与近年来我国民营出口企业的迅猛崛起直接相关，具有非凡的意义。但与此同时，也不宜因此忽视加工贸易在中国对外贸易乃至经济社会发展中的重要性。改革开放以来，加工贸易对于促进我国进出口贸易顺差增长，扩大劳动力就业，吸引外资和参与全球价值链分工，以及带动我国机电产品和高新技术产品出口，都发挥了难以估量的作用。由表 1–9 可知，即使是在 2020 年，加工贸易也以远逊于一般贸易的体量，创造出了明显超过一般贸易的顺差，为我国外汇储备的稳定和增长做出了突出贡献。

进入 2020 年后，受新冠肺炎疫情影响，国际市场需求严重萎缩。从贸易方式来看，由于其“两头在外”的业务特性，加工贸易所受负面影响尤为直接，面临着需求端和供给侧的“双向挤压”。对此，国家已出台扶持加工贸易的相关政策，如暂停征收加工贸易企业内销缓税利息，扩大内销选择性征税试点，修订鼓励外商投资产业目录，将已不属于“两高一资”[①] 的产品从禁止类商品目录中剔除等。同时，鼓励提升加工贸易的技术含量和附加值，推动加工贸易由简单组装向技术、品牌及营销方向转型，促进加工贸易生产制造与服务贸易融合发展，并引导加工贸易梯度转移，培育一批东部与中西部、东部地区共建的加工贸易产业园区，实现区域协调发展，并支持加工贸易企业开拓国内市场，促进内外贸一体化发展。

第四节　在构建“双循环”新发展格局中推进贸易强国建设

进入 21 世纪 20 年代后，世界正经历百年未有之大变局，国际环境极其复杂，逆全球化潮流、民粹主义、保护主义大幅抬头，不稳定、不确定因素明显增多。同时，中国经济已转入高质量发展阶段，经济发展前景向好。2016—2019 年，中国年均经济增长率达到 6.7%，高于世界经济平均水平 3.9 个百分点。2019 年，中国经济对世界经济的贡献率超过了 32%。作为世界第二大经济体，中国拥有全球最为齐全的制造业门类，正在孕育一个超大规模的国内市场，但发展不平衡、不充分问题仍然突出，实现高质量发展还有许多短板弱项。在此背景下，2020 年 7 月召开的中共中央政治局会议提出，要“加快形成以国内大循环为主体、国内国际双循环相互促进的新发展格局”。这是党中央科学把握国内外大势，根据我国发展阶段、环境、条件变化，着眼国家经济中长期发展所做出的重大战略部署，是事关全局的系统性深层次变革。构建“双循环”新发展格局将成为未

① 指“高耗能、高污染、资源性”。

来一个时期内中国经济发展的“主轴”，对中国乃至世界经济将产生深远影响。

党的十九大明确了“推进贸易强国建设”的战略要求。在构建“双循环”新发展格局的过程中，以国内大循环为主体，以扩大内需为战略基点，并不是要闭关自守、主动脱钩，而是要进一步扩大高水平对外开放，通过发挥内需潜力，使国内市场和国际市场更好联通，更好地利用国际国内两个市场、两种资源，实现更加强劲可持续的发展。改革开放是中国的长期国策，经济全球化的大势已不可逆转。中国将坚定地“站在历史正确的一边”，以更加开放的姿态进行全球布局，在构建“双循环”格局中通过坚持开放发展继续推进贸易强国建设，实现由贸易大国向贸易强国的跨越。

一、中国已是首屈一指的贸易大国

中华人民共和国成立后，特别是改革开放40余年来，尽管遭遇各种困难波折，但中国对外贸易依然破浪前行，不断取得历史性突破，谱写出世界贸易史上的奇迹。根据世界贸易组织发布的《2020年版世界贸易统计数据》，2019年中国继续保持全球货物贸易最大贸易国、最大出口国和第二大进口国的地位（见表1-10）。

表1-10　2019年世界货物贸易前10位出口国与前10位进口国

排名	出口国	金额/亿美元	世界份额/%	同比/%	排名	进口国	金额/亿美元	世界份额/%	同比/%
1	中国	24990	13.2	0	1	美国	25680	13.4	-2
2	美国	16460	8.7	-1	2	中国	20770	10.8	-3
3	德国	14890	7.9	-5	3	德国	12340	6.4	-4
4	荷兰	7090	3.8	-2	4	日本	7210	3.7	-4
5	日本	7060	3.7	-4	5	英国	6920	3.6	3
6	法国	5700	3.0	-2	6	法国	6510	3.4	-3
7	韩国	5420	2.9	-10	7	荷兰	6360	3.3	-1
8	意大利	5330	2.8	-3	8	韩国	5030	2.6	-6
9	英国	4690	2.5	-4	9	印度	4840	2.5	-6
10	墨西哥	4610	2.4	2	10	意大利	4740	2.5	-6

资料来源：世界贸易组织发布的《2020年版世界贸易统计数据》。

当前，中国已经成为毫无争议的世界头号贸易大国。但贸易大国并非必然是贸易强国的同义词。贸易大国的地位主要是从贸易数量方面体现的，而贸易强国的地位则主要通过贸易质量予以体现。尽管关于贸易强国的衡量指标，国内外迄今尚未形成统一标准，但是对于那些作为贸易强国的代表性国家，人们却是普遍认同的。进入21世纪以来，随着建设开放型经济不断取得成效，中国正在逐步向贸易强国迈进，但与当今世界主要贸易强国相比，还存在着相当明显的差距。[①] 实现由贸易大国向贸易强国的跨越，更好地发挥对外贸易促进“双循环”良性互动的战略性作用，将是中国对外贸易未来发展的目标取向之一，需要我们为之付出艰苦的努力。

二、“双循环”新发展格局下的贸易强国建设策略

自2021年起，中国进入“十四五”规划阶段。“十四五”时期乃至未来若干年内，将是我国基本实现现代化、建成富强民主文明的社会主义国家、实现中华民族伟大复兴的关键时期。在复杂多变的国际环境下，中国唯有集中精力搞好国内经济建设，以国内经济平稳健康发展的确定性应对国际环境变化的不确定性，继续在坚持改革开放的前提下推动贸易强国建设，才能不断提高中国的国际竞争力和影响力。在此期间，中国的贸易强国建设需要紧紧围绕“加快形成以国内大循环为主体、国内国际双循环相互促进的新发展格局”这一重大战略安排稳步推进。

（一）提升制造业竞争能力，增强对外贸易发展后劲

现代国际贸易的发展史表明，工业化强国是贸易强国的必经阶段。工业是研发投入最多、技术创新最活跃、辐射带动力最强的产业部门，其主体即为制造业。世界贸易强国的一个普遍特征，就是在其工业化发展的后期阶段，依然保持了较高比重的制造业，尤其是先进制造业。中国作为最大的发展中国家，经济发展质量依然偏低，目前尚处于工业化阶段的中后期，多数产业竞争力不足，制造业大而不强。在核心技术掌控、高端领域制造以及创新驱动发展等方面，中国制造业相较贸易强国仍然存在着较大差距。

当前，全球正在开启一种全然不同于以往的工业化进程，中国面临着改造提升已有产业的“机会窗口”，必须抓住这一关键机遇深入推进工业化。具体而言，一是要着力发展先进制造业，保持制造业在国民经济中的比重基本稳定；二是要实施创新驱动发展战略，实现工业高质量发展，重点推进制造业数字化、智能化改造；三是要推进工业化深度发展，构建现代产业体系，加强在核心基础零部件、关键基础材料、先进基础工艺以及工业软件等方面的产业基础能力建设，补齐短板；四是要实施“智能+”战略，大力推动“互联网+制造”“智能+制造”，运用数字技术提高制造业的创新能力以及效率和效益。制造业的提质升级不仅可以通过拉动投资和提振消费等途径促进国内大循环，而且

① 毛海涛，钱学峰，张洁．中国离贸易强国有多远：基于标准化贸易利益视角[J]. 世界经济，2019（12）：3-26.

能够促使我国制成品的国际竞争力再上一个新台阶，更好地发挥其对中国对外贸易高质量发展的强力支撑作用。

（二）大力发展现代服务业，提升服务贸易竞争力

世界贸易组织的统计数据显示，2019 年中国已是全球排名第五的服务贸易出口国。但与头号出口国美国相比，中国服务贸易出口额尚不及其 1/3，2150 亿美元的贸易逆差也与前者 2890 亿美元的贸易顺差形成鲜明对比。贸易强国的内涵自然包括货物贸易和服务贸易两个方面，而决定两者竞争力的基础要素是不同的。服务贸易竞争力的相对孱弱显著构成了中国建设贸易强国的一块短板。

中国服务贸易竞争力的提升取决于服务业，尤其是现代服务业的发展水平。从国际经验看，在工业化中后期阶段，经济的稳定发展需要制造业和服务业两条腿走路，两者缺一不可。在我国推动形成以国内大循环为主体的双循环的过程中，不仅要继续夯实制造业发展的基础，也须利用政策引导激活服务业持续发展的动力，坚持先进制造业和现代服务业两业并举，进一步引导服务业向品质化、专业化、市场化、社会化转变和提升。特别地，数字贸易发展已形成新的增长点，中国要在坚持自身市场开放的前提下加快同国际资本融合发展，逐步形成在服务贸易领域发展的独特优势，探索构建数字贸易国内国际双循环相互促进的新发展格局。在做大做强服务贸易出口中，一是应提升传统服务贸易出口，增加服务种类，改进管理方式，提高国际竞争力；二是应积极发展现代服务贸易，开拓新兴贸易形式，推进金融、科技、计算机等行业服务的出口；三是应扩大服务贸易开放度，鼓励我国服务业向“一带一路”沿线国家“走出去”，积极开拓国际市场；四是应发挥货物贸易和服务贸易的协同作用。

（三）积极商签更多自贸协定，拓展外部发展空间

建设贸易强国必须具备多元化、高质量的贸易伙伴基础，国际循环也需要更广范围和更高层次的外部运行空间，以更好地服务于以国内大循环为主体这一大局。一段时间以来，以世界贸易组织为核心的全球多边贸易体制面临着诸多挑战，世界贸易组织改革进入艰难时期。同时，双边及区域多边自由贸易安排正成为国际经贸合作的主流，世界主要贸易国家正更多地凭借双多边自贸协定来获得新的贸易发展机遇。对此，除须继续坚定地支持以世界贸易组织为核心的多边贸易体制，并为世界贸易组织改革和规则制定贡献中国智慧外，还应不断扩大我国自由贸易区网络的覆盖范围，逐步形成立足周边、辐射“一带一路”、面向全球的高标准自由贸易区网络。

截至目前，中国已陆续与东盟、巴基斯坦、新加坡、新西兰、韩国等近 20 个国家和

地区签署了双边自贸协定，特别是同东盟10国、日本、韩国、澳大利亚和新西兰于2020年11月如期达成《区域全面经济伙伴关系协定》（RCEP）。同时，中国正积极考虑加入《全面与进步跨太平洋伙伴关系协定》（CPTPP），中日韩自由贸易区谈判也在持续推进之中。当前，全球正处于国际经贸规则的深度重构期。以美墨加协议（USMCA）为代表的国际经贸协定，正引领着新一轮区域经贸合作以及经济全球化的新一轮目标，代表着未来国际经贸通行规则的发展方向。新一轮国际经贸规则的演进不仅致力于边境措施的便利化改进，还更进一步地深入到成员方国内规制的一致性。这既对开放政策提出更高要求，同时也意味着国内体制须相应做出更大改变。作为经济全球化的坚定支持者，中国不可能回避这些国际经贸新规则，应主动加快调整，不断与之接轨，以争取更大的外部发展空间。

（四）继续推进市场化改革，不断提高经营主体竞争力

现有世界贸易强国均是通过发展市场经济而形成的，中国建设贸易强国也不可能逾越市场经济而实现。[①]“加快形成以国内大循环为主体、国内国际双循环相互促进的新发展格局”，要求必须不断推进市场化的基础性改革，提高资源配置效率，激发市场内生动力。市场化改革的核心是要处理好政府与市场的关系。要继续转变政府观念，减少主管部门对企业的微观干预，切实减轻企业的税费负担，对各类所有制企业一视同仁，确保在国企、民企和外企之间形成统一、公平的市场竞争环境。同时，加快推进要素市场化改革进程，实现深层次市场化改革的新突破，释放强大的市场活力。[②]

构建“双循环”新发展格局、建设贸易强国离不开充满活力的微观经营主体。改革开放以来，我国企业群体实力明显增强。2020年，已有124家中国大陆（含中国香港）企业跻身美国《财富》杂志世界500强榜单，首次超过美国（121家）。但毋庸讳言，在先进制造业及现代服务业领域，具备较强核心竞争优势的中国企业尚不多见，类似华为这样具有全球影响力的中国企业品牌更是屈指可数。在构建“双循环”发展格局中，主管部门应更好地发挥政府作用，在培育对外贸易竞争新优势、鼓励企业开拓国际市场方面提供必要支持和引导。同时，企业应凝神定气提升产品质量、品牌、技术和服务，不断提高产品附加值，力争在国内大循环中守住国内主场基本盘，以更有底气地应对国际市场竞争。中国对外贸易已经告别粗放式发展阶段，未来的竞争优势将更多地取决于质量、服务、品牌、管理和人才。经济全球化时代，中国企业要做大做强做优，必须在国际市场竞争中磨炼和成长。

---

① 朱福林．中国贸易强国建设面临的重大挑战及关键路径[J]．现代经济探讨，2020（8）：9-17.

② 迟福林．以高水平开放促进深层次市场化改革[N]．人民日报，2020-06-11.

（五）高度重视进口职能，实施更高水平的对外开放

进口和出口一起构成了建设贸易强国的两个轮子，两者不可或缺且不可偏颇。在构建“双循环”新发展格局中，进口是具有战略意义的纽带，通过进口可以将国内循环与国际循环有机联系起来，实现两者间的相互促进。当前，中国货物贸易进口规模已经跨越2万亿美元的“门槛”，已是仅次于美国的全球第二大进口国。今后，需要适时扩大进口规模，更加重视资本品、消费品及服务贸易进口，充分发挥进口对各个环节的联动效应。

国内大循环的两头分别连接着有效需求和有效供给。中国一方面要努力提升国内供给体系对国内需求的适配性；另一方面，也需要更高水平的开放和国际循环来补充国内供给体系的不足。扩大进口有利于国内生产质量提升和生产效率提高，有利于通过增加国内供给影响商品价格进而影响分配，有利于通过提高进口便利化程度优化流通，有利于通过增加高质量产品供给满足国内消费升级需求，更好地满足人民对美好生活的向往。同时，以进口带动国际要素市场与国内生产融合，通过进口国际资源服务国内生产也能更好地提升出口竞争力。

从更广范围来看，中国更高水平的开放不仅意味着以贸易领域为核心的市场开放，也意味着全方位地向全球知识、资本、技术和人才的开放。世界各国将得以更好地分享中国超大规模国内市场和资源红利，在互利合作中实现多赢和共同繁荣。这是中国构建“双循环”新发展格局取得成效以及建设贸易强国的题中应有之义。

思考题

1. 如何认识古“丝绸之路”，其对今天的中国对外贸易产生了哪些影响？

2. 中国半殖民地半封建社会对外贸易的基本特征是什么？

3. 中华人民共和国成立至党的十一届三中全会前这一时期的中国对外贸易为何发展曲折？

4. 从对外贸易规模、对外贸易商品结构、对外贸易市场结构、对外贸易企业结构以及对外贸易方式这几个方面，论述改革开放以来中国对外贸易的总体格局。

5. 什么是对外贸易依存度？如何认识中国的对外贸易依存度？

6. 如何客观认识外商投资企业以及加工贸易对中国对外贸易发展的贡献？

7. 为何说加入世界贸易组织对于促进中国对外贸易的发展作用巨大？

8. 为何说中国现已成为世界贸易大国，但并非世界贸易强国？

9. 在构建国内国际双循环新发展格局中建设贸易强国，中国需要采取哪些举措？

第二章

中国发展对外贸易的理论依据

中国发展对外贸易的理论依据存在两大分支，即西方经济学家的国际贸易理论和马克思主义关于国际经济贸易的理论。西方经济学家的国际贸易理论包括传统国际贸易理论、新贸易理论和新新贸易理论，他们凭借其国家在数百年国际经济贸易活动中积累起来的丰富经验，提出了诸多颇具见地的理论见解，基本上符合国际贸易的一般规律。认真研究和借鉴西方经济学家的国际贸易理论，对于发展中国对外贸易有着不可否认的积极意义。马克思主义经典作家对资本主义运动规律进行了科学和系统的研究，在国际经济领域内提出了若干带有普遍性的原理，这些原理对于分析当今国际经济贸易关系和解释中国对外贸易发展，依然具备重要的指导意义。

第一节　传统国际贸易理论

一般认为，西方传统国际贸易理论主要包括古典贸易理论和新古典贸易理论等内容。

一、古典贸易理论

传统国际贸易理论的第一阶段是古典贸易理论，该理论滥觞于亚当·斯密的绝对成本理论，后经过大卫·李嘉图的发展，形成了比较成本理论，之后赫克歇尔及俄林又提出了要素禀赋理论，从而形成了古典贸易理论体系。

（一）绝对成本理论

绝对成本理论（Theory of Absolute Cost），又称绝对优势理论（Theory of Absolute

Advantage），是由英国经济学家、国际分工与国际贸易理论的创始者亚当·斯密（Adam Smith，1723—1790年）提出的。该理论是在批判重商主义的基础上产生的。重商主义认为，金银就是财富，要获得金银就应鼓励出口，限制进口，争取贸易顺差。亚当·斯密对重商主义思想进行了深刻的批判，在其1776年出版的代表作《国民财富的性质和原因的研究》（中译本又称《国富论》）中提出了国际贸易的绝对成本理论。他认为，欧洲产业革命后存在着实行自由贸易的必要性，英国生产力水平的迅速发展需要大规模开展对外贸易，而传统的重商主义已经阻碍了英国工业化的发展，而且有着强大工业基础的英国也根本不需要用保护贸易政策来保护国内经济。

亚当·斯密认为，一国应把本国生产某种商品的成本（生产费用）与外国生产同种商品的成本（生产费用）相比较，以决定是自己生产还是从外国进口。若一国某种商品的生产成本绝对地低于他国，则该国生产这种产品的产业就是具有绝对优势的产业；反之，就是不具有绝对优势的产业。各国按照绝对成本差异进行国际分工，专门生产本国具有绝对优势的产品，然后再去进行贸易，将会使各国的资源、劳动力和资本得到最有效率的利用，进而会大大提高劳动生产率和增加各国的物质福利。

为了说明自由贸易对经济发展的作用，亚当·斯密通过举例加以阐释。他假设有两个国家（英国和葡萄牙）、两种商品（毛呢和酒）和一种生产要素（劳动），假定英国和葡萄牙两国同时生产毛呢和酒。由于自然资源和生产技术条件存在差异，两国生产等量毛呢和酒的生产成本不同。生产1单位毛呢和1单位酒，英国各需要70人劳动一年和120人劳动一年，葡萄牙各需110人劳动一年和80人劳动一年（见表2-1）。

表2-1　英国和葡萄牙的绝对成本差异

国家	单位毛呢产量所需劳动人数（人/年）	单位酒产量所需劳动人数（人/年）
英国	70	120
葡萄牙	110	80

显然，生产等量毛呢，英国的生产成本比葡萄牙低，处于绝对优势；而生产等量的酒，葡萄牙的生产成本比英国低，处于绝对优势。按照绝对成本理论，各国应根据自己最有利的生产条件进行专业化生产，生产出成本比别国低的产品，然后进行国际交换，就能保证双方均能得到贸易利益。在此例中，英国应专门生产毛呢，而葡萄牙则应专门生产酒，双方展开国际贸易。

按照绝对成本差异进行国际分工和贸易，其直接利益表现在劳动生产率的提高、消费水平的提高和劳动时间的减少等方面。

首先，在国际分工前，两国一年共可生产2单位的毛呢和2单位的酒。在分工后，英国专事生产毛呢，190人劳动一年，可生产出2.714单位的毛呢；葡萄牙专事生产酒，190人劳动一年，可生产出2.375单位的酒。在要素投入不变的情况下，两种产品的总产量都增加了，这说明专业化分工带来了资源配置效率的提高。

其次，假定英国用一部分（例如1.2单位）的毛呢同葡萄牙交换酒，再假定交换比例为1 ： 1，则通过国际贸易都能提高消费水平。英国毛呢和酒的消费量分别是1.514单位和1.2单位，比分工前分别增加了0.514单位的毛呢和0.2单位的酒；而葡萄牙毛呢和酒的消费量分别为1.2单位和1.175单位，较分工前分别增加了0.2单位的毛呢和0.175单位的酒。

最后，若两国维持分工前的消费水平不变，英国只需用70人生产的1单位的毛呢与葡萄牙交换自己需要的1单位的酒，比自己生产节约了50人一年的劳动；葡萄牙仅需用80人生产的1单位的酒从英国换回自己需要的1单位的毛呢，比自己生产节约了30人一年的劳动。

亚当·斯密的绝对成本理论从劳动分工原理出发，划时代地论证了贸易互利性原理，颠覆了重商主义者所声言的国际贸易仅是对单方面有利的片面看法。某种意义上讲，这种认为通过国际分工可以实现互利双赢的理念，对于当前中国扩大对外开放、积极参与国际分工和贸易依然具有较好的启示意义。

（二）比较成本理论

比较成本理论（Theory of Comparative Cost）又称比较优势理论（Theory of Comparative Advantage），是由英国经济学家大卫·李嘉图（David Ricardo，1772—1823年）在其1817年出版的《政治经济学及赋税原理》一书中提出的。根据亚当·斯密的观点，国际贸易只能在生产上各具绝对优势的国家之间进行，而几乎所有产品均处于绝对优势的发达国家同几乎所有产品都处于绝对劣势的不发达国家之间不会发生国际贸易，其局限性是很明显的。大卫·李嘉图进一步发展了亚当·斯密的绝对优势理论，提出了比较成本理论，论证了国际贸易分工的基础并不局限于绝对成本差异，只要各国间的生产成本存在相对差异，即比较成本差异，就可以参与国际分工，并可以从中获得贸易利益。

大卫·李嘉图认为，在国与国的贸易中，绝对优势并非必要条件，即使一个国家生产各种产品，其资源的投入都比另一个国家多，不具有绝对优势，但只要该国不同生产部门的生产效率不同，那么该国仍然存在着比较优势，相对而言仍然具有比较强的部门；而另一个国家各个部门的生产都具有优势，但相互之间也可以比较，相对而言，有的部门所具有的优势更胜一筹，也存在着比较优势。每个国家均应集中资源生产那些利益较大或不利较小的产品，然后在自由贸易条件下进行国际交换。在资本和劳动力投入不变的情况下，生产总量也将大为增加，如此形成的国际贸易对各国都是有利的。这一理论后被形象地概括为“两利相权取其重，两害相权取其轻”。

大卫·李嘉图同样主张自由贸易。在其理论影响下，英国废除了《谷物法》，并先于其他国家从保护贸易转向自由贸易。这对加速英国的社会经济发展起到了重要促进作用，为英国奠定经济霸主地位创造了条件，对于世界经济贸易发展及各国产业生产水平的提高，都产生了深远影响。

大卫·李嘉图也以英国和葡萄牙为例阐释其理论。假定英国和葡萄牙同时生产毛呢和酒。由于生产条件存在差异，两国生产等量毛呢和酒的生产成本不同。生产 1 单位的毛呢和 1 单位的酒，英国各需 100 人劳动一年和 120 人劳动一年，而葡萄牙只各需 90 人劳动一年和 80 人劳动一年（见表 2–2）。

表 2–2　英国和葡萄牙的比较成本差异

国家	单位毛呢产量所需劳动人数（人 / 年）	单位酒产量所需劳动人数（人 / 年）
英国	100	120
葡萄牙	90	80

按照亚当·斯密的绝对成本理论，在上述情况下，两国不会发生贸易分工。因为英国两种产品的生产成本都比葡萄牙高，处于绝对劣势；而葡萄牙两种产品的生产成本都比英国低，处于绝对优势。英国没有产品可以出口到葡萄牙，后者也不必从英国进口产品。

大卫·李嘉图则认为，即使在这种情况下，两国仍可以进行国际分工和贸易并从中获益。虽然英国生产两种产品的成本都比葡萄牙高，但比例不同：毛呢为 100/90=1.1 倍，酒为 120/80=1.5 倍。通过比较，生产毛呢的成本相对要低一些，因此英国生产毛呢具有相对优势或比较优势；葡萄牙生产两种产品的成本都比英国低，毛呢相当于英国的 90/100，即 90%，酒相当于英国的 80/120，即 67%。通过比较，生产酒的成本更低，因此葡萄牙生产酒具有相对优势或比较优势。

根据上述分析，大卫·李嘉图指出葡萄牙应“两利相权取其重”，放弃生产成本比英国优势较少的毛呢，专门生产酒，并出口一部分到英国以换取毛呢；英国则应“两害相权取其轻”，放弃生产成本比葡萄牙劣势较多的酒，专门生产毛呢，并出口一部分到葡萄牙以换取酒。这样双方同样会实现互利双赢，具体体现在以下三个方面。

首先，按照比较成本理论进行生产的国际分工，可以提高资源配置效率，增加产品产量。在分工前，两国一年共生产 2 单位的毛呢和 2 单位的酒。分工后，英国专门生产毛呢，220 人劳动一年，可生产 2.2 单位的毛呢；葡萄牙专门生产酒，170 人劳动一年，可生产 2.125 单位的酒。总投入不变，但两种产品的产量都增加了，这说明专业化分工带来资源配置效率的提高。

其次，随着产量增加，通过国际贸易，各国消费水平也提高了。假定英国用一半的毛呢同葡萄牙交换酒，并假定交换比例为 1 ： 1，则通过贸易均能提高消费水平。英国毛呢和酒的消费量都是 1.1 单位，比分工前都增加了 0.1 单位；葡萄牙毛呢和酒的消费量分别为 1.1 单位和 1.025 单位，较分工前分别增加了 0.1 单位的毛呢和 0.025 单位的酒。

最后，若两国维持分工前的消费水平不变，在存在贸易分工的情况下，英国只需用 100 人生产的 1 单位的毛呢同葡萄牙交换自己需要的 1 单位的酒，比自己生产节约了 20 人一年的劳动；葡萄牙只需要用 80 人生产的 1 单位的酒从英国换回自己需要的 1 单位的毛呢，比自己生产节约了 10 人一年的劳动。

大卫·李嘉图的比较成本理论，反映了国际贸易领域客观存在的经济运行的一般原则和规律，具有很高的科学价值和现实意义。比较成本理论表明，任何国家都能确定自己的相对优势，即使处于劣势也能从劣势中找到相对优势，各国根据比较成本原则来安排生产和进行贸易，均可以增加总的消费量。因此，经济发展水平不同的国家都可以从参与国际分工和国际贸易中获益。作为发展中国家，中国同样能够通过积极参与国际分工和贸易来发展本国经济，该理论提供了有力的论证。

需要说明的是，亚当·斯密的绝对成本理论和大卫·李嘉图的比较成本理论的基本假定是相同的，主要包括：①世界上只有两个国家，只生产两种产品，只投入一种生产要素，故该方法也称“2×2×1”模型；②所有劳动都是同质的，没有熟练和非熟练之分，产品成本（价格）以真实劳动成本（劳动时间）计量；③生产是在成本不变的情况下进行的，其规模收益不变；④不存在运输费用和交易费用；⑤劳动力充分就业，并且在国内完全流动，在国家间则完全不流动；⑥生产要素市场和产品市场均是完全竞争的市场；⑦国际贸易不影响一国居民的相对收入水平，即收入分配没有变化；⑧贸易方式为易货贸易；⑨不存在技术进步和经济发展，国际经济是静态的。

（三）要素禀赋理论

要素禀赋理论（Theory of Factor Endowments），又称要素比例理论（Theory of Factor Proportion）或赫克歇尔－俄林理论（Heckscher-Ohlin Theory），是由瑞典经济学家赫克歇尔（Eli Heckscher，1879—1952 年）和俄林（Bertil Ohlin，1899—1979 年）提出的。赫克歇尔于 1919 年发表论文《对外贸易对收入分配的影响》，提出了要素禀赋理论的基本论点。俄林继承了其导师赫克歇尔的观点，于 1933 年出版了《地区间贸易和国际贸易》一书，创立了要素禀赋理论。20 世纪 40 年代，美国经济学家萨缪尔森（Paul Samuelson）

发展了该理论，提出了要素价格均等化学说，又称赫－俄－萨（H-O-S）理论。

1. 与要素禀赋理论有关的术语

这里主要涉及生产要素与要素价格、要素密集度与要素密集型产品、要素禀赋与要素丰裕程度等几对术语。

（1）生产要素与要素价格。生产要素（factors of production）是指从事生产活动所必须投入的主要因素或使用的主要手段，一般包括土地、劳动、资本和企业家管理才能等。要素价格（factor price）则是指使用生产要素需要支付的费用或指要素参与生产后其本身应获得的报酬，包括土地租金、劳动者工资、资本利息、管理利润等。

（2）要素密集度与要素密集型产品。要素密集度（factor intensity）是指产品生产中某种要素投入比例的大小，若某种要素的投入比例大，则称该要素密集度高。根据产品生产所投入的生产要素中所占比例最大的生产要素的不同种类，可将产品分为不同种类的要素密集型产品（factor intensive commodity）。若产品生产投入的劳动比例高，则该产品称为劳动密集型产品，其他依此类推。

（3）要素禀赋和要素丰裕程度。要素禀赋（factor endowment）是指一国拥有各种生产要素的数量。要素丰裕程度（factor abundance）是指在国际要素禀赋的比较中，若一国的某要素供给比例大于别国同类要素的供给比例，其相对价格低于别国同类要素的价格，则该国拥有该经济资源的相对丰富性。

2. 要素禀赋理论的假设条件

相较于绝对成本理论和比较成本理论，要素禀赋理论的假设条件有一定修正。其假设主要有以下五点：

（1）两个国家分别生产两种产品，每种产品的生产至少需要投入两种生产要素，且两国等量要素在相同时间内的产量相同。

（2）商品市场和生产要素市场是完全竞争的，生产要素在国内自由流动，在国家间则不能自由流动。

（3）生产要素是完全可分割的，单位生产成本不随生产增减而变化，因此不存在规模经济。

（4）两国的技术水平相同，生产函数相同，产量只是生产要素投入量的因变量。

（5）没有运输费用，没有关税或其他贸易限制。这意味着生产专业化过程可以持续到两国商品的相对价格相等为止。

3. 要素禀赋理论的内容

要素禀赋理论简称 H-O 定理，其主要通过对相互依存的价格体系的分析，用生产要素的丰缺来解释国际贸易的产生和一国的进出口贸易类型。

该理论认为，商品价格差异是国际贸易的基础，而商品价格的差异是由于商品生产的成本比率不同；商品生产成本比率不同，是因为各种生产要素的价格比率不同，而生产要素价格比率不同，则是由于各国的生产要素禀赋比率不同。因此，生产要素禀赋比率不同，是产生国际贸易的最重要基础。

不同商品在生产中使用各种要素的比例是不同的，即要素的密集度是不一样的。根据要素禀赋理论，一国应出口的产品是其具有比较优势的产品，即在生产上密集使用该国丰裕而便宜的生产要素的产品，而进口的产品则是其在生产上密集使用该国相对稀缺且昂贵的生产要素的产品。

试举例说明该理论，假设日本和澳大利亚使用劳动和土地两种要素，生产小麦和纺织品两种产品。两国生产小麦和纺织品的生产技术（两种产品的要素投入比例）相同。日本劳动力资源相对丰富，因而劳动力价格相对便宜；澳大利亚土地资源相对丰富，因而土地价格相对便宜。要素禀赋的差异决定了两国在小麦和纺织品生产上的比较成本差异（见表 2–3）。

表 2–3　日本和澳大利亚生产小麦和纺织品的要素比例、要素价格与比较成本

国家	产品	要素比例		要素价格		成本
		劳动	土地	劳动	土地	
日 本	小麦（a1）	1	5	1 日元	4 日元	21 日元
	纺织品（b1）	10	1	1 日元	4 日元	14 日元
澳大利亚	小麦（a2）	1	5	2 澳元	1 澳元	7 澳元
	纺织品（b2）	10	1	2 澳元	1 澳元	21 澳元

在表 2–3 中，a1/b1 ： a2/b2=21/14 ： 7/21=3/2 ： 1/3，表明日本生产纺织品的成本较低，澳大利亚生产小麦的成本较低。因此，基于要素禀赋比率形成的比较成本差异，两国的分工格局应是：日本生产纺织品并向澳大利亚出口，澳大利亚生产小麦并向日本出口。

对于当前的中国而言，由于居民生活水平持续提高等原因，劳动力成本较以往有相当程度的提升，但由于劳动力资源基数甚为庞大加之城镇化进程加快，中国仍属于劳动力要素较为丰裕的国家，许多出口产品仍为劳动密集型产品。此外，中国作为发展中国家，资本、技术等生产要素还相对稀缺，仍需积极引进。因此，要素禀赋理论对于中国开展对外经济贸易仍然具有一定的启示意义。

4. 要素价格均等化学说

按照 H–O 理论的逻辑演绎，虽然各国要素缺乏国际流动性，使得世界范围内要素

价格存在差异，但商品贸易可以部分替代要素流动，弥补要素流动性的不足；贸易不仅可以使各国间的商品价格差缩小，而且会使要素价格差缩小，并趋于均等，此即要素价格均等化定理。H–O 理论认为要素价格均等化只是一种趋势，而美国经济学家萨缪尔森在 20 世纪 40 年代发表的一系列论文则论证了自由贸易导致要素价格均等是一种必然，而不仅是一种趋势。这一理论被称为“要素价格均等化学说”（Factor–price Equalization Theorem），其揭示了国际贸易对要素价格的影响。

根据要素价格均等化学说，国际贸易成为国际要素流动的替代，使各国同质要素获得相同的相对收入和绝对收入。例如，会使贸易各国的同质劳动获得等量的工资，资本获得均等的利息，土地获得同样的地租。国际贸易促使要素价格均等化的过程，可用甲乙两国进行劳动密集型产品 L 和资本密集型产品 C 的贸易的例子来说明。以下便为两国劳动力和资本两种要素价格的均等化过程。

假定甲国劳动力丰裕、资本稀缺，因而贸易前工资率低而利率高，应该出口 L 产品，进口 C 产品；乙国则正好相反，劳动力稀缺但资本丰富，贸易前工资率高而利率低，应该出口 C 产品，进口 L 产品。两国开展贸易后，各自增加生产并出口密集使用丰裕要素的产品，减少生产并进口密集使用稀缺要素的产品，即甲国增加 L 产品生产，减少 C 产品生产，因此导致对劳动力需求的增加，工资率开始上升，而对资本的需求下降，资本利率随之下降；乙国的情况正好相反，其出口 C 产品，进口 L 产品，因此增加 C 产品生产，减少 L 产品生产，对资本的需求增加，使利率上升，对劳动力的需求减少，使工资率下降。随着甲国的工资率上升，利率下降，乙国的利率上升，工资率下降，两国都有一股强大趋势推动要素价格趋向于一个共同的水准。因此，自由贸易的结果使得商品相对价格趋于一致，从而使要素价格均等。

该学说表明，通过国际贸易不仅可以合理配置资源，调整各国的经济结构，而且可以改善各国收入分配不均的状况，缩小彼此的经济差距。因此，要素价格均等化学说也被称为“要素报酬均等化理论”。

5. 里昂惕夫之谜

要素禀赋理论提出后，逐渐为西方经济学界所接受。第二次世界大战后，一些西方学者利用经验数据对该理论进行验证，期望从实证角度证明这一理论的正确性。其中，美国经济学家里昂惕夫（Wassily W. Leontief）运用其创造的投入—产出分析法，以美国情况为例，计算了 1947 年和 1951 年美国生产每百万美元出口产品和每百万美元进口竞争产品所需的资本和劳动数量，结果发现美国出口的竟然是劳动密集型产品，而进口的却是资本密集型产品（见表 2–4）。

表 2-4　里昂惕夫的计算

指标	1947 年		1951 年	
	出口	进口竞争	出口	进口竞争
资本（1974 年的美元价格）/ 美元	2550780	3091339	2256800	2303400
劳动（人 / 年）	182	170	174	168
资本 / 劳动	14015	18184	12977	13726

如表 2-4 所示，1947 年美国进口竞争产品的资本与劳动的比值为 18184，出口产品的资本与劳动的比值为 14015，前者是后者的 1.3 倍，在 1951 年是 1.06 倍，即美国进口的是资本密集型产品，出口的则是劳动密集型产品。此验证结果与一般认识相悖。通常认为，美国资本较为充足，科技发达，而劳动力则相对不足（劳动力成本较高），因而美国在生产资本密集型产品方面应具有相对优势。根据要素禀赋理论，美国应出口资本密集型产品，进口劳动密集型产品，而上述验证结果却恰恰相反。这一矛盾被称为“里昂惕夫之谜”（the Leontief paradox）。

受里昂惕夫对要素禀赋理论的实证研究的启发，西方经济学界纷纷尝试用新的理论来说明和解释实际现象，于是一批新的国际贸易理论陆续涌现出来。

二、新古典贸易理论

古典贸易理论的基本特征是以静态分析和短期分析为主，难以准确解释国际贸易发展中的新现象。第二次世界大战后，西方经济学家致力于贸易理论的动态研究，形成了国际贸易的动态理论。然而，与古典贸易理论本质上相同，该理论同样认为国际贸易的根本原因在于建立在比较成本差别基础上的商品价格差异，其对国际贸易的分析也是建立在完全竞争的市场结构之下的。因此，第二次世界大战后出现的国际贸易动态理论一般称为新古典贸易理论，主要包括国际贸易新要素理论和产品生命周期理论。

（一）国际贸易新要素理论

为了从更宽泛的角度说明里昂惕夫之谜，并解释国际贸易中发生的新变化，西方一些经济学家提出了国际贸易新要素理论。该理论认为，应赋予生产要素以新的含义，生产要素不仅包括要素禀赋理论所说的劳动、资本和土地，诸如技术、人力资本、研究与开发、信息及管理等，也都是生产要素，这些“新”要素对于说明贸易分工的基础和贸易格局，都有着重要的作用。

1. 人力资本理论

为了解释里昂惕夫之谜，美国经济学家卢卡斯（Robert Lucas）、克拉维斯（Irving Kravis）、基辛（Donald Keesing）、凯南（Peter Kenen）、鲍德温（Robert Baldwin）以及舒尔茨（Theodore Schultz）等，相继提出并发展了人力资本理论（human capital theory）。他们认为，H–O 理论中所阐述的资本实际上只是物质资本，而未考虑到“人力资本”。所谓人力资本，是劳动者投入到企业中的知识、技术、创新理念及管理方法等资源的总称，是资本与劳动力结合而形成的一种新的生产要素。一国通过对劳动力进行投资，包括正规的学校教育、卫生保健、在职培训等，可以改善劳动者的素质，提高劳动生产率，从而对该国的对外贸易格局产生重要影响。一般认为，资本丰裕的国家通常也是人力资本丰裕的国家，因此人力资本丰裕是这类国家参与国际分工和贸易的基础。在贸易结构和流向上，这些国家往往出口人力资本要素密集型产品。

20 世纪 80 年代，卢卡斯根据贝克尔的人力资本内生理论和阿罗的观点，将原来的外生技术进步转变为人力资本。他建立了一个以人力资本为增长发动机的两部门模型，并分析指出，经济不需要依赖外生力量就能增长，增长的源泉即为人力资本积累，并且一国的人力资本存量和生产力对经济增长有重要影响。从长期看，各国经济增长率的广泛差异是由知识和人力资本存量与积累水平决定的。发展中国家与发达国家间的知识和人力资本差异，大大超过了财富的差距。根据卢卡斯模型，发达国家由于人力资本水平高，资本边际效率和简单劳动者的工资都较高，物质资本生产收益递增使得发展中国家的资本和工人流向发达国家。在全球经济相互依赖日益加深的条件下，发展中国家应充分重视人力资本开发，才能在国际贸易中拥有竞争优势。作为世界上最大的发展中国家，中国应吸收人力资本理论的合理内核，大力培养本国技术人才，提升出口产品的技术含量，以促进对外贸易高质量发展，增强对外贸易竞争力。

2. 研究与开发要素理论

研究一般是指与新产品、新技术、新工艺紧密相关的基础与应用研究，开发则是指新产品的设计开发与试制。研究与开发要素理论认为，研究与开发也是一种生产要素。一个国家越重视研究与开发要素的作用，其产品的知识与技术密集度就越高，在国际市场竞争中就越能获利。在一定条件下，投入研究与开发的资金数额，可以决定一国在国际分工中的比较优势，以及能否产生新的贸易比较利益。在当前中国大力倡导自主创新的背景下，通过加大研究与开发力度，生产出更符合国际市场需求的产品，是中国发展对外贸易的重要途径。因此，该理论仍有一定的启示意义。

3. 信息要素理论

信息作为生产要素，是指一切来源于生产过程之外并作用于生产过程的、能够带来利益的消息和情报等的总称。西方经济学家认为，现代经济生活不仅需要土地、资本和劳动这样的传统生产要素，也更需要如信息这般的无形生产要素。信息作为一种能够创造价值的无形资源，与有形资源结合在一起构成现代生产要素。一个国家对信息的利用状况将影响其比较优势，改变其在国际分工和国际贸易中的地位。

当前，信息通过全球网络在参与国际经贸活动的国家和地区间流动，推动了国际贸易信息化的发展趋势，给国际贸易的运作方式带来了巨大变化——电子商务兴起。电子商务作为一种现代贸易方式，利用计算机网络搜索和获取信息，为决策提供服务，加快了商品交易的速度。国际贸易中的信息技术因素成为贸易国及其企业国际竞争力的构成要素，国家及企业的信息处理效率成为其参与国际竞争的基础条件，信息基础设施的发达程度和信息产业的规模比重都极大地影响了一国在国际贸易中的竞争力和地位。中国作为发展中国家，更应重视信息要素在对外贸易高质量发展中的重要作用，信息要素理论对此提供了较好的注脚。

4. 技术差距论

技术差距论（technological gap theory）又称创新与模仿理论，是探讨技术差距或技术变动影响国际贸易的理论。该理论由美国学者波斯纳（Michael Posner）于 1961 年在其《国际贸易与技术变化》一文中提出。技术差距论将国家间的贸易和技术差距的存在联系起来，认为不同国家间的技术差距是导致国际贸易发生的原因之一。

在要素禀赋理论中，技术被认为是不变的，但实际中技术水平是在不断提升的。技术创新和新技术运用在各国间的不平衡，导致国家间技术差距的存在。技术差距使得技术领先的国家享有出口技术密集型产品的优势。新产品总是在工业发达国家最先问世，并在其国内销售后再进入国际市场，创新国借此获得了初期的比较利益。其他国家尽管想生产，但由于技术差距的存在，从产品创新到其他国家模仿生产之间存在着时滞。时滞的存在使得创新国的技术优势在一段时期内得以保持，其他国家对该产品的需求只能通过进口来满足。因此，技术差距引起的国际贸易得以持续一段时间。

波斯纳在描述技术差距时，把从产品创新到模仿生产的时间称为模仿时滞。模仿时滞分为需求时滞、反应时滞和掌握时滞三类。需求时滞是指技术创新国从开始生产新产品到开始出口新产品的时间间隔；反应时滞是指技术创新国从开始生产新产品到技术模仿国模仿其技术开始生产新产品的时间间隔；掌握时滞是指技术模仿国从开始生产新产品到完全掌握该技术、国内生产扩大、进口变为零的时间间隔。

需求时滞的长短，主要取决于两国收入水平差距和市场容量差距，差距越小长度越短。反应时滞期的长短，主要取决于企业家的决策意识和规模效益、关税、运输成本、国外市场容量以及居民收入水平等因素。如果技术创新国在扩大新产品生产中能够获得较多的规模效益，并且运输成本较低，进口国关税率较低，则可以拓长反应时滞；否则，这种优势就容易失去，反应时滞将缩短。掌握时滞的长短，主要取决于技术模仿过程的长短和吸收新技术能力的高低。

技术差距论阐释了技术差距的存在是产生国际贸易的重要原因。该理论虽主要是为了解释里昂惕夫之谜，但就其内容的合理内核来看，在一定程度上也可以说明整体技术水平尚有待提高的中国与一些发达国家之间的贸易关系。然而，该理论并未进一步解释国际贸易流向的变动及其原因，而在其基础上发展起来的产品生命周期理论恰好弥补了这一缺陷。

（二）产品生命周期理论

产品生命周期理论的创始人是美国学者弗农（Raymond Vernon）和威尔士（Louis Wells）。1966 年，弗农在其《产品周期中的国际贸易与国际投资》一文中，首次提出“产品生命周期”的概念，认为不同国家间的技术差距是产生国际贸易的重要原因之一。威尔士在此基础上引入市场营销学中的产品生命理论，具体描述了因技术差距而产生国际贸易的过程。他们将产品生命周期理论引入国际贸易理论之中，构建了国际贸易的产品生命周期理论。该理论认为，产品在其生命的不同阶段由不同的国家生产和出口，以此说明国际贸易的流动方向，将市场营销学中的产品生命周期与国际贸易理论结合起来，使比较优势理论由静态发展为动态。

产品的生命周期可分为三个时期：产品创新阶段、产品成熟阶段和产品标准化阶段，每个阶段具有不同的特点。

1. 产品创新阶段

少数在技术上领先的创新国，其创新企业率先开发出新产品，然后在其国内生产。此时，创新企业在生产和销售上具有垄断权。新产品不但满足了国内市场需求，而且可以出口到与创新国收入水平类似的国家和地区。在此阶段，创新企业几乎没有竞争对手，企业竞争的关键不在于生产成本。该阶段的特点，从产品生产地来看，由于新产品的设计要求接近市场和供应者，因此新产品的生产地确定在创新国；从产品的要素密集性来看，产品生产必须投入高额研发费用，生产要素密集性表现为技术密集型。

2. 产品成熟阶段

随着技术的成熟，生产企业不断增加，企业间的竞争持续加剧。对于企业而言，产品成本和价格变得越来越重要。同时，随着国外市场的不断扩大，出现了大量模仿者，创新国企业的生产不但面临国内原材料供应紧张的局面，而且面临着产品出口运输能力和费用的制约、进口国对该产品的贸易限制以及进口国企业仿制品的替代问题。此时，企业若要保持和扩大国外市场份额，需要到国外进行直接投资，从事当地生产、当地销售。这样，在没有大量增加其他费用的同时，由于利用了当地的廉价资源，减少了关税、运费、保险费的支出，结果是大大降低了产品成本，增强了产品竞争力，巩固和扩大了市场。该阶段的特点，从产品生产地特性来看，创新国从事新产品制造的企业，开始在东道国投资生产；从产品的要素密集性来看，该阶段知识技术的投入减少，资本和管理要素投入增加，高级熟练劳动投入越来越重要，生产要素密集性表现为资本密集型。

3. 产品标准化阶段

此时，技术和产品均已实现标准化了，生产此类产品的企业日益增加，竞争愈加激烈，产品成本与价格在竞争中的地位更加突出。因而，许多企业通过对各国市场、资源、劳动力价格等进行比较，选择到生产成本最低的地方从事生产活动。在该阶段，由于发达国家劳动力价格较高，生产地点的最佳选择是发展中国家。创新国的技术优势不复存在，其国内对此类产品的需求转向由国外进口。对创新企业而言，若要继续保持优势，则必须开展新的技术创新。该阶段的特点，从产品生产地特性看，产品生产地已逐渐开始向一般发达国家甚至是发展中国家转移，并且范围在不断扩大；由产品的要素密集性来看，此时产品技术趋于稳定，技术投入可忽略不计，资本要素投入虽很重要，但生产中非熟练劳动投入大幅增加，生产要素密集性也因此改变。

产品生命周期理论将产品生命周期与国际贸易结合起来分析，从技术进步、技术创新和技术传播的角度，分析了国际分工的基础和国际贸易格局的演变。中国发展对外贸易也可以借鉴该理论的合理内核，通过对贸易产品生命周期的分析，了解和掌握出口贸易的动态变化，以正确制定对外贸易的产品战略和市场战略。

第二节 新贸易理论

第二次世界大战后，特别是20世纪80年代以来，国际贸易中出现了与传统贸易理论不相符的三个显著特征：一是发达国家间的贸易迅速增长，成为国际贸易的主流；二是产业内贸易大幅增加；三是知识密集型产品在国际贸易中的比重不断上升。贸易实践对贸易理论发起了挑战，激发越来越多的经济学家对贸易理论展开反思。在古典贸易理论和新古典贸易理论的基本前提中，都假定市场结构是完全竞争的，而第二次世界大战后国际贸易理论界已经开始承认实践中的不完全竞争的市场结构，并将其作为贸易理论研究的基本前提。这种贸易理论基本前提的变化，标志着国际贸易理论已经由传统贸易理论演进为新贸易理论，主要包括产业内贸易理论和国家竞争优势理论。

一、产业内贸易理论

产业内贸易理论，是 20 世纪 60 年代以来在西方国际贸易理论中产生和发展起来的一类解释国际贸易格局的理论分支。

（一）产业内贸易的含义

根据产品内容，国际贸易可分为两种基本类型：一种是一国进口和出口属于不同产业部门生产的产品，即产业间贸易（inter-industry trade），又称部门间贸易；另一种是产业内贸易（intra-industry trade），又称部门内贸易，即一国既出口又进口某种相同类型的产品。

相较于产业间贸易，产业内贸易具备三个特点：一是产品流动具有双向性。产业间贸易的对象的流动是单向的，一国出口一种产品，进口另一种产品；产业内贸易的对象则是既进口又出口。二是产业内贸易的产品具有相似性，消费具有可替代性。例如，一国出口某些型号的汽车，同时也进口另外一些型号的汽车。尽管汽车的型号、档次有差别，但都是代步工具，能够相互替代。三是产业内贸易的产品的生产过程使用相似的要素投入。这一特点揭示了一国进出口同类产品，常常并非因为缺乏生产能力或是在成本上有劣势，而主要是由于产品差异和规模经济所造成的。通过产业内分工和贸易，两国相互开放市场，有助于双方企业实现规模经济效益。

20 世纪 70 年代以来，产业内国际贸易迅速发展。格鲁贝尔（Herbert Grubel）和劳埃德（Peter Lloyd）在 1975 年对该现象进行了系统研究。他们发现，美国等 10 个发达国家的产业内贸易比率约为 50%，其中化工、机械和运输设备等产品的产业内贸易比率最高。

（二）产业内贸易的理论解释

从供给和需求的角度看，产业内贸易理论可分为规模经济贸易理论和偏好相似理论。

1. 规模经济贸易理论

诞生于 20 世纪 70 年代末的规模经济贸易理论，以企业生产中的规模经济和国际市场的不完全竞争为基础，解释产业内贸易的缘起。该理论的代表人物为 2008 年诺贝尔经济学奖获得者、美国经济学家保罗·克鲁格曼（Paul Krugman）。

规模经济贸易理论有两个假设前提：一是企业生产具有规模经济。规模经济是指在企业生产扩张的开始阶段，企业由于扩大生产规模而使经济效益得以提高。企业通过参与国际贸易，获得了更为广阔的市场空间，可以扩大生产规模。随着生产规模扩大，单位产品的成本逐步下降。这种规模经济使得企业增强了竞争力，提高了赢利水平；二是国际市场竞争是不完全的。不完全竞争是一种垄断与竞争并存的市场结构。

在规模经济和垄断竞争条件下，任何一国都不可能囊括一个行业全部产品的生产，从而使国际分工和贸易成为必然。

规模经济贸易理论认为，企业长期平均成本随着产量的增加而下降，企业面对的是市场需求曲线，市场需求量会随着价格的下降而增加。在参与国际贸易之前，企业所面对的仅是国内需求，因国内市场相对有限，企业产量也相对有限，从而使生产成本和产品价格维持在相对较高的水平上。若企业参与国际贸易，产品所面临的市场就会扩大，企业产量就可以增加。由于生产处于规模经济阶段，产量的增加会使产品的平均成本下降，从而在国际市场上增加了竞争能力。规模经济效应使得要素禀赋即使在无差异的国家之间也能凭借生产规模的优势形成竞争力，从而取得贸易利益。

当前，在世界500多种主要工业产品中，中国有220多种工业产品的产量居全球第一。我国巨大的产能和产量一方面可以降低单位成本，另一方面也需要广阔的国际市场予以吸纳，规模经济贸易理论对中国发展对外贸易具有较好的借鉴价值。

2. 偏好相似理论

1961年，瑞典学者林德（Staffan B. Linder）提出了偏好相似理论，首次从需求角度对国际贸易的原因做出分析。他认为，一国经济增长进而使其人均收入提高，会使该国的代表性需求向某种较为昂贵的商品或奢侈品转移。为满足市场需求，生产者将不断扩大生产和改进技术，结果使产量增长速度超过需求增长速度，从而使该国有能力向他国出口。

林德的基本观点包括：①一种工业品要成为潜在的出口产品，首先应是一种在本国消费或投资生产的产品，即产品出口的可能性取决于其国内需求；②两个国家的需求结构越相似，即两国消费者的消费偏好越相似，一国代表性需求的商品也就越容易在另一国找到市场，因而这两个国家间的贸易量就越大。如果两国需求结构完全一致，一国所有可能进出口的产品同样也是另一国可能进出口的产品，则会产生产业内贸易；③人均收入是影响需求结构的最主要因素。人均收入水平相似，可用来作为需求结构相似的指标。由于工业化国家的人均收入水平比较接近，消费者的偏好相似程度也比较高，这为工业制成品贸易和产业内贸易提供了广阔的市场。

中国虽然是发展中国家，但国内各地区经济发展水平不均衡，需求具有不同层次的特点，能够产生与某些国外消费者类似的消费需求。因此，偏好相似理论可以在一定程度上解释中国对外贸易。例如，中国进口某些高档豪华轿车可以满足国内富裕人士的需求，而国外中低收入群体也可以消费产自中国的经济型小汽车。

二、国家竞争优势理论

20世纪80～90年代，哈佛大学教授迈克尔·波特（Michael Porter）出版的《竞争战略》《竞争优势》和《国家竞争优势》三本著作，引起了西方经济学界和企业界的高度关注。前两本著作主要研究产业竞争优势的创造问题，而《国家竞争优势》一书则主要从宏观角度，阐释一国如何确立和提高本国产业及产品的国家竞争优势。

国家竞争优势，是指一个国家帮助其产业和企业持续地以较低价格向国际市场提供高质量产品、占有较高市场份额并获取利润的能力。一国竞争优势主要取决于四组基本因素和两组辅助因素。四组基本因素是指要素条件，国内需求，相关产业和支撑产业，以及企业的战略、结构和竞争状态。这四组因素中的每一组都可单独发生作用，并同时作用于其他因素。四者组成一个系统，共同决定国家竞争优势，如图2-1所示。同时，国家竞争优势还受到机遇和政府作用的影响，由于两者需要通过四组基本因素影响国家竞争优势，所以属于辅助因素。

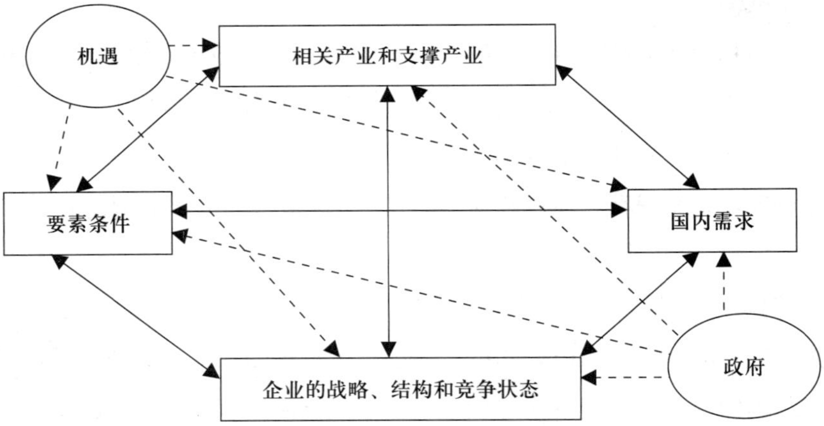

图2-1　决定国家竞争优势的四组基本因素和两组辅助因素

注：图中的实线表示四组因素中每一组均可单独发生作用，并且同时作用于其他因素；虚线表示两组辅助因素只能通过四组基本因素才能发生作用，进而影响国家竞争优势。

国家竞争优势理论，实际上是研究这四组基本因素和两组辅助因素的性质及其相互作用的理论。

（一）要素条件与国家竞争优势

在波特看来，一个国家如果拥有对某一产业十分重要的某类低成本要素禀赋或独特的高质量要素禀赋，那么该国企业就有可能在该产业获得竞争优势。要素条件主要是指人力资源、物质资源、知识资源、资本资源以及基础设施等方面的条件，不仅包括要素数量，还包括要素质量以及获得这些要素的成本的高低。

根据产生机制和所起作用的不同，要素可分为基本要素和推进要素。基本要素主要是指一国先天拥有或不需太多投资即可获得的要素（如自然资源、地理位置、非熟练劳动力等）。推进要素是指必须通过长期投资和培训才能创造出的要素（如高质量人力资本等）。对于国家竞争优势的形成而言，后者更为重要。因为随着科技发展，对基本要素的需求减少，靠基本要素获得的竞争优势难以持久。而只有推进要素才是稀缺的，因为其不仅需要复杂的私人与社会投资，而且要创造推进要素，创造机构本身就需要高端的人力资源和技术资源。因此，推进要素才是竞争优势的长远来源。

根据其作用和专门性，要素可分为一般要素和专门要素。一般要素是指适用范围广泛的要素，如常规的港口、受过普通高等教育的雇员等。专门要素则是指专门领域的专业人才、特殊的基础设施、特定领域的专门知识等专业性很强的要素，如专门供集装箱装卸的港口、研究所毕业的专业人才等。越是高级的要素，越有可能是专门要素。专门要素较一般要素更能为一国创造持久的竞争优势，因为一般要素提供的仅是基本类型的竞争优势，其供给在许多国家都能得到，容易被取代或失去效能。而专门要素的获得不仅需要更专一、更具风险性的投资，而且通常需要以丰富的一般要素为基础。专门要素在更为复杂或更具专业性的生产中不可或缺，尤其是在高新技术产业领域。

（二）国内需求与国家竞争优势

国内需求是指本国市场对该项产业提供产品或服务的需求情况。波特认为，国内需求直接影响着一国的国家竞争优势。其作用表现在以下五个方面。

第一，老练、挑剔的买主有助于产品标准的建立。买方的高质量诉求会使国内企业在买方压力下，努力改进产品质量、性能和服务。

第二，前瞻性的买方需求有助于国内企业在国际竞争中取得领先地位。因为在一国的买方需求领先于其他国家的情况下，国内企业会率先意识到新的国际需求的来临，并积极从事新产品研发，使企业自身不断升级换代。此外，领先的国内需求还会使企业的新产品更容易在国内找到市场，使企业新产品和企业自身获得发展机遇。

第三，国内需求增长速度与独立买主的数量会对一国竞争优势产生影响。国内需求增长迅速可激励企业尽快采用新技术，扩大生产规模，实现规模效益。而众多的独立买主可为企业提供更多、更全面的需求信息，促进企业实行多元化生产，减少经营风险。

第四，国内需求的作用还表现在产品研发人员基本处在国内，企业对国内需求的敏感性要比对国外需求更强烈。

第五，企业国内经营业绩的比较常常影响甚至左右经营者的自尊心和荣誉感，迫使其重视满足国内需求。

（三）相关产业、支撑产业与国家竞争优势

相关产业一般是指共用某些技术、共享同样的营销渠道及服务而联系在一起的产业或具有互补性的产业，如计算机设备和计算机软件、汽车和轮胎等。支撑产业是指某一产业的上游产业，它主要向其下游产业提供原材料和中间产品。

相关产业对某一产业的促进作用，体现在可促进有关产业的创新上。因为具备国际竞争力的相关产业进入某一产业后，可促使后者由较高起点进行创新和升级。此外，由于营销渠道的共享，相关产业的国际成功还可带动有关产业的国际成功，使有关产业在生产初期即可快速打开国际市场。

支撑产业对下游产业的促进作用，体现在可降低后者的生产成本，并在合作中进行创新上。例如，实力强大的供应商能够充当信息传递的媒介，协助下游企业尽快获得新的信息和技术，使得整个行业的创新提速。

在波特看来，一个国家若具有一系列国际竞争力较强的关联产业，则容易形成有国际竞争力的新产业。一国要使某一产业具有国际竞争力，必须注意相关产业和支撑产业的发展，通过产业分布的集中和信息交流，取得区域经济和集团经济效果，建立起强大的产业簇群。

（四）企业的战略、结构和竞争状态与国家竞争优势

企业的战略、结构和竞争状态，是指企业在一个国家的基础、组织、管理形态，及其在国内市场竞争中的表现，包括企业的建立、组织和管理的环境以及国内竞争的性质。企业要在竞争中赢得优势，必须根据内部条件和外部环境做出适当选择。例如，某些消费资料生产部门，为了适应顾客多变的需求，必须选择灵活的经营体制；而一些大型生产资料生产部门，则必须保持组织管理上的严格有序。

波特认为，强大的国内竞争是企业竞争优势得以产生并长久保持的最强有力的刺激因素。在激烈的国内竞争环境下，国内企业可以提高整个产业的创新速度，促进产业升级；还可迫使企业尽快向外扩张，力求达到国际水准，占领国际市场。

（五）机遇、政府作用与国家竞争优势

机遇是指关键新发明、重大技术变化、投资成本的巨变、外汇汇率的重要变化、突

然出现的世界或地区性需求、战争等偶然性事件。机遇的作用，在于其可能打断事物发展的正常进程，使得原先处于领先地位的企业丧失竞争优势，而落后国家的企业则可借此获得竞争优势并后来居上。一国能否抓住机遇并有效利用机遇，则取决于上述四组基本要素，因而它属于辅助因素。

政府的作用体现在可以通过对上述四组基本因素施加影响，从而影响国家竞争优势。例如，政府可通过教育政策影响劳动力要素，通过产业组织政策为产业、企业竞争力的提高创造良好环境，通过对消费者权益的保护培育国内需求等。因而，对于一国的国家竞争优势而言，政府的作用不可或缺。同样，政府的作用也是通过影响四组因素体现出来的，所以它也属于辅助因素。

此外，波特认为国家竞争优势的演进可分为四个阶段：第一阶段是要素推动阶段，基本要素上的优势是竞争优势产生的主要源泉；第二阶段是投资推动阶段，资本要素是竞争优势的主要来源，持续的资本投入可以扩大生产规模，大量更新设备，提高技术水平，增强企业的竞争力；第三阶段是创新推动阶段，此时的竞争优势来源于创新。企业已经具备各种条件，人员培训效果显著，引进技术吸收消化能力强，能够自主进行研发，创新意识和创新能力较强。通过将高科技成果转化为产品，增强经济适应能力，就能够赢得持续的竞争优势；第四阶段为财富推动阶段，此时国家主要依靠以往长期积累的物质精神财富维持经济运行，创新意愿及能力均可能下降，面临着丧失竞争优势的危险。

国家竞争优势理论关于国家竞争优势来源的论述，关于取得和保持国家竞争优势途径的探讨，对于各个国家，尤其是中国这样一个发展中大国有着重要的启发性意义。中国要促进生产力发展和提高国际竞争力，必须重视科技创新和人力资本投资，重视内需和国内经济大循环，创造公平竞争的环境。同时，也要更好地发挥政府作用，并把握好由于技术及环境变化而带来的机遇。

第三节　新新贸易理论

新新贸易理论诞生于 21 世纪初，其突破了新古典贸易理论和新贸易理论以产业为考察对象的研究范畴，将分析触角进一步延伸至企业，以异质企业的跨国贸易作为研究重点。企业异质性（firm heterogeneity）有两种形式，即因产业内部不同企业的生产率存在差异而导致的异质性，以及因企业组织形式存在差异而导致的异质性，这两种异质性紧密相关。新新贸易理论由企业视角来解释国际贸易，阐明现实中仅有部分企业选择出口的原因。在构成上，新新贸易理论包括异质企业贸易模型和企业内生边界模型。

一、异质企业贸易模型

美国学者马克·梅里兹（Marc Melitz）于2003年提出了异质企业贸易模型，用以解释企业的差异与相应的出口决策行为。在同一产业内部，不同企业的生产率也往往不同；不同企业在进入该产业时，其面临的不可撤销投资的初始不确定性也不尽相同。出口是存在成本的，企业在明晰其生产率状况后才会做出是否出口的决策。梅里兹的研究表明，贸易能够引发生产率较高的企业进入出口市场，而生产率较低的企业则只能继续为本土市场生产甚至退出市场。国际贸易因而使得资源得以进一步重新配置，流向那些生产率较高的企业。产业整体生产率由于资源的重新配置而得以提高，而此种类型的利得是以往贸易理论所未解释过的。某一产业部门的贸易开放将会提高工资水平及其他要素价格，迫使生产率最低的企业退出市场。生产率最高的企业将能够承担海外营销的固定成本并开始出口，而生产率居于中游的企业将继续为本土市场生产。利益的分配有利于那些生产率较高的企业，因为这些企业既为本土市场生产也为出口市场生产，而生产率最低的企业将退出市场，其结果是整个产业的生产率因国际贸易而得以提升。当削减关税、降低运输成本或扩大出口市场规模时，整个产业的生产率也将相应得以提高。

二、企业内生边界模型

2003年，西班牙学者博尔·安特拉斯（Pol Antras）提出了一个关于企业边界的不完全契约产权模型，用来分析跨国公司的定位和控制决策。在该模型中，安特拉斯揭示了有关公司内贸易的两种类型。在产业面板数据分析中，公司内进口占美国进口总额的比重较高，而出口产业的资本密集度更高；在国家截面数据分析中，公司内进口占美国进口总额的比重较高，出口国家的资本劳动比率更高。安特拉斯模型界定了跨国公司的边界和生产的国际定位，并能预测企业内贸易的类型。2005年，安特拉斯又建立了一个动态一般均衡李嘉图南北贸易模型，用以解释国际契约的不完全性导致产品周期的出现。产品周期是由于南方国际契约的不完全性和高技术投入品的重要性随着产品年龄和成熟度下降（产出弹性减小）而产生的。不完全契约抑制了产品开发，低技术投入品会转移至南方以利用其低工资优势。这种转移首先会以对外直接投资的形式在企业的边界内出现，其后一段时间，又会通过外包形式在企业的边界外发生。其一般均衡模型表明，南方的不完全契约导致北方的均衡工资高于南方。无论企业采用哪种组织形式，专用性投资均会扭曲，如果中间投入品供货企业较最终产品供货企业更能创造剩余，则外包的激励就会增大。

三、对新新贸易理论的评价

（一）新新贸易理论的理论贡献

以梅里兹模型为代表的新新贸易理论开启了国际贸易研究的新领域，其贡献主要表现在三个方面。

第一，新新贸易理论是对传统贸易理论，尤其是新贸易理论的补充。新新贸易理论在垄断竞争模型基础上放宽了企业同质的假定，从异质企业角度提出了关于贸易的新观点，在研究方法上取得了突破。

第二，新新贸易理论确立了新的研究视角。传统贸易理论从国家和产业层面研究国际贸易的产生及其影响，而新新贸易理论则是从企业这个微观层面来研究贸易问题，使得国际贸易理论获得了新的微观基础和新的研究视角。

第三，新新贸易理论对其他经济学科，特别是空间经济学的进展产生了新的影响。

（二）新新贸易理论的政策含义

第一，该理论表明，落后国家和地区应积极参与国际分工，提高对外开放水平，这有利于提高行业生产率水平，充分发挥优胜劣汰效应。因此，中央及地方政府应积极推动出口贸易和对外开放，以促进本国经济的发展。

第二，该理论定位了一条提高生产率的新路径。在不提高单个企业生产率水平的情况下，一国仍可通过贸易和开放来提高某一产业，甚至是全国的生产率水平。

第三，自由贸易也可能对落后地区产生负面冲击和影响：①市场开放可能给落后地区的某些产业发展带来不利影响。例如，一些技术含量较高但对地区未来经济发展却颇为关键的产业，可能因外部高效率企业的进入而衰退。因此在引进外部企业时，还必须考虑这些企业对本地区相关产业的带动效应；②自由贸易导致了资源的重新配置，使利润和市场份额向高生产率企业转移，这可能导致资源过度垄断而造成整体市场效率的损失；③若贸易仅发生在部分地区，这有可能会拉大地区内部的差距，固化地区分工。例如，由于受区位等因素的影响，我国沿海企业更易获得贸易带来的好处，而内地企业则更倾向于满足国内市场需求。这也是我国经济发展中出现地区差距的重要原因之一。

第四节 马克思主义国际贸易理论

上述各个西方国际贸易理论对于我国发展对外贸易具有较好的启示意义，然而也要认识到，中国不但是一个经济上的发展中国家，同时也是一个以公有制为基础的社会主义国家，在发展对外贸易问题上，马克思主义国际贸易理论依然有着非常重要的指导价值。

一、马克思主义的国际分工理论

资本主义商品经济的巨大发展，使国际贸易具有了举足轻重的社会经济意义，使世界上每个国家和民族都不同程度地加入国际性的生产和流通体系中。在马克思、恩格斯的著作中有不少有关国际分工和国际贸易的论述，“世界贸易和世界市场在16世纪揭开了资本的近代生活史”①，而“创造世界市场的趋势已经直接包含在资本的概念本身中”②。资本主义的发展，以其无限的扩张力把商品经济关系推向全世界，打破了一切民族和国家的界限，使剩余价值规模向国际化发展。资本主义商品经济的发展，使“过去那种地方的和民族的自给自足和闭关自守状态，被各民族的各方面的互相往来和各方面的互相依赖所代替了”③，从而“使一切国家的生产和消费都成为世界性的了”④。

以上这些论述表明，一方面是资本主义商品经济向国际范围的扩张，形成了国际经济贸易关系，它体现了资本家对剩余价值的无限度追求，反映了资本主义生产方式本质上是世界性的剥削关系。另一方面，国际经济贸易的发展，反映了生产社会化和商品经济发展的客观要求，这是社会化大生产和现代商品经济发展的普遍规律。由于客观上存在相互联系和依赖的关系，任何国家和民族若要得到发展，都必须积极发展对外经济贸易关系，绝不能搞自给自足的闭关自守。

在探讨当代国际贸易发生基础的问题上，马克思主义政治经济学原理认为，分工是交换的基础，只有在分工不断专业化和深化的基础上，经常性的、大规模的交换活动才有可能进行。可见，国际分工是商品经济和国际贸易发展的基础。国际分工能促进各国按照社会化大生产分工协作的原则，发挥本国、本地区在自然资源、劳动力、资金、技

① 马克思．资本论：第一卷 [M]. 北京：人民出版社，1975.

② 马克思，恩格斯．马克思恩格斯全集 [M]. 北京：人民出版社，1979.

③④ 马克思，恩格斯．共产党宣言 [M]. 北京：人民出版社，1964.

术等方面的优势，集中力量专门生产成本较低的产品，通过国际贸易使本国的生产和消费规模得以扩大。

社会主义国家自诞生之日起，就是在国际分工、生产国际化高度发展的基础上进行再生产活动的。同时，由于社会主义是在资本主义世界的薄弱环节中产生的，其经济建设必然面对技术落后和资金不足的难题。尽管当前的国际分工依然是以资本主义国际分工为主导的，但国际分工、国际贸易的发展在一定历史时期具有促进人类生产力发展的进步作用。因此，作为社会主义国家，发展生产力是中国的首要任务，必须利用一切有助于社会生产力发展的积极因素，包括利用国际分工发展本国对外贸易，充分吸收资本主义国家所取得的生产力和科学技术成果，促进社会主义经济建设事业的顺利发展。

马克思主义的国际分工理论不仅科学地论证了一国发展对外贸易的客观性和必要性，而且科学地论证了国际分工的性质，为中国参与和利用国际分工指明了正确方向，是中国发展对外贸易的重要理论依据。

二、马克思主义的国际价值理论

马克思主义认为，商品的价值作为凝结在商品中的一般的、无差别的人类抽象劳动，只有在充分地比较劳动的社会属性前提下，也就是在包括各民族经济活动在内的世界市场上，才能够完全地展现出来。因而，在国际贸易活动中价值规律同样发挥作用，只是由于经济环境不同，其作用形式发生了重大变化。

（一）国际社会必要劳动时间决定国际价值

在国际贸易中，决定商品交换的国际价值，不由一国之内的社会必要劳动时间决定，而要由国际社会必要劳动时间决定。各国的商品价值，在国际市场上都成了个别价值或国别价值；各国生产该商品的社会必要劳动时间，在国际市场上也成了个别或国别劳动时间。决定国际价值的国际社会必要劳动时间，是生产某种商品的世界各国的平均劳动时间，是所有进入国际市场的同类商品直接消耗的国内社会必要劳动时间的加权平均数。由于参与国际交换的是不同国家的不同经济实体，因此落后国家创造的同类产品（较低的劳动生产率的劳动产品）也可以参与国际交换，又因为落后国家的个别价值较高，其参与国际价值的形成的结果是抬高了国际价值水平。

（二）参与国际贸易的国家均可获益

在等价交换的情况下，如果一国的国别价值低于国际价值，就能够稳定地获得大大高于国内市场的超额利润。一般而言，发达国家的劳动生产率高，较多商品的国别价值低于国际价值，可以在交换中得到较多的贸易利益。正如马克思所言："价值规律在国际上的应用，还会由于下述情况而发生更大的变化：只要生产效率较高的国家没有因竞争而被迫把它们的商品出售价格降低到和商品的价值相等的程度，生产效率较高的国民劳动在世界市场也被算作强度较大的劳动。""一个国家的资本主义生产越发达，那里的国民劳动的强度和生产率，就越超过国际水平。因此，不同国家在同一劳动时间内所生产的同种商品的不同量，有不同的国际价值，从而表现为不同的价格，即表现为按各自的国际价值而不同的货币额。所以，货币的相对价值在资本主义生产方式较发达的国家里，比在资本主义生产方式不太发达的国家要小"。[①]

对于劳动生产率较低的国家而言，虽然其国别价值，即个别价值可能高于国际价值，在与发达国家进行贸易时处于不利地位，但这并不意味着不能从贸易中获利。经济不发达国家在与发达国家进行贸易时，"这种国家所付出的实物形式的物化劳动多于它所得到的，但是它由此得到的商品比它自己所能生产的更便宜"[②]。这是因为国际贸易商品的价值实现也不同于国内商品。每一种参与国际贸易的商品到达消费者手中，都要通过国际市场和国内市场这两次市场交换，有两次价值实现的机会。这与只在国内市场流通的商品存在重大区别。无论是在经济落后国家还是在先进国家，通过国际和国内两次市场交换，所实现的商品价值都会大于出口商品中实际消耗的劳动时间，或是节约国内生产同类产品将要耗费的劳动时间。

对于落后国家而言，以国际价值为标准来同先进国家进行交换时，其所付出的商品中包含的劳动时间虽然大大超过所得到的商品中实际耗费的劳动时间，然而在商品输入之后，还要按国内的生产条件再在市场上实现一次。进口商品不是其国内不能生产的，就是成本很高，所以落后国家输入商品在国内市场上实现的价值，还是会大于或至少能等于出口商品中实际耗费的劳动时间。因此，落后国家通过参与国际贸易与分工，是能够获得益处的。

而且，落后国家通过国际贸易，还可以发现自己与世界先进水平的差距，一般会努力提高劳动生产率，降低个别（国别）价值，争取在国际竞争中处于有利地位。事实上，不少后进国家或地区已经通过扬长避短，充分发挥自身优势，生产出成本低于国际生产成本的商品，成功地打入国际市场，甚至把发达国家的同类产品挤出了市场，由此获得了巨大的贸易利益，促进了本国或本地区的经济发展。

中国作为发展中国家，应该自觉地运用马克思主义的国际价值理论，大力发展对外

① 马克思 . 资本论：第一卷 [M]. 北京：人民出版社，1975.

② 马克思，恩格斯 . 马克思恩格斯全集：第 25 卷 [M]. 北京：人民出版社，1974.

贸易，通过实现对外价值形态的转换，大量节约社会劳动，促进经济发展。中国对外贸易不能仅考虑贸易利益，而首先要考虑本国国民经济发展的整体利益，在考虑全局和长期利益的前提下，充分利用国际市场条件，取得贸易利益。

三、马克思主义的社会再生产理论

马克思主义的社会再生产理论指出，社会生产各部类之间以及每个部类的内部，必须保持一定的比例关系，包括第一部类——生产生产资料的部类与第二部类——生产消费资料的部类之间，农业、轻工业和重工业之间，农业生产内部、工业生产内部，都必须保持适当的比例关系，如此社会再生产才能顺利进行，才能取得高的发展速度和好的经济效益。社会生产各个部类之间及其内部的比例关系，不仅在价值形态上要求平衡，而且在实物形态上也要求平衡。

世界各国在生产水平、经济结构、科学技术条件以及资源、气候因素等条件上的巨大差异，导致各国社会总产品的实际实物构成，往往与扩大再生产的发展以及进行技术改造所要求的实物构成存在着一定的差距。因此，在一国范围内，不可能在实物形态上达到社会扩大再生产所要求的平衡关系，任何一个国家都不可能生产自己发展经济所需要的一切。

对外贸易的主要特点是可以同国外实现实物形态的转换，即可以把生产资料转化为消费资料，把一种国内有余的生产资料转换为另一种国内短缺的生产资料，这是其他经济部门所无法做到的。从这个意义上看，可以说对外贸易是国民经济的一个特殊经济部门。通过对外贸易，用国内的一部分产品到国外去换取本国社会再生产所需要的另一部分产品，即进行实物形态的转换，以调整第一部类与第二部类之间，农业、轻工业、重工业之间，以及它们的内部结构在实物形态上的比例关系，在较高的水平上实现综合平衡，从而取得社会经济发展的宏观经济效益。通过对外贸易实物形态转换实现这种社会再生产比例关系的客观要求，对于一国经济发展具有重要的战略意义。

中国的社会主义扩大再生产是在经济全球化和生产国际化快速发展的情况下进行的。在当代科学技术突飞猛进的情况下，国家间的相互需要和依赖进一步增强。因此，只有参与和利用国际分工，充分利用国际条件，更有效地利用本国资源，发挥本国优势，才能实现大规模节约社会劳动、迅速发展生产力的目的。只有通过发展对外贸易，才能根据中国的需要和国外市场的可能，将国外资源和市场适当、有机地结合起来，国民经济才有可能建立起超越本国经济内在力量的扩大再生产规模，建立起高级的国民经济综合平衡，以取得较快的发展速度和较好的经济社会效益。

思考题

1. 试比较绝对成本理论和比较成本理论的异同。

2. 要素禀赋理论的假设条件和主要内容各是什么?

3. 国际贸易新要素理论和产品生命周期理论的主要内容分别是什么?

4. 试述产业内贸易的特点及产业内贸易理论的主要内容。

5. 试述国家竞争优势理论的内容及其对促进中国对外贸易发展的借鉴意义。

6. 新新贸易理论的主要内容是什么?

7. 马克思主义的国际分工理论、国际价值理论和社会再生产理论的主要内容各有哪些?

第三章 中国对外贸易战略

对外贸易战略是中国经济社会总体发展战略的有机组成部分。改革开放以来，中国制定了与国民经济发展相适应的对外贸易发展战略和战略目标。对外贸易战略的实施为中国对外贸易长期持续健康发展，成为世界贸易大国以及建设贸易强国发挥了决定性作用。

第一节 对外贸易战略概述

一、对外贸易战略的含义

对外贸易战略是指一国在其经济发展纲领总体指导下，结合国内经济发展状况以及国际贸易发展趋势，对本国对外贸易发展的总目标、总方向及其实现手段所做的战略性规划。

对外贸易战略不是单纯静止的观念，而是一个动态调整的系统工程，其包含战略目标、战略任务、战略思想、战略模式和战略措施。

对外贸易战略强调三方面的重要性：①科学制定战略任务，即紧密结合本国国情确立对外贸易在国家经济社会发展中的地位作用，避免好高骛远；②规划好战略指导思想，即在通观国际市场发展格局前提下，规划对外贸易应如何利用世界有利条件，应实现怎样的经济效益；③制定可行的基本战略模式，即如何处理好对外贸易发展中的问题和协调好对外贸易发展与国民经济发展之间的关系，这要求在不同的战略阶段采取不同的措施。战略目标只有在正确的战略任务、战略思想和基本战略模式框架下才能实现。战略措施是为战略任务服务的，是实现战略目标的路径。对外贸易战略的制定须统筹好战略工程体系内各个战略单位（国民经济各个组成部分）的地位、作用及相互关系。只有当战略任务、战略思想、战略模式、战略措施有机结合起来，达到辩证统一，才能最终实现战略目标。

二、对外贸易战略的分类

不同的对外贸易战略会对一国经济增长产生不同的影响。对外贸易战略该如何分类，经济学家们见仁见智。20 世纪 70 年代以来，一些发展经济学家通过观察“亚洲四小龙”① 等新兴工业化经济体迅速崛起的现象，发现这些经济体的工业化战略实际上是基于其对外贸易战略所做的选择。总体上看，对外贸易战略可分为进口替代战略、出口导向战略和混合发展战略三类。

（一）进口替代战略

进口替代战略（import-substituting strategy）又称内向型发展战略，是指一国通过推进其工业化进程，实现以本国生产的工业制成品对进口工业制成品的替代。进口替代战略的主要目的包括：削减进口，减少对国外的经济依附；节约外汇，平衡国际收支；发展本国的幼稚工业，实现工业化；发展制成品生产和出口，改善贸易条件；保护民族工业，扶持本国工业品的生产和出口；增加工业部门劳动就业，改变二元经济结构等。

进入 20 世纪后，世界生产格局呈现出二元结构特征，即工业化国家大量生产工业制成品，而发展中国家因自然资源禀赋丰裕而主要生产初级产品，包括矿产品及农产品等。这导致国际贸易模式体现为，发展中国家以出口初级产品来换取来自欧美的工业制成品。1948 年，阿根廷经济学家劳尔·普雷维什（Raul Prebisch）指出，拉美国家专业化生产初级产品，不能改善其在世界贸易分工中的长期动态比较利益，因为这些国家初级产品的出口价格与工业制成品的进口价格相比会逐步下降，使得贸易条件不断恶化。这一观点后被英国学者汉斯·辛格（Hans Singer）进一步拓展，形成了“普雷维什—辛格假说”（the Prebisch-Singer hypothesis，PSH）。在“中心—外围”（core-periphery）的国际经济体系中，作为“外围”的发展中国家必须保护本国幼稚工业，实行进口替代工业化战略，以摆脱依附于“中心”和被剥削的地位。第二次世界大战后初期，普雷维什—辛格假说以及保护幼稚工业论，成为拉美及亚洲一些发展中国家奉行进口替代战略的理论基础。

① 指韩国、新加坡、中国台湾及中国香港。

事实上，1949 年后至改革开放前这一时期，中国实行的也是此类战略。

进口替代一般须经历两个阶段：第一阶段是建立和发展一般的最终消费品工业，以替代如收音机、自行车、一般家用电器等消费品的进口；第二阶段是当最终消费品工业发展到一定程度，其产品基本能满足国内市场需求时，进口替代工业即应升级换代，转为集中力量发展资本品及中间产品工业（如机器制造、机床生产、石油提炼、炼钢轧钢等），以满足国内需要。在生产上，应尽可能多地使用国产原料和其他投入，以增强自力更生能力。

为顺利推行进口替代战略，通常需要采取的措施包括：①设置贸易壁垒和高关税以限制进口。对于那些需要替代的最终消费品，通过征收高额关税，实施进口许可证、进口配额和押金制度等手段，将舶来品拒之门外，保护国内重点扶持的幼稚产业和民族工业。但对于本国发展工业所亟须的资本品和中间投入品，则征收低关税或免征关税。②实行外汇管制。对于需要替代的消费品的进口，在外汇上予以限制。同时使本国货币升值，以降低进口中间品和资本品的成本，减轻外汇匮乏的压力。③实行优惠的国内政策。国家对重点扶持的进口替代工业实行税收减免等优惠措施，加速资本积累，以快速实现替代工业本土化。

发展中国家实施进口替代战略曾取得过一定成效。例如在 20 世纪 50 年代，巴西等拉美国家因推行该战略而获得了经济高速增长，基本实现了轻工业方面的自给自足。通过大举外债，巴西等国开展了基础设施建设，并初步发展起重工业，甚至还培育了如电子、飞机制造等现代工业。工业占国内生产总值的比重越来越高，就业问题得以解决，制造业的地理集聚促成了 70 年代末拉美国家人口由农村向城市迁移。但进入 80 年代后，拉美国家先后陷入经济增长放缓的困境，巨额外债无力偿还，拉美地区遭遇了“失去的十年”（the lost decade）。产生这种窘境的原因，主要在于进口替代战略本身的局限性，包括以下三方面。

第一，进口替代战略的发展潜力取决于国内市场容量。发展中国家普遍市场容量较小，人均收入水平不高。当国内经济发展到一定阶段后，狭隘的市场需求就成为制约经济进一步扩张的瓶颈。加之消费品制造被国家人为偏袒保护，行业竞争意识缺位，安于现状，产品成本高、质量低、缺乏规模效益。一旦国产消费品在国内市场达到饱和，保护下的国内市场价格高于国际市场价格的现实，使得产品难以走入国际市场，经济增长速度因而受到抑制，甚至出现倒退。

第二，进口替代战略造成经济结构失衡，资源配置效率低下。为保护国家重点扶持的工业，资源由农业和矿业被人为汲取到进口替代的制造业，这抬高了工业制品的国内价格。发展中国家实施进口替代战略，常是以牺牲农业为代价的。曾几何时，拉美地区、印度和巴基斯坦等国的农业部门逐渐凋敝，收入差距拉大。即使是在制造业部门内部，不同行业也出现了类似情况。受扶持的制造业部门常投资过度，而那些得不到支持的行业，尽管可能是潜在的出口部门或是资本品及中间产品的生产部门，则被边缘化。同时，国内原材料、机械设备及其他中间投入品的生产，因技术等因素的限制，必然价格较高，因而也难获鼓励。

第三，进口替代战略易造成国际收支失衡。实施进口替代战略的发展中国家严重依赖资本品和工业投入品进口，造成外汇使用过度。而其出口则主要是依赖农产品及矿产品等初级产品，换汇能力较低。长此以往，使得货币汇率不断下降，严重影响国际收支平衡。

实践证明，进口替代战略并未产生预期的理想效果，其弊端日益显现，被经济学家所普遍诟病。与此同时，促进出口的贸易政策及其实践则开始得到广泛关注。

（二）出口导向战略

自20世纪70年代开始，部分拉美及东南亚国家和地区，如巴西、墨西哥、新加坡、中国香港等，相继放弃了进口替代战略，转而推行出口导向战略。出口导向战略（export-oriented strategy）又称出口鼓励战略或出口替代战略，属于一种外向型战略。该战略主要是通过扩大本国工业制成品出口，代替初级产品出口，加强工业基础，以带动国民经济发展。20世纪60年代后，国际范围内各国工业生产能力的扩展，加深了国家间的相互依赖和专业化分工，贸易自由化有了巨大进步。不断向好的国际市场环境，有利于相关国家和地区转向实行出口导向战略。

出口导向战略可分为依靠初级产品出口来推动经济增长的“初级产品”出口贸易战略，以及依靠制成品出口来带动经济增长的“次级产品”出口贸易战略，以后者为主。其一般也须经历两个阶段：第一阶段主要发展加工工业，以生产食品，服装纺织，鞋帽，洗衣机、收录机、电视机等家用电器，以及木材加工品、玩具等一般消费品为主。这些产品的生产方法较为简单，技术较易掌握，投入要素较易获得，且国际市场需求较大，比较容易起步。当第一阶段的出口商品生产发展到一定程度，特别是当其中的某些商品的市场容量已趋饱和或生产与贸易条件已变得不利时，就应及时进入第二阶段，转向以机器设备、机床、电子仪器、机械工具等以资本技术密集型产品生产为主的出口工业。

出口导向战略的政策安排主要涉及三个方面：①奖励出口。常见的政策工具包括货币贬值，提供补贴和优惠贷款，税收减免及关税返还，简化出口手续，以及控制工资和物价以避免出口产品成本上涨过快等。②扶持具有比较优势的产业。出口导向战略的实施遵循国际比较优势原则，政府重点扶植那些本国具有比较优势的出口产业。例如20世纪

70年代，韩国在资本密集型产业上已具有一定国际比较优势，因而于1973年制定了《国民投资基金法》，加大对其重化工业的投资。③推行自由贸易体制。主要措施包括降低关税，取消进口限额，消除非关税壁垒，实施汇率制度改革等。自由贸易体制一方面可以避免企业因安于现状而缺乏国际竞争力，另一方面，取消贸易壁垒也有利于进口本国不具备比较优势的产品，尤其是那些出口行业生产所需的中间投入品，优化资源配置。20世纪70年代末，韩国的未加权平均关税率为29.9%，而印度、巴基斯坦等实施进口替代战略的国家则在70%以上[①]。

相比于那些奉行进口替代战略的国家和地区，实施出口导向战略的国家和地区的经济增长普遍取得了较好成效，特别是长期实行出口导向战略的“亚洲四小龙”。1960—1995年，中国香港的经济年均增长率为7.7%，韩国为8.1%，新加坡为8.4%，中国台湾为8.6%，均超过了坚持进口替代战略的印度。这些经济体的卓越表现被经济学家誉为“亚洲奇迹”。然而，出口导向战略也并非适用于所有国家和地区。经济学家钱纳里、布罗德、帕金斯等指出，出口导向战略一般仅适用于国内市场狭小的小国，而不适用于国内市场广阔的发展中大国，其主要原因，一是发展中大国若实行出口导向战略，其对国际市场的过度依赖会导致对内部市场的忽视，无法实现国内市场的规模经济，难以享有长期的动态贸易利益；二是过度出口将导致发展中大国的贸易条件恶化，甚至是贫困化增长；三是大国以出口补贴为核心的鼓励出口政策，更容易引发贸易不公平争端。

综上，出口导向战略也并非完美无缺。对于外部需求的过度依赖，易导致发展中国家和地区抵御外部冲击的脆弱性。如随着2008年国际金融危机的爆发，发达经济体对外部产品的需求大幅萎缩，致使相关发展中国家和地区的经济严重受挫。因而，发展中国家必须紧密结合本国国情以及国际市场需求状况，探寻和动态调整适合自身的贸易战略。

（三）混合发展战略

混合发展战略也被称为综合型贸易战略或平衡型贸易战略。其根本出发点，是克服进口替代战略和出口导向战略各自的缺陷并组合其可取之处，以最大限度地促进经济发展。这里的有效组合部分，主要包括进口替代战略中面向国内市场的独立自主的工业化和改进后的政府干预及保护，以及出口导向战略中的政策鼓励等。实质上，这种战略是改良版的进口替代战略。但由于进口替代和出口导向战略所奉行的贸易政策在作用方向

① Das D K. International Trade Policy：A Developing-country Perspective[M]. London：Macmillan，1990.

上是相反的，两者结合会产生一系列矛盾和冲突。例如进口替代部门和出口部门彼此处于孤立状态，妨碍生产要素的自由流动，使得市场配置效率低下，同时两种战略取向的政策效应因作用相反而相互抵消。

鉴于上述三种贸易战略各有其弊端，在改革开放时期中国应采取何种对外贸易战略的问题上，有国内学者提出一种新的贸易战略，即内撑外开型贸易战略。所谓内撑外开型贸易战略，简单而言，就是以国际比较优势为出发点，以国内市场为依托，以适度保护为辅助，全面对外开放的贸易战略。

三、中国具体的对外贸易战略

长期以来，货物贸易构成中国对外贸易的主体。改革开放后，为发展我国货物进出口，根据各个时期不同的国际、国内环境条件，国家提出并实施了一系列具体的对外贸易战略。我国货物贸易领域内的具体对外贸易战略，主要包括以质取胜战略、市场多元化战略、科技兴贸战略、出口商品战略以及进口商品战略。同时，近些年兴起的自由贸易区战略，也与我国货物贸易的发展紧密相关。

以下将逐一重点探讨上述各个具体的我国对外贸易战略。

第二节　以质取胜战略

质量是建设制造强国和贸易强国的生命线。20 世纪 90 年代初，随着我国出口贸易的快速扩张，以质取胜战略应运而生。它是我国商务主管部门针对出口贸易中存在的质量问题，为确保我国对外贸易的可持续发展而提出的一项长期战略。

一、以质取胜战略的提出

改革开放初期，我国对外贸易，特别是出口贸易一直保持着向好发展势头。但随着出口量激增，在出口商品质量等方面也出现了一些明显问题，主要包括：一是出口商品质量不稳定、包装不规范，国外客商投诉率偏高；二是在边境贸易中，一些假冒伪劣商品涌入周边国家市场，且愈演愈烈，并由边境贸易向一般贸易蔓延，严重损害了我国出口商品信誉及中国人的形象；三是出口企业重视价格竞争，而漠视了出口产品的技术含量；四是质量管理工作薄弱。忽视产品质量的出口扩张，在提升出口额的同时，也造成国内出口无序竞争、恶性竞争的现象。

例如中国的拳头产品“两纱两布”[①]，以往在国际市场上被誉为“24K 黄金”，在许多国家是免验信得过商品，但由于质量下降，变成外商投诉的重点，失去了不少市场。以中国香港市场为例，内地棉纱在中国香港的市场占有率 1986 年时为 85.4%，到 1991 年则下降为 54.7%。1981—1989 年，我国出口贸易量年均递增 11.6%，而出口贸易值仅增长 9.5%，单位出口价格则年均递减 1.8%。从整体上看，当时我国出口贸易增长主要依靠出口数量递增而非依靠产品质量的提高，属于“数量扩张”的粗放型出口方式。

在国务院确定 1991 年为“质量、品种、效益年”，推动我国经济建设逐步转向依靠科技进步提高经济效益的轨道的背景下，对外经济贸易部从我国出口贸易发展的长远需要出发，出台了以质取胜战略。

二、以质取胜战略的内涵

以质取胜战略的指导思想，是从国家形象和政治责任感的角度与高度认识到提高出口商品质量的重要性，树立对质量精益求精的态度和高度的责任心，正确认识并处理好质量与数量、效益与速度等各方面的关系，同时要结合国际市场需求，打造中国出口商品的高质量。当前，我国已跃升为全球第一出口大国，但还不是贸易强国，出口还主要依赖数量优势，“中国制造”总体上还档次不高，质量价值仍处于全球产业链和价值链的中低端。2015 年我国《国民经济和社会发展第十三个五年规划纲要》明确提出要加快建设质量强国，将质量强国建设上升为国家战略。这反映出国家推动质量变革、增强质量优势、实现高质量发展的决心。我国目前正在积极构建“双循环”新发展格局，过硬的产品质量是“双循环”得以顺利运行的基本保证。在对外贸易领域，当前及今后一段时期，实施“以质取胜”战略的重点包括以下四个方面。

（一）提高出口商品总体质量水平

针对不同行业设定不同产品的质量提升目标。强化生产企业和对外贸易主体的质量责任意识，提倡严谨细致的“工匠精神”（workmanship）。提升企业质量发展能力，推广先进的质量管理体系，提高应对国外技术贸易壁垒的能力。同时，加大对出口商品质量的监督检查和执法力度，确保质量总体水平，实现由“中国制造”向“中国质造”的转型升级。

---

① 指棉纱、棉涤纶纱、棉坯布、棉涤纶坯布。

（二）促进出口向中高端迈进

大力推动对外贸易发展由规模速度型向质量效益型转变。着力提高我国重点产业及区域的出口产品质量和竞争力。加大科技创新力度，以科技推动产品和产业升级换代，加快促进出口产品向中高档水平迈进，提升加工贸易档次。推动我国出口贸易由以价格优势为主，向以技术、质量、品牌、服务为核心的综合竞争优势转变。

（三）创造出口产品品牌效应

品牌建设是培育对外贸易竞争新优势、推进贸易高质量发展的重要突破口之一。要研究建立出口品牌统计制度，引导企业加强品牌建设，将品牌培育成开拓国际市场的利器。推动有条件的地区、行业和企业建立品牌推广中心，推介拥有核心技术的品牌产品。鼓励企业创立品牌，同时鼓励有实力的企业收购品牌（包括国际知名品牌），大力培育区域性、行业性品牌。支持企业开展商标和专利的国外注册保护，开展海外维权。此外，应采取多种方式，加大中国品牌的海外推广力度。

（四）提升出口产品质量治理水平

要不断完善宏观质量监管机制，提高事中事后监管能力。建立国际认可的产品检测和认证体系，鼓励企业按照国际标准组织生产和质量检验，并推动建设出口产品质量安全示范区。加快推进同重点出口市场的检验检测、认证认可体系和证书的互认。加强重要产品追溯体系建设，完善产品质量安全风险预警与快速反应机制，建立完善出口产品质量检测公共平台，支持出口企业开展质量管理体系认证。促进与“一带一路”沿线国家和地区以及主要贸易国家和地区的质量国际合作。同时，运用标准化和检验检疫等手段，促进“中国制造”产品档次和水平的提高，打破国外不合理的技术贸易壁垒，提升我国出口商品质量的总体水平和国际竞争力。

三、以质取胜战略实施的成效

自 1991 年提出并实施以质取胜战略以来，在政府各部门和出口企业通力配合下，我国在提高出口产品质量、优化出口商品结构、转变对外贸易增长方式、提升出口贸易经济效益等方面，均取得了有目共睹的成效。基于质量提升的出口贸易增长，对于促进我国对外贸易的高质量和可持续发展，发挥了巨大作用。

（一）出口商品质量整体大幅提升

以质取胜战略的推进，带来了中国制造业产品质量合格率的持续提升，以及出口产品召回率的不断下降。1985 年，我国产品质量的国家监督抽查合格率为 66.5%，到了 2019 年，制造业产品质量合格率为 93.86%，出口商品检验合格率为 90.9%。经过多年的发展，中国业已成为世界第一制造大国，制造业基础显著改善，质量管理能力持续提高，质量效益水平稳步提升。在原材料、重大装备、消费品等领域，越来越多的产品和服务质量正接近国际先进水平。例如“中国制造”空调、电冰箱、洗衣机、电风扇等 11 类家用电器不但产量稳居世界首位，其总体质量水平也已接近或达到国际水平。在新兴的光伏行业，中国已成为世界太阳能发电的产业龙头，拥有全球最大光伏发电全产业链集群、最大应用市场、最大投资国、最多发明和应用专利以及最大产品出口国等一系列桂冠。

（二）出口商品结构持续改善

1991 年以质取胜战略实施后，我国于 20 世纪 90 年代中期实现了优化出口商品结构的第二次跨越，即机电产品取代纺织服装成为第一大类出口商品。进入 21 世纪后，又出现了第三次跨越，高新技术产品出口脱颖而出，在出口商品结构中的地位日益显著。2019 年，中国机电产品出口额为 10.06 万亿元，已占到出口总额的 58.4%。其中，电器及电子产品出口额为 6.1 万亿元，增长 2.6%；机械设备出口额为 1.2 万亿元，增长 8.7%。高质量、高技术、高附加值产品的出口也快速增长，其中太阳能电池、半导体器件、集成电路、金属加工机床、汽车整车等产品出口，分别增长了 47.4%、24.2%、26.8%、14.8% 和 8.2%[①]。

（三）出口品牌建设卓有成效

从某种意义上讲，当今国际市场竞争主要体现为品牌之间的竞争。品牌代表了企业的实力、市场号召力及其产品质量水平，也是国家综合竞争力的重要体现。品牌弱国不可能是贸易强国。近些年来，在政府部门的积极倡导和支持下，我国企业自主品牌发展成效卓著。国务院确定自 2017 年起，每年的 5 月 10 日为“中国品牌日”，以增强全社会的品牌意识，使品牌创建成为越来越多市场主体的自觉行动。在对外贸易领域，近年来我国企业自主品牌商品出口持续走高，出口比重不断提升。2019 年自主品牌商品出口额

---

① 中华人民共和国商务部国际贸易经济合作研究院．中国对外贸易形势报告（2020 年春季）[EB/OL]．中华人民共和国商务部官网，2020-06-15.

为 2.9 万亿元，增长 12%，占我国出口总额的近 17%，较 2018 年提升 1.1 个百分点。① 值得一提的是，2014 年“华为”品牌首次登上由全球顶级品牌咨询机构 Interbrand 发布的“全球最佳品牌”（Best Global Brands）年度百强排行榜，名列第 94 位。2014—2020 年，“华为”品牌连年上榜，其中 2018 年、2019 年和 2020 年分别列第 68 位、第 74 位和第 80 位。此外，2015 年“联想”品牌也曾进入该全球品牌百强排行榜，位列第 100 位。

第三节　市场多元化战略

市场多元化战略首次出现于我国的“七五”计划之中，并于“八五”计划时期正式启动。我国根据当时的国际形势，开始有重点、有步骤地调整出口商品市场结构，逐步建立起合理的出口市场总体格局。自 1991 年推行市场多元化战略以来，中国的贸易伙伴已由 1990 年的 173 个发展到目前的 230 多个。在国际政治经济形势日趋复杂、世界正经历百年未有之大变局的背景下，市场多元化战略已成为我国对外贸易发展的一项长期基本战略。

一、实施市场多元化战略的必要性

自 20 世纪 90 年代初至今，市场多元化战略已实施 30 余年。由“七五”时期我国对外贸易市场高度集中，过于依赖中国香港和澳门地区及日本、美国和欧盟等发达国家，到如今贸易伙伴扩展到 230 多个，反映出实施市场多元化战略已经取得明显成效。然而，当前我国同前 10 大贸易伙伴的贸易额占比依然过高，2019 年仍为 74.3%。这意味着我国相对集中的对外贸易市场格局仍未得到根本改观，仍要坚定地继续推行市场多元化战略。

当前，持续深入实施市场多元化战略的必要性更为凸显，原因主要在于：①近些年来，单边主义、贸易保护主义、逆全球化不断抬头，我国与部分主要传统贸易伙伴的贸易摩擦及纷争有增无减。通过贸易伙伴的多元化扩大市场范围，有利于规避市场风险，保证对外贸易的健康可持续发展。②目前，传统市场已难以更多地消化中国对外贸易的发展潜能。中国经济总量已居世界第二，货物出口贸易规模居世界第一，而主要传统市场自国际金融危机以来的“新平庸”表现使得其需求疲软。通过市场多元化进一步拓宽出口市场，有利于优化我国进出口商品结构，促进国内产业结构调整升级，拓展国际循

① 中华人民共和国商务部国际贸易经济合作研究院．中国对外贸易形势报告（2020 年春季）[EB/OL]．中华人民共和国商务部官网，2020-06-15.

环运行空间，服务国内大循环的大局。③做大做强对外贸易需要全面参与国际分工。市场多元化战略有助于企业改善贸易条件，提高贸易效益，有利于我国积极主动地选择国际分工地位，通过分工地位的提高增强国际贸易规则制定的引领能力，更好地维护多边贸易体系。

二、市场多元化战略的内容

“七五”时期首次提出的市场多元化战略，是要巩固和发展亚洲太平洋地区市场，开拓西欧共同体市场，恢复和发展同苏联、东欧国家的贸易，拓展中东、拉美市场，发展同亚非拉发展中国家的出口贸易。30余年后的如今，国际环境已发生根本性变化，世界贸易的风险和不确定性日益增加，国内则已进入构建“双循环”新发展格局时期，市场多元化战略的内涵因而也必须与时俱进。当前的市场多元化战略的内涵早已跳出当初重视出口贸易的范畴，强调出口、进口市场结构都要由以传统市场为主，向多元化的市场格局全面发展转变，其主要内容表现在以下四方面。

（一）继续巩固和发展传统市场

长期以来，我国的传统市场主要指港澳台地区和西方发达国家。实施市场多元化并不是要主动与这些市场脱钩，而是要降低对它们的依赖程度。传统市场在我国对外贸易市场格局中依然地位突出。一方面，这些市场与我国经济之间的互补性强，我国产品在这些市场上适销对路。港澳台地区与祖国内地紧密相连，区位优势明显。中国香港作为自由港，一直是内地产品输往欧美国家的重要中转站，也是内地获取外汇和招商引资的主要来源；另一方面，发达国家市场有着先进的科技条件，中国需要这些国家的先进技术与设备，以促进产业结构调整和技术升级。同时，这些国家的法律制度完善，市场风险相对较小。其居民消费水平高，购买力强，他们对高端质优产品及名牌产品的追求，也有助于倒逼中国企业提升产品质量和技术含量，打造源自中国的国际知名品牌。

（二）加大开拓新兴市场力度

从出口层面看，国际金融危机后，各主要发达经济体艰难复苏，有效需求持续不足。反观新兴市场国家，其市场经济体制正逐步完善，经济增长速度较高，应对危机的表现可圈可点，市场潜力惊人。尤其是俄罗斯、巴西、印度和南非对其周边国家市场的辐射力较强，对中国的中高端产品需求较大。近些年来，中国对新兴市场的出口快速增长，出口占比不断提高，弥补了发达国家外需增长乏力带来的缺口。新兴市场已成为中国出口贸易的新增长点。

从进口层面看，新兴市场资源禀赋得天独厚，初级产品价格实惠，与中国产业结构能形成较强的互补性，因而是中国需要加大力度开拓的进口来源地。中国与欧美发达国家长期保持着农产品进口合作关系，例如玉米、大豆主要从美国采购，铁矿石、牛肉主要从澳大利亚进口。在中美贸易摩擦等因素的影响下，阿根廷、巴西等国也成为中国大豆的采购来源地之一。因而，加大新兴市场开拓力度不仅能应对面向传统市场出口的增长乏力，也有助于稳定重要物资进口的基本盘。

（三）重视开发周边国家市场

由近及远地发挥地缘优势，积极拓展周边国家市场，巩固和发展同周边国家的贸易关系，长期是中国实施市场多元化战略的题中应有之义。周边国家和地区同我国具有开展贸易的地理优势，贸易历史源远流长，文化也相近，商品结构互补性较强。特别是近些年来，我国与东盟的双边贸易额持续增长。2020 年是中国—东盟自由贸易区（CAFTA）建立 10 周年。10 年时间内，双边贸易额由 2010 年的 2928 亿美元增长至 2020 年的 6846 亿美元。同时，双方在深化基础设施合作、推动服务业合作发展等方面，也取得了显著成效。随着东盟于 2020 年逆势成为中国第一大贸易伙伴，中国—东盟自由贸易区逐渐成为全球最具活力的自由贸易区之一，中国—东盟也步入了经贸合作的“黄金时期”。在“一带一路”倡议框架下，中国与东盟将不断加强沟通，深化区域合作，释放市场潜力，提升劳动生产率，使区域政局稳定、经济发展形成良性循环。

（四）深化同“一带一路”沿线国家的贸易合作

2013 年秋，中国国家主席习近平在出访期间提出共同建设“丝绸之路经济带”，成为“一带一路”倡议的开端。2015 年 3 月，经国务院授权，国家发展改革委、外交部、商务部联合发布《推动共建丝绸之路经济带和 21 世纪海上丝绸之路的愿景与行动》。“一带一路”提出的框架思路是“全方位推进务实合作，打造政治互信、经济融合、文化包容的利益共同体、命运共同体和责任共同体”。“一带一路”中，丝绸之路经济带重点畅通中国经中亚、俄罗斯至欧洲（波罗的海）；中国经中亚、西亚至波斯湾、地中海；中国至东南亚、南亚、印度洋。21 世纪海上丝绸之路的重点方向，则是从中国沿海港口过南海到印度洋，延伸至欧洲；从中国沿海港口过南海到南太平洋。

自 2013 年“一带一路”倡议问世以来，截至 2020 年 1 月底，已有 138 个国家和 30 个国际组织同中国签署了 200 份共建“一带一路”合作文件，商签范围由亚欧地区延伸至非洲、拉美、南太平洋、西欧等相关国家。据统计，2013—2019 年，中国同沿线国家的货物贸易总额累计超过 7.8 万亿美元，对沿线国家直接投资超过 1100 亿美元，新签承包工程合同额接近 8000 亿美元，一大批重大项目和产业园区相继落地见效，有力地促进了互利共赢、共同发展[①]。

基于“一带一路”走向，我国将与沿线各国共建国际大通道和经济走廊。陆上依托国际大通道，共同打造新亚欧大陆桥、中蒙俄、中国—中亚—西亚、中国—中南半岛等国际经济合作走廊；海上则以重点港口为节点，共同建设通畅、安全且高效的运输大通道。此外，还将进一步推动中巴经济走廊和孟中印缅经济走廊与“一带一路”建设紧密关联。“一带一路”的共商、共建、共享，为我国积极参与全球治理体系建设和改革，推动构建人类命运共同体做出了巨大贡献，也极大地丰富了我国市场多元化战略的内容。

三、市场多元化战略的实施成效

随着近年来我国市场多元化战略的拓展和深入推行，中国对外贸易市场过于集中的状况已得到较大改善，该战略的实施可谓卓有成效。

（一）同传统市场的双边贸易稳步增长，依赖度有所下降

自市场多元化战略实施以来，我国继续同主要传统市场保持紧密的双边贸易关系，其间主要贸易伙伴位次略有变化。改革开放后，日本曾多年是中国最大的贸易伙伴。2004—2019 年 16 年间，欧盟又连续作为我国的第一大贸易伙伴。在 2019 年中国的前 5 位贸易伙伴中，除东盟外，欧盟、美国、日本、中国香港赫然在列，这说明中国同这些主要传统市场的双边贸易额一直在稳步增长。

但与此同时，我国对主要传统市场的进出口依赖程度出现了明显下降。“七五”计划末的 1990 年，中国内地对香港地区及日本、美国和欧盟的进出口额占到外贸总额的 7 成以上。2019 年，中国同这四个传统主要贸易伙伴的进出口贸易占比已降至 4 成。

（二）新兴市场成为对外贸易新增长点

在复杂多变的国际经济形势下，我国广泛参与各类区域性贸易安排，对新兴市场的进出口贸易快速增长。特别地，东盟在 2001 年为我国第五大贸易伙伴，2010 年为第四位，2019 年则取代美国成为第二大贸易伙伴。2020 年，在英国“脱欧”和全球新冠肺炎疫情背景下，东盟又取代欧盟，跃升为我国第一大贸易伙伴，双边贸易额达到 6846.0 亿美元，

---

① 数据来自中国一带一路网。

同比增长 6.7%，占中国外贸总额的 14.7%。东盟的统计数据显示，自 2009 年以来中国一直为其第一大贸易伙伴。这说明，中国与东盟互为对方第一大贸易伙伴的良好格局已经形成。

国际金融危机爆发后，金砖国家所受冲击相对较小，经济恢复较快且国内消费潜力大，而中国的制成品又具有较强竞争力，与金砖国家的贸易全面增长。金砖市场在我国出口贸易扩张中的贡献大幅提升，幅度超过 50%。2000—2019 年，中国对巴西、俄罗斯、印度和南非四国的出口之和占出口总额的比重由 2.42% 上升到 7.06%，20 年间上升 4.64 个百分点。

（三）与“一带一路”沿线国家的贸易成为亮点

当前，共建“一带一路”构成推动市场多元化发展的重要因素。同“一带一路”沿线国家的进出口贸易，已成为稳定我国对外贸易基本盘的重要支撑。自 2013 年提出以来，“一带一路”逐步从理念转化为行动，由倡议演变为共识，基于“政策沟通、设施联通、贸易畅通、资金融通、民心相通”的建设成果日益丰硕，尤其表现在“贸易畅通”方面。2013—2019 年 7 年间，中国与“一带一路”沿线国家的货物贸易总额，由 1.04 万亿美元增至 1.34 万亿美元。2019 年，中国同“一带一路”沿线国家的贸易增长 10.8%，高出整体增速 7.4 个百分点，占贸易总额的比重由 2013 年的 25% 提升到 2019 年的接近 30%。截至 2019 年年底，中国已同“一带一路”沿线 25 个国家和地区达成了 17 个自贸协定，正在开展 12 个自贸协定谈判或升级谈判，以及 10 个自贸协定联合可行性研究或升级研究。①

作为对外贸易领域的一项长期基本战略，市场多元化战略是我国全方位对外开放政策体系的有机组成部分，其紧密关系到“双循环”新发展格局的构建质量与成效。未来，我国将以共建“一带一路”为重点，以周边国家市场为依托，充分考量贸易伙伴的地缘政治风险、经济文化多样性和复杂性，全方位拓展国际市场布局，培育和巩固中国对外贸易竞争新优势。

第四节　科技兴贸战略

1999 年初，为落实科教兴国战略，加快我国由贸易大国向贸易强国转变，对外贸易

① 佚名. 7 年来中国与“一带一路”沿线国家货物贸易进出口总额增至 1.34 万亿美元 [EB/OL]. 中国经济网，2020-09-07.

经济合作部与科学技术部提出了科技兴贸战略。这是继以质取胜战略、市场多元化战略之后的又一项对推动中国对外贸易发展具有深远意义的战略。该战略的推出契合中国对外贸易进入新发展阶段的客观需要，顺应了经济全球化发展的时代潮流。20余年来，在一系列鼓励扶持政策的有力支持下，通过认真贯彻科技兴贸战略，我国在出口商品结构调整以及实现出口贸易增长等方面均取得了明显成效。

一、科技兴贸战略的出台背景

（一）我国在高技术产品市场上国际地位较低

20世纪80年代后，科学技术的飞速发展对国际贸易产生了巨大冲击，主要表现在，制成品中原材料的含量降低，而知识与技术含量逐渐增加，同时加工工艺也不断升级改良，产品越来越多地实现了由劳动密集型升级换代为技术与知识密集型。世界范围内高技术产业的蓬勃发展，使得技术密集型机电产品，特别是高附加值的高新技术产品，成为增长最为迅速的出口产品。据统计，1985年世界高新技术产品贸易总额超过500亿美元，且以每年翻一番的速度增长。20世纪90年代以来，世界高新技术产业出口年增长率在10%以上，比中低技术产业出口年增长速度高出5～6个百分点。

世界高新技术产业和知识经济的迅猛发展，使得传统的比较优势、国际分工格局以及国际贸易结构发生了重大变化，高新技术产品已成为出口增长速度最快和发展后劲最足的支柱商品。高技术贸易的强劲增长改变了许多国家在国际贸易中的相对地位。20世纪90年代，发达国家在世界高新技术产品市场占据绝对优势，全球约90%的高新技术产品贸易发生在发达国家之间。国际贸易发展态势说明，一国的国际竞争力将越来越取决于其高新技术产业的发展水平。

中国作为世界上最大的发展中国家，要想在新一轮国际竞争中抢占先机，在新的国际分工格局中赢得有利位置，成为世界经济与贸易强国，就必须大力发展高新技术产业和高新技术产品出口。当时，我国虽已完成由主要出口初级产品向主要出口工业制成品的转变，但出口商品中高科技含量、高附加值产品的比重依旧偏低。1999年，我国具有自主知识产权的高新技术产品出口仅占出口总额的10%。而技术含量较高的通信技术产品、计算机产品、集成电路和新型元器件产品的出口尚处于起步阶段[①]。

① 陈文敬，李光辉.中国的科技兴贸战略与实践：从贸易大国走向贸易强国的必由之路[M].北京：中国商务出版社，2007.

（二）贸易保护主义抬头与新型贸易壁垒层出不穷

在成立不久的世界贸易组织的推动下，国际上关税壁垒及许可证、配额等传统非关税壁垒逐步消融。然而由于国际竞争加剧，贸易保护主义也在不断抬头，反倾销、反补贴及保障措施等调查案件与日俱增。1999 年，中国遭受国外反倾销调查 39 起，成为全球贸易救济（trade remedy）的最大受害者，国内化工、钢铁产业所受影响尤为突出。同时，诸如绿色壁垒、技术壁垒、社会壁垒等新型贸易壁垒层出不穷，其保护门槛日益升高，成为我国对外贸易发展的巨大障碍。只有不断提高产品的科技含量和附加值，提高出口商品的技术标准，加强认证认可及国际互认，积极应对上述各类壁垒，才有助于促进我国出口贸易的持续健康发展。

（三）我国已具备实施科技兴贸战略的基础条件

我国高新技术产业自 20 世纪 80 年代开始起步。国家先后制定了一系列高新技术产业发展规划，包括“863 计划”“973 计划”“火炬计划”等，建立了若干高新技术开发区和高新技术产业开发带，制定了相关税收优惠政策，使得全国高新技术产业得以较快发展，高新技术成果的商品化、产业化和国际化也渐具规模。1998 年我国高技术产业产值占制造业的比重为 8%。1990 年我国已拥有高新技术企业 2500 多家，实现产值近百亿元人民币。1990 年我国高技术及其产品的出口额为 24.06 亿美元，1995 年即突破 100 亿美元大关。尽管该数据尚难以与发达国家相比，但体现出我国当时已经初步具备推行科技兴贸战略的基础。

基于上述背景，1999 年，对外贸易经济合作部联合科学技术部出台了《科技兴贸行动计划》，标志着我国科技兴贸战略正式付诸实施。

二、科技兴贸战略的内涵与战略体系的形成

（一）基本内涵

最初，科技兴贸战略包括两方面的内容：一是大力推动高新技术产品出口；二是运用高新技术成果改造传统出口产业，提高传统出口产品的技术含量和附加值。后随着国际国内经济科技形势的演进，科技兴贸战略的内涵也相应得以拓展，例如在促进高新技术产品出口、加强技术引进的同时，还加入了制定标准、应对国外技术贸易壁垒、培育高技术出口商品品牌、促进自主知识产权产品出口等内容，从而将该战略在更高层面上不

断引向深入。

2008 年 6 月，国务院发布《国家知识产权战略纲要》，提出“建设创新型国家”的目标。2012 年党的十八大报告提出“实施创新驱动发展战略”和“要坚持走中国特色自主创新道路”。自此，创新驱动发展战略成为我国科技经济发展的核心战略。2013 年党的十八届三中全会通过《中共中央关于全面深化改革若干重大问题的决定》，要求“加强知识产权运用和保护”。对外贸易领域是知识产权保护和运用的主要领域之一。2017 年 1 月，商务部印发《对外贸易发展“十三五”规划》，做出了“加强外贸知识产权保护”等要求。

知识产权是决定一国在当今全球价值链分工中的地位和贸易利益所得的关键因素之一。在我国全面实施创新驱动发展战略的大背景下，国内有识之士提出，应将科技兴贸战略升级为更高层次的知识产权强贸战略，在培育以技术、质量、品牌和服务为核心的竞争新优势的基础上，大力培育对外贸易领域内的知识产权竞争优势。

（二）战略体系的形成

基于 1999 年制定的《科技兴贸行动计划》、2001 年制定的《科技兴贸“十三”计划纲要》及 2003 年国务院转发商务部等部门联合制定的《关于进一步实施科技兴贸战略若干意见》，科技兴贸战略体系得以形成，主要包含以下六大体系。

1. 组织领导体系

在领导机构方面，1999 年科技兴贸部际联合领导机构仅包括对外贸易经济合作部和科学技术部。此后，信息产业部、财政部、税务总局、海关总署、国家质检总局、国家发展改革委、国家知识产权局和中国科学院陆续加入，最终形成了科技兴贸十部门联合工作机制，为科技兴贸战略的实施提供了组织保障。

2. 出口促进体系

实施科技兴贸战略中，先后提出了“确定和培育高技术出口产品”“培育和建立高技术产品出口基地”“确定一批高技术产品出口重点城市”“实施出口创新基地工程”“培育出口创新企业”“建设科技兴贸创新基地”等措施。为加强科技、产业和贸易的有机结合，商务部会同科学技术部于 2006 年、2007 年、2009 年和 2012 年，联合认定了四批 88 个国家科技兴贸创新基地，各基地已成为促进自主创新和调整对外贸易结构的重要载体，形成了以贸易为龙头、市场为导向、产业为基础、科技为动力、企业为主体的较为完善的出口促进体系。

3. 高技术产品出口服务体系

为促进高新技术产品出口，国家以围绕提升企业技术竞争力为主线，制定和发布了出口商品技术指南，设立了一批出口商品技术服务中心。其中，出口商品技术指南包括了适用范围、出口概况、国际市场准入技术要求、跨越技术壁垒的解决方案等内容，对企业组织展开有关的高新技术产品出口经营活动具有较高的参考价值。

4. 对外宣传和展示体系

为加强对外技术贸易和高新技术成果的宣传与交流，自 1999 年起，科技兴贸联合工作机制搭建了多个高科技会展平台。例如，在深圳举办中国国际高新技术成果交易会以及举办北京高新技术产业国际周等。其后，又创办了中国国际软件和信息服务交易会、中国苏州电子信息博览会、上海国际工业博览会、中国北京国际科技产业博览会和陕西杨凌农高会，共形成六个各具特色的高新技术产品交易宣传平台。与此同时，商务部还大力推动与发达国家之间建立双边高技术领域经贸合作机制。通过举办境内外国际展览会和交易会，拓展了对外宣传的信息渠道，形成了从国内到国外的宣传体系。

5. 政策体系

科技兴贸十部门各自制订有指导性的文件和出台具体的政策措施，涵盖财政、税收、金融、市场、海关、质检、保险等各方面，从而形成了包括金融、财税、保险、海关、质检、研发、引进和市场等内容的完整政策体系，为科技兴贸战略的实施创造了良好的政策环境。

6. 技术性贸易措施体系

为提升我国出口商品在国际市场的整体技术竞争力，政府部门加强政策支持和引导力度，以企业为主体、行业为纽带，帮助企业更好地应对国外技术壁垒。主要包括：动态监测国际市场的技术准入条件，加强标准体系建设，完善标准管理；加强认证认可体系建设；即时调整国内产品的标准和合格评定程序，为企业应对国外技术壁垒等提供指导性意见。这为我国高新技术产品出口突破国际技术贸易壁垒提供了有利条件。

三、科技兴贸战略的实施成效

20 余年来，在政府部门和企业的共同努力下，科技兴贸战略的实施取得了显著成效，主要体现在以下五个方面。

（一）促进了高新技术产品进出口

在一系列促进高新技术产品进出口的政策措施支持下，我国高新技术产品贸易发展迅猛。1999—2018 年，我国高新技术产品进出口额由 623 亿美元增至 14184.8 亿美元，年均增长约 19%，超出同期货物贸易额年均增长率约 4 个百分点，其中出口从 247 亿美元增至

7468.2 亿美元，增长 30 倍，年均增长约 21%。1999 年，高新技术产品出口占出口总额的比重为 12.7%，2009 年则跃升至 31.4%，提前超额完成《科技兴贸“十一五”规划纲要》提出的到 2010 年达到 30% 的目标，并推动我国出口贸易规模由全球第九位上升至第一位。

（二）提高了出口产品竞争力

在高新技术产品出口持续增长的同时，出口商品也在不断优化，主要表现为：①高新技术产品在工业制成品出口中的比重不断提高，由 1999 年的 14.1% 上升至 2019 年的 31.0%，对优化出口商品结构做出了突出贡献。②技术含量与附加值较高的高新技术产品出口占比逐步提高。其中，计算机与通信技术产品已成为高新技术产品出口的主力，2019 年其占高新技术产品出口的比重为 63.3%。1998 年，航空航天技术产品占高新技术产品出口的比重为 0.3%，2019 年已提升至 1.2%。③数字化产业形成新的出口增长点。在当前全球进行以数字技术为核心的新一轮产业革命和技术变革背景下，我国率先布局 5G、云计算、人工智能和大数据等新一代技术创新，国内也涌现出一批数字型领军企业，其在国际市场上的竞争力不断提升。例如，华为技术有限公司在 5G 专利数量上排名全球第一，5G 订单量位居全球第一。深圳市大疆创新科技有限公司在全球无人机市场中的份额超过 7 成，客户遍布 100 多个国家。

（三）推动了产业结构优化升级

科技兴贸战略的主要内容之一是利用高新技术改造传统产业。改革开放 40 余年来，科技创新的政策目标与路径相当清晰，从最初引进国外先进技术、实施消化吸收，再到强调自主创新能力建设和创新驱动发展；从最初以引进硬件设备为主向以引进软件技术为主转变。通过“以市场换技术”吸引跨国公司来华进行直接投资，鼓励跨国公司在华设立独立的研发机构，生产高新技术产品，通过其技术外溢（spillover）和为其提供产业配套，促进国内企业的技术进步和产业结构的优化与升级。

实施科技兴贸战略以来，我国技术引进工作快速发展。据商务部统计，1999—2018 年，我国技术引进合同累计达到 174524 项，合同总金额约 5000 亿美元，技术引进效果明显，促进了产业结构的优化升级。近年来，在自主创新驱动下，我国力推数字技术产业化转型，以数字技术为代表的在线教育、互联网医疗、产业平台化发展、无人经济、虚拟产业园等 15 种新业态新模式快速成长发展。2017 年，数字出口已成为中国第二大出口板块①。2019 年，中国数字经济增加值规模达 35.8 万亿元，占 GDP 的比重达 36.2%。其

① 全球化智库与韩礼士基金会 . 数字革命：中国如何在国内外吸引数字贸易机会 [EB/OL]. 全球化智库官网，2019-03-21.

中，传统产业数字化增加值为 28.8 万亿元，占 GDP 的比重为 29%。

（四）增强了出口企业自主创新能力

如今，中国已超越美国成为世界头号制造业大国。2004 年，我国出口工业制成品中的资本密集型产品占比，首次超过了劳动密集型产品占比。出口商品结构明显得到改善，“三自三高”（自主知识产权、自主品牌、自主营销和高科技含量、高附加值、高效益）商品的出口份额显著提升，这与我国出口企业的自主创新能力提高有着直接的关系。2019 年，我国高新技术企业营业收入达到 45.1 万亿元，是 2015 年的 2 倍。我国的汽车行业已经实现由“引进来”向“走出去”的转变，如比亚迪、吉利、宇通等一批具备国际竞争力的汽车自主品牌，已经成规模地向欧美发达国家出口新能源汽车，并逐步向技术与资本共同输出的海外产业布局转变。

（五）全面布局高新技术产业集群

高质量的产业集群可以通过外部规模经济效应提高一国出口产品的国际竞争力。实施科技兴贸战略以来，长三角、京津冀和粤港澳大湾区已各自形成高新技术产业集群，成为我国高新技术产品的主要出口基地。其中，长三角作为中国最发达地区之一，是现代通信、软件、微电子等领域的外商投资集中地带，在计算机技术、电子技术和计算机集成制造技术等领域的产品出口具有明显优势；京津冀经济圈中，北京的科技创新能力全国领先，拥有的独角兽企业占全国的 40%；粤港澳大湾区正努力打造具有全球影响力的国际科技创新中心，推动新一代信息技术、生物技术、高端装备制造、新材料等发展壮大为新支柱产业，推动制造业智能化发展，扩大高新技术产品出口规模。

此外，为发展数字贸易，2020 年 4 月，商务部会同中共中央网络安全和信息化委员会办公室（以下简称“中央网信办”）、工业和信息化部联合启动国家数字服务出口基地创建工作。经认定，中关村软件园、大连高新技术产业园区、上海浦东软件园、中国（南京）软件谷、厦门软件园和成都天府软件园等 12 个园区，成为首批国家数字服务出口基地。

四、实施科技兴贸战略仍然任重道远

自 1999 年以来，科技兴贸战略在我国对外贸易发展中发挥了关键性作用，为优化出口商品结构、提升出口企业国际竞争力做出了突出贡献，也为我国成为全球货物贸易第一大国和建设贸易强国奠定了坚实基础。然而，在当前复杂多变的国际政治经济形势下，我国的科技兴贸战略还面临着诸多挑战，实施科技兴贸战略依然任重道远。

（一）自主创新能力仍待提高

在科技兴贸战略推动下，我国自主创新能力近年来有了明显提高。2019 年全球创新指数（Global Innovation Index，GII）排名中，中国名列第 14 位，且创新质量连续 7 年在中等收入经济体中位居榜首，在专利、工业品外观设计和商标申请量及高科技和创意产品出口方面均名列前茅。虽与发达国家的创新差距在不断缩小，但我国在部分高端产品及关键领域的核心技术受制于人的局面仍未发生根本改变，其中尤以芯片为甚。芯片是信息产业的基础，在计算机、自动化、电气、通信、航空航天等各领域均被广泛应用，其占据全球半导体产品超过 80% 的销售额。我国芯片产业虽发展较快，已成为全球第一大市场，但在芯片设计、芯片制造及基础软件研发等方面依旧实力欠缺，缺乏类似高通、英特尔这样的大型龙头企业，半导体产业自给率不足 15%。2020 年，中国芯片进口额为 3500 亿美元，远超排名第二的原油进口额（1763 亿美元）。2020 年 5 月，美国商务部工业与安全局（BIS）向我国华为公司恶意施压，规定全球所有芯片制造商只要使用美国技术或设备，就必须得到美国商务部审核批准。由于我国在芯片制造行业缺乏一流的光刻机，无法制造出 5 纳米设计芯片，华为公司因而陷于被动。

（二）技术引进工作难度加大

改革开放以来，技术引进成为我国科技进步实现"弯道超车"的重要途径，为发展高新技术产品出口提供了条件。但随着中国科技与经济实力不断加强，发达国家为维护自身竞争优势与科技领先地位，纷纷对其高新技术出口实施严格管控，加之全球范围的知识产权保护力度不断提升，致使我国引进先进设备与技术的难度与成本不断增加。2018 年 11 月，美国国会通过了迄今最为严格的技术出口管制方案《2018 年出口管制改革法案》（*Export Control Reform Act of 2018*，ECRA），规定加强管制的领域包括人工智能、芯片、量子计算、机器人、面印和声纹技术等 14 项新兴和基础关键技术。2020 年 4 月，美国商务部工业与安全局又删除原《出口管制条例》中民用最终用户的许可例外，并扩大了针对中国等国的军事最终用途或军事最终用户的出口审核。我国的技术引进未来将遭遇重重障碍。若国内重大自主创新难以及时取得明显成效，一段时间内在关键核心技术上将难免受制于人，会对经济与对外贸易的高质量发展造成不利影响。

（三）国际价值链分工地位仍需攀升

在当前的全球产业链中，我国已表现出明显的高技术制造业比重上升、中技术制造业比重下降、低技术制造业比重基本不变的状况。在国际分工格局中，中国正实现由价值链的低端装配环节，向中高技术产品比例不断提升的中高端环节转变，同时也正从全球价值链模式向全球价值链与国家价值链互动模式转变。但整体来看，中国制造业依然大而不强，类似品牌、专利等高端生产要素尚未形成明显气候，致使制造业在全球价值链中呈现出“中低端锁定”的局面。同时，服务业融入全球价值链的程度也亟待提高，如金融服务、保险服务、咨询信息服务等新兴现代服务业占中国服务业出口的比例仍较低，其支持制造业提升地位的功能也有待发挥。

（四）知识产权贸易逆差较大

自 2008 年实施国家知识产权战略以来，我国知识产权事业发展成就巨大。2019 年，我国 PCT[①] 国际专利申请量为 5.9 万件，是 2015 年的 2 倍，跃居全球第一位。然而，在知识产权创造能力快速提升的背后，也存在着质量并未完全匹配数量的问题。从专利授权占比来看，2019 年我国实用新型专利授权占比约为 61%，远超发明专利授权 17% 的比重。同时，知识产权成果转化能力有限，2018 年我国专利密集型产业增加值达到 10.7 万亿元，仅占 GDP 的 11.6%，落后欧盟 4.5 个百分点[②]。

根据世界贸易组织的分类统计贸易数据，2018 年中国知识产权使用费进出口额为 411.5 亿美元，其中出口额为 55.6 亿美元，进口额为 355.9 亿美元，贸易逆差约 300 亿美元，知识产权使用费出口金额不及进口金额的 1/6。巨额的知识产权贸易逆差，反映出我国对其他科技强国的技术依赖程度较深，也会影响我国在国际知识产权规则制定中的话语权，同时使得我国企业在国际分工中处于被动地位。

综上所述，尽管存在种种困难与挑战，我国科技兴贸战略的实施成效有目共睹。随着科技发展和国际形势的变化，在当前构建“双循环”新发展格局背景下，“科技兴贸”应适时向“知识产权强贸”迈进，以更加适应当前中国对外贸易发展侧重点由“兴贸”向“强贸”的转变，同时与创新驱动发展战略和知识产权战略充分对接。

---

① PCT（Patent Cooperation Treaty）指专利合作条约，是世界专利领域的一项主要国际合作条约。

② 佘颖．2019 年中国 PCT 国际专利申请量首次跃居全球第一位——中国专利“含金量”越来越高 [N]. 经济日报，2020-04-24.

第五节　出口商品战略

一、出口商品战略的提出

出口商品战略是指为达到预定的出口战略目标，根据本国在一定时期内的比较优势与竞争优势状况以及国际市场的供求态势，对本国出口商品构成所做出的战略性安排。制定科学、切合实际的出口商品战略并采取相应的战略措施，对于增强我国出口商品的国际竞争力，扩大出口获利能力，提高出口经济效益，有着十分重要的意义。

改革开放后，自“六五”计划时期（1981—1985 年）开始，我国在每一个五年计划 / 规划中均制定了相应的出口商品战略，一直延续至今。自 2006 年“十一五”时期起，为适应市场经济发展需要，我国将“五年计划”更名为“五年规划”，体现出国民经济管理从微观向宏观、从直接向间接、从项目管理向规划管理的转变。我国出口商品战略因此也被赋予了新的内涵。

二、我国出口商品战略的演变

（一）“十二五”规划前的出口商品战略

“六五”时期（1981—1985 年）。针对改革开放伊始我国产业结构和生产技术较落后的状况，这一时期我国出口商品战略的取向是发挥我国资源丰富和传统技艺精湛的优势，增加矿产品和农副土特产品、工艺品和传统轻纺产品的出口；同时发挥我国劳动力密集优势，发展进料加工；发挥我国现有工业基础的作用，发展各种机电产品和多种有色金属、稀有金属加工品的出口。“六五”计划结束时，我国出口商品构成中资源型初级产品所占比重较大，制成品比重尚不到 50%，且制成品出口以轻纺等粗加工产品为主，附加价值高的精加工制成品比重较低。

“七五”时期（1986—1990 年）。考虑到当时国际初级产品贸易趋于萎缩以及我国现代化建设的需要，国家提出“七五”期间的出口商品结构要实现“两个转变”，即逐步由主要出口初级产品向主要出口工业制成品转变，由主要出口粗加工制成品向主要出口精加工制成品转变。经过“七五”计划期间的努力，我国顺利实现了第一个转变目标，1990

年工业制成品出口已占出口总额的70%以上，初级产品出口则降至30%以下。

“八五”时期（1991—1995年）。在实现第一个转变的基础上，我国出口商品战略的重点转为实现第二个转变，具体体现为：逐步实现以粗加工制成品出口为主向以精加工制成品出口为主的转变，努力增加附加值高的机电产品、轻纺产品和高技术产品的出口，鼓励那些在国际市场上有发展前景、竞争能力强的拳头产品出口。据此，“八五”期间国家重点发展机电产品、轻纺产品和高科技产品的出口。1995年，机电产品已取代服装纺织品，成为我国第一大类出口商品，同时轻纺产品及农副产品、资源性产品的出口比重有所下降。

“九五”时期（1996—2000年）。出口商品战略的规划重点依然是进一步优化出口商品结构，提高产品附加值，进一步扩大机电产品，特别是成套设备的出口；发展附加值高和综合利用农业资源的创汇农业。与以往出口商品战略相比有所创新的是，国家提出在出口贸易中要“创立名牌”。

“十五”时期（2001—2005年）。进入21世纪伊始，我国的出口商品结构总体上尚未实现第二个转变，低技术含量、低附加价值产品出口仍占主导地位。因此“十五”时期我国的出口商品战略目标是加快推进对外经贸领域的两个根本性转变，基本实现对外经贸发展从主要依靠规模扩张和数量增长，向主要依靠质量和效益提高的根本性转变，增强我国对外经贸的国际竞争力，努力保持对外经贸的可持续发展；更好地实施以质取胜、市场多元化和科技兴贸战略，为实现上述目标提供必要的保证；力争到2005年，机电产品出口比重提高到50%左右，高科技产品出口达到600亿美元，其出口比重提高到20%左右；传统出口商品的技术含量和附加值有明显提高。这些目标在“十五”计划末期已全部实现。

“十一五”时期（2006—2010年）。这一时期是我国第一个“五年规划”阶段。在“十五”时期取得成绩的基础上，我国对出口商品质量做出了更高要求，提出要严格执行劳动、安全、环保标准，规范出口成本构成，控制高耗能、高污染和资源性产品出口，并强调要以自有品牌、自主知识产权和自主营销为重点，引导企业增强综合竞争力，支持自主性高技术产品、机电产品和高附加值劳动密集型产品出口。“十一五”期间爆发了国际金融危机，在金融危机的不利影响下，中国出口由世界第三位跃居首位，占全球的份额由7.3%上升至10.4%。同时，对外贸易结构继续优化，发展质量和效益进一步提升。2010年，中国机电产品和高新技术产品出口占出口总额的比重较“十五”末分别提高了3.2和2.6个百分点[①]。

① 中华人民共和国商务部. 2010年中国对外贸易快速恢复，“十一五”外贸发展规划目标顺利实现 [EB/OL]. 中华人民共和国商务部官网，2011-04-22.

（二）“十二五”时期的出口商品战略（2011—2015 年）

“十二五”期间，世界经济正处于国际金融危机后的深度调整期，低增长率成为“新常态”。国际上贸易保护主义抬头，需求持续低迷，同时中国经济增长方式的体制性缺陷和结构性瓶颈也凸显出来。在对外贸易领域，由于低成本劳动力优势难以为继，我国劳动密集型产品在国际市场上的比较优势日渐式微，资本与技术密集型产品出口比重虽有所增加，但与发达国家相比其国际竞争力仍显薄弱。

为化解经济发展中的结构性矛盾，跨越“中等收入陷阱”，2011 年 3 月国务院颁布的《中华人民共和国国民经济和社会发展第十二个五年规划纲要》，明确提出“加快经济发展方式转变”是“十二五”规划的主基调，强调“十二五”时期是深化改革开放、加快转变经济发展方式的攻坚时期。

为了摆脱“比较优势陷阱”，“十二五”时期的出口商品战略不再具体强调出口商品类型，而是将重点放到培育产品优势上来，提出“继续稳定和拓展外需，加快转变外贸发展方式，推动外贸发展从规模扩张向质量效益提高转变、从成本优势向综合竞争优势转变”，“培育出口竞争新优势”以及“保持现有出口竞争优势，加快培育以技术、品牌、质量、服务为核心竞争力的新优势”。

相比之下，“十二五”时期的出口商品战略改变了以往构建“比较优势”的侧重点，更强调综合竞争优势的培育和以制度创新为核心，以自主技术创新为基石，以有效的产业政策为支撑的理念。2013 年 8 月，国务院正式批准设立中国（上海）自由贸易试验区，将其作为推动贸易便利化改革措施的重要试点，推进通关无纸化进程，探索培育跨境电子商务服务功能，并形成可复制、可推广的经验向全国推广。

“十二五”期间，我国货物出口贸易规模持续扩大，服务贸易排名 2012 年首次跻身全球前三位。对外贸易内生增长动力增强，民营企业在对外贸易中的比重不断攀升，2015 年其出口占比达 45.2%，首超外商投资企业。同时，市场多元化战略成效显著，2015 年发展中国家与新兴市场占出口贸易的比重达到 45.8%，较“十一五”末提高 5.1 个百分点。

（三）“十三五”时期的出口商品战略（2016—2020 年）

进入“十三五”时期，国际环境更趋错综复杂，世界经济在深度调整中曲折复苏，增长乏力。同时，国内经济长期向好的基本面没有改变，发展中不平衡、不协调、不可持续的问题依然突出。为此，《中华人民共和国国民经济和社会发展第十三个五年规划纲要》一方面延续了“十二五”规划的基调，强调要以加快转变经济发展方式为主线，把科技进步和创新作为加快转变经济发展方式的重要支撑，另一方面也根据不断变化的国际政治经济环境增添了新的内容。

“十三五”时期的出口商品战略强调“实施优进优出战略，推动外贸向优质优价、优进优出转变，加快建设贸易强国。促进货物贸易和服务贸易融合发展，大力发展生产性服务贸易，服务贸易占对外贸易比重达到 16% 以上”。针对新型国际贸易形式——跨境电子商务的兴起，出口商品战略提出“建立便利跨境电子商务等新型贸易方式的体制，全面推进国际贸易单一窗口、一站式作业、一体化通关和政府信息共享共用、口岸风险联防联控”。此外，面对全球治理体系发生深刻变革，发展中国家群体力量增强，国际力量对比逐步趋向平衡的形势，我国出口商品战略中提出，要推进“一带一路”建设，打造陆海内外联动、东西双向开放的全面开放新格局。

在“十三五”期间，我国对外贸易发展呈现出总体平稳、稳中提质的态势。出口贸易规模稳步攀升，出口商品以机电产品和劳动密集型产品为主。2019 年机电产品出口额为 10.06 万亿元，约占出口贸易总额的 6 成。出口贸易方式也进一步优化，一般贸易占比增加至 57.8%，已成为第一大出口方式。贸易新业态成为新增长点，2019 年跨境电子商务零售进出口额较 2015 年增长 4 倍、市场采购贸易进出口额增长 2.2 倍。同时，中国与“一带一路”沿线国家经贸合作成果丰硕。2016—2019 年，中国同沿线国家的货物贸易额总和为 4.6 万亿美元，占对外贸易总额的比重提升至 29.4%；对沿线国家直接投资总和为 721 亿美元，占比提升至 13.7%。

（四）“十四五”时期的出口商品战略（2021—2025 年）

自 2021 年起，我国进入“十四五”规划时期。“十四五”时期是我国由全面建成小康社会向基本实现社会主义现代化迈进的关键时期，也是我国开启全面建设社会主义现代化国家新征程的第一个五年。尽管世界正经历百年未有之大变局，但我国发展仍处于战略机遇期。在“十四五”时期，我国出口商品战略除了延续“十三五”时期的基调外，还着重强调促进国内国际双循环，立足国内大循环，发挥比较优势，“完善内外贸一体化调控体系”，推进内外贸质量“同线同标同质”，继续提升出口商品的技术含量和附加值，扩大品牌产品出口，推动出口贸易高质量发展。

第六节　进口商品战略

进口贸易也是国民经济的有机组成部分，其与出口贸易相互制约、相互渗透、互为条件。中国作为贸易大国，既要重视出口，也必须重视进口。因此，进口商品战略同出口商品战略一样，也是中国对外贸易战略的重要组成部分。所谓进口商品战略，是指以国民经济发展目标为依据，根据国内生产与消费的需要，对一定时期内进口商品的构成所做出的战略性规划。

一、中国进口商品战略的演变

（一）“十一五”规划前的进口商品战略

截至目前，我国各个五年计划/规划对进口结构均做了相应规划。“六五”计划时期进口商品战略的内容包括：以引进先进技术和关键设备为主；确保生产和建设所需的短缺物资的进口；组织好国内市场所需物资和“以进养出”物资的进口；对国内能够制造和供应的设备，特别是日用消费品，不要盲目进口，以保护和促进民族工业的发展。

“七五”时期的进口商品结构安排是：重点放在引进软件、先进技术和关键设备上，严格控制一般加工设备和耐用消费品的进口，积极发展进口替代，努力提高国产化水平。

“八五”时期的进口商品战略，一方面要求将有限的外汇集中用于引进先进技术和关键设备，用于国家重点生产建设所需物资及农用物资的进口，国内能生产供应的原材料和机电设备，要积极组织生产并保证质量，争取少进口或不进口；另一方面，规定严格控制奢侈品、高档消费品和烟、酒、水果等商品的进口，防止盲目引进和不必要的重复引进。

“九五”时期的进口商品战略内容包括：进一步优化进口商品结构，积极引进先进技术，适当提高高新技术、设备及原材料产品的进口比例，积极合理有效地利用外资，努力发展技术贸易和服务贸易。

“十五”时期的进口商品战略，强调增加国内急需的关键技术设备和重要资源的进口，弥补国内资源的不足，促进产业结构和技术水平的升级。

纵览“十一五”之前各个时期的进口商品战略安排可知，我国规划进口的原则多年来是基本一致的：一是按照有利于技术进步、有利于增加出口创汇能力和有利于节约使用外汇的原则，合理安排进口；二是合理调整进口商品结构，坚持把进口重点放在软件、先进技术和关键设备上。

（二）“十一五”规划后进口商品战略

2001 年加入世界贸易组织后，中国出口贸易迅速进入增长快车道，对部分主要贸易伙伴的顺差额不断扩大。巨额的贸易顺差极易引发贸易争端，而扩大进口则可缓解与贸易伙伴之间的矛盾，加之我国一直期望贸易增长保持平稳，因此，2006 年 3 月出台的

“十一五”规划纲要强调了“实行进出口基本平衡”的政策取向，提出要“发挥进口在促进我国经济发展中的作用”。同年10月，我国宣布将于2007年3月举办的第101届广交会的正式名称，由已沿用了100届的“中国出口商品交易会”更名为“中国进出口商品交易会”。这也体现出自“十一五”时期开始，我国更加重视进口的作用。

“十二五”时期，进口商品规划要求进一步扩大进口规模，并对进口综合效应的提升提出了要求。具体内容包括：优化进口结构，积极扩大先进技术、关键零部件、国内短缺资源和节能环保产品进口，适度扩大消费品进口，发挥进口对宏观经济平衡和结构调整的重要作用，优化贸易收支结构。发挥我国巨大市场规模的吸引力和影响力，促进进口来源地多元化。完善重要农产品进出口调控机制，有效利用国际资源。

“十三五”时期，为了继续缓解贸易顺差压力，体现中国在开放型世界经济中作为负责任大国的形象，同时也为满足国内居民高端消费的需求，进口商品战略的安排是：积极扩大进口，优化进口结构，更多进口先进技术装备和优质消费品。

2021年我国进入“十四五”时期。在国内国际双循环指导思想下，为推进贸易强国建设，“十四五”时期我国进口商品战略的基本安排是：以国内大循环吸引全球资源要素，充分利用国内国际两个市场两种资源，促进内外贸法律法规、质量标准、检验检疫、认证认可等相衔接，增加优质产品进口。

对比“十一五”规划前后的进口商品战略，可以看出我国对进口商品类别做了一定的调整。“十一五”规划前的进口商品战略的基本取向是为同期的出口贸易服务，因而提出主要以进口关键设备、先进技术及国内紧缺物品为主。“十一五”规划后的进口目的，则同时考虑了平衡贸易，并顾及满足国内居民对美好物质生活的不断追求，因而进口商品的类别扩大到了消费品，尤其是高端优质消费品。

二、中国进口商品战略的实施成效

自“六五”时期以来，各个阶段的进口商品战略的实施，对我国经济社会发展目标的实现以及产业结构和进口结构的优化调整发挥了积极作用。

改革开放伊始，中国面临着物资匮乏、技术落后的困境。当时，能源、交通运输、电子信息及新材料等领域，既是经济建设的薄弱环节，也是经济建设的战略重点。进口粮食、食用植物油、棉花、化纤、成品油等关系国计民生的物资，对于社会稳定和经济增长有着重要作用。先进技术和关键设备的引进，则为我国经济建设提供了技术手段，提高了我国薄弱产业的国际竞争力，促进了产业结构优化升级。

“十五”时期末，电子类和计算机类产品已占我国高新技术产品进口的半壁江山，其中电子类产品进口首次突破 1000 亿美元。到了“十一五”末，我国进口总额已升至全球第二，贸易平衡状况不断改善。同时，为进一步提高贸易便利化程度，取消了进口配额管理，并分批取消了 800 多个税目商品的自动进口许可证管理。

“十二五”期间，进口商品继续保持以工业制成品为主的特征，其中机械及运输设备在工业制成品进口中占比最高，基本稳定在 55% 左右。同时，战略性资源能源产品，如石油、铁矿石等大宗商品的进口量持续扩大，消费品进口增速明显快于同期进口总体增速，进口市场的多元化特征也趋于明显。

进入“十三五”时期，中国明确向世界发出了进一步主动开放市场、扩大进口的信号。2018 年 11 月，第一届中国国际进口博览会（China International Import Exhibition，CIIE，简称“进博会”）在上海举办。这是全球首个以进口为主题的国家级展会，是中国政府为促进世界各国加强经贸交流合作、为各国企业进入中国这一超大规模市场提供的重大机遇。在全球新冠肺炎疫情特殊背景下，2020 年第三届进博会的交易采购成果仍实现较大增长，按一年计，累计意向成交 726.2 亿美元，较上届增长 2.1%。

2020 年，中国进口规模实现 14.23 万亿元，进口额占国际市场的份额超过 10%，与第一大进口市场美国的差距进一步缩小（美国商务部的数据显示，2020 年美国进口降幅为 9.5%）。国际金融危机以来，中国进口贡献了全球进口增量的 1/6，是全球经济复苏的助推器和稳定器，为构建人类命运共同体做出了突出贡献。作为世界上人口最多和经济增长最稳健的大国，中国有望在不远的将来成为全球第一进口大国，这对中国乃至世界将具有非凡的意义。

第七节　自由贸易区战略

在当今世界多极化、区域经济一体化的背景下，自由贸易区已成为热点和核心议题之一。截至 2021 年 1 月，向世界贸易组织通报的区域贸易安排多达 300 多项。为顺应区域经济合作迅猛发展的新趋势，2013 年 11 月，党的十八届三中全会通过的《中共中央关于全面深化改革若干重大问题的决定》，明确提出加快自由贸易区建设，扩大同各国各地区的利益汇合点，以周边为基础，形成面向全球的高标准自由贸易区网络。2015 年国务院印发的《关于加快实施自由贸易区战略的若干意见》（简称《意见》），提出我国自由贸易区建设的总体要求、基本原则、目标任务和战略布局等。这标志着我国自由贸易区战略体系已经形成。

一、自由贸易区战略的内涵

新形势下，我国应加快实施自由贸易区战略，特别是要积极同周边加强自由贸易区合作，促进国内国际经济联动，为构建“双循环”新发展格局提供平台和助力。

（一）战略目标

我国自由贸易区战略的目标主要包含两个方面：一是通过自由贸易区建设扩大开放，提高开放型经济水平和质量，深度参与国际规则制定，拓展开放型经济新空间，形成全方位开放新格局，开创高水平开放新局面，促进全面深化改革，更好地服务国内发展；二是体现构建人类命运共同体理念，通过自由贸易区建设树立正确义利观，兼顾各方利益与关切，考虑发展中经济体和最不发达经济体的实际情况，寻求利益契合点和合作公约数，努力构建互利共赢的自由贸易区网络，推动我国与世界各国和各地区共同发展。

（二）战略布局

《意见》对我国自由贸易区的战略布局提出了明晰的方向：一是加快构建周边自由贸易区。力争与所有毗邻国家和地区建立自由贸易区，不断深化经贸关系，构建合作共赢的周边大市场。二是积极推进“一带一路”沿线自由贸易区建设。结合周边自由贸易区建设和推进国际产能合作，积极同“一带一路”沿线国家商建自由贸易区，形成“一带一路”大市场，将“一带一路”打造成畅通之路、商贸之路、开放之路。三是逐步形成全球自由贸易区网络。争取同大部分新兴经济体、发展中大国、主要区域经济集团以及部分发达国家建立自由贸易区，构建金砖国家大市场、新兴经济体大市场和发展中国家大市场。

（三）战略方向

《意见》明确了三个主要建设方向：①加快建设高水平自由贸易区，提高货物贸易开放水平，扩大服务业对外开放，放宽投资准入，推进规则谈判，提升贸易便利化水平，推进规制合作，推动自然人移动便利化，加强经济技术合作；②通过深化自由贸易试验区试点，完善外商投资法律法规，完善事中事后监管的基础性制度，做好贸易救济工作，研究建立贸易调整援助机制等措施，健全实施自由贸易区战略的保障体系；③通过完善自由贸易区谈判第三方评估制度，加强已生效自由贸易协定的实施工作，加强对自由贸易区建设的人才支持等措施，完善实施自由贸易区战略的支持机制。

由上述三个方向可看出，我国在自由贸易区建设上不断尝试模式创新。一方面，在对外商建自由贸易区的同时对内建立自由贸易试验区，构建国内国际双循环相互促进的发展格局；另一方面，并非盲目地、随波逐流地建设自由贸易区，而是实时审视自由贸易区建设的实施进程，评估建设绩效，把控风险底线。

二、中国自由贸易区的战略布局

自由贸易区（free trade area，FTA）是指两个或两个以上的国家（包括独立关税区）根据世界贸易组织的相关规则签署协定，彼此间相互开放市场，实现贸易和投资自由化的特定区域。中国参与区域经济合作的步伐始于 20 世纪 90 年代初。迄今近 30 年的时间里，中国广泛参与了包括亚太经济合作组织（APEC）等在内的各类区域经济合作机制。在自由贸易区建设上，截至 2021 年 1 月，我国已签署协定的自由贸易区有 21 个，涉及 26 个国家和地区，其中 9 个位于周边，覆盖 17 个国家和地区；正在谈判的自由贸易区有 10 个，其中 8 个位于周边；正在研究的自由贸易区有 8 个，其中 3 个位于周边（见表 3-1）。

表 3-1　中国自由贸易区建设进展表（截至 2021 年 1 月）

已签协议的自由贸易区		正在谈判的自由贸易区		正在研究的自由贸易区
签署对象	签署时间	签署对象	谈判进展	
中国—新西兰升级版	2021 年 1 月	中国—海合会	第 9 轮谈判	中国—哥伦比亚
《区域全面经济伙伴关系协定》（RCEP）	2020 年 11 月	中国—日本—韩国	第 16 轮谈判	中国—斐济
中国—柬埔寨	2020 年 10 月	中国—斯里兰卡	第 5 轮谈判	中国—尼泊尔
中国—毛里求斯	2019 年 10 月	中国—以色列	第 7 轮谈判	中国—巴新
中国—巴基斯坦第二阶段	2019 年 4 月	中国—挪威	第 16 轮谈判	中国—加拿大
中国—新加坡升级版	2018 年 11 月	中国—摩尔多瓦	第 3 轮谈判	中国—孟加拉国
中国—马尔代夫	2017 年 12 月			中国—蒙古
中国—智利升级版	2017 年 11 月			中国—瑞士自贸协定升级联合研究
中国—格鲁吉亚	2017 年 5 月			
中国—东盟（“10+1”）升级版	2015 年 11 月			
中国—韩国	2015 年 6 月			

续表

已签协议的自由贸易区		正在谈判的自由贸易区		正在研究的自由贸易区
签署对象	签署时间	签署对象	谈判进展	
中国—澳大利亚	2015 年 6 月	中国—巴拿马	第 5 轮谈判	
中国—瑞士	2013 年 7 月	中国—韩国第二阶段	第 4 轮谈判	
中国—冰岛	2013 年 4 月	中国—巴勒斯坦	首轮谈判	
中国—哥斯达黎加	2010 年 4 月	中国—秘鲁协定升级	第 3 轮谈判	
中国—秘鲁	2009 年 4 月			
中国—新加坡	2008 年 10 月			
中国—新西兰	2008 年 4 月			
中国—巴基斯坦	2006 年 11 月			
中国—智利	2005 年 11 月			
中国—东盟	2004 年、2007 年、2009 年			
内地与港澳地区更紧密经贸关系安排	2003 年、2004 年、2005 年、2006 年			

资料来源：中国自由贸易区服务网（http：//fta.mofcom.gov.cn/）。

从战略布局来看，我国全方位推进自由贸易区建设，共建对象遍及亚洲、大洋洲、拉丁美洲、欧洲和非洲，广泛涉及发展中国家和发达国家，而目前建设的重点在于周边。其中，中国—东盟自由贸易区是中国对外商建的第一个自由贸易区。中国—东盟自由贸易区的建立，不仅巩固和加强了双方业已存在的经贸友好合作关系，而且对周边地区也产生了利益辐射效应。双方还共同推动《区域全面经济伙伴关系协定》（RCEP）的签署，期望在更广范围内推进区域经济一体化。2020 年 11 月，包括中国、东盟 10 国，以及日本、韩国、澳大利亚、新西兰在内的 RCEP 如期签署。作为由 15 个成员国组成的世界上人口最多、成员结构最为多元的自由贸易区，RCEP 将充分释放亚太地区的未来增长潜力。

三、中国自由贸易试验区的战略布局

2013 年 11 月，《中共中央关于全面深化改革若干重大问题的决定》明确提出要切实建设好、管理好中国（上海）自由贸易试验区，并要求在推进现有试点基础上，选择若干具备条件的地方发展自由贸易园（港）区。这是党中央推进改革开放的重大举措。2015年的《意见》将这一项任务作为自由贸易区战略的工作重点之一。

（一）自由贸易试验区的内涵

我国的自由贸易试验区（pilot free trade zone，简称“自贸试验区”）在功能上对应国际上通行的“自由贸易区”（free trade zone，FTZ）。FTZ最初是自由港的一种形式，20世纪70年代时，世界上仅有少数国家设立FTZ。后来随着国际贸易发展和货物运输效率的提升，FTZ在全球呈蔓延之势。与自由贸易区（FTA）不同，FTZ是一国或地区在其境内划出有着明确界限的地理区域，在该区域内可以从事仓储、贸易、加工等业务，并在关税及配额等方面有着优惠规定和特殊的监管政策。与传统的保税区不同，FTZ具有“境内关外”特征，即该区域内的企业享有进行自由交易和免于海关监管的环境。保税区的特征则是“境内关内”，即货物进出口仍受海关监管。FTZ一般设立在海港或国际机场等交通运输便利的城市或地区。国际上知名的FTZ包括中国香港、新加坡、巴拿马科隆等。

2013年9月，我国挂牌开设了首个自贸试验区——中国（上海）自由贸易试验区，作为推进改革和提高开放型经济水平的试验田。后经过数轮扩容，迄今形成了“1+3+7+1+6”共18个自贸试验区的格局①。2019年8月，山东、江苏、广西、河北、云南、黑龙江6个自贸试验区和上海自贸试验区临港新片区设立运行。2020年9月，国务院印发了北京、湖南、安徽自贸试验区总体方案。

作为我国对外开放的高地，自贸试验区的任务是以制度创新为核心，形成可复制、可推广的经验成果，在国内国际双循环相互促进中，通过对标国际最高水平、最高标准的经贸规则，构建国内外要素资源市场化配置的最优制度环境，使国内市场变为全球市场，集聚全球高端的资金、人才、技术、数据等要素，并以此倒逼改革推进，加大对内开放力度，推动形成统一市场，最终推动经济发展质量变革、效率变革、动力变革。

（二）自由贸易试验区的功能

我国的自贸试验区主要围绕着贸易、投资、金融三大板块进行创新改革，发挥出了

---

① 截至2021年1月，按设立时间顺序，我国的自由贸易试验区有中国（上海）自由贸易试验区、中国（广东）自由贸易试验区、中国（天津）自由贸易试验区、中国（福建）自由贸易试验区、中国（辽宁）自由贸易试验区、中国（浙江）自由贸易试验区、中国（河南）自由贸易试验区、中国（湖北）自由贸易试验区、中国（重庆）自由贸易试验区、中国（四川）自由贸易试验区、中国（陕西）自由贸易试验区、中国（海南）自由贸易试验区、中国（山东）自由贸易试验区、中国（江苏）自由贸易试验区、中国（广西）自由贸易试验区、中国（河北）自由贸易试验区、中国（云南）自由贸易试验区和中国（黑龙江）自由贸易试验区。

以下三个方面的作用。

1. 优化营商环境、创建高效政务环境

以推进贸易投资便利化为重点，自贸试验区推动了政府职能转变。例如，上海自贸试验区采用“一站式”申报查验作业制度，即企业在申报时，只需通过上海国际“单一窗口”平台进行数据录入，即可一次完成海关、检验检疫的申报。船运企业（或代理）也只需通过“单一窗口”平台，一次性录入船舶抵港、离港各项申报数据，即可实现海关、检验检疫、海事和边检的管理信息系统的“一次申报”。海关与检验检疫部门则成立联合查验组，在同一块符合条件的场地上共同实施查验，关检均须查验的货物只需进行一次开箱查验，从而极大地缩减了企业通关时间和通关手续。

2. 探索高标准的国际经贸规则

自贸试验区充分利用市场力量，尝试推行与国际经贸规则相符，甚至是更具前瞻性的贸易投资监管制度。例如在投资领域，2020 年 6 月国家发展改革委和商务部联合发布了《外商投资准入特别管理措施（负面清单）（2020 年版）》和《自由贸易试验区外商投资准入特别管理措施（负面清单）（2020 年版）》。相比之下，全国版负面清单由原先的 40 条减至 33 条，而自贸试验区的负面清单由 37 条减至 30 条。在金融领域，为支持上海自贸试验区发展，金融管理部门先后发布 51 项金融支持自贸试验区建设的意见和措施（又称“金改 51 条”）。上海自贸试验区扩容后，人民银行等六部委和上海市政府又联合发布了《进一步推进中国（上海）自由贸易试验区金融开放创新试点 加快上海国际金融中心建设方案》（又称“金改 40 条”）。目前，上海、广东、海南、天津自贸试验区创设了接轨国际、风险可控的自由贸易账户系统，建立了“一线审慎监管、二线有限渗透”的资金跨境流动管理基础性制度，进行了人民币资本项目可兑换的先行先试，逐步提高了资本项下各项目可兑换程度，基本形成了适应更开放的环境和有效防范风险的金融制度创新体系。

3. 吸引整合国内外高端要素资源

完善且合理的体制机制安排，不仅对吸引和聚拢外部优质要素有着天然的吸引力，对于自身高级生产要素的培育和升级，同样也起着决定性作用。自贸试验区凭借政府赋予的先行先试、大胆创新等制度红利，实现高端人才、资金、技术、信息等要素的迅速集聚，发挥极化效应，进而辐射带动周边区域的发展，发挥了扩散效应。例如，自设立至 2019 年年底，上海自贸试验区累计新设立企业 6.4 万户，6 年间新设企业数是前 20 年同一区域新设企业数的 1.8 倍，其中新设外商投资企业 1.2 万户，占比从自贸试验区挂牌初期的 5% 上升至 20% 左右。上海自贸试验区还带动了上海浦东新区的经济发展。2019 年，浦东新区完成进出口总值 20514.73 亿元，占上海全市的 60.3%。洋山港和外高桥港区合计完成集装箱吞吐量 3907.3 万标箱，同比增长 3%，推动上海港连续 9 年位居全球第一大集装箱港。

（三）自由贸易试验区的建设成效

自 2013 年启动建设以来，我国各个自贸试验区立足本地区位特色优势，突出差别化探索，加强系统集成，有效地激发了市场主体活力，初步实现了在更大范围、更广领域、更深层次加强改革探索的设立目标，很好地服务了我国全面对外开放的大局。

具体而言，在扩大开放方面，自贸试验区对于投资、贸易、金融、人员流动等开展了一系列先行先试，推出了一系列开放举措，成为我国开放水平最高的区域；在改革方面，自设立之初，自贸试验区即以制度创新为核心，经过多年努力，探索试验了一批基础性、根本性改革，成为全国深化改革的样板；在服务国家战略方面，自贸试验区有效地配合了京津冀协同发展、粤港澳大湾区建设和长三角区域一体化发展；在产业集聚方面，自贸试验区通过大胆试、大胆闯，集聚各类要素，利用开放政策，取得了明显成效。同时，自贸试验区不仅自己在发展，其开放措施和改革经验也已在全国得以有效推广和复制。

据统计，2020 年我国 18 个自贸试验区新设外商投资企业 39.3 万家，实际使用外资超过 1763.8 亿元，进出口额达到 4.7 万亿元，实现了全国 17.6% 的外商投资和 14.7% 的进出口，为稳外贸稳外资发挥了重要作用。

思考题

1. 试述进口替代战略和出口导向战略的基本内容。
2. 部分发展中国家曾奉行进口替代战略但并未取得明显成功，其主要原因是什么？
3. 什么是出口商品战略？当前中国出口商品战略的主要内容是什么？应该重点发展哪些大类商品的出口？
4. 当前中国出口市场多元化战略的主要内容是什么？
5. 以质取胜战略的具体内容是什么？发展以质取胜战略对发展我国出口贸易有何意义？
6. 当前我国科技兴贸战略的主要内容是什么？试析实施科技兴贸战略的必要性。
7. 我国自由贸易区战略的具体内容是什么？迄今建设自由贸易区的进展如何？
8. 我国自由贸易试验区的基本使命是什么？

第四章

中国对外贸易体制改革

对外贸易体制是对外贸易经营管理体制的简称。具体来说，对外贸易体制是指对外贸易的组织形式、机构设置、管理权限、经营分工以及利益分配等方面的制度。对外贸易体制是国民经济体制的一个重要组成部分，与经济体制的其他组成部分，如计划体制、财税体制、金融体制、价格体制、外汇体制、投融资体制等，存在着紧密的联系。

对外贸易体制包括国家宏观管理体制和外贸企业微观经营体制两方面，同经济体制的其他组成部分一样，属于上层建筑的范畴，是由经济基础决定并为经济基础服务的。因而，随着经济基础发展变化，也需要相应地变革对外贸易体制，以使其更好地适应国民经济与对外贸易发展的需要。

中华人民共和国成立后，在计划经济体制背景下，我国建立起了高度集中统一的对外贸易体制。这种对外贸易体制与当时的宏观经济体制相适应，曾发挥过积极作用，但随着国内外形势的发展变化，其弊端也越来越明显，必须施以改革。实行改革开放以来，在整个经济体制转轨背景下，对外贸易体制改革也以渐进模式得以展开和推行，并在实践过程中不断探索、总结经验，逐步得以完善。中国对外贸易 40 余年来所取得的巨大成绩，与对外贸易体制改革的持续推进有着直接关系，改革为对外贸易发展提供了最大“红利”。

2001 年加入世界贸易组织，是中国对外贸易发展史上的里程碑事件。“入世”以来，我国切实履行承诺，持续深化对外贸易体制改革，特别是市场化取向改革目标的确立与逐步推进，从根本上克服了经贸体制与世界贸易组织多边贸易体制的相容性问题。以世界贸易组织规则为参照，结合改革开放发展进程，我国实行了一系列改革举措，强力助推了进入新世纪后的中国对外贸易发展。

2017 年 10 月，党的十九大明确宣告，经过长期努力，中国特色社会主义进入了新时代。新时代既是决胜全面建成小康社会、进而全面建设社会主义现代化强国的时代，也是中国日益走进世界舞台中央、不断为人类做出更大贡献的时代。进入新时代后的现阶段，实现深化改革目标尚面临着诸多困难与挑战。进一步深化改革，需要更加尊重市场规律，更好地发挥政府作用，注重各项改革措施协调配合，将制度优势转化为治理效能，为构建“双循环”新发展格局和建设贸易强国凝聚更强大的动力。

第一节　改革开放前的对外贸易体制

一、中国对外贸易体制的建立与形成

自中华人民共和国成立初至改革开放前的近 30 年，中国的对外贸易体制基本上照搬了苏联的垄断经营外贸体制的框架和模式。这种传统对外贸易体制的建立与形成主要经历了两个阶段。

第一阶段（1950—1957 年）：国家统制，外贸集中。其特征是国家在接管外国资本和官僚资本的进出口企业的同时，建立了国营的对外贸易公司，对外贸易由分散向集中、由私营向国家统制的方向转变。1957 年，国营对外贸易在整个对外贸易中的比重已上升到 99.9%，基本上形成了对外贸易国家统制的体制。

第二阶段（1958—1978 年）：高度集中，统一经营。该阶段是国家对对外贸易实行统一管理和经营机制的进一步加强与固化阶段。所有对外贸易业务均要由对外贸易部所属的十余家国营专业进出口公司按商品大类统一经营，财务上实行国家统收统支、统负盈亏，企业不自负盈亏，所创外汇全部上缴国家。这种高度集中的对外贸易体制一直延续到 1978 年。

二、对改革开放前中国对外贸易体制的评价

对我国计划经济时代的传统对外贸易体制，应予以客观看待。在当时特定历史条件下，这种高度集中统一的对外贸易体制，对国民经济发展曾发挥过积极作用：①有利于集中调度资源，扩大出口。在物资供应短缺、产品供不应求普遍存在的情况下，这种贸易体制能从国内消费中“挤”出一部分货源，以满足出口创汇之需，并可集中组织面向国际市场的生产，保证出口创汇。②有利于统一安排进口，保证重点。在外汇短缺而国内经济建设又亟须进口大量技术、设备、原材料的情况下，这种贸易体制有利于统筹安

排进口用汇，保证重点建设之需，使有限的外汇资源发挥更大效益。③有利于统一对外，加强与友好国家的经济合作，配合外交斗争，有效应对某些西方国家的封锁禁运。保证国家的政治和经济独立。

当然，作为特定历史时期的产物，随着时间推移，这种高度集中的对外贸易体制也逐渐暴露出其弊端，主要包括以下三方面：①独家经营，产销脱节。国家通过外贸专业公司统一经营对外贸易，贸易渠道和经营方式单一，人为阻断了各地方、各生产部门和企业与国际市场的联系，致使工贸隔离、产销脱节。②高度集中，统得过死。国家通过指令性计划和行政干预，对企业限制过多，造成政企职责不分，企业缺乏经营自主权，难以积极主动地投身国际市场竞争。③统包盈亏，缺乏利益激励机制。国家统包盈亏，没有兼顾国家、企业、个人三者的利益，不利于调动各方面的积极性，不利于提高对外贸易经济效益。

20 世纪 70 年代末，党的十一届三中全会拉开了改革开放的序幕。随着对外开放政策的推行和对外贸易的发展，传统贸易体制的弊端日益凸显，对外贸易体制改革已势在必行。

第二节　对外贸易体制改革的内容与进程

一、经济体制改革与对外贸易体制改革

经济体制是社会经济系统的基本框架与基本运行原则的结合，其包括所有制关系、经济决策系统和资源配置方式三个基本要素。作为一个内涵丰富的概念，经济体制涵盖了社会基本经济制度（所有制关系）、经济运行机制（经济决策系统、资源配置方式）以及两者之间的结合。

社会主义经济体制自诞生之日起，其所有制结构就是以公有制为主体的。这是由社会主义宪法制度所决定的，是其质的规定性。改革开放后，中国的经济运行机制经历了从决策集权化、以计划配置资源的模式，向决策分散化、以市场配置资源的模式的转换。这说明社会主义基本经济制度是可以与不同的经济决策系统及资源配置方式相结合的，社会主义经济体制正在由社会主义计划经济体制向社会主义市场经济体制转变。

从实践上看，传统计划经济体制向市场经济体制的转轨可以选择两种方式：一种是大爆炸式的激进式改革，另一种是自上而下的渐进式改革。20 世纪 90 年代初，以俄罗斯

为代表的部分国家选择了大爆炸式的激进式改革，即“休克疗法”(shock therapy)。西方主流经济学认为，大爆炸式的激进式改革是向市场经济过渡的最佳选择。然而在实际中，“休克疗法”产生了一系列的经济和社会问题，致使俄罗斯等国的国民经济陷入衰退，社会出现剧烈震荡。据报道，“休克疗法”实施2个月后的1992年3月，俄罗斯通货膨胀率即蹿升至655%。[①]1990—1998年，俄罗斯的国内生产总值下降57%，通货膨胀率累计达到2000倍。20世纪90年代，成了俄罗斯“失去的十年”。进入21世纪后，俄罗斯经济才开始缓慢步入增长阶段。

相比而言，中国实行的是渐进式改革，逐步在原有计划经济体制中引入市场机制。我国的经济体制改革是有秩序、有步骤、循序渐进地推行的，较好地处理了改革、发展与稳定之间的关系，在稳定与发展中积极推进计划经济向市场经济体制过渡，形成了正确的改革路径。循序渐进是中国改革取得成功的宝贵经验。我国的渐进式改革，在发展速度上表现为有序分步推进，在结构布局上表现为先易后难的局部增量改革。渐进式改革有效分散了风险，减小了阻力，降低了改革成本。持续40余年的经济中高速增长、GDP总量跃升至全球第二以及成为世界最大贸易国和最大出口国，都显示出渐进式改革取得了显著成效。这样一种渐进式改革既不是对原有传统经济体制的细枝末节的修补，也不是对社会主义制度的否定。改革是一场新的革命，是要从根本上改变束缚我国生产力发展的传统经济体制，建立充满生机的社会主义市场经济体制，实现中国经济与社会的现代化以及社会主义制度的自我完善。

从改革与开放的关系来看，“改革”是在社会主义宪法制度的基础上、在工业化的背景下进行的市场化改革，是对传统的制约经济发展的经济体制实施变革，以期建立一种既能发挥社会主义制度优越性，又能保持经济活动高效率的经济体制。“开放”则是国家主动改变闭关锁国状态，顺应生产力持续发展、国际分工不断深化的客观现实，积极地扩大对外经济交往，在更广阔的范围内实现资源配置的优化，加快经济发展。严格地讲，“开放”也构成“改革”的组成部分，是“改革”的对外延伸。只有实行改革才能改弦易辙，从而推动对外开放的进行；而对外开放由于是向以市场机制为基础的世界市场开放，又必然会促进国内市场因素的生长，进而推动本国市场化改革的加速进行。党的十一届三中全会后，我国长期实行的是“以改革促开放，以内促外”，而在加入世界贸易组织后，随着经济发展逐步与世界经济全面接轨，又开始走向“以开放促改革，以外促内”，通过以“入世”为主旨的对外开放来“倒逼”改革前行，促进经济体制改革的进一步深化。在进入新时代的今天，需要推动更深层次改革，为构建“双循环”新发展格局提供

① William Engdahl. How ‘shock therapy’ has ruined Russia[J]. Executive Intelligence Review，1993，20(19)：6-8.

强大动力。

作为跨国交换活动，对外贸易既联系生产与消费，又联系国内与国际市场。而国家的对外开放首先和主要体现为本国商品市场的开放。对外贸易领域的内在特性，使得“改革”和“开放”的合力对中国对外贸易体制改革的牵引力，可能要比对其他领域改革的牵引力来得更强一些，对外贸易体制改革成为中国“改革”与“开放”的典型交会点。中国的对外贸易体制改革从来不是孤立进行的，其与中国整个经济体制改革密不可分。经济体制改革的目标取向，决定了对外贸易体制改革的方向、目标、基本原则和内容。对外贸易体制改革作为经济体制改革的一部分，必须置于经济体制改革的总体框架下，而经济体制改革正是通过包括对外贸易体制改革在内的一系列具体部门的变革与相互协调来实现的。没有经济体制的转轨就没有改革对外贸易体制的必要，也就没有改革对外贸易体制的空间。同理，如果没有对外贸易体制的成功变革，也就不可能实现完全意义上的经济体制转轨，两者是整体与局部的关系。中国对外贸易体制改革的实践充分表明，这种体制改革与整个国家的经济体制改革紧密相连、息息相关。

二、对外贸易体制改革的探索

党的十一届三中全会后，在改革开放总方针指引下，中国开始了经济体制改革的新篇章。1979—1993 年，针对传统体制弊端，我国进行了一系列渐进式的对外贸易体制改革。这一时期，我国对外贸易体制的改革过程可分为三个阶段。

（一）1979—1987 年的对外贸易体制改革

在党中央和国务院直接部署和领导下，我国在进行其他经济领域体制改革的同时，也逐步开展了对外贸易体制改革。1979—1987 年，我国对对外贸易体制进行了探索性改革。

1. 下放对外贸易经营权，打破独家垄断的局面

这一时期，全国按行业和地区成立了一批工贸公司和对外贸易公司。国务院有关部委经批准设立了一批进出口公司（工贸公司），如中国机械设备进出口总公司、中国航空技术进出口公司等，将原由对外贸易部所属专业进出口公司经营的机械进出口商品，分散到有关部委所属的进出口公司经营。同时，还成立了如中国国际信托投资公司、光大实业公司等一些综合性贸易公司，其经营范围较广，除系统内的进出口业务外，还兼营某些商品和代理国内单位的进出口业务。此外，科技、教育、文化、卫生、体育等部门以及有关学会、协会、团体等，也成立了经营某些类别商品进出口业务的公司和从事对

外广告、展览、咨询等服务性业务的公司。

外贸专业总公司也逐步下放经营权，扩大地方的外贸经营权，实行总公司与地方分公司的脱离，并陆续批准一些国营大中型生产企业经营本企业产品的出口业务和生产所需的进口业务。此外，中外合资经营、中外合作经营、外商独资经营的生产企业，也拥有本企业生产产品出口和有关原材料进口的自营进出口经营权，从而打破了对外贸易领域单一公有制的所有制结构。

改革开放前，中国的对外贸易业务基本上集中在十几家专业总公司手里。到了1987年，全国已设有各类外贸公司2200多家，使我国对外贸易长期高度垄断的局面发生了根本性改变，行业集中度大大降低（见表4-1）。

表4-1　10大对外贸易公司在中国进出口贸易中的比重（1981—1986年）

年份	出口/%	进口/%	年份	出口/%	进口/%
1981	81.3	76.6	1987	64.3	30.3
1982	78.5	71.5	1988	21.8	19.1
1983	77.9	60.6	1989	20.2	17.8
1984	74.0	51.0	1990	19.3	14.7
1985	76.7	42.3	1991	21.6	9.8
1986	65.7	37.6	1992	16.9	10.0

资料来源：林桂军.人民币汇率问题研究[M].北京：对外经济贸易大学出版社，1997：6.

注：10大对外贸易公司为中国机械进出口总公司、中国五金矿产进出口总公司、中国化工进出口总公司、中国技术进出口总公司、中国粮油食品进出口总公司、中国纺织品进出口总公司、中国土产畜产进出口总公司、中国轻工业品进出口总公司、中国工艺品进出口总公司、中国仪器进出口总公司。

2. 下放出口商品经营权

为适应对外贸易事业的发展需要，扩大地方经营权，我国确定对出口商品实行分级管理、分类经营。中央管理的一类出口商品，由对外贸易部所属各专业外贸公司经营，对各地区、各部门交叉经营；对中国商品进口有配额或限额限制的二类出口商品，在外贸专业总公司的组织协调下分别由各省（自治区、直辖市）自行对外成交，出口任务归各地区；尚不能自营出口的省（自治区、直辖市）仍维持原来的调拨办法；地方管理的三类出口商品，凡是有条件的地区，由省（自治区、直辖市）经营出口。

3. 开展工贸结合的试点

针对长期以来工贸隔离、产销脱节造成的一系列问题，我国在此阶段开展了多种形式的工贸结合试点。工贸结合是指工业企业和外贸企业的结合，由双方共同投资，共同派人，联合组建，共同经营；双方在进出口方面密切配合，互相协作，合理分工，各有侧重，充分发挥工贸双方各自的优势。

4. 建立海外贸易机构，走出去做生意

为大力组织商品对外销售，国家鼓励外贸专业公司积极走出去做生意，并在国外主要市场设立了常驻贸易机构。如在日本东京、英国伦敦等地设立中国进出口公司代表处，在美国纽约、阿联酋迪拜设立贸易中心等。此外，还在海外设立了各类贸易公司，主要开展对外推销、进口订货、市场调研、建立与客户的联系等工作。

5. 实行政企分开

实行政企分开，其目的是强化政府部门的宏观管理职能，使政府部门从企业的日常经营活动中脱离出来，着重抓好领导、统筹、协调、服务、监督、制定政策和规划等工作。1982 年，我国在合并四个部委基础上组建的对外经济贸易部（简称“外经贸部”），是代表政府统一领导、归口管理全国对外贸易工作和各类外贸企业的主管机关，充分行使国家管理对外贸易工作的职能，做到既发挥各方面的积极性，又联合统一对外，有效运用行政手段、法律手段和经济手段，促进对外贸易发展。

实行政企分开后，外经贸部和各省（自治区、直辖市）对外经济贸易厅（委）专司对外经济贸易行政管理，并重新设立驻各外贸口岸的特派员办事处，逐步实现对设立对外贸易企业的管理，重新恢复对部分进出口商品的许可证制度，实行配额管理，对出口商品商标实施协调管理，同时进一步加强对海关、商检、外汇的管理。外贸工作实行政企分开后，行政管理的加强，使企业经营活动更加符合宏观的要求，同时企业活力也大大增加，更有利于对外贸易的持续稳定发展。

6. 简化外贸计划内容

随着对外贸易经营权的下放，规定凡经批准经营进出口业务的单位和企业，均须承担国家出口计划任务，改变外贸计划全部由外贸专业总公司承担的局面。自 1984 年起，部分中心城市的外贸计划单列在国家计划中，视同省一级单位，享有省级对外贸易管理权限。自 1985 年起，外经贸部不再编制和下达传统计划体制下进出口的两大核心计划——出口收购计划和进口调拨计划，并缩小指令性计划范围，扩大指导性计划空间，开始注重发挥市场调节的作用。

7. 改革外贸财务体制

改革传统外贸财务体制，使企业在财务上与其主管部门脱钩。国务院批转了财政部关于试行企业基金的规定，将企业提取基金与企业对国家贡献大小、经营好坏直接挂钩，促进企业提高经济效益。1984—1986 年实行了核定出口成本、增盈分成、减盈自理办法，增盈基金的 60% 用于企业，40% 用于职工福利和奖金。自 1987 年起改为实行出口奖励的办法。出口奖励金的提取，调动了企业的积极性，对扩大出口、提高经济效益起到了积极作用。

8. 外贸专业公司试行出口承包经营责任制

1987 年，外经贸部对所属外贸专业总公司实行出口承包经营责任制。承包内容是出口总额、出口商品换汇成本及出口盈亏总额三项指标，实行超亏不补、减亏留用、增盈对半分成，并按三项指标完成情况兑现出口奖励。

1979—1987 年，我国对外贸易体制的探索性改革取得了明显成效。这主要包括：改变了对外贸易由外贸部门独家经营的局面，扩大了经营渠道，调动了各地方、各部门发展外贸的积极性；探索了一些工贸结合、产销挂钩的途径，使生产和贸易两方面的优势得以结合，更好地引进技术，促进产品升级换代，提高质量，扩大出口；缩小了外贸指令性计划范围，扩大了指导性计划范围；改革了外贸财务体制，注重发挥市场调节作用，从而改变了统得过死的状况，增强了外贸企业自主经营的活力，使其能积极主动地参与国际市场竞争。

然而从整体上看，在经过上述探索性改革后，我国对外贸易体制中一些带有根本性的问题仍未解决，改革还未取得突破性进展。这主要表现在：尚未彻底改变实行了几十年的统收统支财务体制；政企形式上虽已分离，但职责尚有待厘清；外贸公司还未真正实行企业化管理，缺乏有效的措施和自我约束机制，造成各类外贸企业间的盲目竞争；宏观管理仍以直接控制为主，经济调控体系还很薄弱；工（农、技）贸结合的问题在体制上也尚未真正得以解决。

（二）1988—1990 年的对外贸易体制改革

1988—1990 年的对外贸易体制改革是一个整体推进的阶段，其基本内容和主要措施包括以下几个方面。

1. 全面推行对外贸易承包经营责任制

对外贸易承包经营责任制是指各省（自治区、直辖市）及计划单列市的人民政府、各外贸专业总公司、各工贸总公司三个渠道，分别向中央承包出口收汇、上缴外汇额度和经济效益指标，承包指标一定三年不变。各外贸专业总公司和部分工贸总公司的地方分支机构与总公司财务脱钩，同时与地方财政挂钩，把承包落实到外贸经营企业和出口生产企业，盈亏由各承包单位自负。完成承包指标以内的外汇收入，大部分上缴国家，小部分留给地方和企业，其留成比例根据地区不同而有所差别。超过承包指标的外汇收入，一般商品的外汇小部分上缴国家，大部分留给地方和企业，其留成比例基本上等同，以利于外贸企业间的平等竞争，机电产品的外汇则实行全额留成。

为落实对外贸易承包经营责任制，使地方和企业有能力承包经济效益指标，国家还推出了一系列配套措施，包括放宽外汇管制，允许地方、部门和企业按国家规定自主支配和使用分得的留成外汇，并建立一批外汇调剂市场。实行彻底的出口退税政策，增强出口产品竞争能力和企业的赢利能力。中央政府部门下放部分权力，并加强宏观调控机制，为出口企业自主经营创造条件。

2. 对部分行业实行自负盈亏试点改革

对轻工业品、工艺品、服装行业的外贸企业，实行自负盈亏试点改革，国家不再给予出口补贴。三个行业的外贸出口收汇，大部分留成给外贸企业、生产企业和地方，小部分上缴国家，企业实行完全的自负盈亏。

3. 深化改革对外贸易机构

外经贸部按照转变职能、下放权力、调整机构、精简人员的原则，对机构进行适当调整，加强宏观管理机构的管理，减少微观管理机构。各外贸专业总公司在各地方的分支公司，大部分与总公司脱钩，下放地方作为独立的经济法人。外贸专业总公司则逐步转换职能，由管理型转变为经营型，实行企业化经营，向综合型、集团型、多功能、国际化企业的方向发展，集中更多精力开拓国际市场，为扩大进出口贸易服务。

4. 深化改革进口经营体制

对于少数关系国计民生的、大宗的、敏感性的重要进口商品，由国家指定外贸总公司及其直属分公司统一经营。对于少数国际市场集中、价格敏感的大宗进口商品，由有该类商品进口经营权的各类外贸公司联合成交。其他绝大部分进口商品，由各类外贸公司放开经营。无论哪一类进口商品，凡属实行进口许可证管理的，均按进口许可证管理额度执行。同时，加快推行进口代理制，即由外贸企业提供各种服务，代理订货部门办理进口业务，外贸企业收取手续费，盈亏则由进口商品的用户自负。

5. 深化改革出口经营体制

对于少数关系国计民生的、大宗的、资源性的重要出口商品，实行指令性计划，由国家指定一家或几家外贸公司统一经营。对于少数国际市场容量有限、有配额限制、市场竞争激烈的较重要出口商品，实行指导性计划，由部分有该类商品经营权的各类外贸公司放开经营。无论哪一类出口商品，凡属实行出口配额和出口许可证管理的，均按出口配额和出口管理制度执行。同时，进一步加强工贸结合，推行出口代理制，即由外贸企业提供各种服务，代理生产部门办理出口业务，外贸企业收取手续费，盈亏则由出口商品生产企业自负。

6. 深化改革对外贸易管理体制

对外贸易行政管理实行归口管理和分级管理原则。根据国务院授权，外经贸部行使全国外贸行政归口管理职能，各地方外经贸厅（委、局）行使本地方的外贸行政归口管理职能。外经贸部逐步转变职能，在对外贸易管理上由以直接控制为主转向以间接控制为主，综合运用法律手段、经济手段和必要的行政手段，调节市场关系，引导企业行为，以集中更多精力对对外贸易实行宏观管理。

7. 设立进出口商品行业协会

从1988年起，经外经贸部批准，先后成立了食品土畜、纺织服装、轻工工艺、五矿化工、机电、医疗保健品六个进出口商会以及若干个商品分会，以加强外贸企业间的协调服务工作，发挥行业协会的对外贸易促进职能。

1988—1990年，以推行外贸承包经营责任制为主要特征的改革初步改变了责权利三者相分离的状况，进一步发挥了各级地方政府和各部门支持并推动对外贸易发展的积极作用，调动了各类外贸企业和出口生产企业扩大出口的积极性，对于促进外贸企业内部机制改善，加强企业经营活动，扩大进出口贸易，特别是促进出口贸易发展以及改善进出口商品结构，均发挥了积极作用。总体来说该阶段的改革是成功的。

然而，外贸承包经营责任制仅为一种过渡性制度，其仍存在着某些不尽完善之处。例如，除轻工业品、工艺品、服装三个行业的企业外，外贸企业尚未建立完全的自负盈亏机制。同时，各地、各类外贸企业在不同程度上出现了经营秩序混乱等问题。由于外汇留成等政策上的差异，特区企业也对内地企业构成了不平等竞争。此外，承包期一定三年不变，当承包企业遇到重大环境变化时，往往难以完成承包任务。这些问题要求中国对外贸易体制必须进一步推行改革。

（三）1991—1993年的对外贸易体制改革

1990年12月，国务院发布《国务院关于进一步改革和完善对外贸易体制若干问题的决定》，决定进一步深化外贸体制改革，以加快改革开放总进程。其中心内容是完善对外贸易承包经营责任制，从实行外贸企业自负盈亏机制入手，在已调整人民币汇率的基础上，使对外贸易逐步走上统一政策、平等竞争、自主经营、自负盈亏、工贸结合、推行代理制的良性发展轨道。该阶段的改革举措主要包括以下几个方面。

1. 取消出口贸易财政补贴，建立自负盈亏机制

在改革试点基础上，全面实行外贸企业出口自负盈亏改革，取消国家对外贸出口的财政补贴，对出口总额、出口收汇和上缴中央外汇额度仍维持承包制，但改为一年一核承包指标。外贸企业只有在自主经营、自负盈亏的前提下，才能建立和完善自我发展、自我约束的经营机制，才能在激烈的国际市场竞争中，既有改善经营管理的压力，又有增强自我发展的动力和能力。

2. 改变外汇留成比例，加强出口收汇管理

改变外汇留成办法，将以往按地区实行不同比例留成，改为按大类商品实行统一比例留成，目的在于消除地区间的不平等竞争，推动市场秩序向良性化方向发展。新的外汇留成办法的实行，增加了企业可支配、使用的外汇，有利于保持适度的进口增长，为外国商品进入中国市场提供更多机会。为保证国家收汇和防止逃汇、套汇，外汇管理部门和结汇银行实行跟踪结汇，加强了对出口收汇的管理。

3. 保持政策的连续性和稳定性

在总结和完善外贸承包经营责任制的基础上，推行新一轮承包，保持政策的连续性和稳定性，有利于实现对外贸易体制的长期改革目标。

推行外贸承包经营责任制并非改革的最终目标，但此次改革使我国对外贸易体制更加适应社会主义市场经济发展的要求。外贸企业实行自负盈亏，有利于使出口贸易发展摆脱国家财政状况的制约，企业自主经营有利于出口贸易发展的长远规划，从而更便于参与国际分工和交换，也更加适应国际贸易规范的要求。这对于中国对外贸易的长期稳定发展，有着重要的意义。

三、对外贸易体制改革的深化

1992 年 10 月，党的十四大报告明确了我国经济体制改革的目标是建立社会主义市场经济体制，报告同时指出要“深化外贸体制改革，尽快建立适应社会主义市场经济发展的、符合国际贸易规范的新型外贸体制”。这为我国深化外贸体制改革指明了方向。“八五”计划和“九五”计划期间，我国对外贸易体制改革重点从以下三个方面进行。

（一）深化外贸管理体制改革

1993 年，对外经济贸易部更名为对外贸易经济合作部（仍简称“外经贸部”），进一步明晰了政府管理对外贸易的职能。在推进改革的过程中，通过转变政府职能，精简机构，深化改革对外贸易行政管理职能，做到主要运用法律手段和经济手段，同时辅以必要的行政手段，来调节对外贸易的宏观管理，弱化微观管理。

1. 强化经济调控手段

（1）改革汇率制度，取消外贸承包经营责任制。自 1994 年 1 月 1 日起，我国对外汇体制进行了根本性改革，取消汇率双轨制，实现官方汇率和市场汇率并轨，实行以市场供求为基础的、单一的、有管理的人民币浮动汇率制度。建立银行间外汇市场，改进汇率形成机制，保持合理的、相对稳定的人民币汇率。同时，实行外汇收入结汇制，取消

各类外汇留成、出口企业外汇上缴和额度管理制度。实行银行售汇制，实现人民币经常项目下的有条件可兑换（1996 年 12 月 1 日，我国又宣布接受国际货币基金组织协定第八条款规定的义务，实现人民币经常项目下的完全可兑换）。汇率并轨后，建立在外汇额度基础上的出口自负盈亏承包经营责任制也就不复存在了。

中国的经济体制改革整体上体现为渐进式改革，但并不排除在某些时点出台相对剧烈的改革举措，1994 年推出的系列改革措施包括汇率制度改革即为明显一例。此次汇率制度改革较以往改革更为彻底和全面，不仅汇率形成机制发生重大变化，而且实行银行结售汇制，取消外汇留成和上缴，有利于企业间平等竞争，提高竞争力，促进出口发展，同时企业用汇条件也得以改善。这项改革成为 1994 年对外贸易体制改革的突破口，也是该年度金融体制改革乃至整个经济体制改革的重要组成部分。

（2）进一步降低进口关税水平，取消部分进口减免税。为适应加入世界贸易组织的需要，改善中国市场的准入条件，按照世界贸易组织对发展中国家的要求，逐步降低进口关税水平，使关税成为调节对外贸易的主要手段。1996 年 4 月 1 日，在调低关税水平至 23% 的同时，取消五项不平等的进口减免税，以利于地区、行业、企业间的平等竞争。这是中国在调整进口税收体制、使名义关税与实际关税接近方面前进的一大步，有利于中国经济体制与国际通行规则接轨。

（3）改革所得税制。1994 年，我国财税体制实行全面改革，由包干制改为分税制，国有外贸企业按应纳税所得额上缴 33% 的所得税。中央外贸企业上缴的所得税，全部用于补充中国进出口银行信贷基金。在解决以往应缴税款的基础上，地方外贸企业上缴的所得税作为外贸发展基金储备。这项改革同样有助于创造平等竞争条件，有利于对外贸易发展。

（4）进一步完善出口退税制度。对出口商品实行退税，是国际贸易中的通行做法，也是公平竞争和发展出口贸易的需要。我国自 1985 年开始实行出口退税政策。1994 年实行分税制后，出口退税全部由中央财政承担，以保证全面贯彻出口退税制度，促进出口贸易发展。1995—1999 年，中央政府根据财力和发展出口贸易的需要，在实施出口退税政策的过程中不断对其进行调整，加以完善。

（5）实行有利于出口的信贷政策。1994 年继续执行有利于出口的信贷政策，银行对各类外贸企业贷款优先安排，贷款规模的增长与出口增长保持同步。1994 年 7 月，中国进出口银行正式开业，对出口贸易办理信用保险业务，对资本货物出口提供信贷支持。这不仅有利于企业调整和优化出口商品结构，保持在原有市场的竞争优势，而且在开拓新市场方面也发挥了积极的推动作用。

2. 加强法律手段，完善对外贸易立法

1994 年 7 月 1 日开始施行的《中华人民共和国对外贸易法》(以下简称《对外贸易

法》)，结束了我国对外贸易领域基本法长期缺位的历史，标志着中国对外贸易发展开始步入法制化轨道，保证对外贸易在社会主义市场经济体制下有序运行。中国谋求加入世界贸易组织，意味着需要一个建立在遵守世界贸易组织规则基础上的对外贸易体制。以《对外贸易法》为核心，出台有关外贸、外资、外经等一系列相应的法律、法规，将在社会主义市场经济体制下建立起一个健全和完善的、并与国际贸易法律制度相适应的对外贸易法律体系。截至 2001 年年底，我国已基本上完成了国家涉外经济法律、法规、规章的清理和修订工作，并加紧制定《对外贸易法》的配套法规。地方涉外经济法规、规章的清理工作，也相应抓紧进行。

3. 改革行政手段

（1）放宽企业经营外贸审批标准。“九五”计划期间，外贸经营管理体制改革步伐加快，对国有大中型生产企业、商业企业和科研院所开始实行进出口经营权登记制。同时，允许非公有制成分进入对外贸易领域，实现外贸经营主体多元化。1996 年 9 月，外经贸部发布《关于设立中外合资对外贸易公司试点暂行办法》，允许外国企业与中国的公司、企业在上海浦东新区和深圳特区试办中外合资外贸公司。此后，外商可以在外贸流通领域开展投资运营。1998 年 10 月，外经贸部又发布《关于赋予私营生产企业和科研院所自营进出口权的暂行规定》，决定自 1999 年 1 月 1 日起，允许具备条件的民营企业申请获得进出口经营权。1999 年 1 月，首批 20 家民营企业被赋予外贸经营权。自此，我国民营企业正式亮相中国对外贸易经营舞台。

（2）逐步放开商品经营范围。如两纱两布、蚕丝、坯绸、茶叶等商品，可由更多企业经营。在放开经营的同时，也加强了对大米、玉米、钨产品、石蜡等大宗型和重要敏感资源型商品的出口管理。

（3）改革进出口商品管理体制。对关系国计民生的、属于战略性资源的、国际市场垄断性强的或在国际市场上处于主导地位的特别重要的少数商品，组建联合公司统一或联合经营，其他商品则放开经营。对少数实行数量限制的进出口商品的配额与许可证管理，按照效益、公开、公正和公平竞争的原则，实施配额招标、拍卖或规范化分配。

（二）深化外贸经营体制改革

国有企业改革是经济体制改革的中心环节，建立现代企业制度是我国国有企业改革的方向，必须一以贯之。现代企业制度要求“产权清晰、权责明确、政企分开、管理科学”，健全决策、执行和监督体系，使企业成为自主经营、自负盈亏、自我发展、自我约束的法人实体和市场竞争主体。

首先，建立现代企业制度。现代企业制度包含五大基本特征。一是产权关系明晰，企业中的国有资产所有权属于国家，企业拥有由包括国家在内的出资者投资形成的全部法人财产权，成为享有民事权利、承担民事责任的法人实体。二是企业以其全部法人财产，依法自主经营，自负盈亏，照章纳税，对出资者承担资产保值增值责任。三是出资者按投入企业的资本额享有所有者的权益，即资产收益、重大决策和选择管理者等权利。当企业破产时，出资者仅以其投入企业的资本额对企业债务承担有限责任。四是企业按照市场需求自行组织生产经营，以提高劳动生产率和经济效益为目标，政府不直接干预企业的生产经营活动。企业在市场竞争中优胜劣汰，长期亏损、资不抵债的企业应依法破产。五是建立科学的企业领导体制和组织管理制度，调节所有者、经营者和职工之间的关系，形成激励与约束相结合的经营机制。总之，对外贸易领域内的国有企业，必须建立适应市场经济要求的、产权清晰、权责明确、政企分开、管理科学的现代企业制度。

其次，国有外贸企业逐步改组成为规范化的公司制企业。《中华人民共和国公司法》（以下简称《公司法》）自 1994 年 7 月 1 日起施行。具备条件的国有外贸企业，应按照《公司法》的规定，逐步改组为规范化的有限责任公司或股份有限公司。少数股份公司在经过严格审查批准后可成为上市的股份有限公司。同时，推动外贸企业、生产企业和科研院所在平等互利的基础上，通过投资、参股、联合开发生产、联合经营等方式，形成一批以外贸企业为龙头、贸工技一体化的类似国际上综合商社式的企业集团，或是以制造业企业为龙头、工贸一体化的类似国际上跨国公司式的企业集团。

最后，转换国有外贸企业经营机制。国有外贸企业必须由国家计划的执行者，转变为进出口贸易的自主经营者；由以出口创汇为主，转变为创汇与经济效益并重；由主要依靠廉价商品扩大市场，向以质取胜、提高商品附加值转变；由过度依赖少数市场，向市场多元化、全球化方向转变；由单一经营，向一业为主、多种经营方向转变；由传统的收购制，向服务型的代理制转变；由比较单一的贸易方式，向灵活多样的贸易方式转变，走实业化、集团化、国际化和规模经营的发展道路。

（三）深化外贸协调体制改革

首先，充分发挥进出口商会在对外贸易经营活动中的协调、咨询、指导功能。进出口商会是经政府部门批准，同行业企业根据行业发展需要，自己组织起来的自我管理、自我服务的对外贸易促进组织。在社会主义市场经济条件下，进出口商会是对外贸易主管部门调控市场的中间层和衔接点，政府部门离开中介组织去直接管理市场主体，必然会回到计划经济的老路上。同时，进出口商会作为行业中介组织，也必须加强自身改革与建设，及时为会员企业提供信息与咨询服务，充分维护行业经营秩序和会员企业的权益。

其次，建立健全社会中介服务体系，发挥各研究咨询机构及各学会、协会的信息服务功能，形成全国信息网络。同时，建立与完善对外贸易行业的法律、会计、审计事务所，为外贸企业提供相关专业服务，并对企业的经营活动进行社会监督。

第三节　加入世界贸易组织与对外贸易体制改革

1995 年 1 月 1 日成立的世界贸易组织，是独立于联合国的永久性国际机构。作为关税与贸易总协定（GATT，简称“关贸总协定”）的延续，世界贸易组织的目标诉求，是建立一个完整的，包括货物、服务、与贸易有关的投资以及知识产权等内容的，更具活力、更持久的多边贸易体系。与关贸总协定相比，世界贸易组织的管辖范围已经延伸至服务贸易、知识产权和投资等领域，以更好地协调各国间的经贸联系和可能发生的贸易摩擦。但在世界贸易组织的决策体制和立法活动中，大国操纵现象仍较为严重。世界贸易组织的所有规则，均是多边贸易谈判中主要谈判方协调的结果，其中既包含了长期贸易实践的经验总结，也夹杂着大国利益争夺与妥协的成分。但毋庸置疑，世界贸易组织是现实中对国际贸易最具影响力的全球性经济组织，中国的对外贸易也概莫能外。

自 1986 年 7 月中国政府向关贸总协定提出关于恢复中国缔约国地位的申请起，历经了 15 年的艰辛谈判过程，中国于 2001 年 12 月 11 日终于正式成为世界贸易组织的第 143 个成员，实现了“入世”夙愿。使本国的经济贸易体制与世界贸易组织的多边体制相适应，是世界贸易组织成员的一项基本义务。经过多年的改革开放，尤其是在“复关”和“入世”谈判阶段的 15 年间，中国经济体制改革取得了重大突破，特别是市场化取向改革目标的确立与逐步推进，从根本上解决了中国经贸体制与世界贸易组织多边贸易体制的相容性问题。

中国加入世界贸易组织和经济体制改革的深化，要求政府职能及时转变，组建商务部即是回应这一要求的体现。2003 年，为适应内外贸业务相互融合的发展趋势和加入世界贸易组织的新形势，促进现代市场体系的形成，在整合外经贸部全部职责和国家经济贸易委员会及国家计划委员会部分职责的基础上，我国商务部得以组建。这是中国由计划经济迈向市场经济的一个重要标志。将国际市场与国内市场有机融合起来，是市场经济通行做法。商务部的组建及其依法履行职责，有利于“入世”承诺在中国的实施。

一、中国加入世界贸易组织的主要承诺

加入世界贸易组织，标志着中国经济体制改革进入新的历史阶段，同时也意味着中

国经济体制改革的外部约束条件发生了重大变化。中国既需要根据本国国情，又必须兼顾世界贸易组织规则和经济全球化发展态势，来制定和实施正确的改革开放战略。中国要由以往那种“政策性”自主开放，转变为适应世界贸易组织规则要求的“制度性”开放，经济体制、运行机制和经济法规需要逐步符合世界贸易组织的一般性原则。

根据中国加入世界贸易组织谈判中所坚持的权利与义务相平衡的原则，《中华人民共和国加入世界贸易组织议定书》对中国“入世”后的权利与义务做了规定。中国对其中的义务部分的承诺，成为对外贸易体制进一步改革的主要组成内容。

根据《中华人民共和国加入世界贸易组织议定书》，我国的承诺主要包括以下内容。

（一）遵守非歧视原则

非歧视（non-discrimination）原则是世界贸易组织最基本的原则，包括最惠国待遇原则和国民待遇原则。加入世界贸易组织前，我国对与中国签订有双边优惠协定的国家实施了双边最惠国待遇，因此，加入世界贸易组织法律文件中有关非歧视原则的问题，主要是指对进口商品的国民待遇问题。国民待遇原则要求进口货物在关税、国内税等方面所享受的待遇不低于国内同类产品。实行国民待遇实际上是要体现平等竞争的原则，这与我国改革开放和建立社会主义市场经济体制的目标是一致的。我国承诺在进口货物、关税、国内税等方面，给予外国产品不低于本国同类产品的待遇，并承诺对仍在实施的与国民待遇原则不符的做法及政策做必要的修改与调整。

（二）实施统一的贸易政策

中国承诺在整个中国关境内，包括民族自治区域、经济特区、沿海开放城市以及经济技术开发区等，实施统一的贸易政策，维护公平、自由的对外贸易秩序。中国政府多次重申法律制度的统一性和严肃性。中国的《宪法》《立法法》《行政法规制定程序条例》和《规章制定程序条例》中，均明确规定了中央和地方的立法权限，规定地方性法规不得与宪法、法律和行政法规相抵触，全国人民代表大会常务委员会有权撤销与宪法、法律和行政法规相抵触的地方性法规、条例，国务院有权改变或撤销国务院各部门和地方政府制定、颁布的不适当的规章、决定和命令。中国加入世界贸易组织后，成员方的企业和个人对于中国贸易制度不统一实施的情况，特别是下位法违反上位法以及地方立法违反中央立法的情况，可以提请中国中央政府注意，有关情况将迅速反映给主管机关。若情况属实，主管机关将依据中国法律可获得的补救，对此迅速予以处理，并将处理情况书面通知有关当事人。

（三）保持贸易政策透明度

透明度（transparency）是世界贸易组织的又一项基本原则。根据该原则，中国承诺公布所有涉及经贸的法律、法规和部门规章，未经公布的不予执行。加入世界贸易组织后将设立“世界贸易组织咨询点”，在对外经贸法律、法规及其他措施实施前，提供草案并允许提出意见。咨询点将应世界贸易组织成员、中外企业及个人的要求，就中国所有有关或影响货物贸易、服务贸易，与贸易有关的知识产权或外汇管制的法律、法规及其他措施的信息提供咨询，答复应当完整，并代表中国政府的权威观点。同时也严格履行世界贸易组织关于透明度的要求和中国所做的承诺。其中，按照“入世”有关承诺，中国在颁布新的法律、法规之前，将提供一段合理的时间征求各方意见，在相关法规正式颁布之后和实施之前，将留一段时间的过渡期，便于有关各界更好地了解和实施。

（四）逐步放开对外贸易经营权

中国承诺在加入世界贸易组织后的 3 年内，取消对外贸易经营权的审批制，实行备案登记制。所有在中国的企业，经过登记后均可经营除国营贸易产品以外的所有产品。这种贸易权仅指货物贸易方面的进出口权，不包括在中国国内市场销售的权利。不同产品的中国国内市场销售权的获得，取决于中国在服务贸易领域开放所做出的承诺。

（五）降低关税壁垒

中国承诺继续分步降低关税税率，到 2005 年，中国的关税税率将降至发展中国家的平均水平以下，平均关税税率则降至 10% 左右。同时，将全面实施世界贸易组织《海关估价协议》，按照非歧视原则在全关境内实行公平、统一的关税税率。在关税税率逐步降低的基础上，分阶段地调整和清理减免税政策，完善纳税争议的申诉和复议制度，促进海关征税工作规范、公正、透明、高效。

（六）逐步取消非关税措施

中国承诺按照世界贸易组织的规定，在 2005 年 1 月 1 日前取消对 400 多项产品实施的非关税措施（包括配额、许可证、机电产品特定招标），并承诺除非符合世界贸易组织的规定，今后将不再增加或实施任何新的非关税措施。

（七）不再实行出口补贴

中国承诺遵守世界贸易组织《补贴与反补贴措施协议》，取消协定禁止的出口补贴。

对于协定允许的其他项目补贴，应通知各成员方，且提供的信息应尽可能详细。

（八）实施《与贸易有关的投资措施协定》

中国承诺在加入世界贸易组织后实施《与贸易有关的投资措施协定》，取消贸易和外汇平衡要求、当地含量要求、技术转让要求等与贸易有关的投资措施，承诺在法律、法规和部门规章中不强制规定出口实绩要求和技术转让要求，具体事项由投资双方通过谈判商定。

（九）接受过渡性审议机制

中国加入世界贸易组织后 8 年内，世界贸易组织的有关委员会将对中国履行世界贸易组织义务和实施加入世界贸易组织谈判所做承诺的情况进行年度审议，在第 10 年完全终止审议。中方有权就其他成员履行义务的情况向委员会提出质疑，要求其他成员履行承诺。

（十）接受特殊保障措施

鉴于中国尚未被认为是完全的市场经济国家，在“入世”后 12 年内，中国产品在出口至世界贸易组织其他成员的领土时，若增长的数量或所依据的条件对生产同类产品或直接竞争产品的其他世界贸易组织成员的生产者造成威胁或造成市场扰乱，其他成员可以仅对中国的产品采取保障措施（正常情况下，保障措施必须针对所有成员的产品）。受影响成员有权在防止和补救此种市场扰乱所必需的限度内，对该产品撤销减让或限制进口。同时，为防止其他成员滥用此类措施，文件也明确规定了采取此类措施所必须遵守的前提条件和中国可以采取的反措施。在出现问题时，双方应协商解决。在协商中，双方一致认为应采取必要行动时，中国应采取补救行动；若协商未果，该成员仅可在补救市场冲击所必需的范围内，对中国撤销减让或限制进口。

（十一）反倾销反补贴条款

某些世界贸易组织成员针对中国的倾销产品采取特殊的程序，该程序在中国“入世”后维持 15 年。在此 15 年内，在针对反倾销案计算可比价格时，若中国企业能明确证明该产品是在市场经济条件下生产的，可以该产品的国内价格为依据，否则，将以替代价格作为可比价格。该措施同样适用于反补贴措施。作为世界上滥用反倾销的最大受害国之一，中国坚决反对滥用反倾销，反对实施贸易保护主义，并将积极参与世界贸易组织的新一轮多边贸易谈判，商谈关于世界贸易组织规则中有关反倾销的条款，争取完善反倾销的有关规定。

（十二）关于服务业开放与知识产权保护

服务业市场开放是中国加入世界贸易组织承诺的主要组成部分，中国对开放电信、银行、保险、证券、音像、分销等服务业部门的进程，在议定书中分别做出了具体承诺。“入世”后，中国也将遵守世界贸易组织有关知识产权的协议。知识产权扩大保护范围后（如扩大至化工产品、药品、食品、计算机软件等），中国有关企业必须支付专利许可证费用，以合法地获得西方发达国家的专利许可。中国政府也将禁止任何有损国家和企业声誉的侵权行为，依法严肃处理侵犯国外知识产权的行为。

二、中国加入世界贸易组织以来履行承诺的情况

为保证各成员贸易政策的透明度，加深成员对彼此经贸政策和措施的理解，鼓励成员遵守贸易规则和恪守相关承诺，世界贸易组织建立了贸易政策审议机制（TPRM），所有成员均定期接受贸易政策审议。按照审议规则，贸易额排名全球前 4 位的成员每两年接受一次审议。作为新崛起的贸易大国，2006—2018 年，中国已接受 7 次贸易政策审议。在 2018 年 7 月于瑞士日内瓦举行的第 7 次审议上，世界贸易组织成员普遍积极肯定中国的经济发展和贸易政策方向，认为中国认真履行成员义务，为其他成员带来了机遇和利益，中国的改革开放并未止步。

事实说明，中国作为一个负责任大国，一诺千金，有诺必践。早在 2010 年 7 月，商务部新闻发言人宣布，截至 2010 年，中国“入世”承诺已全部履行完毕，建立起符合规则要求的经济贸易体制，成为全球最开放的市场之一。进入 21 世纪第二个 10 年，中国继续不断改革与完善社会主义市场经济体制，全面加强与多边贸易规则的对接，切实履行货物和服务开放承诺，强化知识产权保护，对外开放政策的稳定性、透明度、可预见性显著提高，在自身经济与社会发展取得巨大成效的同时，也为多边贸易体制有效运转做出了积极贡献。

（一）完善社会主义市场经济体制和法律体系

首先，中国始终坚持社会主义市场经济改革方向。加快完善社会主义市场经济体制，健全市场体系，理顺政府和市场关系，使市场在资源配置中起决定性作用，更好地发挥政府作用。同时，广泛开展世界贸易组织规则宣传教育，市场意识、竞争意识、规则意识、法治观念已深入人心。

其次，中国持续健全社会主义市场经济法律体系。坚持依法治国，全面遵守和执行世界贸易组织规则，完善基于规则的市场经济法律法规，构建符合多边贸易规则的法律体系。加入世界贸易组织后，中国大规模开展法律法规清理修订工作，中央政府清理法律法规和部门规章 2300 多件，地方政府清理地方性政策法规 19 万多件，覆盖贸易、投资和知识产权保护等各个方面。[①]2014 年，制定进一步加强贸易政策合规工作的政策文件，要求各级政府在拟定贸易政策过程中，对照世界贸易组织协定及中国加入承诺进行合规性评估。2016 年，建立规范性文件合法性审查机制，进一步清理规范性文件，增强公共政策制定透明度和公众参与度。

截至 2019 年 10 月，中国现行有效法律为 275 部，其中宪法 1 部，宪法相关法 44 部，民法商法 34 部，行政法 89 部，经济法 71 部，社会法 24 部，刑法 1 部，诉讼与非诉讼程序法 11 部。同时另有行政法规 756 件，地方性法规 12000 多件（截至 2018 年）。中国特色社会主义法律体系逐步健全，特别是在经济领域，立法支撑起社会主义市场经济秩序的整体框架，保证经济高质量发展和对外开放顺利进行。

（二）履行货物贸易领域开放承诺

1. 大幅降低进口关税

削减进口成本，促进贸易发展，让世界各国更多分享中国经济增长、消费繁荣带来的红利。截至 2010 年，中国货物贸易降税承诺全部履行完毕，关税总水平由 2001 年的 15.3% 降至 9.8%。其中，工业品平均税率由 14.8% 降至 8.9%；农产品平均税率由 23.2% 降至 15.2%，约为世界农产品平均关税水平的 1/4，远低于发展中成员 56% 和发达成员 39% 的平均关税水平。2018 年 11 月 1 日起，中国又降低 1585 个税目的进口关税，使关税总水平由已保持数年的 9.8% 降至 7.5%，平均降幅达 23%。

2. 显著削减非关税壁垒

减少不必要的贸易限制，促进贸易透明畅通。根据“入世”议定书附件 3 中承诺取消的进口配额、进口许可证和特定招标等 424 个税号产品的进口非关税措施，已按承诺在 2005 年 1 月 1 日全部取消完毕。2020 年，实行进口许可证管理的货物仅为消耗臭氧层物质和重点旧机电产品两种。同时对小麦、玉米、大米、食糖、棉花、羊毛等关系国计民生的大宗商品，实行关税配额管理（见表 4–2）。

---

① 国务院新闻办公室 . 中国与世界贸易组织 [EB/OL]. 国务院新闻办公室官网，2018–06–28.

表 4-2 2020 年中国部分农产品关税配额数量及相关税率

	配额 / 万吨	关税配额税率 /%	最惠国税率 /%	普通税率 /%	国营贸易比例 /%	非国营贸易比例 /%
小麦	963.6	1~10	65	130~180	90	10
玉米	720	1~10	20~65	130~180	60	40
稻谷和大米	532	1~9	10~65	70~180	50	50
食糖	194.5	15	50	125	70	30
棉花	89.4	1	40	125	33	67
羊毛	28.7	1	38	50	—	—

资料来源：根据公开资料整理。

3. 全面放开外贸经营权

促进经营主体多元化，激发各类企业开展贸易的积极性。对外贸易经营权彻底放开，是中国履行“入世”承诺极为关键的一步。自 2004 年 7 月起，中国对企业的外贸经营权由审批制改为备案登记制，极大地释放了民营企业的活力。民营企业进出口发展迅速，份额持续扩大。2019 年，民营企业首次超过外商投资企业，成为中国第一大外贸主体，同时作为第一大出口主体，民营企业出口占比达 51.7%，已占据中国出口总额的半壁江山。民营企业和外商投资企业合计进出口占全国外贸总额的比重，由 2001 年的 57.5% 上升至 2019 年的 83.1%。2020 年，民营企业的出口占比进一步提升至 56.0%，其第一大出口及外贸主体的地位更加稳固。

（三）履行服务贸易领域开放承诺

1. 广泛开放服务市场

大力推动服务业各领域快速发展，提高服务业对国民经济的贡献。在世界贸易组织分类的 12 大类服务部门的 160 个分部门中，中国承诺开放 9 大类的 100 个分部门，接近发达成员平均承诺开放 108 个分部门的水平。截至 2007 年，中国服务贸易领域开放承诺已全部履行完毕。

2. 持续减少限制措施

逐步降低服务领域外资准入门槛，按期取消服务领域的地域和数量限制，不断扩大允许外资从事服务领域的业务范围。其中，在快递、银行、财产保险等 54 个服务分部门允许设立外商独资企业，在计算机、环境等 23 个分部门允许外资控股，在电信、铁路运输、旅游等 80 个分部门给予外资国民待遇。2010 年，中国服务业吸引外商直接投资额首次超过制造业，2020 年其吸引外商直接投资额占比达到 77.7%。

服务贸易领域开放主要与以“商业存在”形式进入中国服务业的外资有关。2020 年 1 月 1 日，中国《外商投资法》和《优化营商环境条例》开始实施，标志着市场化、法治化、国际化营商环境建设进入新阶段。更加公平、更加透明的市场环境，有利于吸引更多跨国公司到中国服务业寻找机遇、谋求发展。2019 年 10 月 15 日，国务院公布修改后的《中华人民共和国外资保险公司管理条例》和《中华人民共和国外资银行管理条例》，后者进一步放宽了外资银行准入门槛，扩大了外资银行业务范围。同时，中国证券监督管理委员会表示，将在全国范围内取消金融机构外资股比限制，其中，基金管理公司自 2020 年 4 月 1 日起，证券公司自 2020 年 12 月 1 日起，期货公司自 2020 年 1 月 1 日起。截至 2019 年 10 月末，外资银行在华共设立 41 家外资法人银行、114 家母行直属分行和 151 家代表处，外资银行营业机构总数达 976 家，资产总额达 3.37 万亿元。同期，境外保险公司在中国共设立 59 家外资保险法人机构和 131 家代表处。此外，2020 版《外商投资准入特别管理措施（负面清单）》清单条目由 2019 年的 40 条减至 33 条。在新冠肺炎疫情给全球跨国投资带来巨大冲击的背景下，此举释放出以开放促改革、促发展的强烈信号。

中国政府深化改革开放的承诺坚定不移，对外开放的大门只会越开越大。当前，中国一般制造业已经全面放开，服务业也正在加快开放。中国将进一步放宽市场准入，为各类所有制、内外资企业打造一视同仁、不断优化的营商环境。长期来看，中国经济持续向好的基本面将得以持续，服务业市场未来潜力巨大，各国企业须充分把握在华发展机遇。

（四）履行知识产权保护承诺

1. 构建完备的知识产权保护法律体系

加入世界贸易组织后，中国建立健全知识产权法律法规，与多个国家建立知识产权工作机制，积极吸收借鉴国际先进立法经验，构建起符合世界贸易组织规则和中国国情的知识产权法律体系。近年来，修订《商标法》，增加了惩罚性赔偿制度；修订《反不正当竞争法》，进一步加强对商业秘密的保护，同时明确市场混淆行为，引入标识的概念，拓宽对标识的保护范围。自 2021 年 6 月 1 日起，经第四次修订的《专利法》予以施行，其在加强对专利权人合法权益的保护、促进专利实施和运用、完善专利授权制度等方面进行了一系列修改完善。此外，《著作权法》也在修改完善之中。

2. 持续加强知识产权保护执法力度

强化知识产权保护司法主导作用，把违法成本显著提上去，将法律威慑作用充分发挥出来。2018 年重新组建国家知识产权局，增强执法力量，加大执法力度。同时，在北京、上海、广州设立三家知识产权法院，在南京、苏州、武汉、西安等地的中级人民法院内设立专门审判机构，跨区域管辖专利等知识产权案件。截至2021年1月初，在北京、南京、昆明等地设立41家知识产权保护中心。加大行政执法力度，针对重点违法领域，开展专利“护航”行动、打击网络侵权盗版“剑网”行动、出版物版权“扫黄打非”和“秋风”行动、打击侵权假冒的“网剑行动”以及“质检利剑”打假行动等专项行动，有效地保护了知识产权。

3. 中国知识产权保护效果明显

自2001年起，中国对外支付知识产权费年均增长17%，2017年达到286亿美元。2019年，中国发明专利申请量为140.1万件，连续9年居世界首位，其中国外在华发明专利申请量达15.7万件，较2018年增长6.0%，较2001年3.3万件的申请量增长了近4倍。国外在华发明专利申请量稳步增长，既表明中国市场对外资吸引力不断增强，同时也和中国加大知识产权保护力度、持续优化营商环境密不可分。知识产权保护力度不断加大，有力地推动了中国营商环境的持续优化，也更加坚定了全球市场主体来华投资兴业的信心。

2019年11月，《关于强化知识产权保护的意见》发布。这是第一个以中共中央办公厅、国务院办公厅名义出台的知识产权保护工作纲领性文件，其实施后将进一步推动中国知识产权保护能力和保护水平全面提升。加强知识产权保护，是完善产权保护制度最重要的内容，也是提高中国经济竞争力的最大激励。加入世界贸易组织以来，在知识产权保护的有力促进下，中国正成为全球研发投入增长最快、创新活动日益活跃的国家之一。2020年4月世界知识产权组织（WIPO）公布的数据显示，2019年中国在该组织《专利合作条约》（PCT）框架下提交了58990件专利申请，超过美国提交的57840件，成为PCT最大用户。中国鼓励中外企业开展正常技术交流合作，依法保护在华外商投资企业合法知识产权，同时，也希望外国政府加强对中国知识产权的保护。

（五）履行透明度义务

1. 明确提供法律制度保障

中国《立法法》《行政法规制定程序条例》《规章制定程序条例》明确要求法律、行政法规和规章草案必须按有关规定公开征求公众意见。全国人大常委会法工委定期出版《中华人民共和国法律》（英文版）。国务院法制机构定期出版《中华人民共和国涉外法规汇编》（中英文对照），商务部在《中国对外经济贸易文告》中定期发布贸易政策。

2. 全面履行世界贸易组织通报义务

按照要求，中国定期向世界贸易组织通报国内相关法律、法规和具体措施的修订调整和实施情况。截至 2018 年 1 月，中国提交的通报已达上千份，涉及中央和地方补贴政策、农业、技术法规、标准、合格评定程序、国营贸易、服务贸易、知识产权法律法规等诸多领域。

第四节 面向新时代的对外贸易体制改革

党的十九大报告提出“中国特色社会主义进入了新时代”，这是一个重大科学判断。历史和实践证明，我国已经处在一个新的历史方位，这个历史方位就是新时代。新时代既是改革开放和社会主义现代化建设新时期各项成就在量的积累上的结果，也是对改革开放和社会主义现代化建设新时期在质的方面的跃升。以习近平同志为核心的党中央，面对国内外形势发展变化和我国各项事业发展要求，确定了在新时代坚持和发展中国特色社会主义，实现中华民族伟大复兴，全面建成社会主义现代化强国的历史任务。

党的十八大以来，党中央以前所未有的决心和力度开启了全面深化改革、系统整体设计推进改革的新时代。重要领域和关键环节改革成效显著，主要领域基础性制度体系基本形成，为推进国家治理体系和治理能力现代化打下了坚实基础，开创了我国改革开放的全新局面。2020 年 10 月召开的党的十九届五中全会，将全面深化改革、构建高水平市场经济体制，作为实现“十四五”时期经济社会发展主要目标和社会主义现代化目标的十二项重要举措之一，提出坚持和完善社会主义基本经济制度，充分发挥市场在资源配置中的决定性作用，更好发挥政府作用，推动有效市场和有为政府更好结合。

“推进贸易强国建设”是党的十九大明确提出的重要内容之一。根据国家总体战略部署，结合我国商务实际，商务部提出新时代商务改革发展的奋斗目标是，努力提前建成经贸强国。具体步骤包括：2020 年前，进一步巩固经贸大国地位；2035 年前，基本建成经贸强国；2050 年前，全面建成经贸强国。这一“三步走”战略构想的实现，需要对外贸易体制改革从理论到实践不断创新突破，以为新时代中国对外贸易持续健康发展和推进贸易强国建设提供重要的制度保障和动力支撑。

进入新时代后的现阶段，世界正经历百年未有之大变局，经济全球化遭遇逆流，保护主义、单边主义上升，不确定、不稳定因素明显增多。从国内看，我国经济正由高速发展向高质量发展转变，传统的增长动力、增长模式、产业结构、禀赋优势等各方面均已发生较大改变。在此态势下，按照“加快形成以国内大循环为主体、国内国际双循环相互促进的新发展格局”的要求，我国将不失时机、蹄疾步稳地深化重要领域和关键环节改革，更加注重改革的系统性、整体性、协同性，提高改革综合效能，以更深层次的改革和更高水平的开放推动对外贸易实现高质量发展，在构建“双循环”新发展格局中推进新时代中国特色社会主义贸易强国建设。

一、更好地发挥政府作用

改革开放以来，中国对外贸易发展实现了历史性跨越，贸易总量突飞猛进，贸易结构不断优化，贸易大国地位得以确立并持续稳固，贸易强国建设蹄疾步稳。一系列对外贸易发展成效的取得，与我国坚持推进改革、充分释放改革“红利”有着直接关系。进入新时代，党的十八届三中全会提出，经济体制改革是全面深化改革的重点，核心问题是处理好政府和市场的关系。党的十九大报告强调“使市场在资源配置中起决定性作用，更好发挥政府作用”。回顾过往不难看出，中国对外贸易体制改革正是经历了一个从政府完全管控的计划经济向逐步建立、完善社会主义市场经济体制转变的过程。这个转变过程，也正是从政府直接进行资源配置向市场在资源配置中起决定性作用转变，同时政府也更好地发挥作用的过程。

立足新时代、新方位，贯彻落实党的十九大精神，使市场在资源配置中起决定性作用，同时更好地发挥政府作用，需要以更大决心和更大力度推进政府职能转变。当前，我国经济发展还存在市场体系不完善、市场规则不健全、市场秩序不规范、市场竞争不充分等问题。更好地发挥政府作用，就是要加强市场体系建设，进一步完善社会主义市场经济体制，在保证市场发挥决定性作用的前提下，管好那些市场管不了或管不好的事情。政府承担提供公共物品和服务的职能，加强公共设施建设，发布公共信息，为社会公众参与社会经济、政治、文化活动提供保障和创造条件。政府加大公共管理力度，提高公共服务质量，保证公共物品和服务的充分供给，有助于维护公平正义，实现共享发展。具体到对外贸易层面上，无论是实现进出口贸易高质量发展还是建设贸易强国，客观上都要求更好地发挥政府作用。

（一）厘清市场和政府的边界

处理好政府和市场的关系，是更好地发挥政府作用的前提。经过多年“摸着石头过河”式的渐进探索，社会各界已形成共识，只有用明晰界线约束政府行为，才能让市场拥有更大舞台。然而，在实践中如何使理论精准落地，尚有提升空间。例如，在近年来政府机构改革取得重大进展的同时，政企不分、政资不分现象仍未彻底消除。部分地方和部门对微观经济运行管得过多，形成“越位”，而市场监管等一些需要政府发挥职能的领域，则依然存在不同程度的“缺位”问题。发挥政府作用，必须深刻认识“更好”，

“更好”并非“更多”。2019年《政府工作报告》中强调，“政府要坚决把不该管的事项交给市场，最大限度减少对资源的直接配置”，“要深化‘放管服’改革，推动降低制度性交易成本，下硬功夫打造好发展软环境”以及“深入推进简政放权，加快转职能、提效能，增强政府公信力和执行力”。这为厘清政府和市场边界、更好发挥政府作用提供了方向。党的十八大后至2020年9月，国务院已分16批取消下放1094项行政许可事项，其中国务院部门实施的行政许可事项清单压减比例达到47%，为简政放权做出了表率。

（二）对各类企业一视同仁，促进公平竞争

中国的世界第一大贸易国、第一大出口国地位，是通过各类进出口主体的经营实现的。应营造公开、透明、高效的市场环境，实施公平竞争审查制度，促进各类企业依法平等经营、公平竞争。只有公平的竞争才会促使企业努力去改进技术、管理和服务，更好地满足国内外消费者需求，实现对外贸易高质量增长。政府部门要破除各种人为垄断，做到对所有企业一视同仁。特别地，民营企业现已成为我国第一大外贸主体、第一大出口主体，公平的竞争环境将有助于其进一步释放活力。应允许民营企业进入更广阔的领域，使其拥有更多投资机会。2019年12月，中共中央、国务院发布关于《营造更好发展环境 支持民营企业改革发展的意见》，宣布进一步放宽民营企业市场准入，实施公平统一的市场监管制度。这是中央层面再次释放的支持民营经济发展的强烈信号。2020年10月，国家发展改革委、科学技术部、工业和信息化部等六部委联合发布《关于支持民营企业加快改革发展与转型升级的实施意见》，包括继续减税降费、放宽民营企业市场准入等共38条政策。然而要真正落实政策，必须进一步打破行政垄断，彻底取消对民营企业的市场准入限制。

（三）提高市场监管能力，推进质量强国战略

中国出口商品质量取决于国家的质量总体水平。我国产品质量国家监督检查合格率长期徘徊在87%左右，2014年开始突破90%，2017年达到91.5%，虽进步较大，但仍有百分之八九的不合格率。[①]作为消费者保护共治体系的主导，政府应切实履行市场监管职能，正确处理监管和发展的关系，把消费环境和营商环境协同起来抓，通过抓监管、抓维权来优化环境和促进发展，建设强大国内市场，推动消费增长升级，促进高质量发展，同时也为提高出口商品质量打好基础。市场监管部门要严守消费安全底线，防范化解重大风险，严厉打击假冒伪劣，强化消费领域执法。要把质量强国战略放在更为突出的位置，多措并举，促进供给侧结构性改革、消费潜力释放和产业结构升级。围绕重点行业、

① 贺佳雯. 质检总局局长支树平谈高质量发展：既要“保底线”，也要“拉高线”[N]. 南方周末，2018-03-15.

区域和产品，加强产品质量监督抽查，加大对主要缺陷产品的召回力度。加强标准实施监管、民生领域计量监管，更好地发挥认证、检验、检测作用，支撑质量提升，并积极参与国际标准制定。通过一系列举措，为塑造“中国制造”国内外高质量形象创造条件。

（四）加快“数字中国”建设，提升国际规则引领能力

随着信息科技的迅猛发展，当今世界已进入数字时代。党的十八大后，“数字中国”成为新时代国家信息化发展的新战略，涵盖经济、政治、文化等各个领域。2020 年 4 月，党中央、国务院印发《关于构建更加完善的要素市场化配置体制机制的意见》，首次明确将“数据”作为一种新型生产要素。“数字中国”战略承上启下，以发展数字经济为关键抓手、以数字政府建设为基础，承载了以科学技术为表征的生产力发展和以数字化为手段的治理技术。要以数字化提升来建设数字政府，加强区域间乃至全国一体化政务服务平台的衔接贯通，克服经济治理和公共服务中存在的碎片化、松散化问题。同时，要加快推动企业数字化转型，力争在人工智能、物联网、云计算、大数据、网络安全等领域形成具有国际竞争力的产业链和生态环境，助力贸易强国建设。在经济全球化背景下，为推动我国技术创新、抢占未来技术高地，政府应促进加强对数字技术和数字贸易相关管理规则的探索，加强数字和技术的跨境流动、关税措施和数字监管等方面的探索，通过双边谈判、区域合作以及多边磋商等途径，推动符合自身利益的成熟管理规制的国际化，占据国际规则制高点，实现对国际规则的引领。①

二、深化国有外贸企业改革

国有企业长期是中国经济的“顶梁柱”。改革开放以来，国有企业发展步入快车道。数据显示，全国国有企业数目从 1978 年的不足万家，增长至 2019 年 9 月的 46 万家。1978—2018 年，全国国有企业的营业收入和利润总额年均分别增长 11.9% 和 10.3%。2018 年全国国有企业资产总额达 178.7 万亿元、所有者权益达 63.1 万亿元，分别为 1978 年的 247.1 倍和 130 倍。② 在对外贸易领域，海关统计数据表明，2020 年国有企业出口占比为 8.0%，进口占比为 22.3%，依然是中国对外贸易发展中一支不可忽视的力量。

国有企业改革和发展一直是中国经济体制改革的中心问题。党的十一届三中全会后，国有企业改革经历了放权让利、承包经营责任制、股份制、建立现代企业制度、国有企

① 王拓，李纲 . 我国外贸体制改革与国际竞争新优势培育 [J]. 改革，2019（5）：53-62.

② 顾志娟 . 发展驶入快车道，国企数量增至 46 万家 [N]. 新京报，2019-10-08.

业战略性改组、国有资产管理体制改革、国有企业混合所有制改革等一系列过程。通过持续深化改革，国有企业已从传统体制下政府部门的附属物，逐步发展成为面向市场竞争、以质量效益为导向的现代企业。事实证明，国有企业为我国经济社会发展、自主创新能力提升以及国计民生保障等做出了突出贡献。

进入中国特色社会主义新时代以来，国有企业面临的国内外环境也发生了深刻变化。党的十九大报告提出，要“深化国有企业改革，发展混合所有制经济，培育具有全球竞争力的世界一流企业”。党的十九届五中全会审议通过的《中共中央关于制定国民经济和社会发展第十四个五年规划和二〇三五年远景目标的建议》，进一步明确要求“加快完善中国特色现代企业制度，深化国有企业混合所有制改革”。应该看到，尽管近年来国有企业改革发展成效显著，但仍存在治理还不完善、决策效率和水平不高、成果转化能力不强等突出矛盾和问题。在对外贸易领域，作为壮大国家综合实力和参与国际竞争的重要力量，国有外贸企业必须持续深化改革，进一步增强活力和国际市场竞争力，实现中央提出的“做强做优做大”战略目标。

（一）推进和完善公司制改革

公司制改革是深化国有企业改革的迫切需要，是完善中国特色现代国有企业制度的必要条件，有利于明确出资人、董事会、监事会、经理层和党组织之间的权责边界。截至 2018 年，全国国有企业公司制改制面已经达到 94%。①2020 年 2 月，经国务院国有资产监督管理委员会批准，作为我国进出口额最大的外贸企业中国石油化工股份有限公司的母公司，中国石油化工集团公司已由全民所有制企业改制为国有独资公司，名称变更为中国石油化工集团有限公司。公司制改革有力地推动了政企分开，完善了企业法人治理结构，有助于提升国有外贸企业的经营管理水平。

（二）开展企业混合所有制改革

国有资本、集体资本、非公有资本等交叉持股、相互融合而形成的混合所有制经济，是我国基本经济制度的重要实现形式。应鼓励各类所有制企业参与到国有企业改革发展进程中来，充分发挥各自优势，实现互利共赢。在现阶段，混合所有制改革成为国有企业改革的突破口。“混改”在内涵上包含“混”和“改”两部分。“混”强调的是国有资本层面上的改革，通过国有资本与其他各类资本的混合，使资本在持续流动中实现优势互补、保值增值；“改”则强调国有企业层面上的改革，通过优化股权结构，促进企业治理结构的完善，使企业真正成为独立市场主体，在市场竞争中不断释放活力，增强核心

① 佚名 . 国企改革：“混了，更要改到位”[N]. 经济日报，2018-10-25.

竞争力。近年来，“混改”企业通过积极推进市场化选人用人，完善激励约束机制，提升了企业对外贸易业务的发展质量和效益。

（三）实施专业化整合，做强做优做大主业

近年来，国有外贸企业在主业发展方面总体上取得了较大成效，但仍部分存在资源分散、主业不够突出等问题，离“强优大”还有一定差距。企业必须立足自身优势，按照市场需求和高质量发展目标，通过专业化整合推动资源向主业集中，做大主业规模，提高资源配置效率，力争成为行业发展的领跑者和转型升级的引领者。以中华人民共和国成立后第一家专门从事对外贸易的国有企业——中化集团为例，其长期专注于石油和化工产业综合运营、农业投入品及现代农业服务等主业，在业界建立了较强的国际声誉和影响力，同时也积累了丰富的国内外客户资源，并拥有大量精通国际贸易规则的优秀外贸人才，这构成了中化集团的独特优势。[①] 依托自身优势，中化集团已发展成为中国四大国有石油公司之一，并连续两年被美国《财富》杂志评为“全球最受赞赏公司”。

（四）更加注重服务国家战略

国有外贸企业作为代表国家参与国际竞争的重要力量，必须充分利用国际国内两个市场、两种资源，加快形成国际经济合作和竞争新优势。应积极投身“一带一路”建设，参与推动基础设施互联互通等项目落地，加强国际产能合作，推动高铁、核电、建筑施工等优势产业产品走出去。实现对外投资和对外贸易相互配合、相互促进，通过对外投资并购获得关键技术、优化全球布局、打造国际品牌，在优势行业和关键领域向国际价值链高端迈进。同时，必须更加注重防范国别法律风险、廉洁风险，主动保护环境、积极履行社会责任，坚决维护好国家形象。服务国家战略和实现“培育具有全球竞争力的世界一流企业”目标，要求国有外贸企业改革必须适应国际环境变化。

（五）坚持党对国有企业的领导

国有企业的性质和地位决定了必须坚持党的领导、加强党的建设，保证党和国家的方针政策、重大部署在国有企业层面得以贯彻执行，把提高企业效益、增强企业竞争力、实现国有资产保值增值作为国有企业党组织工作的出发点和落脚点。在推进公司法人治理结构建设中，重点是推进党委（党组）和董事会建设。[②] 建立健全权责对等、运转协调、

---

① 宁高宁 . 坚定不移做强做优做大国有企业 [J]. 现代企业，2016（9）：11-12.

② 胡徐腾 . 坚持党对国有企业的领导与建立现代企业制度 [J]. 党建研究，2018（7）：41-43.

有效制衡的决策、执行和监督机制，充分发挥董事会的决策作用、监事会的监督作用以及经理层的经营管理作用。在关系企业政治方向和重大战略性决策方面，党委（党组）要发挥领导核心作用，在事关方向和全局的事项上行使决定权和监督权。

三、推进社会化服务体系建设

（一）促进对外贸易行业协会商会的社会化建设

在对外贸易发展中，行业协会商会衔接政府部门和外贸企业，在政府宏观经济管理和企业微观经济运行之间“上挂下联”，发挥着桥梁和纽带作用。作为由同行业经营者自愿结成的社会性组织，行业协会商会能做企业欲做，但单家企业无力去做之事；能做市场需做，却又无人牵头去做之事；能做政府想做，却无精力或不便于直接去做之事。一个时期以来，在发挥积极作用的同时，行业协会商会也存在诸多亟待完善之处。如一些行业协会商会存在政会不分、管办一体、治理结构不健全、服务协调不到位、创新发展不足等问题。

党的十八大以来，党中央和国务院高度重视行业协会商会改革工作，并做出了具体部署，要求加快形成政社分开、权责明确、依法自治的现代社会组织体制。2015 年 7 月，中共中央办公厅、国务院办公厅印发的《行业协会商会与行政机关脱钩总体方案》正式公布。2020 年 7 月，国务院办公厅印发《关于进一步规范行业协会商会收费的通知》，要求全面清理取消行业协会商会违法违规收费，并强调建立健全行业协会商会收费长效监管机制，同时要求 2020 年年底前基本完成行业协会商会与行政机关脱钩改革。

在对外贸易领域，行业协会商会同行政机关脱钩有利于使政府角色在开放经济条件下更加灵活，行业协会商会也因此减少了束缚，有了更多自主权，有利于其激发内在活力，使其进一步发挥自身优势。一方面，行业协会商会可以更为客观公正地站在企业立场上，代表企业利益与政府部门对话，反映企业的呼声和诉求，有助于推动政府简政放权，降税减费，减轻企业负担，并促进产业转型升级，支持民营企业发展；另一方面，社会化的行业协会商会代表外贸企业利益走上前台，在国际上进行交流及交涉等，更为符合国际贸易规范，有利于更好地维护中国外贸经营者的权益，使我国外贸企业的进出口经营更为顺畅。

当前，为促进行业协会商会成为依法设立、自主办会、服务为本、治理规范、行为自律的社会性组织，需要坚持改革与监管并重，积极构建民政、财政、税务、审计、价格、市场监管等部门各司其职、信息共享、协同配合、分级负责、依法监管的行业协会商会综合监管体系。通过帮扶政策助力行业协会商会平稳过渡，畅通政府与行业协会商会的联系渠道，完善会商、合作等工作机制。同时，借鉴国内外成功经验，加快制定和健全相关配套法律法规，推动建立行业协会商会的内部治理规则和自律行为准则，理顺其与会员企业以及政府之间的法律关系，将行业协会商会的改革与发展纳入法治化轨道。

（二）完善对外贸易社会化服务体系

当前，随着我国对外开放程度的扩大和加深，外贸企业与国际经贸事务的联系与以往相比更为紧密，各种社会服务的需求也越来越多。例如，从产品本身而言，需要质量认证及有关技术认证等服务；从企业来讲，需要财务、会计、审计、法律乃至环境认证和社会责任认证等服务；从企业发展和市场战略来讲，需要各种专业咨询服务。并且，提供上述服务的国内中介机构，本身也需要在国内外竞争中赢得声誉，得到认可方能有资质提供这些服务。

在现阶段，以实施《优化营商环境条例》为契机，加快打造市场化、法制化、国际化的营商环境，更大力度地为外贸企业破堵点、解难题，需要政府同时持续推进社会化服务体系建设。这主要包括建立健全完善、规范的生活资料市场、生产资料市场、劳务人才市场、资金市场、信息市场、证券市场、技术市场、企业产权市场等市场体系；培育并监管以提供社会福利、社会保险服务为主的社会保障机构以及从事会计、审计、律师、代理、职业介绍、资产评估、商品检验、劳动就业培训、信息咨询等业务的社会中介服务组织。各类服务中介机构必须珍视其信誉和专业性，这样才能在市场认可的基础上做大做强，在实现自身业务增长的同时，也为中国对外贸易高质量发展贡献力量。

思考题

1. 我国传统对外贸易体制的主要特色是什么，为何必须对其实施改革？

2. 如何理解经济体制改革和对外贸易体制改革之间的关系？

3. 我国对外贸易体制改革的过程可分为哪些阶段，各阶段的改革举措主要包括哪些？

4. 中国加入世界贸易组织做出了哪些承诺，当前这些承诺的履行状况如何？

5. 如何认识进入中国特色社会主义新时代后的中国对外贸易体制改革？

6. 在新时代，如何更好地发挥政府在对外贸易发展中的作用？

7. 在新时代，如何深化我国对外贸易领域的国有企业改革？

8. 在新时代，如何推进我国对外贸易领域的社会化服务体系建设？

第五章 中国对外贸易管理

对外贸易管理是指以国家的法律、规章和方针政策为依据，从国家的宏观经济利益和对内、对外政策的需要出发，综合运用法律、经济和行政手段，对本国的进出口贸易实施指导、控制和调节。当前，作为宏观调控手段，对外贸易管理被世界各国所普遍采用。随着中国特色社会主义进入新时代，我国正在逐步建立与完善既符合社会主义市场经济运行机制，又符合国际贸易规范的对外贸易管理体系。

第一节　对外贸易管理的必要性

中国的对外贸易管理，是国家通过制定有关法律、法规，运用经济调控手段并辅以必要的行政手段来进行的。在民族国家依然是全球化中国际经济竞争与合作基本主体的态势下，在构建“双循环”新发展格局、完善社会主义市场经济体制和建设贸易强国的进程中，中国对对外贸易实行管理十分必要。

一、维护国家经济利益

在全球化竞争与合作中，国家也存在经济利益诉求。国际贸易直接关系着一国的经济利益，世界各国管理其对外贸易的根本目的之一，就是要维护本国的经济利益。中国实行对外贸易管理，综合运用法律手段、经济手段和必要的行政手段，通过各项具体的管理规定和管理措施，引导企业进行有效经营，合理安排进出口贸易，发展同其他国家与地区的经贸关系，同样也是为了维护国家利益，保证国民经济持续顺利发展，使对外贸易对国民经济发展发挥更好的促进作用。

二、促进对外贸易持续稳定发展

中国改革当前已进入攻坚期和深水区，问题和矛盾交织叠加、错综复杂。国内市场机制和法律法规虽在不断发育健全，但难免存在不尽完善之处。为使对外贸易有序运行，促进其健康发展，一方面要坚持市场经济原则，尽可能地减少政府对进出口贸易具体活动的干预，使市场机制发挥决定性的调节作用；另一方面，也要更好地发挥政府作用，通过建立与完善对外贸易管理体系，将有效的市场机制和必要的宏观管理结合起来，避免出现对外贸易运行严重失衡和进出口经营秩序混乱的局面，以提高对外贸易经济效益，保障对外贸易长期持续稳定发展。

三、协调和发展国际贸易关系

在当前的世界经济中，贸易全球化仍是发展主流，但形式各异的单边主义和贸易保护主义也日益加剧。面对世界百年未有之大变局，我国实行对外贸易管理，不仅有助于在严峻的国际经济及政治局势下维护国家的政治独立与经济利益，有效应对国际垄断势力，冲破贸易保护主义及区域化组织排他性的限制，而且可以保证中国对外签订的双边及多边贸易协议的顺利履行，有利于争取到对等公平的贸易条件，也有利于中国通过开展必要的斗争参与或影响国际贸易规则的制定与完善，从而协调和发展国际贸易关系。

四、优化对外贸易商品结构与企业结构

一个国家在一定时期的进出口商品结构及对外贸易企业结构，是其历史与现实、国内与国际多种因素综合作用的结果。当今世界贸易强国的贸易竞争优势，通过其进出口商品结构及一流跨国公司的国际化经营得以充分体现。中国现虽已成为世界制造大国和贸易大国，但进出口商品结构不尽合理、企业国际竞争力仍显孱弱的问题依然突出，需要通过实施贸易发展战略来优化对外贸易商品结构，壮大本国对外贸易企业，以不断改善在国际分工和国际价值链中的地位，而这一目标的实现需要借助于各类对外贸易管理措施。

第二节　对外贸易立法管理

对外贸易立法管理是指在对外贸易中凭借法律规范的作用对本国进出口活动施加影响的一种手段，具有权威性、统一性、严肃性和规范性，是进行对外贸易管理的基础性手段。改革开放后，特别是加入世界贸易组织以来，中国对外贸易法律制度经历了从零散到系统、由简单到复杂的演变过程，已成为世界贸易组织规则和中国“入世”承诺在国内得以实施的主要纽带，为中国对外贸易的健康发展发挥了直接的推动作用。中国对外贸易法律规范体现在对外贸易国内立法以及中国正式参加或缔结的双边、多边国际经济贸易公约、条约及协定之中。其中，《中华人民共和国对外贸易法》是中国对外贸易法律制度的基本法。

一、中国对外贸易法律制度

中国对外贸易法律制度是指国家对对外贸易活动进行管理、控制和服务的所有法律规范的总称，包括国内法渊源和国际法渊源两部分。

（一）国内法渊源

1. 宪法

宪法是全国人民代表大会依据特定立法程序制定的国家根本大法，在中国法律体系中具有最高的法律效力。国家的立法行为和政府的行政管理行为均必须遵循宪法的基本原则。中国宪法明确将“坚持互利共赢开放战略，发展同各国的外交关系和经济、文化交流”写进了序言，同时还明确了国务院“领导和管理经济工作和城乡建设、生态文明建设”以及“管理对外事务，同外国缔结条约和协定”的权力。

2. 法律

此处的法律指全国人民代表大会及其常务委员会制定颁布的法律，既包括专门性的法律，如《对外贸易法》《进出口商品检验法》《海关法》《出口管制法》等；也包括其中包含有对外贸易规定的非专门性法律，如《民法典》《专利法》《商标法》《仲裁法》等。

3. 行政法规和部门规章

行政法规是指最高国家行政机关，即国务院根据宪法、法律制定颁布的条例、规定、实施细则、办法等，其内容广泛涉及对外贸易管理的各个方面，如工商、海关、商检、外汇、税收、原产地等。部门规章是指国务院各有关部委颁布的处理对外贸易问题的具体规定。在中国改革开放持续深化的过程中，由于对外贸易法律条文规定往往较为简单且原则性强，加之立法的相对稳定性，大量的配套行政法规和部门规章的订立增强了法律的可操作性，特别是国务院颁布的大量行政法规构成了中国对外贸易法律制度实施的主要依据。

（二）国际法渊源

国际法渊源主要包括世界贸易组织规则以及中国参加和缔结的国际条约和承认的国际贸易惯例等。

1.《建立世界贸易组织协定》和《中国加入世界贸易组织议定书》

《建立世界贸易组织协定》即《马拉喀什建立世界贸易组织协定》，其正文仅是一个框架，规定了一些原则问题。世界贸易组织的具体规则体现在该协定的 4 个附件中。附件 1 包括《1994 年关税与贸易总协定》等 15 个协定，其包含了世界贸易组织的实体规则。附件 2 为《关于争端解决规则与程序的谅解》，包含了有关世界贸易组织争端解决机构及其程序的一些规定。附件 3 是《贸易政策审议机制》，包含了对成员的贸易政策进行审议的原则性规定。附件 4 包含 4 个“诸边协定”。加入世界贸易组织，就必须接受《建立世界贸易组织协定》及其前 3 个附件包含的所有协定，即所谓的“一揽子协定”，不得提出保留。中国于 2001 年 12 月正式成为世界贸易组织成员，《建立世界贸易组织协定》和《中国加入世界贸易组织议定书》就成为对中国具备法律效力的文件。

2. 其他国际条约

条约一般分为两国之间缔结的双边条约和多国之间缔结的多边条约。如果条约的缔结国较多，并且又规定了一般性的国际行为规范，便称为国际公约。

迄今为止，随着对外关系的拓展，中国已与 230 多个国家和地区建立了经济贸易关系，同其中的 140 多个国家和地区签订了有关贸易关系的双边条约、协定，与近 110 个国家和地区签订了避免双重征税和防止偷漏税协定，并与 130 多个国家签订了双边投资保护协定。

在多边条约方面，目前中国已参加了 100 多个国际条约（组织），其中多数是国际经济贸易方面的，主要包括各类国际商品协定、货物销售合同、金融组织及条约、海关组织及条约、保护知识产权组织及公约、国际运输公约、国际商事仲裁和司法协助公约等。值得一提的是，2020 年 4 月 28 日生效的《视听表演北京条约》，是中华人民共和国成立以来第一个在中国缔结、以中国城市命名的国际知识产权条约。

3. 中国承认的国际贸易惯例

国际贸易惯例是指在国家间的相互贸易往来中，当事人经常引用、用以确定当事人之间权利义务关系的规则。中国适用国际贸易惯例的原则是：具有经济内容并为中国所承认的国际惯例，在有关国际条约和中国经济法律没有规定或允许适用的情况下，可以被适用。长期以来，中国在对外贸易活动及处理对外贸易纠纷方面，对国际贸易中被广泛承认的国际贸易惯例是尊重的。中国承认的国际贸易惯例主要有《国际贸易术语解释通则》《华沙—牛津规则》《联合运输单证统一规则》《跟单信用证统一惯例》《托收统一规则》等。

二、中国对外贸易法律制度框架

对应《对外贸易法》的规定，按照所管辖的领域划分，中国对外贸易法律制度包括货物贸易管理立法、技术贸易管理立法和服务贸易管理立法三部分，涉及国家对货物进出口、技术进出口和国际服务贸易进行管理和控制的一系列法律、法规及其他具有法律效力的规范性文件。

（一）货物贸易管理立法

货物贸易直接影响到整个对外贸易的发展，是中国对外贸易的关键组成部分，也是发展成效最为显著的一部分。中国货物贸易管理立法，主要由货物进出口管理、进出口流程各环节管理和实施对外贸易救济等法律和法规构成。

1. 货物进出口管理立法

《货物进出口管理条例》及其配套规章构成了中国货物进出口管理的主要法律依据。《货物进出口管理条例》自 2002 年 1 月 1 日起施行。作为《对外贸易法》的配套法规，该条例的整体架构和内容基本对应《对外贸易法》的总体框架和相关规定，主要内容包括《货物进出口管理条例》的适用范围、货物进出口管理原则、货物进出口管理办法、进出口监测和临时措施、对外贸易促进、法律责任等几部分。

为了配合该条例的实施，国务院有关部委相继颁布了与之配套的若干部门规章，主要涉及进出口许可证管理、进出口配额管理和国营贸易管理几方面，如《货物进口许可证管理办法》《货物出口许可证管理办法》《货物自动进口许可管理办法》《出口商品配额招标办法》《纺织品被动配额管理办法》《机电产品进出口管理办法》《原油、成品油、化肥国营贸易进口经营管理试行办法》《出口收汇核销管理办法》等，并陆续对部分规章内容做了修订。

2. 货物进出口主要环节管理立法

根据国际通行规则，中国为规范货物进出口各环节管理，也陆续颁布了相应的法律法规，主要包括：

（1）进出口商品检验管理立法。1989 年颁布、2018 年第四次修正的《进出口商品检验法》是规范进出口商品检验活动的基本法，是实行进出口商检管理最主要的法律依据。该法对其立法宗旨、进出口商品检验体制、商检主体及其行为规范、商检原则、商检分类、商检内容、商检依据、商检监管制度、进口商品检验和出口商品检验管理、商检工作人员的法律责任、违法行为及其处罚等，都做出了明确规定。《进出口商品检验法》的配套法律、法规和规章主要包括 2019 年第四次修订的《进出口商品检验法实施条例》，以及《进出境动植物检疫法》《国境卫生检疫法》《进出境集装箱检验检疫管理办法》《出入境检验检疫标志管理办法》《强制性产品认证管理规定》等。

（2）海关管理立法。1987 年颁布、2017 年第五次修正的《海关法》构成海关法律体系的核心，是海关法规、规章的立法依据。《海关法》的主要内容包括海关的性质、任务、基本权力、监管对象，执法相对人的基本义务及权利，海关组织领导体制、职责权限，海关及其工作人员的行为规范，海关对进出境运输工具、货物、物品的监管，海关对关税征收监管，海关统计，海关缉私，海关事务担保，海关行政复议、行政诉讼程序等。除《海关法》外，还有一些时效性及操作性更强的行政法规及规章作为对具体执行办法的补充，如《进出口关税条例》《知识产权海关保护条例》《海关统计条例》《保税区海关监管办法》等。对《海关法》的实施产生影响的法律主要有《刑法》《刑事诉讼法》《行政处罚法》《行政复议法》等。此外，中国政府缔结或参加的国际海关组织及相关条约、协议，也是中国海关立法体系的组成部分。

（3）外汇管理立法。外汇管理的主要法律依据是国务院于 1996 年发布、2008 年第二次修订的《外汇管理条例》。该条例作为外汇管理的基本行政法规，主要规定了中国外汇管理的基本原则与制度，涉及内容主要包括：条例的立法目的、外汇管理机关、外汇管理原则，明确规定国家对经常性国际支付和转移不予限制；经常项目外汇管理规定，如经常项目外汇收入不实行强制结汇、进出口收付汇核销制度、居民个人外汇管理等；资本项目外汇管理规定，如对资本项目外汇收支实行管制的政策，对外商投资、境外投资和外债的管理等；金融机构外汇业务管理规定；人民币汇率和外汇市场管理规定等。此外，针对各种外汇管理目标，中国还陆续颁布了一系列专门规范外汇管理业务的其他法规、规章和规范性文件。

（4）货物原产地管理立法。海关总署于 1986 年颁布的《海关关于进口货物原产地的暂行规定》，是中国第一个有关原产地的行政法规；国务院于 1992 年发布的《出口货物原产地规则》，则是中国第一部有关出口货物原产地的行政法规。2004 年，国务院发布《进出口货物原产地条例》，并于 2005 年 1 月 1 日起施行。该条例颁布后，上述两个法规同时废止，由此统一了中国进出口货物原产地规则，结束了进口、出口货物原产地规则“分而治之”的状况，履行了中国的“入世”承诺。《进出口货物原产地条例》共27条，分别对立法宗旨、适用范围、原产地确定原则、原产地证书签发以及核查、违反条例的法律责任等问题做了较为明确的规定。2019年，在国务院机构改革的大背景下，《进出口货物原产地条例》又做了相应修改。此外，海关总署也相应发布了《关于非优惠原产地规则中实质性改变标准的规定》及《海关进出口货物优惠原产地管理规定》等配套文件，分别自2005年1月1日和2009年3月1日起施行。

3. 对外贸易救济立法

所谓对外贸易救济（trade remedy），是指一个国家或地区由于发展对外贸易和实行开放政策，在特定条件下可能造成某类本国竞争不占优势的外国商品大量涌入本国市场，给国内同类产业造成严重损害或严重损害威胁，进口国政府为维护本国同类产业的安全，采取必要、适度和有限的限制进口的措施。对外贸易救济的主要手段包括反倾销措施、反补贴措施以及保障措施。贸易救济政策是国际贸易中大多数国家保护国内产业安全的一项基本政策，也是世界贸易组织允许和规范的国际规则。

我国于2004年修订的《对外贸易法》，专门增加了“对外贸易救济”一章，其中明确规定国家根据对外贸易调查结果，可以采取适当的对外贸易救济措施。自2002年1月1日起，我国开始施行《反倾销条例》《反补贴条例》《保障措施条例》。2004年3月，国务院对这三个条例进行了修订，并于同年6月1日起施行。为使上述条例进一步明确和细化，增强其可操作性，国务院有关部委还先后颁布施行了一系列配套规章，如《反倾销产业损害调查规定》《反补贴产业损害调查规定》《保障措施产业损害调查规定》《产业损害调查信息查阅与信息披露规定》等。这些法规、规章的出台，使得我国反倾销、反补贴案件的调查和裁决有了具体依据。在出口贸易持续面临一些国家滥用反倾销、反补贴和保障措施的情况下，中国也应善于使用贸易救济手段来合理有效地保护本国的民族工业。运用好符合世界贸易组织规则的反倾销、反补贴和保障措施，可以有效制止国外向我国大量低价倾销产品，消除倾销对国内相关产业造成的损害，也可对国际上那些对中国产品滥用这些措施的国家和地区形成威慑，进一步为中国企业营造公平的国内外贸易环境，维护国家的经济利益。

（二）技术贸易管理立法

大力发展对外技术贸易是实现中国由贸易大国迈向贸易强国的必由之路，也是加快新旧动能转换，实现出口商品结构战略性调整、促进产业结构优化升级的重大战略选择。必须用法律制度来规范和引导中国技术贸易，促进其健康、有序和可持续发展。中国技术贸易管理立法由技术进出口管理的法律、法规和规章，以及保护知识产权的法律、法规和规章构成。

1. 技术进出口管理立法

改革开放后，中国在技术进出口管理方面曾发布过三个行政法规:《技术引进合同管理条例》《技术引进合同管理条例施行细则》《技术出口管理暂行办法》。上述法规在规范技术进出口合同管理、维护技术进出口秩序等方面曾发挥过积极作用。但随着技术进出口管理体制改革的不断深化，特别是在中国“入世”之后，这些法规已难以适应新形势需要。因此，2001 年 12 月 10 日，国务院颁布了我国统一的技术进出口管理法规《技术进出口管理条例》，自 2002 年 1 月 1 日起施行，2011 年及 2019 年又对其做了修订。

《技术进出口管理条例》的主要内容包括：国家对技术进出口实行统一的管理制度，依法维护公平、自由的技术进出口秩序；技术进出口的具体形式包括专利权转让、专利申请权转让、专利实施许可、技术秘密转让、技术服务和其他方式的技术转移等；技术进出口管理分禁止进出口技术、限制进出口技术、自由进出口技术和鼓励进出口技术四类，并对禁止或限制进出口的技术实行目录管理，对限制进出口的技术实行许可证管理；技术进出口合同的生效之日，限制进出口的技术为其许可证颁发之日，自由进出口的技术则为其合同依法成立之时，不以登记为合同生效的依据。

为配合《技术进出口管理条例》的实施，商务部制定颁布了《禁止进口限制进口技术管理办法》《禁止出口限制出口技术管理办法》《技术进出口合同登记管理办法》等部门规章。

2. 知识产权保护立法

知识产权构成当今国际技术贸易的主要标的，与知识产权保护有关的法律、法规也是中国技术贸易管理立法的重要组成部分。在技术贸易中，依法对知识产权实行保护，不仅对技术输出方有利，而且有利于技术引进方。

对知识产权的保护，几乎涵盖中国对外技术贸易的所有方面。自 1982 年起，我国陆续颁布实施了一系列法律法规，为开展对外技术贸易提供了法律保障。在知识产权保护方面，我国已形成了较为完整的法律体系。迄今为止，我国与技术贸易有关的法律主要有《对外贸易法》《专利法》《商标法》《反不正当竞争法》及《著作权法》等。2020 年 1 月 1 日起施行的《外商投资法》，明确指出国家保护外国投资者和外商投资企业的知识产权，保护知识产权权利人和相关权利人的合法权益；对知识产权侵权行为，严格依法追究法律责任，并要求“行政机关及其工作人员不得利用行政手段强制转让技术”。此外，《民事诉讼法》《行政诉讼法》《刑事诉讼法》等程序性法律，规定了知识产权权利人维护合法权益的途径和程序。国务院及相关政府部门还颁布了大量保护知识产权的行政法规和规章，如《商标法实施条例》《专利法实施细则》《著作权法实施条例》《知识产权海关保护条例》《计算机软件保护条例》《集成电路布图设计保护条例》《植物新品种保护条例》等。最高人民法院、最高人民检察院也发布了若干关于执行知识产权法律的司法解释。

值得指出的是，《中华人民共和国民法典》自2021年1月1日起施行。作为中华人民共和国成立以来首部以“法典”命名的法律，《民法典》明确规定在知识产权侵权中权利人享有惩罚性赔偿请求权，改变了以往惩罚性赔偿依附于补偿性赔偿的状态，增强了惩罚性赔偿在知识产权保护领域的适用性，这将为知识产权“严保护”的实现提供有力保障。

在不断健全和完善国内法律体系的同时，从20世纪80年代起，中国还相继参加了一些主要的知识产权保护国际公约、条约和协定。自1980年加入《建立世界知识产权组织公约》起至今，中国先后加入或签署了《保护工业产权巴黎公约》《商标国际注册马德里协定》《保护文学艺术作品伯尔尼公约》《专利合作条约》、世界贸易组织《与贸易有关的知识产权协定》（TRIPS）等知识产权协定和条约。这些协定和条约也是中国技术贸易立法不可或缺的组成部分。同时，中国还积极参与世界贸易组织、世界知识产权组织、国际植物新品种联盟、亚太经合组织、亚欧会议等国际组织的国际知识产权制度的改革和国际知识产权问题的谈判，并不断加强多边知识产权保护合作。

（三）服务贸易管理立法

在当今经济全球化浪潮中，服务贸易正成为国际贸易发展的主导力量。中国要实现成为世界贸易强国的目标，全面提高对外贸易竞争力，就必须主动顺应这一全球潮流，积极发展对外服务贸易，为此必须建立健全本国的服务贸易法律体系。

自20世纪80年代起，中国即开始着手有关涉外服务贸易管理的国内立法工作，目前已基本形成由法律、行政法规、部门规章共同组成的多层次的服务贸易法律体系。该体系以《对外贸易法》为核心，包括了广泛涉及投资、金融、保险、电信、法律服务、海运及工程承包、咨询等服务领域的各种法律法规。这些法律法规基本上可分为三类。

1.《对外贸易法》

《对外贸易法》第四章专章规定了国际服务贸易，确立了国际服务贸易的基本原则，指出国家促进国际服务贸易的逐步发展，确立了国际服务贸易逐步自由化的方针。这是基于我国服务业仍处于幼稚阶段的现状提出来的。《对外贸易法》关于服务贸易的规定虽然是粗线条的，但却是涉及我国服务贸易领域的基本法律原则，是服务贸易立法的基础和核心。

2. 外资管理立法中的有关规定

在世界贸易组织《服务贸易总协定》(GATS)确定的服务贸易的四种模式中，作为第三种模式的“商业存在”居于主导地位，2017 年其在国际服务贸易总额中的占比已近 60%[①]，远超过其他三种模式的金额之和。所谓“商业存在”(commercial presence)，是指外国企业通过在另一国境内设立附属企业或分支机构而在该国就地提供服务。中国《对外贸易法》明确规定，从事国际服务贸易应当遵守本法和其他有关法律、行政法规的规定。因此，外资管理立法中关于外商投资服务业的规定，也构成我国服务贸易立法的组成部分。我国的外资管理立法，主要是指自 2020 年 1 月 1 日起施行的《外商投资法》及其实施条例。同时，国家发展和改革委员会、商务部也适时修订和发布《鼓励外商投资产业指导目录》《外商投资准入特别管理措施(负面清单)》以及《自由贸易试验区外商投资准入特别管理措施(负面清单)》等规章，其中详细规定了中国在服务业中鼓励、限制及禁止的外商投资项目。此外，《优化营商环境条例》自 2020 年 1 月 1 日起施行，这是我国第一部以优化营商环境为主要内容的行政法规。该条例明确规定国家积极促进外商投资，平等对待内资企业、外商投资企业等各类市场主体，这将对外商投资中国服务业产生深远影响。

3. 服务贸易立法的具体部门法规

服务贸易涉及范围广泛、部门众多，故相应的法律、法规及规章的门类也较为繁多，主要包括：①金融服务业立法，主要有《中国人民银行法》《商业银行法》《银行业监督管理法》及《外资银行管理条例》《外资保险公司管理条例》等；②保险服务业立法，主要有《保险法》《外资保险公司管理条例》及其实施细则等；③运输服务业立法，主要有《海商法》《国际货物运输代理业管理规定》《外商投资国际货物运输代理企业管理办法》《民用航空法》等；④旅游服务业立法，主要有《旅游法》和《旅行社条例》及其实施细则等；⑤建筑工程服务业立法，主要有《建筑法》及其实施细则以及《外商投资建筑业企业管理规定》等；⑥商业服务业立法，主要有《电子商务法》以及体现在《鼓励外商投资产业指导目录》《外商投资准入特别管理措施(负面清单)》中的相关规定等；⑦广告服务业立法，主要有《广告法》及其实施细则以及《广告管理条例》等；⑧专业服务业立法，该领域范围较广，对其调整的法律法规主要有《律师法》《注册会计师法》《中外合作办学条例》等。

---

① The World Trade Organization. World Trade Report 2019: the Future of Services Trade[R/OL]. [2019-10-17]. https://www.wto.org/english/res_e/booksp_e/03_wtr19_2_e.pdf.

三、《对外贸易法》概述

中国《对外贸易法》于1994年7月1日正式施行。其后，我国又分别于2004年和2016年对该法进行了修正。《对外贸易法》是中国对外贸易法律制度的基本法，是整体对外贸易制度的核心，为对外贸易的持续、稳定及健康发展奠定了法律基础。

（一）《对外贸易法》的主要内容

中国的《对外贸易法》由11章70条组成。其基本框架和主要内容如下：

第一章“总则”，对《对外贸易法》的立法宗旨，对外贸易制度的基本特征、基本原则及法律适用范围等做了原则规定。

第二章“对外贸易经营者”，对经营者的主体资格及其权利义务进行了规范，指出国家可以对部分货物的进出口实行国营贸易管理。

第三章“货物进出口与技术进出口”和第四章“国际服务贸易”，对对外贸易客体——货物贸易、技术贸易和国际服务贸易的管理进行了规范。

第五章“与贸易有关的知识产权保护”，规定了通过实施贸易措施，防止侵犯知识产权的货物进出口和知识产权权利人滥用权利，以及促进我国知识产权在国外的保护的相关内容。

第六章“对外贸易秩序”，主要从公平竞争角度进一步规范了对外贸易主体与客体之间的法律关系，规定经营者应当依法经营、公平竞争，遵守国家有关管理的规定。

第七章“对外贸易调查”，规定为维护对外贸易秩序，对外贸易主管部门可以依法启动对外贸易调查，并规定了调查的范围、手段和对调查结果的处理。

第八章“对外贸易救济”，指出国家可以根据对外贸易调查结果，采取适当的救济措施，对规避救济措施的行为，可以采取必要的反规避措施。

第九章“对外贸易促进”，规定国家建立和完善对外贸易促进机制，设立对外贸易发展基金、风险基金、使用进出口信贷、出口信用保险、出口退税及其他贸易促进手段，建立公共信息服务体系，扶持和促进中小企业开展对外贸易。

第十章“法律责任”，重点对不同主体的违法行为进行法律追究方面做了明确规定，指出通过刑事处罚、行政处罚和从业禁止等多种手段，对对外贸易违法行为给予处罚。

第十一章“附则”，着重对与特殊物质有关的贸易、特殊对外贸易方式、单独关税区法的不适用性以及法的时间效力做了补充规范。

（二）《对外贸易法》的基本原则

《对外贸易法》的基本原则是该法确定的法律规范和法律制度的基础，贯穿于对外贸易立法、执法和守法的过程中，并对立法、执法和守法各环节发挥普遍性的指导意义。

1. 国家实行统一的对外贸易制度的原则

该原则是《对外贸易法》的首要原则。实行统一的对外贸易制度，是指由中央政府统一制定、在全国范围内统一实施的制度，包括两方面的内容：一是国家对外贸易法律法规的统一，要求立法部门或授权立法的部门颁布的条例、规章等不能与宪法及《对外贸易法》相抵触；二是国家对外贸易管理制度的统一，不允许在对外贸易领域里各行其是。该原则为中国长期稳定发展对外贸易，开展公平、公正的对外贸易活动，履行国际间双边或多边最惠国待遇及国民待遇奠定了基础。

2. 货物与技术自由进出口的原则

《对外贸易法》规定国家准许货物与技术的自由进出口，体现了中国进出口贸易管理的基本原则。但这种自由是国家在保证进出口贸易活动不会对国家各项社会公共利益产生损害的前提下的自由。当出现某些危及国家利益的倾向时，国家则可以借鉴国际通行做法，采取世界贸易组织规则所允许的管理措施，对有关货物与技术的进出口实行必要的限制或禁止。

3. 发展国际服务贸易的原则

鉴于中国服务业整体发展水平还较低、竞争力还较薄弱的状况，并遵循世界贸易组织《服务贸易总协定》中有关服务贸易逐步自由化的精神，《对外贸易法》确定了依据缔结或参加的国际条约、协定中所做的承诺，逐步发展国际服务贸易的原则。一方面，规定要给予其他缔约方、参加方市场准入和国民待遇；另一方面，还列举了国家限制和禁止国际服务贸易的范围。这同时表明了中国促进国际服务贸易逐步发展的积极态度和审慎原则。

4. 平等互利、互惠对等的原则

根据《对外贸易法》的规定，中国在平等互利的基础上建立与其他国家互惠、对等的贸易关系。其贯彻和实施主要体现在两个方面：一是在对外贸易方面，根据所缔结或参加的国际条约、协定，给予其他缔约方、参加方最惠国待遇、国民待遇等，或者根据互惠、对等原则给予对方最惠国待遇、国民待遇等；二是任何国家或地区在贸易方面对中国采取歧视性的禁止、限制或者其他类似措施时，中国可以根据实际情况对该国或地区采取相应的措施。

5. 公平贸易的原则

随着中国对外贸易的发展和国内市场的开放，贸易中的公平竞争成为一个引人关注

的问题。根据《对外贸易法》的规定，当外国产品以不公平的方式或价格进入中国市场，给中国同类产业造成实质性损害或构成实质性损害威胁时，中国可以采用包括反倾销、反补贴和保障措施在内的贸易救济措施合理保护国内产业，消除或减轻这种损害或损害威胁。此外，当中国产品进入国际市场若遭遇其他国家或地区的贸易壁垒时，可以对国外的贸易壁垒实行贸易调查制度。

6. 贸易促进的原则

当前，许多国家都建有政府层面的对外贸易促进体系，对本国对外贸易，特别是出口贸易给予官方扶持。我国《对外贸易法》也相应规定，国家根据对外贸易发展的需要，设立对外贸易发展基金、风险基金，使用进出口信贷、出口信用保险、出口退税及其他促进贸易的手段，建立对外贸易公共信息服务体系，鼓励采取对外投资、对外工程承包、对外劳务合作等方式开拓国际市场，发挥协会商会和对外贸易促进机构的作用，扶持和促进中小企业、民族自治地方和经济不发达地区发展对外贸易。

第三节 对外贸易经济调控手段

经济调控手段是指国家通过调节经济变量，对微观经济主体的行为施以影响，并使之符合宏观经济发展目标的间接调控方式。在建设社会主义市场经济体制条件下，政府应充分发挥市场在资源配置中的决定性作用，以经济手段为对外贸易宏观调控的主要方式，通过间接调控影响对外贸易经营行为。

在对外贸易宏观调控中，政府部门运用税收、汇率、信贷等经济杠杆，通过市场机制影响利益分配格局，以间接影响各调控对象的经济利益，促使相关主体及时做出反应并实施符合宏观经济发展取向的行为，从而实现调控对外贸易活动和对外经济贸易关系的目的。这种经济调控行为具有非歧视性和非强制性的特点，对于置身于相同宏观环境中的企业来说，面对相同的税率、汇率、利率等经济参数，它们可以根据自己对市场走势的判断，做出与国家调控目标一致或不一致的选择。

一、对外贸易税收

对外贸易税收按贸易流向可分为进口税和出口税，包括进口关税、进口商品税和出口关税、出口商品税。其中进口关税和出口关税仅对进出口商品课征，体现出对对外贸易商品和非对外贸易商品在税收上的差别待遇；进口商品税和出口商品税又称国内商品税，是对国内外商品同时课征的税，目的是平衡国内外商品税负。在中国对外贸易税收管理实践中，对出口贸易长期采用鼓励和促进政策，征税主要是通过征收进口关税和进口商品税完成的，对出口则实行出口关税减免和退还出口商品税的政策。2019 年，中国海关征收税款 18701 亿元，同时，落实国家降税政策，减税 3635 亿元。[①]

（一）进出口关税

关税是指进出口商品在经过一国关境时，由该国政府设置的海关对进出口商品所征收的一种特定税。关税措施是世界贸易组织有关货物贸易规则的主要措施，且被认为是透明度最高的对外贸易调节工具，关税政策也构成各国对外贸易政策的主要内容。2019 年，我国关税收入为 2889 亿元，同比增长 1.5%。[②]

关税具有税收的一般性质，即强制性、无偿性和预定性，但也有其特殊性质。关税是一种间接税，其征税人是海关，纳税人是进出口商，纳税客体（纳税对象）则是进出口的货物。海关根据国家有关法律和政策规定，对各类进出口商品制定不同的税目和税率，课征不同程度的关税。同时，关税还是一国管理对外贸易的重要政策手段。

1. 关税的经济效应

关税对于一国的经济发展既具有积极的促进效应，也存在消极的抑制效应。

（1）关税的积极效应。首先，通过对进口商品征收关税，加重其成本负担，可以削弱其在本国市场的竞争力，起到保护国内市场和国内产业的作用。就此意义讲，以保护国内市场和产业为目的而征收的关税称为保护关税。其次，对进出口商品征收关税可以增加国家的财政收入，这本是关税最初设立的主要目的，以增加财政收入为目的而征收的关税称为财政关税，但目前关税收入占各国财政收入的比重在下降。最后，关税是国家宏观经济调控的重要手段，可以有效调节进出口贸易。如在出口方面，可以通过征收关税来限制本国某些资源性产品和紧缺产品的过度出口，保证国内生产和消费的需要，也可以通过减免税和退税来促进本国某些产品的出口；在进口方面，通过关税的减免或税率的调节，可以控制相关商品的进口数量，实现一定的经济目的乃至外交目的。

（2）关税的消极效应。考虑到世界各国的关税政策主要是基于保护国内市场和国内产业的目的，关税的消极效应，特别体现在对进口商品的课税上。通过提高关税限制进口可能带来国内商品价格上涨，从而损害本国消费者的福利；同时，过度的关税保护不仅会招致贸易伙伴的报复，使本国产品的出口受到牵连，而且，国内被保护的产业也可

---

① 杜海涛 . 海关去年征税 18701 亿元 [N]. 人民日报，2020-01-17.

② 中华人民共和国财政部国库司 . 2019 年财政收支情况 [EB/OL]. 财政部官网，2020-02-10.

能由于缺乏外来竞争而失去发展的活力和动力，长期处于“幼稚产业”的状态。

2. 进出口关税税率

根据2004年1月1日起施行、2017年3月1日第四次修订的我国《进出口关税条例》，中国进口关税设置有最惠国税率、协定税率、特惠税率、普通税率和关税配额税率，对进口货物在一定期限内可以实行暂定税率；出口关税设置出口税率，对出口货物在一定期限内可以实行暂定税率。

最惠国税率适用于原产于共同适用最惠国待遇条款的世界贸易组织成员的进口货物，或与中国签订含有相互给予最惠国待遇条款的双边贸易协定的国家或地区的进口货物，以及原产于中国境内的进口货物；协定税率适用于原产于与中国签订含有关税优惠条款的区域性贸易协定的国家或者地区的进口货物；特惠税率适用于原产于与中国签订含有特殊关税优惠条款的贸易协定的国家或者地区的进口货物。

适用最惠国税率的进口货物有暂定税率的，适用暂定税率；适用协定税率、特惠税率的进口货物有暂定税率的，从低适用税率；适用普通税率的进口货物，不适用暂定税率。适用出口税率的出口货物有暂定税率的，适用暂定税率。

实行关税配额管理的进口货物，关税配额内的货物适用关税配额税率；关税配额外的货物，其税率适用按照相关规定执行。

3. 中国关税政策的演变

在中华人民共和国成立后很长一个时期内，受计划经济影响，中国进口平均关税水平远高于世界平均水平，严重阻碍了对外贸易发展。改革开放后的1985年，我国进行了关税制度的改革，采用《海关合作理事会税则目录》，制定了《进出口关税条例》，同时还修订了《进出口税则》，并于1985年3月10日起实施。《进出口关税条例》明确了中国在关税问题上的政策取向为“贯彻对外开放，鼓励出口创汇和扩大必需品的进口，保护与促进民族经济的发展”。自1992年起，我国实施新的进出口税则，采用国际通行的《商品名称及编码协调制度》（HS），以其商品分类目录作为海关税则、国际贸易统计等方面统一使用的商品目录，适应了进一步改革开放的需要。

1992年后，为适应建立社会主义市场经济体制和加入世界贸易组织的需要，中国重新调整了关税政策，并开始逐步降低关税水平，使关税成为调节进出口贸易的主要手段。到1992年普遍降低关税前，中国的算术平均关税水平为47.2%，降税后变为35.9%。到“入世”前的2001年1月，算术平均税率已降为15.3%。从2002年1月1日起，为履行“入世”承诺的关税减让义务，关税税率持续降低。2004年1月1日，修订后的《进出口关税条例》开始施行，中国当年的关税总水平降为10.4%左右。2005年的关税总水平继续降为9.9%，涉及降税的税目有900多个。该年是中国为履行“入世”承诺较大幅度降税的最后一年，此后需降税的税目大为减少。2008 年，我国又进一步调整了进出口关税，调整后的关税总水平为 9.8%；其中，农产品平均税率为 15.2%，工业品平均税率降至 8.9%。

进入 2010 年，我国继续调整了进出口税则，主要涉及最惠国税率、年度暂定税率、协定税率、特惠税率以及税则税目等方面，并相应降低了若干税目商品的进口关税。经过此次调整，2010 年进出口税目总数由 2009 年的 7868 个增至 7923 个，关税总水平继续维持 9.8%，其中农产品平均税率为 15.2%，工业品平均税率为 8.9%。此次降税后，中国于 2001 年加入世界贸易组织时的降税承诺已经全部履行完毕，成为全球最开放的市场之一。

完成“入世”降税承诺并非中国关税政策演变的终点。进入 21 世纪第二个 10 年以来，在全面履行“入世”承诺的基础上，中国又多次以暂定税率方式大幅自主降低进口关税税率。据世界贸易组织统计，2015 年中国的贸易加权平均关税已降至 4.4%，与美国、欧盟等发达经济体相差 1.5 ~ 2 个百分点。① 截至 2017 年年底，中国已调减 900 多个税目产品的税率。在博鳌亚洲论坛 2018 年年会上，习近平主席宣布中国将进一步扩大降税范围。自 2018 年 11 月 1 日起，中国降低了 1585 个税目的进口关税，使关税总水平由已保持数年的 9.8% 降至 7.5%，平均降幅达 23%。在纪念改革开放 40 周年之际，中国主动降低进口关税水平是根据自身实现高质量发展需要做出的重大举措，有利于统筹利用国际国外两种资源，促进国内供给体系质量提升，满足人民生活多样化需求，同时表明中国将坚定不移地奉行互利共赢的开放战略，使发展成果更好地惠及世界。

自 2020 年 1 月 1 日起，中国开始实施《进出口税则（2020）》。同时，再次实施了较大力度的关税调整方案，涉及最惠国税率、协定税率、特惠税率及暂定税率等各个方面，不少商品关税又有了不同程度的降低。根据此次方案，在最惠国税率上，将按照世界贸易组织框架下扩大信息技术协定产品范围的谈判成果，自当年 7 月 1 日起对部分信息技术产品的最惠国税率实施第五步降税；在暂定税率上，自当年 1 月 1 日起对 859 项商品实施低于最惠国税率的进口暂定税率；同时，继续对原产于 23 个国家或地区的部分商品实施协定税率，并继续对与我国建交并完成换文手续的最不发达国家实施特惠税率。2020 年的这次关税政策调整意义深远。首先，对 859 项商品实施暂定税率，其中不少商品与人们的日常生活密切相关，对于改善民生大有裨益；其次，对 176 项信息技术产品降税，有助于促进企业创新和转型升级，进一步支持我国制造业和高新技术产业发展；最后，降低部分国家协定税率，对于推动共建“一带一路”高质量发展，构建面向全球的高标

① 国务院新闻办公室 . 中国与世界贸易组织 [EB/OL]. 国务院新闻办公室官网，2018-06-28.

准自由贸易区网络，实施互利共赢的开放战略具有重要意义。

（二）进口商品国内税

进口商品除必须缴纳进口关税外，还应按税法规定，缴纳包括增值税及消费税在内的国内税，由进口口岸的海关代税务机关征收。对进口产品征收国内税，其目的是调节国内外产品税收负担的差异，使进口货物与本国货物同等纳税，以平衡国内外产品的税负，为国内外产品在国内市场竞争创造一个平等的环境，同时也可起到保护国内生产、抑制盲目进口的作用。2020 年，我国进口货物增值税与消费税合计为 14535 亿元，同比下降 8.1%①。

1. 进口商品的增值税

增值税是指以企业生产的产品中新增加的价值额或劳务中的增值额为课税对象征收的一种税。目前增值税是我国第一大税种，2020 年国内增值税收入为 56791 亿元，同比下降 8.9%，占全年总税收的 36.8%。2017 年 11 月 19 日第二次修订后施行的中国《增值税暂行条例》规定，在中国境内销售货物或者加工、修理修配劳务，销售服务、无形资产、不动产以及进口货物的单位和个人，为增值税的纳税人，应当缴纳增值税。

根据现行《增值税暂行条例》，进口商品增值税设基本税率和低税率两档。基本税率为 17%，适用于纳税人进口一般性货物。低税率为 11%，适用于纳税人进口：①粮食等农产品、食用植物油、食用盐；②自来水、暖气、冷气、热水、煤气、石油液化气、天然气、二甲醚、沼气、居民用煤炭制品；③图书、报纸、杂志、音像制品、电子出版物；④饲料、化肥、农药、农机、农膜；⑤国务院规定的其他货物。税率的调整，由国务院决定。

纳税人进口货物按照组成计税价格和规定的增值税税率计算应纳税额，计算公式为：

组成计税价格 = 关税完税价格 + 关税 + 消费税

应纳增值税额 = 组成计税价格 × 增值税税率

《增值税暂行条例》同时规定，以下进口项目免征增值税：一是直接用于科学研究、科学试验和教学的进口仪器、设备；二是外国政府、国际组织无偿援助的进口物资和设备；三是由残疾人的组织直接进口供残疾人专用的物品。

在深化税收制度改革，推进依法治税，建立现代增值税制度体系的大背景下，财政部、国家税务总局于 2019 年 11 月 27 日公布《中华人民共和国增值税法（征求意见稿）》，面向社会公开征求意见。该《征求意见稿》中广泛涉及对“进口货物”的规定。

① 中华人民共和国财政部国库司 . 2020 年财政收支情况 [EB/OL]. 财政部官网，2021-01-28.

《增值税法》一旦正式出台，将以法律的形式巩固增值税改革成果，实现增值税对货物和服务的全覆盖，并有助于提高征管效率，防止税收漏洞，同时对于运用增值税更为合理地调节进口贸易也将产生积极影响。

2. 进口商品的消费税

消费税是指对中国境内从事生产、委托加工和进口应税消费品的单位或个人，就其销售额或销售数量，在特定环节征收的一种税。简单地说，消费税是对特定的消费品和消费行为所课征的一种税。根据我国《消费税暂行条例》规定，在中国境内生产、委托加工和进口应税消费品的单位和个人，以及国务院确定的销售应税消费品的其他单位和个人，为消费税的纳税人，应当缴纳消费税。

自 1994 年起，中国实行税制改革，开始征收消费税，迄今已经历了几次重大的制度调整，包括 2006 年消费税制度改革，2008 年成品油税费改革，2014 年以来新一轮消费税改革等。1994—2019 年，累计征收国内消费税为 117738 亿元。2020 年国内消费税收入为 12028 亿元，同比下降 4.3%，占全年税收总收入的比重为 7.8%，同样是我国非常重要的一个税种。

1994 年 1 月 1 日起施行的《消费税暂行条例》规定对烟、酒、汽柴油等 11 类商品开征消费税。这些商品的进口者在报关进口时，应当向报关地的海关申报纳税。2008 年 11 月，我国对《消费税暂行条例》进行了修订，并于 2009 年 1 月 1 日起施行。根据修订后的《消费税暂行条例》，应征消费税的商品包括烟、酒及酒精、化妆品、贵重首饰及珠宝玉石、鞭炮及焰火、成品油、汽车轮胎、摩托车、小汽车、高尔夫球及球具、高档手表、游艇、木制一次性筷子、实木地板 14 类商品。

现行《消费税暂行条例》对不同应税消费品，规定实行从价定率、从量定额，或者从价定率和从量定额复合计税（简称“复合计税”）三种办法计算应纳税额，并对某些特殊消费品税率适用做出了具体规定。从价定率征税，适用于价格差异较大或计量单位难以规范的应税商品，如小汽车、摩托车、化妆品、贵重首饰及珠宝玉石等；从量定额征税，适用于价格差异较小、计量单位规范的应税商品，如成品油、啤酒、黄酒等；对卷烟和白酒这两类消费品，则实行复合计税方法。

实行从价定率办法的进口货物，其应纳税额的计算公式为：

组成计税价格 =（关税完税价格 + 关税）÷（1− 消费税比例税费）

应纳消费税额 = 组成计税价格 × 消费税比例税率

实行从量定额办法的进口货物，其应纳税额的计算公式为：

应纳消费税额 = 应税消费品数量 × 消费税定额税率

实行复合计税办法的进口卷烟和白酒，其应纳税额的计算公式为：

组成计税价格 =（关税完税价格 + 关税 + 进口数量 × 消费税定额税率）÷（1 — 消费税比例税率）

应纳消费税额 = 组成计税价格 × 消费税比例税率 + 进口数量 × 消费税定额税率

2019 年 10 月，国务院印发了《实施更大规模减税降费后调整中央和地方收入划分改革推进方案》。其中最核心的一条，是将部分在生产（进口）环节征收的现行消费税品目逐步后移至批发或零售环节征收，拓展地方收入来源，引导地方改善消费环境。“后移消费税征收环节并稳步下划地方”政策的实施不仅将对地方政府产生重大激励，同时，将进口商品消费税从进口环节改为在消费环节征收，既可摆脱消费税成为变相关税的嫌疑，也有利于民众更便利地消费各国优质商品，满足国内消费者对美好生活的向往。

为贯彻税收法定原则，完善税收法律制度，财政部、国家税务总局于 2019 年 12 月 3 日公布《中华人民共和国消费税法（征求意见稿）》，面向社会公开征求意见。鉴于经过前期改革和完善，我国消费税税制框架已基本成熟，税制要素基本合理，运行也基本平稳，因此，该《征求意见稿》保持了现行税制框架和税负水平总体不变。在该《征求意见稿》中，多处涉及对“进口”的规定。《征求意见稿》同时明确，国务院可根据宏观调控需要，对消费税税率进行相机调整，这对于运用消费税更合理地调节进口贸易将产生有利影响。《消费税法》的问世，将有利于增强税收法律制度的科学性、稳定性和权威性，有利于构建适应社会主义市场经济需要的现代财政制度，有利于深化改革开放。

（三）出口退税

出口退税是指一国对已报关离境的出口货物退还其出口前生产和流通各环节已经缴纳的增值税、消费税等间接税税款的一种税收制度。对出口货物退还增值税是为了使本国产品以不含税价格进入国际市场，增强其国际竞争力，促进本国出口贸易的发展。而一国由于财政原因而设立的消费税，也没有必要由别国的消费者承担。出口退税制度为世界贸易组织规则所允许，并被世界各国所普遍采用。

出口退税既是促进对外贸易发展的措施，也是实施对外贸易宏观调控的一种经济手段。国家通过对出口货物实行符合国际惯例的免税、退税或不予退税的政策，可以体现出国家以鼓励、限制等方式进行对外贸易宏观调控的政策取向。在实践中，中国主要是通过调整出口退税率，实现优化出口商品结构、增强出口商品竞争力和推动出口贸易发展的政策效果。自 1994 年税制改革起至今，我国已先后多次对出口退税政策进行了调整，对于稳定和优化出口贸易发展产生了显著的促进效应。财政部公布的数据显示，2020

年我国出口退税额达到 14549 亿元。[①]

有关中国出口退税政策的详细内容，请参阅本书第六章“中国对外贸易促进”。

二、汇率和汇率制度

在开放经济条件下，汇率制度是一国宏观经济政策的重要体现，同时汇率也是调控一国进出口总量平衡和优化进出口商品结构的主要经济杠杆。当前，世界各国都把汇率作为调节其进出口贸易的重要手段。中国在不同发展时期也对本国的汇率制度进行不断更新和调整，以发挥汇率对对外贸易的调节作用，适应国内外经济形势的变化。

（一）汇率对进出口贸易的经济效应

汇率也称汇价，是指两国货币之间的交换比率或比价，亦即用一国的货币单位来表示另一国货币单位的价格。汇率的标价方法一般有两种：直接标价法和间接标价法。前者是指以 1 个单位或 100 个单位的外国货币为标准，折算成一定数额的本国货币。包括中国在内的绝大多数国家目前都采用直接标价法。在这种标价法下，外国货币的数额固定不变，本国货币数额则随着汇率的变动而改变；后者是指用 1 个单位或 100 个单位的本国货币为标准，折算成一定数量的外国货币。当前，英国和美国等少数发达国家采用间接标价法。

根据经济学原理，汇率变动对进出口贸易的影响主要通过价格机制体现出来。若本币升值，表明一定数额的外国货币只能兑换到较少的本国货币，这必然使以本国货币表示的进口商品价格降低，从而有利于本国的进口；同时，本币升值会使以本币表示的出口商品成本价格上升，因而不利于本国的出口。反之，本币贬值则表明一定数额的外国货币能够兑换更多的本国货币，这必然使以外币表示的出口商品价格降低，提高本国商品在国外市场的竞争力，从而有利于扩大出口；同时，本币贬值会使以本币表示的进口商品成本价格上升，相对降低进口商品的竞争力，因而不利于本国的进口。

由于本币贬值有助于刺激本国出口，缓解国际收支逆差压力，一些国家便通过干预汇率走势，利用汇率贬值扩大本国出口。然而贬值对出口的刺激是有条件的，并不总能起到“奖出限入”的作用。例如，若一国的出口需求弹性和进口需求弹性较大，汇率贬值会使出口价格下降，出口需求出现较大幅度增长，同时进口商品价格的上升使得进口需求较大幅度下降，最终将促使该国贸易收支状况好转；反之则不然。再如，汇率贬值

---

① 中华人民共和国财政部国库司 . 2020 年财政收支情况 [EB/OL]. 中华人民共和国财政部官网，2021-01-28.

政策能否奏效，还取决于贸易伙伴是否同样采取贬值措施报复，以及本币对外贬值和对内贬值（通货膨胀）的关系。若贸易伙伴也实行货币贬值，则会抵消彼此货币贬值的效力。同时，国内通货膨胀也会抵消货币对外贬值的效力。此外，汇率贬值对一国国际收支的改善一般存在一个“时滞”，往往需要经过一段时间，出口增长率才会大于进口增长率，逆差才会逐渐向顺差局面转变。

对于各国来说，汇率高估不利于其产品参与国际市场竞争，会带来国际收支困难，而汇率低估又会使需要进口的商品过于昂贵，影响本国的投资和生产。从长远来看，理想的汇率应能够客观、真实地反映市场供求状况，并能够起到正确引导外汇资金合理配置、保持国际收支持续稳定的作用。

（二）中国汇率制度的演变

汇率是国家宏观经济中居于核心地位的经济变量，而汇率制度则是一国经济开放程度与自信程度的集中体现。汇率的确定既与本国货币制度和国内经济状况直接相关，还会因国际货币制度和国际市场外汇供求形势的变化而不断变化。同样，人民币汇率制度也是随国内经济制度和经济贸易发展的需要而不断调整的，并受国际货币制度变动的影响。改革开放以来，伴随着国内外形势的变化，深化人民币汇率形成机制改革一直是深化改革的重要课题之一。

1. 计划经济时期的汇率制度

中华人民共和国成立初至 20 世纪 70 年代末，中国实行的是高度集中、以严格行政管理为特色的外汇管理体制，汇率水平长期保持不变，货币兑换受到严格限制，汇率高估现象严重。人民币汇率仅在外贸企业中起统计折算工具的作用，汇价和物价相脱节，汇率对进出口贸易的调节功能完全缺失。

2. 改革开放初期的汇率制度

改革开放后，中国改革了人民币汇率形成机制，采用官方汇率与外汇调剂市场汇率并存的双重汇率制度，并开始依据国内经济形势和政策目标，主动对汇率进行调整，逐步恢复汇率对外汇收支及进出口贸易的调控功能。在出口方面，企业出口收汇中上缴国家的外汇，按官方汇率计算，其所得的留成外汇则按市场汇率计算，如此可使出口企业得到更多的人民币收益，再加上国家在汇率水平上实行了以人民币不断贬值为主导的政策，从而极大地调动了企业出口的积极性。在进口用汇上，关系国计民生的重要物资和必需品的进口，由国家批准按官方汇率折算，一般商品进口则按市场汇率折算，以限制不必要的进口。双轨汇率制的形成和演化，为当时的对外贸易体制改革创造了条件，缓解了中国既要扩大对外贸易又需稳定国内物价的矛盾，推动了对外贸易，特别是出口贸易的发展。

然而，人民币汇率双轨制存在较大局限性，只能作为特定条件下的一种过渡性措施。汇率双轨制下的用汇成本高低不等，不利于外贸企业的成本核算和公平竞争，不利于外汇资源的有效配置。同时，双轨制的汇率安排造成对出口贸易的补贴性和对进口贸易的歧视性，其成为中国恢复关贸总协定缔约方地位继而加入世界贸易组织的一大障碍。因此，人民币双重汇率并轨成为继续深化改革中必须解决的问题。

3. 1994 年后的汇率并轨

自 1994 年 1 月 1 日起，中国取消以往人民币官方汇率和外汇调剂市场汇率并存的汇率制度，实现汇率并轨，开始实行以市场供求为基础的、单一的、有管理的浮动汇率制，由此奠定了现行人民币汇率制度的基本框架。中国人民银行每天根据前一营业日银行间外汇市场形成的交易价格，并参照国际金融市场变动情况，公布人民币对美元等主要货币的汇率。各外汇指定银行以此为依据，在央行规定的浮动幅度内自行挂牌对客户买卖外汇，外汇交易允许在一定幅度内浮动。中国人民银行对人民币汇率进行适当的宏观调控和必要的市场干预，以保持汇率的合理和稳定。

为进一步完善汇率制度，自 1996 年 4 月 1 日起，国家取消若干对经常项目中的非贸易、非经营性交易的汇兑限制。1996 年 7 月 1 日起，将外商投资企业外汇买卖纳入银行结售汇体系。1996 年 12 月 1 日，中国宣布接受国际货币基金组织协定第八条款规定的义务，实现人民币经常项目下完全可兑换。1997 年亚洲金融危机爆发后，在周边国家和地区货币轮番贬值的情况下，中国承诺人民币不贬值，并主动收窄了人民币汇率浮动区间，使汇率制度从有管理的浮动，改变为实际上盯住美元的汇率制度。但这种汇率制度的灵活性和操作性不是很强，随着美国经济连年走低，人民币升值压力日益凸显。

1994 年后的汇率并轨，使汇率形成机制发生重大变化，汇率杠杆调节我国对外贸易的作用明显加大。实行银行结售汇制，为各类企业创造了相对平等的竞争环境，有利于企业提高竞争力，促进出口贸易的发展。同时，取消国际收支经常性交易方面的外汇限制，允许人民币经常项目下的自由兑换，也为企业提供了宽松的用汇条件，有利于进口贸易的发展。

4. 2005 年后的汇率改革

2005 年，我国推行了人民币汇率形成机制的又一次重大改革，即“7·21 汇改”。2005 年 7 月 21 日，中国宣布开始实行以市场供求为基础、参考一篮子货币进行调节、有管理的浮动汇率制度。这意味着亚洲金融危机后采取的人民币单一盯住美元临时性政策的终结，人民币汇率重回 1994 年汇率并轨后确立的有管理浮动安排。

在这种汇率制度安排下，通过选择出若干种主要货币，赋予其相应权重，组成一个货币篮子。同时，根据国内外经济金融形势，以市场供求为基础，参考一篮子货币计算人民币多边汇率指数的变化，对人民币汇率进行管理和调节，维护人民币汇率在合理均衡水平上的基本稳定。“参考一篮子”表明外币之间的汇率变化会影响人民币汇率，但“参考一篮子”不等于盯住一篮子货币，它还需要将市场供求关系作为另一重要依据，据此形成有管理的浮动汇率。

“7·21 汇改”调整了起始汇率，人民币对美元一次性升值 2.1%，为 1 美元兑 8.11 元人民币。在人民币汇价管理上，中国人民银行于每个工作日闭市后公布当日银行间外汇市场美元等交易货币对人民币汇率的收盘价，作为下一个工作日该货币对人民币交易的中间价格。银行间外汇市场人民币对美元买卖价在央行公布的中间价格上下 0.3% 的幅度内浮动，非美元货币对人民币交易价的浮动幅度为上下 3%。外汇指定银行在规定的浮动范围内确定挂牌汇率，对客户买卖外汇。其后，中国人民银行又分别于 2007 年 5 月、2012 年 4 月及 2014 年 3 月三次扩大了银行间外汇市场人民币对美元汇率的浮动区间。

此次汇率制度调整，表明中国在人民币汇率形成机制改革上坚持主动性、可控性和渐进性的原则。实行参考一篮子货币的汇率，避免了汇率大起大落，有利于保持对外贸易部门的竞争力和主要出口市场的平稳。2008 年 8 月 5 日，我国施行了修订后的《外汇管理条例》，其中明确规定人民币汇率实行以市场供求为基础的、有管理的浮动汇率制度，外汇管理部门依法监督管理全国的外汇市场，并可根据外汇市场变化和货币政策的要求，依法对外汇市场进行调节。2010 年 6 月，在“7·21 汇改”基础上，我国进一步推进汇率形成机制改革，核心是坚持以市场供求为基础，参考一篮子货币进行调节，继续按已公布的外汇市场汇率浮动区间，对人民币汇率实施动态管理和调节。汇率形成机制的改革使得人民币汇率弹性逐步增强，汇率形成的市场基础逐步扩大，进出口企业应对汇率波动的能力也在逐步提高。

5. 2015 年后的汇率改革

使市场供求在汇率形成中发挥越来越大的作用，是人民币汇率形成机制改革的既定方向。2015 年 8 月 11 日，人民币汇率形成市场化再次迈出关键一步，即“8·11 汇改”。当日，中国人民银行宣布调整人民币对美元汇率中间价报价机制。自该日起，做市商在每日银行间外汇市场开盘前，参考上一日银行间外汇市场收盘汇率，综合考虑外汇供求状况以及国际主要货币汇率变化，向中国外汇交易中心提供中间价报价。同年 12 月 11 日，中国外汇交易中心发布人民币汇率指数，强调要加大参考一篮子货币的力度，以更好地保持人民币对一篮子货币汇率的基本稳定。

为增强有管理浮动的透明度，2016 年 2 月，中国人民银行明确了“上一日收盘价 + 一篮子货币”的中间价形成机制，改善了央行与市场之间的汇率政策沟通。2017 年 5

月，又在中间价形成机制中引入逆周期调节因子，使有管理的浮动汇率制度在浮动和管理两方面形成了新的平衡。2017 年，人民币汇率由贬入升，央行顺势暂停逆周期调节，提高了汇率调控的灵活性和主动性。2018 年以来，随着内外部经济金融环境发生明显变化，人民币贬值压力有所加大，央行又重启远期外汇风险准备金措施。在中美贸易摩擦背景下，汇率贬值客观上起到了对冲关税效果，有助于经营实体和出口贸易部门渡过难关。

“8·11 汇改”在中国新一轮改革开放中居于先导地位。其优化了人民币汇率中间价的形成机制，提升了中间价的市场化程度和基准地位。市场从汇率价格的接受者转变为汇率价格决定的参与者，实现了质的进步。此次汇率改革以来，人民币汇率形成机制更加市场化，各利益相关方对汇率波动容忍度明显提升，市场主体行为更加理性成熟，外汇管理部门的管理措施更加完善，人民币在走向大国浮动汇率的道路上迈出了坚实一步。

“8·11 汇改”的最大成效，是使人民币汇率机制成为应对外部强烈冲击的“减震器”。[①] 人民币汇率弹性增大有助于抵御外来经济波动的冲击，有助于保障宏观经济平稳运行，尤其是有助于避免货币政策在内外平衡方面陷入困境，使得货币政策可以集中更多精力应对国内经济问题。在未来构建“双循环”新发展格局中，我国将继续推进人民币汇率市场化改革，保持人民币汇率弹性，发挥汇率调节宏观经济和国际收支自动稳定器的作用，同时通过预期引导保持人民币汇率在合理均衡水平上的基本稳定。这对中国对外贸易持续稳定发展将产生有益的影响。2020 年 10 月 10 日，我国央行发布公告称，2020 年以来，人民币汇率以市场供求为基础双向浮动，弹性增强，市场预期平稳，跨境资本流动有序，外汇市场运行稳定，市场供求平衡。为此，央行决定自 2020 年 10 月 12 日起，将远期售汇业务的外汇风险准备金由 20% 下调为零。下一步，央行将继续保持人民币汇率弹性，稳定市场预期，保持人民币汇率在合理均衡水平上的基本稳定。

三、进出口信贷

信贷杠杆是国家根据国民经济运行状况，通过调整利率和确定不同的贷款方向、贷款数量和贷款成本，以控制和引导资金运用、调整国民经济运行的重要手段。在对外贸易领域，进出口信贷体现为一国政府通过银行向进出口商提供贷款以鼓励出口、确保进口的重要措施。尤其是出口信贷，近年来已成为世界各国普遍采用的政策性金融手段。随着全球贸易自由化的发展，许多国家纷纷放弃以往财政补贴的方式，转而通过出口信

① 姚进．“8· 11”汇率改革 5 年来，人民币成为全球最稳定货币之一 [N]. 经济日报，2020-08-19.

贷，支持和促进本国产品，特别是资本货物的出口。

加入世界贸易组织后，遵循国际贸易通行规则，中国也积极运用政策性金融工具，通过进出口信贷，支持国家鼓励的产业的发展和产品的进出口。因此，进出口信贷不仅是国家进行对外贸易宏观调控的一种经济手段，也是促进对外贸易的一项措施。值得强调的是，长期以来，中国进出口信贷杠杆功能主要体现在出口信贷方面（参阅本书第六章“中国对外贸易促进”）。2006 年后，随着国际国内经济形势的变化，中国也开始对重要的进口项目提供进口信贷支持。中国对外贸易领域的政策性银行——中国进出口银行，已经由一个只支持出口的银行，转变为既支持出口又支持进口的新型国际经济合作银行。2007 年 10 月，经商务部、财政部、国家发展改革委和银监会四个部委批准，中国进出口银行成为为国家鼓励的进口商品提供信贷支持的唯一承办行。根据中国进出口银行发布的《2019 年度报告》，截至 2019 年年底，该行提供的进口货物贷款余额为 6387.16 亿元，同比增长 12.0%。

第四节　对外贸易行政管理

对外贸易行政管理是指国家经济管理部门凭借行政组织权力，采用发布命令、制定指令性计划以及实施措施、规定制度程序等形式，按照自上而下的组织系统，对对外贸易活动进行直接调控的一种手段。建设社会主义市场经济体制，既需要“发挥市场在资源配置中的决定性作用”，同时也要求“更好发挥政府作用”，通过政府部门的“有形之手”对经济活动给予必要和及时的调控。国际经验表明，世界各国也在使用一些为世界贸易组织规则所允许的行政手段来管理本国的对外贸易。随着我国改革开放的深入，客观上要求逐步减少行政手段的使用，要求政府部门依法行政，行政管理要符合国际规范，体现公开性和稳定性。

中国对外贸易行政管理的对象主要包括三部分，即对外贸易经营管理、货物进出口管理和货物进出口配套环节管理。对外贸易经营管理，是指为了对对外贸易经营者的资格和经营活动范围进行规范而实行的管理。货物进出口管理，是指国家对进出口货物本身的管理，以进出口许可证、进出口配额作为主要管理手段。货物进出口配套环节管理，是指对货物进出口过程中所涉及的相关配套环节实行管理，主要包括进出口商品检验管理、原产地管理、海关管理以及外汇管理等。

一、对外贸易经营管理

（一）对外贸易经营者的资格管理

对外贸易经营者是指依法办理工商登记或其他执业手续，依照《对外贸易法》和其他有关法律、行政法规的规定，从事对外贸易经营活动的法人、其他组织或个人。根据2004年修正的《对外贸易法》的规定，从事货物进出口或技术进出口的对外贸易经营者，应向国务院对外贸易主管部门或其委托机构办理备案登记。这标志着中国对外贸易经营权自此告别已实行多年的审批许可制，迎来了备案登记制，提前履行了“入世”承诺，在外贸经营权上实现了与国际规则的接轨。

改革开放前，中国对对外贸易经营资格实行严格限制，只有十几家国营专业外贸公司有权经营对外贸易。其后，随着经济体制改革的深入及与国际经济体系的接轨，我国分阶段放宽了经营限制，逐步使审批制向国际通行的登记制过渡，外贸经营主体日益多元化。1996年9月，外经贸部发布《关于设立中外合资对外贸易公司试点暂行办法》，规定在深圳特区和上海浦东新区开展兴办中外合资外贸公司试点。1997年初，外经贸部颁布《经济特区生产企业自营进出口权自动登记暂行办法》，在5个经济特区率先实行生产企业自营进出口权登记制。1999年1月，又对全国大型工业企业实行进出口权登记备案制，对国有、集体所有制的科研院所和高新技术企业实行自营进出口权登记制，并允许有条件的私营企业经申请获得进出口经营权。2001年7月，外经贸部发布《关于进出口经营资格管理的有关规定》，大大放宽申请贸易经营权的门槛，对进出口资格实行登记与核准制，对企业的进出口经营资格按登记或核准的经营范围实行管理。2004年修正的《对外贸易法》明确规定，外贸经营权由审批制改为备案制，并将外贸经营权扩大到个人。2004年6月，商务部公布《对外贸易经营者登记备案办法》，并与《对外贸易法》一起于2004年7月1日同步实施。自此，我国外贸审批制正式退出历史舞台，国内任何企业、组织及个人，在依法办理从业手续，并在商务部及其委托机构办理外贸经营权备案登记后，均可从事对外贸易经营活动。

（二）国营贸易管理

根据《1994年关税与贸易总协定》第17条和《服务贸易总协定》第8条的规定，允许各缔约方在国际贸易中建立或维持国营贸易（state trading），即对部分领域的货物贸易，可以授权特定的进出口企业经营，具体企业可以是国有企业或非国有企业。据此，2004

年修正的《对外贸易法》规定“国家可以对部分货物的进出口实行国营贸易管理”。对于某些特别重要的货物，国家对其实行国营贸易管理，其进出口业务只能由经授权的企业经营。同时，国家也允许部分数量的国营贸易管理货物的进出口业务由非授权企业经营。

加入世界贸易组织时，中国保留了对粮食、棉花、植物油、食糖、原油、成品油、化肥、烟草8种大宗产品的进口和对茶、大米、玉米、大豆、钨及钨制品、煤炭、原油、成品油、丝、棉花等产品的出口实行国营贸易管理的权利，只限于政府指定的有限数量的国有贸易公司经营，同时允许部分产品一定比例的进口可由非国有贸易公司经营。其后，于2005年1月1日取消对废丝（未梳废丝除外）和非供零售用丝纱线（绢纺纱线除外）出口的国营贸易管理，于2006年1月1日取消对植物油（豆油、棕榈油和菜籽油）进口的国营贸易管理。商务部公告显示，我国2020年原油非国营贸易进口允许量为20200万吨，燃料油非国营贸易进口允许量为1620万吨。

二、货物进出口管理

（一）进出口货物的分类

根据《对外贸易法》对进出口货物管制程度的不同，可将进出口货物分为限制进出口货物、禁止进出口货物、自由进出口货物及特殊进出口货物四类。

1. 限制进出口货物

对于属于下列情形之一的货物，国家可以限制其进口或出口：

（1）为维护国家安全、社会公共利益或公共道德，需要限制进口或出口的；

（2）为保护人的健康或安全，保护动物、植物的生命或健康，保护环境，需要限制进口或出口的；

（3）为实施与黄金或白银进出口有关的措施，需要限制进口或出口的；

（4）国内供应短缺或为有效保护可能用竭的自然资源，需要限制出口的；

（5）输往国家或地区的市场容量有限，需要限制出口的；

（6）出口经营秩序出现严重混乱，需要限制出口的；

（7）为建立或加快建立国内特定产业，需要限制进口的；

（8）对任何形式的农业、牧业、渔业产品有必要限制进口的；

（9）为保障国家国际金融地位和国际收支平衡，需要限制进口的；

（10）依照法律、行政法规的规定，其他需要限制进口或出口的；

（11）根据我国缔结或参加的国际条约、协定的规定，其他需要限制进口或出口的。

国家对限制进口或出口的货物，实行配额、许可证等管理。

2. 禁止进出口货物

对于属于下列情形之一的货物，国家禁止其进口或出口：

（1）危害国家安全或社会公共利益的；

（2）为保护人的生命或健康，必须禁止进口或出口的；

（3）破坏生态环境的；

（4）根据我国缔结或参加的国际条约、协定的规定，需要禁止进口或出口的。

限制或者禁止进出口货物的目录，由商务部会同国务院有关部门制定、调整并公布。经国务院批准，可临时决定限制或禁止规定目录以外的特定货物的进口或出口。

3. 自由进出口货物

限制与禁止进出口以外的货物为自由进出口货物。具备合法对外贸易经营资格的企业，可根据其自身需要对外签订此类货物的进出口合同，办理其进口或出口业务，无须获得有关管理部门的审批。

基于监测货物进出口情况的需要，商务部及国务院有关部门可以对部分属于自由进出口的货物实行自动进出口许可证管理。所谓自动进出口许可证管理，是指对那些已被列入自动进出口许可证管理货物目录的货物，对外贸易经营者一经向政府部门提出申请，即应当获得批准，并不得附加任何其他限制条件。自动进出口许可证是对自由进出口货物实行有效监测的手段。我国的自动进出口许可证分为自动进口许可证和自动出口许可证两种。

4. 特殊进出口货物

属于文物、野生动植物及其产品等货物，其他法律、行政法规有禁止进出口或限制进出口规定的，依照有关法律、行政法规的规定进出口。

世界贸易组织的基本原则之一是对货物进出口取消数量限制，实行贸易自由化，但允许其成员在某些情况下对某些商品实施进出口限制。中国对货物进出口实行管理，符合世界贸易组织的基本原则。

（二）货物进出口管理的主要手段

进出口配额、进出口许可证管理手段，是中国实施货物进出口管理的最主要手段，也是世界贸易组织其他成员对货物进出口贸易实施管理的通行做法。

1. 进出口配额管理

进出口配额管理是指国家为维护本国利益，在一定时期内对某些货物的进出口数量或金额加以限制的管理措施。在规定的期限内，规定的配额数量以内的货物可以进出口，超过配额的部分则不准进出口。进出口配额管理包括进口配额管理和出口配额管理两部分。在长期的配额管理实践中，我国采用了配额与许可证相结合的做法，即对实施配额管理的进出口货物也同时实行许可证管理。

改革开放后，中国长期对进口货物实行配额管理，其主要目的是保护国内相关产业的发展，促进产业结构调整和维护国家的外汇收支地位。加入世界贸易组织以来，按照“入世”承诺，自 2005 年 3 月起，我国取消了限制进口货物的配额管理，只保留了农产品进口的关税配额管理。所谓关税配额（tariff quota）管理，是指不绝对限制商品的进口总量，而是在一定期限内对规定的配额以内的进口商品，给予低税、减税或免税待遇，对于超过此配额的进口商品，则征收较高关税或附加税和罚款。我国实行进口关税配额管理的农产品，包括小麦、玉米、大米、食糖、棉花、羊毛及毛条等，对豆油、棕榈油、菜籽油等植物油产品的关税配额管理则已于 2006 年 1 月 1 日起取消，改由关税调节进口。

国家发展改革委发布的相关公告显示，2020 年我国主要农产品进口关税配额总量分别为：小麦 963.6 万吨，玉米 720 万吨，大米 532 万吨，棉花 89.4 万吨。其中，国营贸易配额的比例分别为：小麦 90%，玉米 60%，大米 50%，棉花 33%。自 2004 年以来，上述各类农产品的关税配额总量及其国营贸易配额比例并未发生过变化。

在出口商品配额管理上，我国规定对有数量限制的出口货物，实行配额管理，其目录由商务部制定、调整并公布，配额总量也由商务部确定并公布。对实行配额管理的出口货物，商务部于每年 10 月 31 日前公布其下一年度的出口配额总量。配额可以采用直接分配的方式分配，也可通过招标等方式分配。在使用招标方式的情况下，出口企业通过自主投标竞价，有偿取得和使用国家确定的出口商品配额。出口商品配额招标遵循“效益、公正、公开、公平竞争”的原则。依照 2018 年 8 月修订的《出口商品配额招标办法》，确定招标商品的原则包括：①属不可再生的大宗资源性商品；②属在国际市场上占主导地位且价格变化对出口量影响较小的商品；③属供大于求，经营相对分散，易于发生低价竞销，招致国外反倾销诉讼的商品；④属我国与设限国家签订的多、双边协议中规定需要实行出口配额管理的商品。

根据商务部发布的 2019 年第 47 号公告，2020 年我国实行出口配额管理的货物包括甘草及甘草制品、药料用人工种植麻黄草、活猪（对港澳）、活牛（对港澳）、活鸡（对香港）、锯材、蔺草及蔺草制品，它们的出口配额分别为 440 万千克、100 万千克、148.34 万头、2.86 万头、300 万只、6 万立方米、2300 万千克。出口这些货物的进出口经营者应向商务部申请取得配额（全球或地区配额），凭配额证明文件或配额招标中标证明文件申领出口许可证，凭出口许可证向海关办理货物出口通关验放手续。

2. 进出口许可证管理

进出口货物许可证是国家管理货物出入境的法律凭证，包括法律、行政法规规定的各种具有许可进口或出口性质的证明、文件。进出口许可证管理，是指对外贸易经营者进口或出口国家限制进出口目录项下的商品，必须事先从国家指定的机关领取进口或出口许可证，没有许可证一律不准进口或出口的管理方式。

从宏观层面看，进出口许可证管理是国家对外经济贸易管理的重要措施，也是海关对进出口货物实施监管的重要依据。它是依据国家法律、政策和国内外市场的需求，对进出口经营权、经营范围、贸易国别、进出口货物的品种和数量等实行全面管理、有效监测、规范货物进出口许可的管理制度。

在进出口许可证管理体制上，商务部是我国进出口许可证的归口管理部门，负责制定进出口许可证管理的规章制度，发布年度进出口许可证管理货物分级发证目录，监制有关进出口许可证证书和印章，监督、检查进出口许可证管理办法的执行情况，并负责处罚违规行为。商务部会同海关总署发布年度进出口许可证管理货物目录。直属于商务部的配额许可证事务局（Quota & Licence Administrative Bureau，简称“许可证局”）负责管理全国进出口商品许可证发证机构并协调相关工作，负责管理各种进出口商品许可证（含电子许可证）的签发工作并监督检查，是贯彻落实商务部进出口许可证管理政策的执行部门，也是商务部唯一授权的进出口许可证签发管理机构。

在进出口许可证的签发方面，实行三级发证制，许可证局、商务部驻各地特派员办事处（以下简称“特办”）、各省级行政区域与计划单列市以及商务部授权的其他地方商务主管部门（以下简称“地方发证机构”）为进出口许可证发证机构。在许可证局统一监督管理下，各级发证机构负责其授权范围内的发证工作。根据商务部相关信息，2020 年我国设有进口许可证发证机构 38 个，出口许可证发证机构 62 个。

自 2005 年起，进口货物配额管理取消，只保留进口许可证管理，且受进口许可证管理的商品品种越来越少。2020 年，实行进口许可证管理的货物仍为消耗臭氧层物质和重点旧机电产品两类。其中，许可证局负责签发重点旧机电产品的进口许可证，地方发证机构负责签发消耗臭氧层物质的进口许可证。在京属于国务院国资委管理的企业的进口许可证，则统一由许可证局签发。

在出口许可证管理上，出口许可证包括出口配额许可证和出口许可证。凡实行出口配额许可证管理和出口许可证管理的货物，对外贸易经营者应在出口前按规定向指定的发证机构申领出口许可证，海关凭出口许可证接受申报和验放。依照 2008 年修订的商务部《货物出口许可证管理办法》，出口许可证的有效期不得超过 6 个月，需跨年度使用时，有效期的截止日期不得超过次年 2 月底。出口许可证应在有效期内使用，逾期自行失效，海关不予放行。出口许可证管理实行“一证一关”制、“一批一证”制和“非一批一证”制。“一证一关”是指出口许可证只能在一个海关报关，“一批一证”指出口许可证在有效期内一次报关使用，而“非一批一证”则指出口许可证在有效期内可多次报关使用，但最多不超过 12 次。

2020 年，实施出口许可证管理的货物有 43 种。其中，小麦、玉米、煤炭、原油、成品油（不含一般贸易方式出口润滑油、润滑脂及润滑油基础油）、棉花 6 种货物的出口许可证，由许可证局签发；活牛、活猪、活鸡、大米、小麦粉、玉米粉、大米粉、药料用人工种植麻黄草等 21 种货物的出口许可证，由各地“特办”签发；牛肉、猪肉、鸡肉、矾土、稀土、钼及钼制品、焦炭、成品油（仅限一般贸易方式出口润滑油、润滑脂及润滑油基础油）等 17 种货物的出口许可证，由各地方发证机构签发。在京属于国务院国资委管理的企业的出口许可证，统一由许可证局签发。

三、货物进出口配套环节管理

（一）进出口商品检验管理

进出口商品检验（commodity inspection），是指在国际贸易中对买卖双方达成交易的进出口商品，由法定商检机构依法对其品质、数量、规格、包装、安全、卫生、装运条件等进行检验的活动。进出口商品检验有利于保证进出口商品符合贸易合同的要求，提高出口商品在国际市场上的竞争力，防止低劣或危险性商品的输出和输入，维护贸易双方的利益和国家声誉，因此是国际贸易中不可或缺的环节。为规范进出口商品检验行为，维护社会公共利益和有关交易各方的合法权益，促进对外经济贸易关系的发展，中国依据世界贸易组织规则和《进出口商品检验法》等国内法律法规，对进出口商品检验活动实施管理。

1. 进出口商品检验体制

进出口商品检验体制，是指国家管理进出口商品检验工作的组织形式及基本制度，包括商检机构的设置、职责范围的确定以及管理职权的划分，是国家进出口商品检验法律法规和方针政策得以贯彻落实的组织保障和制度保障。根据《进出口商品检验法》的规定，中国进出口商品检验体制由以下三个层次构成。

（1）国家商检部门。2001 年“入世”前夕，国务院设立国家质量监督检验检疫总局（简称“国家质检总局”），负责主管全国进出口商品检验工作。2018 年，根据国务院机构改革方案，不再保留国家质检总局。2019 年 3 月第四次修订的《进出口商品检验法实施条例》规定，由海关总署主管全国进出口商品检验工作。其职责主要包括：制定、调整必须实施检验的进出口商品目录并公布实施；审查批准免于检验的进出口商品申请；制定、调整并公布实行验证管理的进出口商品目录；制定进出口商品检验方法的技术规范和行业标准；建立进出口商品风险预警机制；许可进出口商品检验机构等。

（2）商检机构。国家商检部门在各省级行政区域以及进出口商品口岸、集散地设立商检机构，负责管理所负责地区的进出口商品检验工作。其主要职责包括：对列入必须实施检验的进出口商品目录的商品以及法律、行政法规规定必须经商检机构检验的其他进出口商品实施法定检验；根据国家规定对法定检验以外的进出口商品实施抽查检验；对检验合格的进出口商品加施商检标志，加施封识；根据便利对外贸易的需要，对进出口企业实施分类管理；对实施许可制度和国家规定必须经过认证的进出口商品实行验证管理；签发出口货物普惠制原产地证明、区域性优惠原产地证明、专用原产地证明；对进出海关特殊监管区域的货物及边境小额贸易进出口商品实行检验管理等。

（3）检验机构。为社会中介服务机构，其可接受对外贸易关系人或外国检验机构的委托，开展进出口商品检验鉴定业务，并依照国家有关规定收取费用。检验机构必须依法办理工商登记，并符合有关法律、行政法规、规章规定的注册资本、技术能力等条件，经国家商检部门和有关主管部门审核批准，获得许可，方可从事委托的进出口商品检验鉴定业务。

2. 进出口商品检验分类

（1）法定检验。对列入国家商检部门公布的必须实施检验的进出口商品目录的进出口商品所实施的检验，称为法定检验。实施法定检验的目的是，保护人类健康和安全、保护动物或植物的生命和健康、保护环境、防止欺诈行为、维护国家安全。法定检验由商检机构按照国家技术规范的强制性要求负责实施，并依照国家有关规定收取费用。进口商品应予检验而未经检验的，不准销售、使用；出口商品应予检验而未经检验合格的，不准出口。法定检验不同于其他检验鉴定活动，其是一种行政执法行为，具有强制性，是国家管理权在进出口商品检验活动中的体现。

（2）抽查检验。《进出口商品检验法》规定，商检机构对法定检验以外的进出口商品，依据国家规定实施抽查检验。抽查检验不合格的进口、出口商品，可以在商检机构监督下进行技术处理，经重新检验合格的，方可销售、使用或方准出口。同时，国家商检部门和商检机构依法对检验机构的进出口商品检验鉴定业务活动进行监督，可以对其检验的商品实施抽查检验。作为对外贸易行政管理手段之一，抽查检验的目的同样是为了保证出口商品质量和防止次劣商品进口。

（二）进出口货物原产地管理

1. 原产地及原产地规则的含义

原产地（country of origin）也称来源地（country of provenance），一般是指国际贸易中所交易货物的生产国，常被形象地称为货物的“经济国籍”。用以确定货物原产地的相关规则即为原产地规则（rules of origin，ROOs），具体表现为各国为确定货物的原产地而实施的法律、法规及普遍适用的行政裁定。近些年来，随着跨国公司所主导的生产国际化的发展以及各国贸易关系的日益紧密，原产地规则在国际贸易中的地位也越发显著和重要。

原产地规则的出现源于国际贸易领域对国别贸易统计的需要。一个时期以来，随着国际贸易中关税壁垒与非关税壁垒的形成与蔓延，原产地规则的应用范围也不断扩展，许多国家陆续制定了烦琐、苛刻的原产地规则。原产地判定标准往往带有浓厚的保护主义色彩。原产地规则已不仅是单纯的海关技术性（统计）问题，实已发展成世界主要贸易体实施其贸易政策的有力工具，在一定程度上已演变成非关税壁垒的措施之一，因原产地规则而引发的贸易摩擦与纠纷时有发生。为此，世界贸易组织《原产地规则协议》（*Agreement on Rules of Origin*）要求各成员保证其原产地规则必须是透明的，不会对国际贸易造成限制、扭曲和干扰。在中国，经过改革开放以来的不断修改完善，目前的原产地制度已实现与世界贸易组织《原产地规则协议》规则的一致。

2. 原产地规则的应用范围

（1）贸易统计。通过原产地规则判定货物的来源地，便于联合国、世界贸易组织等国际机构及各国的国别贸易统计和分析，便于区分货物的原产国、转口流通以及最终进口消费等。然而，随着经济全球化和跨国公司的国际化生产活动，通过现行原产地规则统计得出的贸易差额已出现误导，甚至引发贸易争端。

（2）差别关税的计征。出于政治外交及经济利益的需要，许多国家对外实施复式税则的差别关税待遇，如普通税率、最惠国税率、协定税率、普惠制税率等。各国海关依据进口货物的不同原产地，对进口货物计征不同税率的关税，体现出差别性待遇。

（3）区域经济一体化的互惠措施。20 世纪 90 年代以来，国际经济中的区域一体化进程加快，以欧盟为代表的关税同盟和以北美自由贸易区为代表的自由贸易区均为其主要表现形式。这些一体化组织以互惠互利原则安排其成员国的经贸关系，彼此间享受减免关税待遇，并减少非关税壁垒。为了区分货物是否原产于成员国，由此产生了关税同盟与自由贸易区内部通行的原产地规则。

（4）反倾销等贸易救济诉案的审理。在国际贸易中，倾销是指生产商以低于本国的价格在国外市场销售商品，从而对进口国的生产商造成不公平竞争的做法。在实际中，如何确定货物在其来源国国内的市场价格，货物究竟“原产”于何国，则构成反倾销诉案调查审理的关键，这必然要涉及原产地规则的运用，以防止原产国通过第三国向进口国倾销等规避行为的发生。

（5）原产地标记的监管。原产地标记是用于指示一项产品来源于某个国家或地区的标识、标签、文字、图案等。包括美国在内的一些国家规定每件原产于外国的货物及其包装必须附有原产地标记，以便于海关监管和消费者的识别与选购。[①] 原产地标记是原产地规则的一项重要内容，其真实性、合法性与原产地规则密切相关。

（6）政府采购货物的原产地判定。为了保护本国民族工业，维护国家经济利益，一些国家专门制定了原产地规则，旨在鼓励政府部门采购“国货”，抵制“舶来品”的冲击。

（7）涉及濒危动植物的保护。在《华盛顿公约》（全名为《濒危野生动植物种国际贸易公约》，CITES）中，为保护濒危动植物，针对某些特定货物，对其使用原料涉及濒危动植物的，做了原产地、品种及数量上的限定。中国已于 1981 年 4 月 8 日正式加入《华盛顿公约》。

3. 原产地证书的种类

原产地证书（certificate of origin，c/o）是出口国特定机构出具的证明其出口货物为该国原产的一类证明文件。它是对外贸易关系人交接货物、结算货款、索赔理赔以及进口国通关验收、征收关税的有效凭证，同时也是出口国享受配额待遇、进口国对不同出口国实行不同贸易政策的凭证。因此，原产地证书具备特定的法律效力和经济效用。常见的原产地证书主要包括以下六类。

（1）一般原产地证书。出口国根据一定的原产地规则签发的证明货物原产地的证明文件，主要用于非优惠性原产地证明。

（2）普惠制原产地证书。简称 FORM A 证，是依据给惠国的原产地规则，由受惠国官方签发的具有法律和经济效力的证明文件。凭普惠制原产地证书，受惠国的出口产品在给惠国可享受减免关税的优惠待遇。

（3）区域性优惠原产地证书。区域范围内（如关税同盟、自由贸易区等）的国家根据协定或安排享受互惠或单方面减免关税的凭证。

（4）纺织品（配额）产地证书。该证书是纺织品设限国家实行配额管制的一种手段，

① 如美国海关和边境保护局（CBP）规定，进入美国的每一件外国商品均必须清晰标注其来源地的英文名称，除非法律另有规定。

如中国出口到美国、欧盟各国的纺织品，每批产品都必须由有关部门出具纺织品产地证书或装船证书，进口国海关方准进口。

（5）手工制品原产地证书。证明货物的加工和制造是全人工的而非机械生产的一种证明文件。

（6）濒危动植物原产地证书。证明加工成货物的动物或植物来自饲养的而非野生的濒危动植物（或在数量限制以内）的证明书。

4. 中国的原产地管理

中国的原产地管理发轫于签发出口货物原产地证书的需要，可以追溯至中华人民共和国成立初期。改革开放后的很长一个时期内，中国对进口货物和出口货物曾分别实行过不同的原产地规则，由此造成了一定困扰。2005 年 1 月 1 日，《中华人民共和国进出口货物原产地条例》（简称《原产地条例》）开始施行。这是中国第一部进出口货物完全统一的、与国际规则接轨的货物原产地认定行政法规。2019 年 3 月，我国又对《原产地条例》做了部分修订。

中国的《原产地条例》适用于实施最惠国待遇、反倾销和反补贴、保障措施、原产地标记管理、国别数量限制、关税配额等非优惠性贸易措施，以及进行政府采购、贸易统计等活动对进出口货物原产地的确定。要强调的是，《原产地条例》仅适用于非优惠条件下进出口货物原产地的确定。非优惠性原产地仅赋予货物一个“经济国籍”，并不会使货物由此获得优惠或利益。实施优惠性贸易措施对进出口货物原产地的确定，将依照中国缔结或参加的国际条约、协定的有关规定另行制定。

根据《原产地条例》，中国将完全获得标准和实质性改变标准作为判定进出口货物原产地的共同标准。所谓“完全获得”（wholly obtained），是指仅有一个国家（地区）参与了货物的整个生产过程，即使其中使用了很微小的非当地原产材料，都可能使货物不符合完全获得的定义。完全获得的货物主要是指自然生成的物质，以初级产品为主。所谓“实质性改变”（substantial transformation），是指与加工过程中所使用的非原产材料相比，所获得的产品是新的，且具有自己独有的名称、特征、形态、用途，或附加的价值有了实质性增长。当有两个或两个以上的国家（地区）参与货物的生产、制造时，以最后完成实质性改变的国家（地区）作为货物的原产地。

按照《原产地条例》的规定，实质性改变的确定标准以税则归类改变为基本标准；税则归类改变不能反映实质性改变的，以从价百分比、制造或者加工工序等为补充标准。所谓税则归类改变，是指在某一国家（地区）对非该国（地区）原产材料进行制造、加工后，所得货物在中国《进出口税则》中某一级的税目归类发生了变化；从价百分比，是指在某一国家（地区）对非该国（地区）原产材料进行制造、加工后的增值部分，超过所得货物价值一定的百分比；制造或者加工工序，是指在某一国家（地区）进行的赋予制造、加工后所得货物基本特征的主要工序。确定进出口货物原产地实质性改变的具体标准，由海关总署会同商务部制定。

我国《原产地条例》规定，出口货物原产地证书的签发机构为海关、中国国际贸易促进委员会（以下简称“中国贸促会”）及其地方分会。在实际工作中，海关负责签发一般原产地证书、普惠制 FORM A 证书以及优惠贸易协定原产地证书等；中国贸促会及其地方分会除签发一般原产地证书外，也可签发《亚太自由贸易协定》《中国—新加坡自由贸易协定》《中国—新西兰自由贸易协定》《中国—秘鲁自由贸易协定》《中国—哥斯达黎加自由贸易协定》《海峡两岸经济合作框架协议》项下的优惠性原产地证书。

近些年来，伴随着经济全球化发展，区域贸易一体化快速增长。为营造和维护更好的可持续的经贸发展环境，我国也加快实施自由贸易区战略，努力加强双边、多边经贸合作。2006 年，商务部提出将自由贸易区提升为国家战略的构想，以中国—东盟自由贸易区（CAFTA）为依托，加快建立周边的自由贸易区平台，同时选择一些重点国家，向拉美、非洲、欧洲扩散，逐步形成中国的全球自由贸易区网络。2007 年，自由贸易区战略被正式写入党的十七大报告。迄今，除 CEPA（内地与香港、澳门《关于建立更紧密经贸关系的安排》）、ECFA（《海峡两岸经济合作框架协议》）以及已于 2010 年建成的中国—东盟自由贸易区外，中国还陆续与智利、巴基斯坦、新西兰、新加坡、哥斯达黎加、秘鲁、瑞士、冰岛、韩国、澳大利亚、格鲁吉亚、毛里求斯、马尔代夫等国签署了双边自贸协定。为配合自由贸易区战略的推行，正确判定自贸协定项下的货物原产地，中国分别与有关国家或地区签署了相应的优惠原产地规则，用于确定可享受优惠关税减让的产品的原产地。同时，为正确确定优惠贸易协定项下进出口货物的原产地，规范海关对优惠贸易协定项下进出口货物原产地的管理，海关总署发布了《中华人民共和国海关进出口货物优惠原产地管理规定》，并自 2009 年 3 月 1 日起施行。

（三）海关管理

海关（customs）是国家进出关境的监督管理机关，其基本职能包括进出关境监管，征收关税及其他税、费，查缉走私，编制海关统计，办理其他海关业务等。海关通过履行这些职能，达到实施国家法律、维护进出关境秩序、保证国家税收、遏制走私行为、保障国家利益的目的。因此，海关管理也构成中国货物进出口管理环节的一个重要组成部分。

中国实行集中统一的、垂直的海关管理体制。国务院设立海关的最高管理机关——海关总署（General Administration of China Customs，GACC），负责统一管理全国海关。

各地海关依法独立行使职权，对海关总署负责。这样的管理体制能够保证海关工作对内、对外的统一性和海关监管职能的充分发挥，适应了海关代表国家行使主权、维护国家整体利益的需要。《海关法》规定，国家在各对外开放口岸和海关监管业务集中的地点设立海关。海关设置分为直属海关和隶属海关两个层级，直属海关由海关总署直接领导，隶属海关则由相关直属海关领导。目前，中国海关共设有42个直属海关及562个隶属海关。

根据《海关法》的规定，中国海关的职能主要包括海关监管、海关征税、查缉走私和编制海关统计四个方面。

1. 海关监管

海关监管是指海关运用国家赋予的权力，通过一系列管理制度与管理程序，依法对进出关境的货物、物品和运输工具行使报关登记、审核单证、查验放行、后续管理以及查处违法行为等行政监管职能，确保国家关于货物、物品和运输工具进出境的各项法律法规得以贯彻执行，同时也为统计业务提供可靠依据。

根据监管对象的不同，海关监管可分为货物监管、物品监管和运输工具监管三大体系，且每个体系都有其一整套规范的管理程序与方法。

在海关各类监管活动中，对货物的监管数量最多，涉及面最广，情况也最为复杂。2016年，中国海关监管进出口货运量达39.78亿吨，进出口商品总值为243386亿元。[①] 任何进出口货物在进出关境时，都必须凭有关单据及证明文件办理报关手续。进口货物自进境起至办妥海关手续为止，出口货物自向海关申报起至出境止，过境、转运和通运货物自进境起至出境止，应当接受海关监管。对于加工贸易货物、保税货物及特定减免税货物等，除在进出境环节予以监管外，还要进行后续管理。

海关对货物的监管程序可分为申报、查验、征税和放行四个环节。从海关角度看，对一般进出境货物的监管程序为接受申报、查验货物、征收税费、结关放行；对于进出境货物的收发货人，其相应业务程序为提出申报、接受查验、缴纳税费、凭单取货或装船出运。在进出境运输工具监管上，其负责人应向海关如实申报、交验单证，并接受海关监管和检查。此外，对于保税货物等特殊监管对象，还有一些特定的监管程序。

据海关总署消息，截至2019年年底，我国进出口货物通关时间整体压缩过半，提前两年完成国务院提出的通关时间较2017年压缩一半的目标。2019年12月，全国进口整体通关时间为36.7小时，较2017年压缩62.3%；出口整体通关时间仅为2.6小时，较2017年压缩78.6%。同时，进出口企业申报项目全面简化，申报数据由原来的229项精简

① 中华人民共和国海关总署办公厅．今日中国海关（2017）[M]. 北京：中国海关出版社，2017.

到 105 项。进出口监管证件在上年精简至 46 类的基础上，2019 年又取消两类监管证件的口岸核验，且已有 40 种证件实现网上申报、网上办理，在口岸验核环节实现联网核查、自动比对。与 2017 年相比，2019 年我国跨境贸易出口合规总成本由 568.7 美元降至 330 美元，降幅为 42%；进口合规总成本由 915.9 美元降至 318 美元，降幅为 65.3%，进出境贸易便利化取得了显著进步。

2. 海关征税

海关税收是国家税收的重要组成部分，也是国家实行宏观经济调控的重要工具。海关依法对进出境货物、物品征收关税及其他税费，可以起到保护国内生产、调整产业结构、增加财政收入和调节进出口贸易活动等作用。中国《海关法》明确规定了由海关代表国家行使征收关税的职能。

依照我国《进出口关税条例》的规定和《海关进出口税则》规定的税率，中国海关对进出口货物分别征收进口税和出口税，其中主要是进口税。为便利纳税人，对于进口货物应当缴纳的其他税费，也由海关在货物进口环节同时代为征收。根据不同的货物类别，这些税费主要包括进口环节增值税及有关进口商品的消费税等。

海关征税的依据是进出口货物的完税价格。其中，进口货物的完税价格包括货物的货价、货物运抵中国境内输入地点起卸前的运输及其相关费用和保险费；出口货物的完税价格包括货物的货价、货物运至中国境内输出地点装载前的运输及其相关费用和保险费，但其中包含的出口关税税额，应予以扣除。《海关法》规定，完税价格由海关以该货物的成交价格为基础审查确定。成交价格不能确定时，完税价格由海关依法估定。该规定使完税价格的计算有了法律依据，不仅维护了国家利益，同时也保护了纳税人的合法权益。

近些年来，中国海关积极参与我国《关税法》的立法工作，同时加快推进税收征管方式改革，落实减税降费措施，深化综合治税，依法征管、科学征管，实现“量、质、效”并举，不征“过头税”，促进了对外贸易高质量发展。

3. 查缉走私

中国海关是国家查缉走私的职能部门。我国实行“联合缉私、统一处理、综合治理”的缉私体制，秉持“打防结合、综合治理、突出重点、坚持不懈”的打私方针。国务院批准建立打击走私综合治理部际联席会议制度，由海关总署署长任召集人，全国打击走私综合治理办公室也设在海关总署。缉私警察是打击走私刑事执法和行政执法的专业警种，实行海关和公安双重垂直领导、以海关领导为主的管理体制，依法打击各类走私违法活动。

2019 年，中国海关深度开展“国门利剑 2019”打私联合专项行动，主要办案指标再创历史新高。全国海关全年立案侦办走私案件4198起，同比增长16.8%，其中立案侦办涉税走私案件2038起，案值781.6亿元，涉嫌偷逃税176.6亿元，分别增长15%、74.3%和88%；立案侦办非涉税走私案件2160起，增长18.7%。[①]2020年，中国海关围绕突出走私问题，继续组织开展“国门利剑2020”联合专项行动。

4. 编制海关统计

中国海关统计是关于中国进出口货物贸易的统计，是中国国民经济统计的重要组成部分。按照“准确及时、科学完整、国际可比”的工作原则，中国海关统计全面适用联合国推荐的统计标准，对中国进出口货物贸易进行统计调查。海关总署按月以中文和英文两种语言编制和公布各类中国海关统计资料，并与美国、欧盟、俄罗斯、韩国等主要贸易伙伴的货物贸易统计部门开展广泛交流与合作。

近年来，中国海关不断提升统计分析水平，加强进出口监测预警分析。通过动态监测，预测预警贸易走势，完善外贸出口先导指数，为国家决策提供参考。建立现代海关统计调查方法制度，完善跨境电子商务统计调查方案，研究新产业、新业态、新模式海关统计方法。同时，依法依规严格管控虚假贸易，完善信息共享和数据监控机制。

（四）外汇管理

外汇管理是指一国政府授权国家货币金融管理当局或其他国家机关，对外汇的收支、买卖、借贷、转移，以及国际间的结算、外汇汇率和外汇市场等实施管制行为。实行外汇管理的目的，在于维持国际收支平衡，保持汇率稳定，维护国家经济安全，促进本国经济持续稳定健康发展。中国的外汇管理机构为由中国人民银行管理的国家外汇管理局（State Administration of Foreign Exchange，SAFE）。

外汇管理的内容十分宽泛，不仅包括对国际收支的管理，也涉及对外汇市场的管理，具体可分为经常项目管理、资本项目管理、储备项目管理、汇率管理、外汇市场管理等。其中，经常项目管理又包括贸易外汇管理和非贸易外汇管理。由于本部分内容所涉及的是货物进出口配套环节的管理，因此仅关注与之相关的贸易外汇管理。

1. 贸易外汇管理原则

1996年12月，中国正式接受国际货币基金组织协定第八条款规定的义务，实现人民币经常项目下可自由兑换，取消所有经常项目对外支付和转移限制。2009年提出外汇管

---

① 蔡岩红．“国门利剑2019”打私联合专项行动成果显著——全国海关去年立案侦办走私犯罪案件4198起[N]．法制日报，2020-01-20．

理理念和方式“五个转变”①后，2012—2013年实施货物贸易外汇管理制度改革，取消货物贸易外汇收支逐笔核销制度，改为对企业货物流、资金流实施非现场总量核查，并对企业实行动态监测和分类管理，贸易便利化程度大幅提升。当下，贸易外汇管理将继续坚持经常项目可兑换原则，依法保障真实合规的经常项目下的国际支付与转移，支持审慎合规的银行在为信用优良企业办理贸易外汇收支时实施更加便利的措施，服务货物贸易实体经济，激发贸易新活力，不断提升贸易便利化水平。

2. 贸易外汇管理制度

我国贸易外汇管理制度主要包括银行结汇制度和银行售付汇制度。

（1）银行结汇制度。结汇是指外汇收入所有者将其外汇收入出售给外汇指定银行，后者按一定汇率付出等值本币的行为。结汇有强制结汇、意愿结汇及限额结汇等形式。强制结汇是指所有外汇收入必须卖给外汇指定银行，不允许保留外汇；意愿结汇是指外汇收入可以卖给外汇指定银行，也可以开立外汇账户保留，结汇与否由外汇收入所有者自己决定；限额结汇是指外汇收入在国家核定的限额内可不结汇，超过限额的必须卖给外汇指定银行。

2008年，我国修订后的《外汇管理条例》明确经常项目外汇收入可按国家有关规定保留或者卖给经营结售汇业务的金融机构，这意味着自1994年开始实行的强制结售汇制度正式退出历史舞台。从目前的外汇收支状况来看，我国同时采用强制结汇和限额结汇两种方式，即对一般中资企业经常项目外汇收入实行强制结汇，而年进出口总额和注册资本达到一定规模、财务状况良好的中资企业以及外商投资企业可以开立外汇账户，实行限额结汇。

（2）银行售付汇制度。售汇是指外汇指定银行将外汇卖给外汇使用者，并根据交易行为发生之日的人民币汇率收取等值人民币的行为。从用汇单位角度讲，售汇又称购汇。我国企业在经常项目下产生的外汇需求，可以凭相关的有效凭证，直接按市场汇率用人民币向外汇指定银行购汇。付汇是指经批准经营外汇业务的金融机构，根据有关售汇及付汇的管理规定，审核用汇单位提供的规定的有效凭证和商业单据后，从其外汇账户中或将其购买的外汇向境外支付的行为。若从其外汇账户中对外支付，除必须提交规定的有效凭证及商业单据外，还必须符合外汇账户的收支范围。

① “五个转变”，即从重审批转变为重监测分析，从重事前监管转变为强调事后管理，从重行为管理转变为更加强调主体管理，从“有罪假设”转变为“无罪假设”，从“正面清单”转变为“负面清单”。

思考题

1. 对外贸易管理的必要性体现在哪些方面？
2. 中国对外贸易法律制度的法律渊源包括哪些内容？
3. 中国《对外贸易法》的基本原则有哪些？
4. 如何认识关税的经济作用？
5. 何谓汇率并轨？中国现在实行的是什么样的汇率制度？
6. 什么是国营贸易？为什么要实行国营贸易制度？
7. 何谓进出口配额管理和许可证管理？中国配额和许可证管理的现状如何？
8. 什么是进出口商品检验？中国进出口商品检验工作的主要任务有哪些？
9. 如何认识原产地规则在对外贸易中的重要性？
10. 什么是海关？中国海关的主要职能有哪些？
11. 中国的银行结售汇制度包括哪些内容？

第六章 中国对外贸易促进

在当今经济全球化潮流中，对外贸易对于各国经济增长都具有非常重要的意义。为推动对外贸易发展，维护本国经济利益，许多国家尤其是发达国家灵活运用世界贸易组织规则，建立起了符合本国国情的政府对外贸易促进服务系统，通过加强政府职能、制定科学的贸易政策，改善对外贸易环境以及建立和完善促进对外贸易的组织机构与行业协会等措施，推动本国对外贸易特别是出口贸易的发展。

近些年来，单边主义、逆全球化及贸易保护主义抬头，世界贸易组织框架下的贸易摩擦持续升级。在此态势下，我国也必须建立与完善既符合世界贸易组织规则，又符合中国国情的贸易促进体系，以推动对外贸易高质量发展。2016 年 11 月 7 日第二次修正的《中华人民共和国对外贸易法》第九章“对外贸易促进”，明确规定了中国对外贸易的促进措施。与国际惯例相一致，我国对外贸易促进目前基本上体现为对出口贸易的促进，主要包括：采用出口退税、出口信贷、出口信用保险、设立对外贸易发展基金、风险基金及促进出口的其他保障措施；建立对进出口贸易进行协调和促进的协会商会；设立促进对外贸易发展的特殊区域等。本章将阐述中国对外贸易促进的有关政策和措施。

第一节　出口退税政策

一、出口退税的含义

出口货物退（免）税，简称出口退税（export tax rebate），是指在国际贸易中，一个国家对本国已报关离境的出口货物，由税务机关根据本国税法规定，将其在出口前生产和流通各环节已缴纳的国内增值税、消费税等间接税税款，退还给出口企业的一种税收制度。其目的是使本国出口产品以不含税价格进入国际市场，与其他国家产品在同等条件下展开竞争。出口货物退税制度，是一个国家税收制度的重要组成部分。

以税负能否转嫁为标准，税收可划分为直接税和间接税。凡是税负能够转嫁的税种，归属于间接税；凡是税负不能转嫁的税种，归属于直接税。一般认为，所得税和财产税等属于直接税，而营业税、增值税、产品税、消费税和进口关税等属于间接税。在中国的经济实践中，间接税主要涉及增值税、消费税及进口关税。这些税的征收不管是在最终产品环节还是在中间产品环节，在产品出口时应予以退还。

国际上，出口退税政策最先由法国于1854年实施，其后被其他国家和地区所广泛采用，并发挥了积极的作用。出口退税政策是世界贸易组织规则所允许使用的促进出口贸易发展的手段。与其他税收制度相比，出口退税不应被视为出口补贴行为，两者有着本质区别。一般而言，如所得税之类的直接税，直接计入出口商的成本。对直接税实施减免，等同于政府财政补贴了出口成本，这虽有助于提高出口产品竞争力，却有悖于世界贸易组织维护自由市场经济、鼓励公平竞争的原则，而包括增值税在内的间接税，在产品出口后即被转嫁至外国消费者身上。因此，在产品出口时退还企业已缴纳的间接税，不应被看作违反世界贸易组织有关出口补贴纪律的行为。

二、出口退税的原则

一是“零税率”原则。“零税率”是指企业生产的出口货物所应缴纳的间接税为零。“零税率”原则意味着“征多少税，退多少税”。根据“零税率”原则，通过出口退税，将在国内生产和流通环节已征收的间接税税款全额退还给出口企业，使出口货物以不含税价格在国际市场上公平竞争，客观上可以起到鼓励和促进本国出口贸易的作用。

二是公平税负原则。由于各国的税收制度不尽一致，使得同一款产品在不同国家的税收负担高低不等。这种国家间的税负差异，必然造成各国产品在国际市场上难以做到公平竞争。要消弭这种不利影响，就有必要使出口货物以不含税价格进入国际市场，而出口退税正是依据出口产品“零税率”原则，使出口产品以不含税价格进入国际市场的有效手段。

三是属地管理原则。独立的主权国家在税收上拥有完全独立的自主权，包括课税权和减、免、退税权。各国制定的税收政策，只适用于在本国生产和消费的货物，对已经出口离境的货物则不适用。对在中国境内消费的货物，包括从国外进口的货物，我国有权对之课税；而对于出口到国外的货物，在不损害他国利益的前提下，我国退还或免征其在国内已缴或应缴的间接税税款，货物输入国则再按本国的税收制度规定对之办理税收。这有助于保证消费者购买的货物的间接税含税量彼此相同，体现出公平竞争原则。

四是宏观调控原则。由国家制定的出口退税政策，既符合国际惯例，同时也可体现出国家实施宏观经济调控的政策取向。例如，在一定时期内，对于国家鼓励出口的货物，可以免税或多退税；对于国家限制出口的货物，则可以少退税乃至不予退税。因而，国家通过对出口货物实行符合国际惯例的免税、退税和不予退税的政策，可以体现出国家以鼓励、限制等方式进行宏观调控的经济政策取向。

三、中国出口退税政策的演变

中国实施出口退税政策始于1950年，后随国内外经济形势变化曾屡经调整。党的十一届三中全会后，随着经济体制改革不断深入，我国对税收制度进行了一系列重大改革。为提高出口商品竞争力，1985年3月，国务院正式颁发《关于批转财政部〈关于对进出口产品征、退产品税或增值税的规定〉的通知》，规定从1985年4月1日起实行面向出口产品的退税政策。该文件的出台，标志着中国现行出口退税制度的建立。

1985—1993年，中国出口退税的范围不大，退税额亦不高，9年间累计退税额仅为1388亿元，比2006年一年的退税额还要少得多。1994年中国实施财税体制改革、实行分税制后，出口退税制度亦相应发生较大改变。顺应取消工商统一税、实行以增值税为核心的流转税制度，我国建立了以新的增值税、消费税制度为基础的出口货物退税制度，退税率按照征税率执行，使中国的出口退税制度开始真正与国际通行做法接轨，出口退税额也随之有了较大提升。尽管确立了“征多少、退多少”“未征不退”“彻底退税”的“零税率”原则，但在长期出口退税实践中，我国贯彻的是相机抉择的宏观调控原则，出口退税率屡屡被作为出口贸易的调控工具加以运用。

自1994年税制改革至今，我国根据国内外经济环境变化，先后多次对出口退税政策进行了大的调整。这期间，出口退税率调整作为出口退税政策的一个主要工具，发挥了较为明显的作用，较好地实现了预期的政策效果。例如，在20世纪90年代末亚洲金融危机期间，我国提高了部分产品的出口退税率，以稳定出口贸易。自2005年开始，为进一步控制“两高一资”产品出口，优化出口商品结构，同时鼓励高科技产品和高附加值产品的出口，国家又分期分批调低或取消了部分“两高一资”产品的出口退税率，适当降低了纺织品等容易引起贸易摩擦的产品的出口退税率，同时提高了重大技术装备、IT产品、生物医药产品的出口退税率。为应对2008年国际金融危机的不利影响，自当年11月至2009年6月半年多的时间里，我国连续6次上调了多项劳动密集型产品、机电产品和其他产品的出口退税率，以期在外需低迷的状况下，通过提高出口退税率扩大外销产品的定价空间，增加与国外买方谈判的筹码，稳定国际市场占有率。2010 年 7 月，为配合完成“十一五”节能减排任务，又一步到位地取消了部分钢材、部分有色金属加工材及部分农药、医药、化工产品等“两高一资”产品的出口退税率。2018 年 9 月，为完善出口退税政策，财政部、税务总局发布通知，决定自 2018 年 9 月 15 日起，对机电、文化等产品提高增值税出口退税率。该通知明确，将多元件集成电路、非电磁干扰滤波器、书籍、报纸等产品出口退税率提高至 16%。将竹刻、木扇等产品出口退税率提高至 13%。将玄武岩纤维及其制品、安全别针等产品出口退税率提高至 9%。

国务院决定，自 2018 年 11 月 1 日起，按照结构调整原则，参照国际通行做法，将现行货物出口退税率为 15% 的和部分 13% 的提至 16%；9% 的提至 10%，其中部分提至 13%；5% 的提至 6%，部分提至 10%。但对“两高一资”和面临去产能任务等产品的退税率维持不变。同时，进一步简化税制，退税率由原来的 16%、15%、13%、10%、9%、5% 及 0% 七档，简化为 16%、13%、10%、6% 和 0% 五档。国务院同时规定，对信用评级高、纳税记录好的出口企业应简化手续、缩短退税时间，全面推行无纸化退税申报，提高退税审核效率，并强调要坚决打击骗取出口退税行为。此次提高出口退税率，出口企业相对能获得更多的退税款，有助于其增强应对外部环境冲击的能力。

2019 年 3 月 22 日，财政部、税务总局及海关总署联合发布《关于深化增值税改革有关政策的公告》，决定自当年 4 月 1 日起，增值税一般纳税人发生增值税应税销售行为或者进口货物，原适用 16% 税率的，税率调整为 13%；原适用 10% 税率的，税率调整为 9%。16%、10% 两档增值税税率下调后，出口退税率也相应做了调整，即原适用 16% 税率且出口退税率为 16% 的出口货物，出口退税率调整为 13%；原适用 10% 税率且出口退税率为 10% 的出口货物，出口退税率调整为 9%。此次调整后，出口退税率档次又由 16%、13%、10%、6%、0% 调整为 13%、10%、9%、6%、0%，仍保持五档，同时自 2019 年 4 月 1 日起执行。此次国家深化增值税改革、降低增值税税率，除了少数出口不退税和免税货物的企业不受其影响外，总体上对出口企业的影响是正面的、积极的。

进入 2020 年，为缓解新冠肺炎疫情带来的不利影响，稳定出口贸易发展，财政部、国家税务总局发布公告，明确自当年 3 月 20 日起，将瓷制卫生器具等 1084 项产品出口退税率提高至 13%，将植物生长调节剂等 380 项产品出口退税率提高至 9%。根据财政部公布的数据，2020 年我国出口退税额为 13629 亿元，加上动用以往年度结转资金安排的 920 亿元，全年实际出口退税达 14549 亿元，为稳定出口发挥了积极作用。

四、中国出口退税制度的进一步完善

2019 年，我国货物贸易出口额为 17.23 万亿元。根据财政部公布的数据，同年中国出口退税额为 16503 亿元，同比增长 3.7%，再创历史新高，占同期税收收入的比重已达 10.4%。[①] 改革开放以来的对外贸易发展实践表明，出口退税对于出口贸易增长发挥了明显的促进效应。中国运用出口退税工具来调节出口贸易，并以此来影响整个经济的发展走向，有助于促进国民经济持续、健康、稳定发展。在未来，我国还必须根据国内外形势变化，进一步改革和完善现行出口退税制度，以促进对外贸易持续稳定增长。

（一）稳定出口退税政策

自 1985 年现行出口退税制度建立以来，至今已经历了数次较大规模的变化。作为国家调控政策的组成部分，这种变化虽及时调节了当时的国民经济，但政策的不稳定性也给出口企业的经营决策带来了困扰。同时，出口退税政策机制作用被过度放大和目标多元，以及由此带来的政策上的频繁变化，也给出口退税管理形成了较大压力。稳定出口退税政策并非是要政府部门放弃利用出口退税率进行宏观调控，而是应使这种调控行为成为可预期事件。[②] 通过事先明确出口退税政策调整的前提条件，并将其以法律形式体现出来，使得出口企业可以预判政府的行为，降低因出口退税率突然调整而导致的效率损失。

（二）落实“征多少、退多少”的“零税率”原则

由出口退税政策演变的一般规律不难看出，随着市场经济体制的逐步完善，我国的出口退税政策也必然会向发达国家普遍采用的“零税率”方向发展。“零税率”既符合出口退税制度的设计理念，也是出口退税制度应遵循的原则，同时还是出口退税具体实践应实现的目标。完善出口退税制度的最基本要求，就是要有效克服出口退税率与相应货物增值税税率相背离的突出问题。应以增值税立法为契机，实现增值税税率与出口退税率相一致，真正实现出口货物“零税率”的目标。[③] 至于“两高一资”产品等不鼓励出口的货物，则可通过运用出口关税等手段限制其出口。

---

① 中华人民共和国财政部国库司 . 2019 年财政收支情况 [EB/OL]. 财政部官网，2020-02-10.

② 刘郁葱，周俊琪 . 出口退税四十年：回顾和展望 [J]. 厦门广播电视大学学报，2019（1）：1-5.

③ 王建平 . 按照增值税零税率的原则改革完善我国出口退税制度 [J]. 国际税收，2018（6）：69-71.

（三）构建防范出口骗税新机制

自我国实行现行出口退税制度以来，防范和打击出口骗税这一税收欺诈行为，一直是一项艰巨任务。据国家税务总局消息，2017 年，全国各级税务机关检查涉嫌骗税和虚开企业 6.86 万户，查处骗取出口退税违法行为挽回税款损失 207 亿元。[①] 构建防范出口骗税的新机制，需要把“信息管税”这一新理念贯穿于出口退税管理全过程，通过“三管齐下”，全方位甄别和遏制出口骗税。

首先，要强化货物查验监管，掌握其出关信息。在出口退税管理中，货物确实存在实际上的出口行为是实施退税的前提。要掌握货物出口的真实信息，既需要健全部门协作机制，加大出口货物监管力度，同时还应借助高科技查验系统提高出口货物监管效率。其次，加强与进口方的信息交流，掌握货物到岸情况。出于进口征税等原因，进口方对货物的监管往往更为严格，其掌握着货物是否真实出口的信息。通过加强国际情报交换，拓展信息交流范围与方式，及时了解货物到岸情况，印证出口的真实性，可以有效减少乃至杜绝虚假报关出口现象，并对骗税行为构成强力震慑。最后，全面推行“免抵退”税，掌握货物征税信息。在“免抵退”税方式下，征退税管理资源合二为一，征退税信息实现有机衔接。政府机构通过掌握企业在生产、出口、纳税等方面的真实数据，将征税与退税的申报、审核、审批等环节衔接起来，对虚假征税信息做出甄别与防范，可以有效遏制出口骗税。实践证明，“免抵退”税方式可直接掌握货物征税信息，因而有着较强的防骗和纠错功能。

第二节　出口信贷与出口信用保险

一、出口信贷

（一）出口信贷的概念与特征

出口信贷（export credit）是随着国际贸易的发展而产生的一种国际信贷方式。它是指出口国为了支持本国产品的出口，增强其国际竞争力，在政府支持下，由本国专业银

① 佚名．税务总局：严打骗取出口退税 2017 年挽回损失 207 亿元 [EB/OL]. 中国新闻网，2018-07-04.

行或商业银行向本国出口商或外国进口商（或银行）提供利率上较为优惠的贷款，以满足买方支付进口商品货款的需要。出口信贷名称的由来就是因为这种贷款是由出口方提供的，并且以促进出口贸易为目的。

随着现代国际贸易的发展，旨在为本国商品出口提供信贷支持的出口信贷机构（export credit agency，ECA）应运而生。早在20世纪30年代，美国即成立了美国进出口银行（US Export-Import Bank），以应对大萧条对其出口产生的不利影响。第二次世界大战结束后，出口信贷发展迅猛，为越来越多的国家所采用。在当今国际贸易中，如成套设备、船舶、飞机及其他一些产品的交易往往金额巨大，从订货到产品交付所需时间较长。对于进口商而言，可能一时难以筹措到所需的巨额货款；而在出口商方面，垫支巨额款项固然有助于促成交易，但不利于其自身资金周转，同时还要承担相关风险。在这种情况下，出口信贷作为出口国的一种政策性金融手段，可以发挥支持和促进本国产品，特别是资本货物出口的作用。

出口信贷一般具有以下主要特征。

1. 属于优惠性贷款

出口信贷的性质介于政府贷款与商业贷款之间，其利率低于相同条件资金贷放的市场利率，利差则由政府补贴，并往往与政府支持的信用担保相结合，不仅融资条件优惠，而且有规避风险的预期保证。出口信贷的期限一般较长，根据项目的不同，贷款期限最长可达10年。通常将1～5年期限的出口信贷列为中期，而将5年以上者列为长期。

2. 属于限制性贷款

出口信贷是一种指定用途的信用贷款，款项必须用于购买出口国的资本货物，且第三国制造的成分一般不能超过货物价值的10%～15%。

3. 出口信贷的支持对象

出口信贷的支持对象主要是大型成套设备等资本货物的出口。此类货物的出口金额巨大、收汇风险很高，商业性金融机构一般无力或不愿提供出口融资。因而具有官方背景的出口信贷的支持对象，一般主要是大型成套设备等资本货物的出口。

4. 国家设立专业性的出口信贷机构

为有效促进本国商品出口，很多发达国家及发展中国家设立有本国专门的出口信贷机构，开展官方背景的出口信贷业务，并在该领域寻求与其他国家的合作与协调。根据国际非政府组织网络“出口信贷机构观察”（ECA Watch）的数据，目前各国的ECA已构成世界上最大类别的国际性金融机构体系，其整体规模已经超过了世界银行集团。

（二）出口信贷的分类

按照借贷对象的不同，出口信贷可分为卖方信贷和买方信贷两类。这两类信贷方式虽都以促进本国出口为目的，但也存在诸多不同之处。

1. 卖方信贷

卖方信贷（supplier's credit/seller's credit）是指出口商所在国的银行对出口商（卖方）提供融资支持，以使得外国进口商可以在交易中采用延期付款的方式。出口商一般将贷款利息等资金成本费用计入出口货价中，从而将贷款成本转嫁给进口商。在一个国家出口信贷的发展初期，卖方信贷往往居于主要地位，其原因在于提供信贷的银行和申请信贷的出口商均处于同一国家，贷款业务操作较为便利。

2. 买方信贷

买方信贷（buyer's credit）是指出口国政府支持本国银行直接向外国进口商（买方）或进口商的银行提供信贷支持，以供进口商购买设备并支付有关费用。买方信贷一般由出口国出口信用保险机构提供出口买方信贷保险。买方信贷主要有两种形式：一是出口国银行将贷款发放给进口商银行，再由该进口商银行转贷给进口商；二是由出口国银行直接贷款给进口商。

3. 卖方信贷与买方信贷的比较

这两种出口信贷有着相同的目的，即都是由银行提供信贷支持，为国外进口商提供融资便利，从而有助于提高出口国商品的竞争力，有效开拓国际市场。但这两种方式涉及不同的借款人，在业务程序、融资成本、融资风险管理乃至贷款币种等方面均存在差异。一般而言，在一个国家出口信贷发展的起步阶段，卖方信贷是出口信贷的基本方式。但随着该国出口信贷业务的发展成熟，买方信贷又会逐步占据主要地位，原因在于这种信贷方式对有关各方均有明显好处。

（1）对出口商而言，若其使用卖方信贷，除了要筹措资金、组织生产外，还会增加其资产负债表中的应收账款项目，从而对其资信产生不利影响。而在使用买方信贷的情况下，出口商能从进口商处以现汇形式收得货款，既不会影响其资金周转，也不会因资产负债表中的结构变化而影响其资信。因而买方信贷较卖方信贷对出口商更为有利。

（2）对进口商而言，在使用卖方信贷的情况下，出口商会将贷款利息、管理费及保险费等相关费用计入货价转嫁给进口商，从而会影响进口商对货物本身真实价格的判断。而使用买方信贷，进口商以现汇方式支付货款，货价并不涉及信贷。

（3）对提供出口信贷的银行而言，在使用卖方信贷的情况下，是将贷款直接贷给本国出口商，而在使用买方信贷的情况下，则是将贷款贷给对方国家的有关银行，即使是直接贷给对方国家的进口商，通常也会要求相关信用保险机构提供担保。一般情况下，银行的资信要高于企业的资信，因而银行采用买方信贷方式的安全性通常要高于使用卖方信贷方式的安全性。

（三）中国的出口信贷

中国的出口信贷发轫于实行改革开放政策之后。为改善出口商品结构，促进机电仪器类产品的出口，中国银行于1980年开办了出口卖方信贷业务，并在1983年曾试办过出口买方信贷业务。随着对外贸易体制改革的推进，1994年中国成立了新的国有政策性银行——中国进出口银行（Export-Import Bank of China，CEXIM），将原由中国银行承办的政策性出口信贷业务交由该行办理。自开业以来，中国进出口银行的出口信贷业务持续稳步发展。截至2019年年末，中国进出口银行已在国内设有32家营业性分支机构以及香港代表处；在海外设有巴黎分行以及东南非、圣彼得堡和西北非3个代表处。

中国进出口银行由国家出资设立，直属国务院领导并具有独立法人地位，其支持对外经贸发展和跨境投资，"一带一路"建设、国际产能和装备制造合作，科技、文化以及中小企业"走出去"和开放型经济建设等领域。该行的经营范围主要包括：经批准办理配合国家对外贸易和"走出去"领域的短期、中期和长期贷款，含出口信贷、进口信贷、对外承包工程贷款、境外投资贷款、中国政府援外优惠贷款和优惠出口买方信贷等。2019年，中国进出口银行业务发展保持良好态势，截至当年年末，全行本外币贷款余额超过37000亿元，同比增长超过11%；不良贷款率较年初下降0.03个百分点，继续保持低于银行业整体水平。[①] 同时，银行的国际信用评级继续保持与中国主权评级一致。

根据《中国进出口银行2018年度报告》，在提供货物贸易出口信贷方面，截至2018年年末，中国进出口银行的卖方信贷余额为2640.25亿元，同比增长5.43%；买方信贷余额为1117.52亿元，同比增长17.66%。2020年新冠肺炎疫情暴发后，中国进出口银行把稳外贸作为年度工作的重中之重，出台了一批超常规、阶段性信贷政策，切实保障外贸信贷投放。以下分别介绍中国进出口银行经营的出口卖方信贷业务和出口买方信贷业务。

（1）出口卖方信贷业务。出口卖方信贷是指中国进出口银行对我国境内（不含港澳台地区）企业出口低技术含量和一般机电产品、成套和高技术含量产品、船舶以及农产品、文化产品等其他经批准的产品和服务所需资金提供的本、外币贷款。其中：①低技术含量和一般机电产品出口卖方信贷是指中国进出口银行为支持我国境内企业出口劳动密集型产品和机电产品，对借款人在产品出口的采购、生产、运输、销售等环节所需资

① 中国进出口银行．进出口银行召开2020年全行工作会议 [EB/OL]. 中国进出口银行官网，2020-01-19.

金提供本、外币贷款。②成套和高技术含量产品出口卖方信贷是指中国进出口银行为支持我国境内企业出口设备、对外提供设备相关技术服务及高新技术产品和“两自一高”[①]产品，对借款人在产品的采购、生产、运输、销售或承接国际服务外包项目（含软件项目）的研发、场地及设备租用、材料采购、人员工资、税费支出、技术鉴定等环节所需资金提供本、外币贷款。利用世界银行和亚洲开发银行等国际金融组织贷款、外国政府贷款的国内项目进行国际招标，由我国企业中标提供设备的，也适用此要求。③船舶出口卖方信贷是指中国进出口银行为支持我国境内企业出口船舶、改装或修理国外船舶、生产用于出口船舶的关键船用设备、开展船舶技术和工艺研发，对借款人所需资金提供本、外币贷款。其中，远洋船和海洋工程结构物的内销视同出口。

在出口卖方信贷支持对象上，凡在我国工商行政管理部门登记注册，具有独立法人资格的境内企业或具备借款资格的事业法人，均可向中国进出口银行申请出口卖方信贷。采用资金集中管理模式的集团企业，确保在中国进出口银行不重复融资的前提下，并在借款合同中约定贷款用于集团企业子公司出口业务时，可向中国进出口银行申请出口卖方信贷。

为申请出口卖方信贷，借款人必须满足的条件包括：①借款人的经营管理、财务和资信状况良好，具备偿还贷款本息的能力；②若借款人可按中国进出口银行的现行办法进行信用等级评定，则信用等级一般应在BBB级（含）以上，以银行、战略客户全额保证或变现能力强的抵押物、质物提供担保的，借款人信用等级可放宽至BB级；③提供中国进出口银行认可的还款担保（如涉及）；④在中国进出口银行认为必要时投保出口信用保险；⑤项目经我国及项目涉及的其他国家有权机关批准（如涉及）；⑥中国进出口银行认为必要的其他条件。

（2）出口买方信贷业务。出口买方信贷是指中国进出口银行向境外借款人提供的促进中国产品、技术和服务出口的本、外币贷款。其支持对象，包括境外金融机构、进口国财政部或进口国政府授权的机构，以及中国进出口银行认可的进口商或境外业主。

为申请出口买方信贷，借款人必须满足的条件包括：①借款人所在国经济、政治状况相对稳定，或项目所在国国别风险可控；②借款人资信状况良好，具备偿还贷款本息能力；③出口产品、技术及服务符合我国及进口国有关规定，其中文化产品应列入我国有关部门颁布的《文化产品和服务出口指导目录》，或属于图书、报刊、电子音像制品、电影和电视剧版权出口和文化企业开展对外劳务合作等；④借款人提供中国进出口银行认可的还款担保（如涉及）；⑤在中国进出口银行认为必要时投保出口信用险；⑥借款人

① 指“自主知识产权、自主品牌和高附加值”。

为国际多边金融机构时，若其成员国中有未与中国建交的国家，则申请前应取得中国进出口银行同意；⑦借款人为境外金融机构时，其相关资信材料可通过银行家年鉴（Banker Almanac）、全球银行与金融机构分析（Bank Scope）、穆迪（Moody's KMV）及其他专业信息渠道获得；⑧中国进出口银行认为必要的其他条件。

二、出口信用保险

（一）出口信用保险的概念

出口信用保险（export credit insurance）是指在出口贸易或其他相关对外经济活动中，保险人（经营出口信用保险业务的公司）同被保险人（向国外买方提供信用的出口商）签订保险协议，根据该保险协议，被保险人向保险人缴纳保险费，保险人负责赔偿保险协议项下被保险人向国外买方提供商品或劳务后因对方不付款而引起的经济损失。

出口信用保险是各国以国家财力为后盾，为企业在出口贸易、对外投资及对外工程承包等经济活动中的合法权益提供风险保障的一种特殊政策性支持措施。它体现为政府对市场经济的一种间接调控手段和补充。它通过官方的出口信用机构，承保企业在对外经济交往中的商业信用风险和政治风险，补偿企业收汇损失，保障企业经营的稳定性，使企业能以更灵活的贸易手段参与国际竞争，不断开发新客户、开拓新市场。出口信用保险是世界贸易组织《补贴与反补贴措施协议》原则下允许的各国政府运用和实施的官方支持的出口信用。

现代意义上的出口信用保险诞生于19世纪末，并在20世纪上半叶的两次世界大战之间的西欧国家高度发达。近些年来，由于世界贸易组织严格限制各国政府对出口贸易实施各类补贴政策，因此，作为符合国际规则的间接支持出口和对外投资的信用保险制度，出口信用保险已成为许多发达国家和发展中国家竞相发展的一个新兴行业。据估计，2008年的全球信用保险费为53亿欧元，其支持了2.6万亿欧元的销售额。

（二）出口信用保险的作用

第一，有利于出口企业降低收汇风险。当前，近80%的全球经济增长归因于新兴市场经济体和发展中经济体。然而与发达国家相比，这些经济体中的买方商业信用风险及国家政治风险往往要更高一些。出口信用保险则为企业开拓新兴经济体市场与发展中国家市场提供了底气，保证了出口商的安全收汇，使其能够避免坏账，保持良好的财务纪录。

第二，有利于出口企业采用灵活贸易方式吸引客户，提高产品出口竞争力。当前，灵活多样的支付方式和富有弹性的非信用证支付条件，如付款交单（D/P）、承兑交单（D/A）、赊销（OA）等，已为许多国家在出口贸易中所广泛采用。在此态势下，若出口商仍坚持采用信用证方式，显然难以适应日益激烈的国际竞争需要，不利于企业扩大市场份额，开拓新市场。而采用投保出口信用保险，出口商便可通过缴纳少量保险费，将承担的收汇风险转嫁给出口信用保险机构，从而能以非信用证方式开拓国际市场，提高业务竞争力。

第三，有利于获得银行融资。在当今国际贸易中，各国出口商常常会面临资金周转的压力，而商业金融机构出于对风险控制的考量，有时不愿意为其提供信贷。有了信用保险机构承保风险，由于安全收汇存在保障，银行也更倾向于为出口企业提供融资支持，从而有助于其克服因资金不足而带来的困难。

第四，出口企业可获得专业信息咨询服务。出口商由于自身实力等原因，一般无力对买方的经营状况、财务状况和资信等进行详细调查，更不可能对进口商国家的市场行情及国家状况做深入了解。即使企业有能力这样做，所需投入也是巨大的。而通过投保出口信用保险，出口信用保险机构就可利用其专业的技能、健全的资信组织、追偿网络以及庞大的信息库，对进口商的情况进行全面调查，为出口企业提供更多的信息，提高其业务活动的可预见性。

（三）中国出口信用保险的发展

改革开放以后，随着对外贸易的迅速发展，中国也开始考虑开办出口信用保险业务。1988 年 10 月，中国人民保险公司成立出口信用保险部，以经营短期险为主。1994 年，中国进出口银行成立，同时承揽政策性出口信用保险业务，由此出现了由两家机构共同经营出口信用保险的局面。1996 年，经国务院批准，中国保险集团代表中国加入伯尔尼协会（the Berne Union），标志着中国的出口信用保险制度向国际化发展迈出新的一步。

2001 年 12 月 18 日，随着中国成为世界贸易组织正式成员，国内首家专营出口信用保险的机构——中国出口信用保险公司（China Export & Credit Insurance Corporation，SINOSURE）（以下简称“中国信保”）挂牌运营。原由中国人民保险公司和中国进出口银行承办的有关出口信用保险业务，全部转由中国信保经营。中国信保的成立，是在加入世界贸易组织背景下，中国政府参照国际惯例，深化金融保险和对外贸易体制改革，加大对出口贸易政策性扶持力度的重大举措，标志着中国出口信用保险业进入一个新的发展时期。

中国信保是由国家出资设立、支持中国对外经济贸易发展与合作、具有独立法人地位的国有政策性保险公司，其服务网络覆盖全国。近年来，中国信保积极扩大出口信用保险覆盖面，为我国货物、技术、服务出口，以及海外工程承包、海外投资项目提供风险保障，在服务共建“一带一路”、全力促进对外贸易稳中提质、培育国际经济合作和竞争新优势、推动经济结构优化等方面发挥了重要作用。目前，中国信保的资信数据库覆盖7000万家中国企业数据、超过2亿家海外企业数据以及4.5万家银行数据，拥有海内外资信信息渠道超过400家，资信调查业务覆盖全球所有国别、地区及主要行业。截至2020年年末，中国信保累计支持的国内外贸易和投资规模超过5.3万亿美元，为超过21万家企业提供了信用保险及相关服务，累计向企业支付赔款159.7亿美元，累计带动近300家银行为出口企业融资超过3.9万亿元人民币。[①] 据伯尔尼协会统计，2015年以来，中国信保的业务总规模连续在全球同业机构中位居首位。

2020年，在应对新冠肺炎疫情的背景下，中国信保全年承保金额达7040.7亿美元，同比增长15.5%；向客户支付赔款18.1亿美元，同比增长32.4%；服务企业近14.7万家，同比增长23.9%，总承保金额、短期出口信用保险承保金额、出口信用保险渗透率等指标均创历史新高，充分发挥了政策性保险的逆周期调节作用。

（四）中国出口信用保险公司的出口信用保险业务

中国出口信用保险公司的主要业务产品，包括中长期出口信用保险、海外投资保险、短期出口信用保险、国内贸易信用保险以及担保等。这里主要介绍中国信保的中长期出口信用保险、短期出口信用保险以及短期出口特险业务。

1. 中长期出口信用保险业务

中长期出口信用保险旨在为我国金融机构、出口企业或融资租赁公司收回融资协议、商务合同或租赁协议项下应收款项提供风险保障，其承保业务的保险期限一般为2～15年。

中长期出口信用保险通过承担保单列明的商业风险和政治风险，使被保险人得以有效规避相关风险。其中，商业风险涉及债务人宣告破产、倒闭、解散或拖欠商务合同或贷款协议项下应付款项。政治风险包括：①债务人所在地政府或还款必经的第三国（或地区）政府禁止或限制债务人以约定货币或其他可自由兑换货币偿还债务；②债务人所在地政府或还款必经的第三国（或地区）政府颁布延期付款令，致使债务人无法还款；③债务人所在地政府发生战争、革命、暴乱或保险人认定的其他政治事件。

在损失赔偿比例方面，出口买方信贷保险、出口延付合同再融资保险的最高赔偿比例为95%；出口卖方信贷保险项下最高赔偿比例为90%；金融机构（含金融租赁公司）作

① 数据来源于中国出口信用保险公司官网。

为被保险人的海外租赁保险最高赔偿比例为95%，非金融机构作为被保险人的海外租赁保险最高赔偿比例为90%。

2. 短期出口信用保险业务

短期出口信用保险旨在为以信用证、非信用证方式从中国出口的货物或服务提供应收账款收汇风险保障，承保业务的信用期限一般在1年以内。

中国信保的短期出口信用保险业务，同样涵盖商业风险和政治风险两个板块。前者包括买方破产或无力偿付债务；买方拖欠货款；买方拒绝接收货物；开证行破产、停业或被接管；单证相符、单单相符时开证行拖欠或在远期信用项下拒绝承兑。后者包括买方或开证行所在国家、地区禁止或限制买方或开证行向被保险人支付货款或信用证款项；禁止买方购买的货物进口或撤销已颁布发给买方的进口许可证；发生战争、内战或者暴动，致使买方无法履行合同或开证行不能履行信用证项下的付款义务；买方或开证行付款必须经过的第三国颁布延期付款令。

在损失赔偿比例方面，由政治风险所造成损失的，由破产、无力偿付债务、拖欠等其他商业风险所造成损失的，由买方拒收货物所造成损失的，以及中小企业综合保险下的最高赔偿比例，均为90%；而出口信用保险（福费廷）保险单下的最高参与比例可达到100%。

3. 短期出口特险业务

短期出口特险业务包括买方违约保险和特定合同保险两个板块。前者是向中国出口企业提供的、承担因政治风险和商业风险导致的商务合同项下成本投入损失的短期出口信用保险产品，适用于机电产品、成套设备、工程承包、船舶等行业。后者是为中国出口企业提供的、承担其出口商务合同项下因政治风险和商业风险导致的应收账款损失的保险产品，商务合同项下的出口标的物通常为机电产品、成套设备、高新技术产品等资本性或准资本性货物、大宗贸易商品及承包工程，以及与之相关的服务。

在买方违约保险业务中，商业风险涉及买方破产或无力偿还债务；买方单方面解除合同；买方恶意变更合同；买方拒绝付款。政治风险涉及买方所在国家或地区颁布法令或采取行政措施，禁止或限制汇兑货款；买方所在国家或地区颁布法令或采取行政措施，禁止货物进口或撤销进口许可证；买方所在国家或地区颁布延期付款令，影响货款支付；买方所在国家或地区被禁运或制裁；买方所在国家或地区发生战争等不可抗力因素，致使买方无法履行合同。在损失赔偿比例上，被保险人可自由选择，最高赔偿比例均为90%。

第三节　进出口商会和贸易促进机构

一、进出口商会

商会（chamber of commerce）是由企业自愿组成的组织，是联系政府与企业、企业与企业以及企业与社会关系的重要纽带。商会的基本职能包括两方面：一是作为企业的代言人，并将会员企业的共识转化为集体行动；二是为企业提供服务，使得会员企业能因此而集体受益。以美国商会（The U.S. Chamber of Commerce，USCC）为例，作为世界上最大的商业组织，该商会代表着美国300多万家分处于不同行业及不同地区且规模不等的会员企业的利益，在美国的经济与社会中有着巨大的影响力。

在中国对外贸易领域，随着对外贸易体制改革的深化，1988年后陆续成立了若干各类商品的进出口商会，其主要职能是依照《对外贸易法》及政府的有关规定和商会章程，对会员的对外贸易经营活动进行协调与指导，为会员及其他组织提供咨询服务；维护正常的对外贸易秩序，保护公平竞争，依法提出有关对外贸易救济措施的申请，维护国家利益和会员的合法权益，促进进出口贸易健康发展；在政府宏观管理和企业微观经营之间发挥沟通与联系作用，向政府部门反映会员有关对外贸易的建议，并开展对外贸易促进活动。

当前，中国对外贸易领域有食品土畜、轻工工艺、五矿化工、机械电子、纺织品以及医药保健品6家全国性进出口商会，它们的基本情况如下。

（一）中国食品土畜进出口商会

中国食品土畜进出口商会（China Chamber of Commerce of Import & Export of Foodstuffs, Native Produce and Animal By-products，CFNA）成立于1988年9月，现设有41个分支机构，每个分支机构均为全国性的行业组织。目前拥有6500多家会员企业，遍布全国各地，集中了本行业经营规模最大和最具代表性的企业以及一大批中小企业，代表了我国农林食品土畜行业的整体水平和实力。会员企业经营范围覆盖粮食谷物、油脂油料、三鲜蔬菜水果、畜禽肉食、水海产品、乳品、酒、饮料、茶叶、罐头、糖果等加工食品、蜂产品、食用菌及制品、木材、林化产品、香精香料、花卉、蜡烛、炮竹烟花、羊绒及制品、羽绒羽毛及制品、裘革皮及制品、猪鬃及鬃刷、肠衣、地毯、兔毛等各类农林食品土畜产品。会员企业包括国有企业、外商投资企业及民营企业，另有若干国际会员企业。

（二）中国轻工工艺品进出口商会

中国轻工工艺品进出口商会（China Chamber of Commerce for Import & Export of Light Industrial Products and Arts-Crafts，CCCLA）成立于 1988 年 8 月，是由从事轻工业品、工艺品进出口贸易的企业依法成立的自律性组织。商会设有 12 个职能部门，以及 12 个商品分会和 7 个协调组承担日常工作，包括发制品分会、家具分会、玩具分会、箱包分会、草制品分会、鞋类分会、抽纱制品分会、文教体育用品分会、陶瓷日用百货分会、玻璃器皿分会、餐厨用品分会、珠宝首饰分会，以及帐篷协调组、伞类协调组、眼镜协调组、纸制品协调组、笔类协调组、帽类协调组、乐器协调组等，现有会员 13000 余家。

（三）中国五矿化工进出口商会

中国五矿化工进出口商会（China Chamber of Commerce of Metals，Minerals & Chemicals Importers & Exporters，CCCMC）于 1988 年 9 月成立，是由从事五金制品、矿产品、建材产品、化工品进出口贸易的企业依法成立的行使行业协调、为企业服务的自律性组织。商会下设有 33 个商品分会，现有 6000 多家会员，集中了本行业经营进出口贸易的企业。会员的经营范围涵盖黑色金属、有色金属、非金属矿产及制品、煤炭及制品、建材制品、五金制品、石油及制品、化工原料、塑料及制品、精细化工品、农用化工品和橡胶及制品等五矿化工商品。会员企业的年进出口总额在本行业里占据近 30% 的份额，每年有 250 多家会员企业名列全国进出口额 500 强榜单，基本代表着我国五矿化工行业的整体实力和水平。

（四）中国机电产品进出口商会

中国机电产品进出口商会（China Chamber of Commerce for Import & Export of Machinery and Electronic Products，CCCME）成立于 1988 年 7 月，是由在中国境内依法注册、从事机电产品生产和进出口贸易及相关活动的各种经济类型组织自愿结成的行业性、全国性和非营利性的社会组织。现有会员企业近 1 万家，集中了行业内的龙头骨干企业和众多中小企业，有着较强的行业代表性。商会下设有 22 个商品分会，包括电子信息产品分会、仪器仪表分会、视听产品分会、家用电器分会、平衡车分会、日用机械分会、自行车分会、五金工具分会、电工产品分会、机床工具分会、低压电器分会、太阳能光伏产品分会、航空航天产品分会、汽车分会、工程农业机械分会、船舶分会、电力装备分会、轨道交通装备分会、石油化工装备与工程分会、冶金矿产设备分会、水泥装备分会、风电装备分会等。

（五）中国纺织品进出口商会

中国纺织品进出口商会（China Chamber of Commerce for Import & Export of Textiles and Apparel，CCCT）成立于1988年10月，是中国乃至全球最大的纺织服装进出口行业中介组织。商会现有会员企业12000多家，遍及全国31个省（自治区、直辖市），从事各类纺织纤维、纱线、面料、服装、家用纺织品、产业纺织品及辅料的生产和进出口业务。商会会员涵盖了全国大多数纺织服装进出口企业、生产企业和外商投资企业，年度进出口额占中国纺织服装进出口总额的70%左右。商会下设6个商品分会，包括纱线面料分会、丝绸分会、服装分会、家纺分会、花色漂布分会以及苎麻纱布分会。

（六）中国医药保健品进出口商会

中国医药保健品进出口商会（China Chamber of Commerce of Medicines & Health Products Importers & Exporters，CCCMHPIE）成立于1989年5月，是由从事医药保健品研发、生产、贸易、投资及相关活动的各类经济性组织自愿组成的全国性、行业性和非营利性社会组织。商会业务范围涵盖中药材饮片、中成药、植物提取物、西药原料、西成药、生物制药、医院诊断和治疗设备、保健康复器材、医用敷料与耗材、保健品、功能性化妆品、特医食品等诸多领域。商会现有会员2500余家，包括国内多数有代表性和影响力的医药保健品企业，同时下设中药饮片分会、植物提取物分会、甘草及制品分会、肝素钠分会、维生素C分会、糖精钠分会、扑热息痛分会、西药制剂分会、青霉素工业盐分会、医用敷料分会、按摩保健器具分会11个商品分会。

二、对外贸易促进机构

1952年5月成立的中国国际贸易促进委员会（China Council for the Promotion of International Trade，CCPIT）（以下简称“中国贸促会”），是中国的全国性对外贸易投资促进机构。中国贸促会是由中国经济贸易界有代表性的人士、企业和团体组成的全国民间对外经贸组织，其宗旨是：根据中国的法律、法规，参照国际惯例，开展促进中国与世界各国、各地区之间的贸易、投资和经济技术合作活动，增进中国人民同世界各国、各地区人民和经济贸易界的相互了解与友谊，维护中国公民、法人在海外的正当权益。

经国务院批准，中国贸促会于1988年6月组建了中国国际商会（China Chamber of International Commerce，CCOIC）。目前，中国贸促会、中国国际商会已同200多个国家和地区的工商企业界建立了广泛的经贸联系，并在21个国家和地区设有驻外代表处。在国内，中国贸促会、中国国际商会在各省（自治区、直辖市）建立了50个地方贸促机构，同时还在机械、电子信息、轻工、纺织、农业、汽车、石化、商业、冶金、航空、航天、化工、建筑材料、通用产业、建设、供销合作、粮食、煤炭、矿业、物流、电力、包装、食品等领域建立了23个行业贸促机构。

根据中国贸促会现行章程，其职责主要包括以下十项。

第一，邀请和接待国外经贸界人士和代表团来访；组织中国经济贸易代表团出国访问与考察，与有关国际组织、区域性组织及各国贸促机构和商会协会开展交流与合作；参加有关国际组织及其活动；组织、参加或与国外相应机构联合召开有关经济贸易技术合作和法律方面的国际会议；负责与国外对口组织在华设立的代表机构以及外国在华成立的商会进行联络；推动在国外组建中资企业商会协会。

第二，促进内地与香港、澳门特别行政区，祖国大陆与台湾地区的经贸交流，为内地同香港、澳门特别行政区和台湾地区工商界之间的交流与合作提供服务。

第三，根据国务院授权，审批和管理各地区、各单位出国举办经贸展览会；代表国家参加国际展览局的活动，负责我国参加国际展览局和世界博览会相关事宜的组织、协调、监督和管理工作；在国外主办中国贸易展览会，参加国际贸易博览会和展览会；在境内主办经济贸易展览会和博览会；审批中国贸促会系统在境内举办的涉外经济技术展览会。

第四，收集、整理、传递和发布经贸信息；承办中外经济技术合作项目的评估和可行性研究工作；联系、组织经贸洽谈和技术交流活动；向国内外有关企业和机构提供培训、经贸信息、咨询和资信调查等各类服务；编辑、出版报纸、刊物、电子出版物及其他出版物。

第五，为中国企业提供服务；向政府有关部门反映企业界有关情况和意见；研究经贸领域的有关问题，向企业提供参考意见；协调国际商会的对华业务和国际商会中国国家委员会与国际商会交往的有关事宜。

第六，代表贸促会和商界向国家立法部门提供立法建议，参与制订、修改、翻译国际贸易惯例；向国内外企业提供商事活动方面的法律咨询服务，受理商务投诉，提供法律帮助；国内商事仲裁、海事仲裁、域名争议及其有关调解业务，用仲裁、调解等多元争议解决方式处理纠纷；与各国商会、律所及其他法律服务组织合作，建立国际商事法律服务平台；签发货物原产地证明书和商事证明书，出具不可抗力证明，代办涉外商事文件的领事认证业务；受理共同海损和单独海损理算业务；进行涉外商事法律及争议解决的理论和实务研究，组织涉外商事法律方面的对外交流活动；对企业进行法律培训，制定编撰国际商事惯例。

第七，代理中国企业和个人在国内外或外国企业和个人在中国的专利申请和商标注册业务，提供知识产权的咨询、争议解决等法律服务；开展技术贸易等工作；向国家立法部门提供上述方面业务的立法意见。

第八，组织、帮助或代理中国企业和个人在海外维权，处理法律事务，办理反垄断、反倾销等涉及中国企业或个人的诉讼案件。

第九，作为中国国际商会及其他全国性社会团体的业务主管部门，主管其业务工作。

第十，办理国务院授权或交办的其他工作。

第四节　海关特殊监管区域

除了《对外贸易法》中规定的各类贸易促进措施外，改革开放以来，为适应不同时期对外开放和经济发展的需要，中国还先后设立了各类海关特殊监管区域。所谓海关特殊监管区域（以下简称“特殊区域”），是指经国务院批准，设在中国关境以内，赋予其承接国际产业转移、联系国内外两个市场的特殊功能和政策，由海关为主实施封闭式监管的特定经济功能区域。这些区域的基本职能之一，是利用政策优势大力发展对外贸易，特别是扩大出口贸易。特殊区域的设立必须经国家相关职能部门联合审批，采取封闭围网式管理，区域内基础设施及监管设施的验收有着严格的标准，具备一线二线的通关特征①，具备保税等功能。

海关特殊监管区域是我国本土的概念，是借鉴国际上成功的自由港、自由贸易园区等模式的做法与经验，并结合我国国情而设立的。截至 2020 年 6 月底，全国共设有海关特殊监管区域 155 个，分布于 31 个省（自治区、直辖市），总规划面积超过 450 平方千米。长期以来，特殊区域对我国对外贸易，特别是加工贸易和现代物流的发展做出了突出贡献。特殊区域以仅占 1/20000 的国土面积，实现了 1/6 的我国对外贸易总量。②当前，在推动形成全面开放新格局，实行高水平的贸易和投资自由化、便利化政策大背景下，我国正采取科学发展措施，推进符合条件的各类特殊区域整合优化为综合保税区。

① 通俗地讲，“一线”是指关境线即外贸口岸；“二线”是指海关特殊监管区域与境内区外的界线。

② 佚名. 海关总署：综合保税区是海关特殊监管区域的最高形态 [J]. 中国网财经，2019-01-10.

一、海关特殊监管区域的类别

我国的特殊区域是伴随着对外开放的发展而逐步形成的，目前有保税区、出口加工区、保税物流园区、跨境工业区、保税港区和综合保税区 6 个类别。

（一）保税区

保税区是我国特殊区域的先行者。1990 年 6 月，中国第一个保税区——上海外高桥保税区在上海浦东新区设立。保税区（bonded area）主要是为了服务和保障加工贸易企业对部分进口设备及料件进行保税监管的需要而设立的，其功能定位为“保税仓储、出口加工、转口贸易”。所谓“保税”，是指外商的转口货物进入该区域时可以暂不缴纳关税，可以储存、分类、包装、简单加工，然后再出口。货物若从保税区进入国内市场，则必须办理海关手续，交纳进口税。因而，保税区是设立在本国国境以内、关境以外，实行封闭式隔离管理的一类特殊开放区域。我国先后设立有 15 个保税区，除上海外高桥保税区外，还有天津港、深圳沙头角、深圳福田、大连、宁波、江苏张家港、广州、福州、厦门象屿、青岛、汕头、海口、深圳盐田港以及珠海等保税区。

1. 出口加工区

出口加工区（export processing zone）是经国家批准设立，并由海关负责监管的特殊封闭区域，其功能相对较为单一，主要是开展出口加工业务；区内企业生产加工的最终产品，应基本上用于直接出口。出口加工区必须设立符合海关监管要求的隔离设施及有效的监管系统，海关在加工区设立专门的监管机构，并依照有关法律对加工区的货物及相关场所实施全天监管制度。自 2000 年 4 月国务院批准设立大连、天津、北京天竺、烟台、威海、江苏昆山、苏州、上海松江、杭州、厦门杏林、深圳、广州、武汉、成都、吉林珲春 15 个首批出口加工区试点以来，截至 2017 年，中国已先后设立了 63 个出口加工区。近年来的对外贸易实践表明，出口加工区为我国加工贸易的健康有序发展做出了突出贡献。

2. 保税物流园区

随着我国对外开放的进一步发展，保税物流业务蓬勃兴起。为推动区港一体化，更好地发挥保税区物流枢纽的功能，保税物流园区应运而生。所谓保税物流园区（bonded logistic park），是指经国务院批准，在保税区规划面积或者毗邻保税区的特定港区内设立的、专门发展现代国际物流业的特殊区域。保税物流园区的功能主要包括存储、加工和增值服务，转口贸易，采购分销配送，国际中转，检测维修及展示，不允许零售、加工、翻新、拆解等。设立保税物流园区有利于减少通关流程手续，加快货物和资金流转，降低商品物流成本和交易价格，扩大进出口贸易总量。2003 年 12 月设立的上海外高桥保税物流园区，是我国第一个保税物流园区。截至目前，我国先后设立过上海外高桥、青岛、宁波、大连、江苏张家港、厦门象屿、深圳盐田港、天津、广州 9 个保税物流园区。2021 年 1 月，已走过 17 年历程的外高桥保税物流园区，正式转型为外高桥港综合保税区。

3. 跨境工业区

截至目前，中国设立过两个跨境工业区（cross-border industrial zone），第一个为 2003 年 12 月经国务院批准设立的珠澳跨境工业区，该区分设珠海园区及澳门园区，中间有专门口岸通道连接，实行“保税区 + 出口加工区出口退税政策 +24 小时通关专用口岸”的三重优惠政策。其规划以发展工业为主，为粤澳合作的试验区，新型工业化的示范区，现代物流展销区及自由贸易区试点。第二个是 2012 年 4 月正式封关运营的中国—哈萨克斯坦霍尔果斯国际边境合作中心。该中心为中国与其他国家合建的首个跨境工业区，其功能主要包括贸易洽谈、商品展示和销售、仓储运输、宾馆饭店、商业服务设施、金融服务以及举办各类区域性国际经贸洽谈会等。在中国政府赋予该合作中心的特殊政策上，一是对从中方入区的建设物资和自用设备实行退税，对从哈方入区的建设物资和自用设备实行免税；二是从中方入区的游客，每人每天可购买 8000 元合法免税商品，从哈方入区的游客，每人每天可购买 1500 欧元的商品；三是凡是入区的经营者或游客，可在区内一次合法停留 30 天，30 天内出区查验后再次进入，即一年出入 12 次，可实现合作中心内长年居住。

4. 保税港区

保税港区（bonded port area）是指经国务院批准，设立在国家对外开放口岸港区和与之相连的特定区域内，具有口岸、物流、加工等功能的特殊区域。保税港区的设立主要是为了配合我国国际航运中心建设，其功能包括仓储物流，对外贸易，国际采购、分销和配送，国际中转，检测和售后服务维修，商品展示，研发、加工、制造，港口作业等。保税港区享受保税区、出口加工区、保税物流园区相关的税收和外汇管理政策，在区位、功能以及政策方面的优势更为明显。中国第一个保税港区为 2005 年 6 月设立的上海洋山保税港区。其后，国家又陆续设立了天津东疆、大连大窑湾、海南洋浦、宁波梅山、广西钦州、厦门海沧、青岛前湾、深圳前海湾、广州南沙、重庆两路寸滩、江苏张家港、烟台、福州 13 个保税港区。

5. 综合保税区

综合保税区（comprehensive bonded zone）是设在内陆地区具有保税港区功能的特殊区域，由海关参照有关规定对综合保税区进行管理，执行保税港区的税收和外汇政策，集保税区、出口加工区、保税物流区、港口的功能于一身，可以发展国际中转、配送、采购、转口贸易和出口加工等业务。综合保税区叠加了保税区和出口加工区的政策，整合了各类特殊监管区域的全部功能和政策，是我国目前“开放层次最高、政策最优惠、功能最齐全”的特殊区域。2007 年 8 月，苏州工业园综合保税区顺利通过海关总署、国家发展改革委等国家九部委联合验收，标志着中国首个综合保税区正式问世。据海关总署自由贸易区和特殊区域发展司信息，截至 2020 年年末，我国已设有 147 个综合保税区，占 160 个海关特殊监管区域总数的 91.9%。

二、综合保税区是海关特殊监管区域未来发展主流

（一）海关特殊监管区域的贡献

自 1990 年上海外高桥保税区设立以来，我国特殊区域在承接国际产业转移、推进加工贸易转型升级、扩大对外贸易和促进就业等方面发挥了积极作用，其贡献主要体现在以下四个方面。

第一，发挥了促外贸、引外资的先导区作用。近年来，特殊区域一直保持着较快的进出口贸易发展速度，2000 年其进出口额占我国外贸总额的比重为 6.47%。2018 年 1 ～ 11 月，全国海关特殊监管区域实现进出口额 4.7 万亿元，同比增长 12.3%，占同期我国进出口总额的 16.8%。[①]2020 年 1 ～ 7 月，全国综合保税区进出口值 1.7 万亿元，同比增长 14.5%，高于全国进出口增幅 16.2 个百分点，占我国外贸总额的 9.9%，对外贸增长的贡献度超过 30%。在引进外资方面，据统计，特殊区域实际利用外资累计已超过 1000 亿美元，吸引了三星、富士康、戴尔、惠普、空中客车和波音等世界知名生产制造企业和多家现代物流、服务业企业入驻，创造了 200 多万个直接就业岗位。

第二，发挥了带动中西部地区开放发展的助推器作用。近年来，一些中西部省份对外贸易异军突起，增幅高于全国平均水平，一个重要原因就在于当地特殊区域的龙头作用。2018 年 1 ～ 11 月，成都、郑州、西安的特殊区域进出口额分别为 481.2 亿美元、468.6 亿美元、312.2 亿美元，占同期四川、河南、陕西省外贸总额的比例分别为 58.3%、61.8%、63.7%。2019 年，设于重庆、四川、河南的综合保税区的进出口额在所在省（直辖市）进出口总额中的占比分别为 67.3%、64.1% 和 61.1%。以特殊区域作为承接跨国产

① 杜海涛 . 21 项举措推动综合保税区建设“五大中心”海关特殊监管区域利用外资累计超千亿美元 [N]. 人民日报，2019-01-11.

业转移的平台，吸引外资龙头企业入区，直接带动周边集聚一大批配套企业，打通本地进出口国际通道，发挥小区拉动大省的效果，促进本省外向型经济建设，已成为部分中西部省区开放发展的成功之路。

第三，发挥了引领新业态、探索创新孵化器作用。一些特殊区域不断向纵深拓展功能，培育出新的经济增长点。目前，跨境电商网购保税进口、期货保税交割、保税融资租赁、文化艺术品保税展示等新兴贸易业态在特殊区域内快速发展，区内企业创新发展的内生动力不断增强。以飞机保税融资租赁为例，天津东疆保税港区通过不断开展业务创新，开展保税的融资租赁业务，已经成为仅次于爱尔兰的全球第二大飞机租赁聚集地。

第四，发挥了自由贸易试验区制度创新实验室作用。自上海自贸试验区依托 4 个特殊区域实施建设后，12 个自贸试验区共包含 32 个特殊区域，特殊区域成了自贸试验区深化改革、扩大开放试验田中的实验室，通过推进自贸试验区的特殊区域开展制度创新，形成了“先入区、后报关”“集中汇总纳税”等 25 项监管创新制度，并复制推广到全国。国务院在全国复制推广的自贸试验区经验中，特殊区域贡献 13 项，占 16.3%，其中“先入区、后报关”制度被第三方机构评为最重要、企业受益最广、影响力最大的自贸试验区改革之一。

（二）综合保税区的未来发展方向

经过 30 余年的发展后，特殊区域也逐渐显现出诸如种类过多、功能单一、重申请设立轻建设发展等问题。以往那种主要面向国际市场的出口导向型政策及制度设计，已给区内企业对接国内市场带来一定困扰。同时，面对不断变化的形势与环境，特殊区域的管理理念、管理方法及管理制度并未相应同步提升，致使其发展后劲不足。[①] 由于设立之初的定位以及产业发展水平的缘故，多数特殊区域的功能主要集中在加工制造及与之相关的进出口贸易和仓储物流等，其他功能发挥不足，其“两头在外”的模式已难以适应新的形势发展要求，发展动能亟待进一步优化升级。

近些年来，中央一直高度重视特殊区域发展问题。2013 年 11 月党的十八届三中全会通过的《中共中央关于全面深化改革若干重大问题的决定》，提出要“加快海关特殊监管区域整合优化”。继 2015 年发布《加快海关特殊监管区域整合优化方案的通知》后，国务院又于 2019 年 1 月发布《关于促进综合保税区高水平开放高质量发展的若干意见》（以下简称《意见》）。《意见》是我国特殊区域发展历史上一份里程碑式的政府文件，也是指导包括综合保税区在内的我国特殊区域当前及今后一段时期发展的纲领性文件，具

---

① 佘建明 . 海关特殊监管区域管理模式述评 [J]. 海关与经贸研究，2019（2）：25-35.

有划时代的重要意义。

从宏观层面看，《意见》的出台是为了贯彻中央关于发展更高层次开放型经济，拓展对外贸易，培育贸易新业态、新模式，实行高水平的贸易与投资自由化便利化政策，优化区域开发布局，推动形成全面开放新格局的重要指示，以及国务院有关开放型经济建设的具体部署；从微观层面看，是为了有效应对当前综合保税区等特殊区域在发展中存在的问题，主动适应新形势，研究和解决新问题，对标高水平开放和高质量发展的要求，进一步推动其他类型特殊区域向综合保税区整合转型，有效提升特殊区域的发展质量。

当前，与自由贸易试验区相比，综合保税区数量更多，在全国分布更广，通过转型升级来适应开放型经济发展的需求也更迫切。《意见》提出要加快综合保税区创新升级，打造对外开放新高地，推动综合保税区发展成为具有全球影响力和竞争力的加工制造中心、研发设计中心、物流分拨中心、检测维修中心和销售服务中心。这“五大中心”构成了综合保税区的未来发展目标。《意见》在“五大中心”发展目标下又进一步细化出21项政策措施，其指向具体、操作性强，既立足当前、着力破解综合保税区现存的瓶颈问题，又着眼长远、促进引导综合保税区培育新业态、积聚新动能、培树新优势，促进主动开放、全面开放、双向开放。

《意见》的实施将有利于强化特殊区域在加工制造、物流分拨等方面业已形成的优势，将产业留在本地，同时围绕吸引境外研发设计机构、全球维修、再制造业务、融资租赁、期货保税交割等方面的政策，也有利于进一步引进外资，丰富完善制造业及服务业链条，为我国稳外资、稳外贸提供更多支持，也有利于促进稳就业、稳金融、稳投资、稳预期。同时，《意见》围绕促进特殊区域向创新研发、保税检测等产业链高端发展的举措，有利于进一步发挥特殊区域对技术创新和产业升级的引领作用，推动区内产业向高端延伸，向服务贸易拓展，向生产性服务业转移，推动区内企业从规模扩张向质量效益提升转变，从成本优势向以人才、资本、技术、服务、品牌为核心的综合竞争优势转变，全面提升综合保税区的发展质量和发展效益。

此次《意见》还特别指出，要继续促进海关特殊监管区域整合提升，推动符合条件的各类特殊区域优化为综合保税区。综合保税区将成为特殊区域未来发展的政策洼地。为进一步推动其他类型特殊区域向综合保税区整合转型，有效提升特殊区域的发展质量，此次是直接针对综合保税区出台《意见》，21项具体政策措施主要在综合保税区内适用，政策不外溢到其余类型的特殊区域。

思考题

1. 中国为何要对出口商品实行出口退（免）税政策？

2. 中国出口卖方信贷和出口买方信贷各具有什么特点？

3. 出口信用保险可以发挥什么作用？

4. 中国现有哪些全国性的进出口商会，它们主要覆盖哪些行业，基本情况如何？

5. 中国贸促会促进对外贸易的职能是如何体现出来的？

6. 中国有哪些类型的海关特殊监管区域，其主要功能各是什么？

7. 中国综合保税区的未来发展目标是什么？

第七章

中国技术贸易

随着国际贸易的发展，技术也开始作为交易标的进入国际贸易领域。许多后进国家的经济发展实践表明，引进国外先进技术并为本国所用，是提高自身技术水平、缩小与世界先进水平的差距和发展本国国民经济的有效途径。我国《对外贸易法》规定，“本法所称对外贸易，是指货物进出口、技术进出口和国际服务贸易”，从而将技术贸易纳入中国对外贸易的范畴。当前，中国已经与130多个国家建立起技术贸易关系。大力发展技术贸易是实现经济高质量发展的内在要求，也是构建“双循环”新发展格局和建设创新型国家的必由之路。

第一节　技术贸易概述

一、技术的含义和分类

（一）技术的含义

英文technology（技术）一词源自希腊文techne（意为“技能”）和logos（意为“表述”）。1977年世界知识产权组织出版的《供发展中国家使用的许可证贸易手册》一书，对技术做了较为全面和适当的定义，即技术是指制造一种产品，应用一种工艺，或提供一项服务的系列知识，不论这种知识是否反映在一项发明、一项外形设计、一项实用形式，或者一类植物新品种，或者反映在技术情报或技能中，或者反映在专家为设计、安装、开办或维修一间工厂或为管理一家工商业企业活动而提供的服务或协助等方面。

（二）技术的分类

按其法律地位，可将技术分为三类。

第一类是公有技术，又称普通技术，指向全社会公开的科学理论和实践知识，如一般的科学技术原理、报纸杂志刊载的学术论文、在各种学术会议上宣读的学术报告等。公有技术可以不受任何限制地自由传播和运用。

第二类是工业产权技术，又称半公开技术，指经申请得到批准后受到国家法律保护，且具有法定专有权的专利技术和商标权。工业产权技术的内容向社会公开，但其所有者在一定时期内拥有独占权，任何机构或个人未经允许不得任意使用。

第三类是专有技术，又称秘密技术，指未通过法律程序申请批准、不受法律直接保护、基本靠发明人自己的保密手段加以保护的技术知识。

二、国际技术贸易的有关概念

国际技术转让（international technology transfer）是指技术从一国转让到另一国的行为。它包括两种方式：一种是非商业性技术转让（technology transfer without pay），如政府的技术援助、开展学术交流、交换技术情报等，这都是无偿的；另一种是商业性技术转让（technology transfer with pay），又称为有偿技术转让。这种技术转让必须按商业条件收取报酬，即人们常说的国际技术贸易，其包括技术引进和技术出口两个方面。在当前的国际技术转让中，商业性技术转让，即国际技术贸易是主流形式。

修订后于 2019 年 3 月颁布的我国《技术进出口管理条例》的第二条，明确规定了中国开展国际技术贸易的定义和内容："本条例所称技术进出口，是指从中华人民共和国境外向中华人民共和国境内，或者从中华人民共和国境内向中华人民共和国境外，通过贸易、投资或者经济技术合作的方式转移技术的行为。"该行为包括"专利权转让、专利申请权转让、专利实施许可、技术秘密转让、技术服务和其他方式的技术转移"。

三、中国开展国际技术贸易的主要形式

改革开放以来，中国主要通过以下六种方式开展对外技术贸易活动。

（一）许可贸易

许可贸易又称许可证贸易（licensing），是指专利权人、商标权所有人或专有技术所

有人作为技术许可方（出让方），将某项技术的使用权通过签订许可合同的方式转让给被许可方（受让方），允许被许可方在一定条件下使用该项技术，制造和销售该项技术下的产品，并向许可方支付一定金额的报酬。

许可贸易是国际技术贸易的主流方式，近年来发展很快。通过这种交易方式，受让方可以快速从技术先进国家获得技术使用权。我国许多大中型企业的技术引进，采用的就是此种贸易方式。在许可贸易中，交易双方必须签订许可合同，以规定各自的权利和义务。

许可贸易一般分为普通许可（simple license）、排他许可（sole license）、独占许可（exclusive license）、分许可（sub-license）和交叉许可（cross license）五种形式。

（二）技术咨询

技术咨询（technical consulting）是指技术咨询机构（咨询方）对委托方所提出的技术课题提供建议和解决方案。技术咨询涵盖内容较为广泛，一般涉及项目的可行性研究、效益分析、工程设计、设备订购等。技术上较落后的国家，由于科技力量不足或对解决某些技术课题缺乏经验，通过聘请外国工程咨询公司提供咨询服务，可以避免走弯路并节省资金。咨询方凭借其丰富的专业知识、经验和技术情报，可以帮助委托方选择先进适用的技术，找到理想的技术出让方，或以较合理的价格购置到理想的机器设备。委托方虽必须支付咨询费，但由于咨询而节约的资金通常远超支付的咨询费，总体上对委托方仍是有利的。

（三）工程承包

工程承包亦称交钥匙项目（turnkey project），是指工程承包方接受工程所有方的委托，承诺按规定的条件包干完成某个工程项目，完工后将该工程项目交付给工程所有方。

工程承包的内容较为复杂面广，涉及工程设计、土建施工、设备采购与安装、提供原材料、提供技术、培训人员、投产试车、质量管理等过程。工程建设时间较长，少则几个月至一两年，多则五六年，甚至十余年。由于工程承包涉及面广且建设周期较长，其间可能会受到经济、政治、自然条件变化的影响，因而双方承担的风险较大。工程承包是一种综合性的国际经济合作方式，往往包含大量的技术转让内容，因此成为国际技术贸易的一种形式。

（四）合作生产

合作生产是指不同国家的企业之间订立合同，在某项或某几项产品的生产上开展合作。

合作生产的形式通常包括：①根据合同分工生产零部件，然后组装成成品销售；②一方提供关键部件和技术资料，由另一方组装成产品后销售；③一方提供生产技术或设备，双方分工生产零部件或生产某种产品，然后销往第三方。例如，中国企业与外国企业签订合作生产合同，通常由外方提供生产图纸和技术指导，再由中方企业按图纸生产合同规定的部件，以后再逐步提高中方企业生产部件的比例，最后实现全部由中方企业生产。合作生产通常是双方在生产领域内的合作，但有时也涉及在流通领域及科技领域的合作。合作生产中双方合作关系维系的时间较长，仅在个别情况下合作关系是短期或一次性的。

（五）技术服务与协助

技术服务与协助是指一方接受另一方委托，运用自己掌握的技术知识和经验，协助另一方完成某项经济技术任务。通常情况下，技术转让不仅包括转让公开的技术知识，也往往包括转让秘密的技术知识和经验。但这些秘密的技术知识和经验，很多时候难以用书面资料表达出来，必须以言传、示范等传授方式来实现。因此，技术服务与协助常常成为技术转让中必不可少的环节，其可以包含在技术转让合同中，也可作为特定项目，另签单独的技术服务合同。技术服务与协助的方式主要有两种：一种是技术输入方派遣其技术人员和工人赴技术输出方的企业接受培训实习；另一种是技术输出方的专家或技术人员到技术输入方的企业现场传授技术知识和经验，并现场指导生产。

（六）利用外资引进技术

技术引进也可以与利用外资结合起来。一些国家的法律允许在本国设立跨国合营企业时，外国投资方可将专利使用权、专有技术使用权等作为股本投资，这样合营双方不仅是合资经营关系，也是技术合作关系。

此外，也可以通过补偿贸易的方式实现技术引进。补偿贸易（compensation trade）是指技术引进方向国外的技术提供方购买设备和技术，双方约定在一定期限内，引进方以其生产的产品或双方商定的其他商品或劳务，一次或分期偿还引进技术和设备贷款的一种国际经济技术合作形式。在我国以往的技术引进实践中，有相当部分是通过补偿贸易方式开展的。

BOT（build-operate-transfer），即建设 - 经营 - 移交，也是通过利用外资引进技术的一种方式。它是指由国外建设方带资承担东道国某一工业项目或基础设施的建设，然后在约定的时间内（一般为 15 ~ 20 年）运营该项目设施以收回项目投资并取得合理利润，期满后再将该项目设施无偿移交给东道国政府。我国部分地区的火电厂、水厂等基础设施项目就是通过这种方式建成的。

第二节　中国技术引进

技术引进又称技术进口，是指一个国家或地区通过一定渠道由外部获取先进技术的活动。它往往不是单纯的技术经济行为，而是一种融科技、经济、政治、外交、文化等于一体的活动，具有一定的复杂性。技术引进是一个国家节省科研试制的投资与时间，有效推进本国科技进步和振兴经济的捷径。许多国家在其经济发展过程中广泛开展了技术引进活动。

一、中国技术引进的发展阶段

自中华人民共和国成立至今，我国的技术引进已走过70余年的历程，其间跌宕起伏。长期以来，我国本着以自力更生为主、引进外援为辅的方针，不断总结和汲取国内外引进技术的经验教训，积极引进国外先进技术，博采众长，为我所用，调整我国产业结构，提高产品的科技含量和附加值，逐步适应国内外市场的需求。尤其是改革开放后，我国的技术引进工作成效明显，为经济社会发展做出了突出贡献。回顾70余年的历程，中国的技术引进经历了以下几个阶段。

（一）起步探索阶段（1950—1978年）

这一阶段，中国的技术引进是在中央统一计划安排下开展的，目的是通过技术引进促进我国独立自主的工业化。中华人民共和国成立初期，由于西方国家的封锁禁运，中国只能从苏联和东欧国家引进技术和进口设备。苏联向中国提供了“156项工程”的技术援助项目，成为我国第一波技术引进高潮。当时我国的工业项目引进是全面系统的，从项目选择、设计到设备引进和技术人才培养，均得到了相关援助国的全方位协助。

20世纪60年代初，中国开始拓宽引进技术渠道，日本和西欧国家成为技术引进的新来源。1963年6月，我国同日本签订了首个采用延期付款方式进口维尼纶设备的合同，初步打开了从西方发达资本主义国家进口技术设备的局面。1963—1968年，中国先后与英国、法国、德国等11个国家签订了79项工程合同，使用外汇3亿美元，占当时引进项目金额的90%。中国主要引进的是化纤、化肥和石油裂解等基础工业项目，成套设备、单项设备和单项技术占了主导地位。

进入20世纪70年代后，中国的内外部政治经济环境开始逐步改善，技术引进也得以较快恢复发展。中国先后从西方发达国家引进了1500项技术、成套设备和关键设备，总金额约118亿美元。1973年，国家计划委员会提交《关于增加设备进口、扩大经济交流的请示报告》（又称“43方案”），计划在三到五年内由欧美引进价值43亿美元的成套设备，这是继“156项工程”后的第二次大规模技术引进。70年代的技术引进仍以成套设备为主，但许可贸易、技术咨询服务、合作生产等灵活通用的方式也开始出现。项目引进集中在煤炭、电力、石油、冶金、化工、机电、汽车、轻工、纺织等领域，弥补了部分工业领域技术上的不足，改造了传统产业的落后技术，为改革开放后的经济发展和出口提升打下了良好基础。

整体来说，1950—1978年这一阶段，我国的技术引进规模尚不大，在当时的计划经济体制下，引进项目的组织实施完全依靠国家高度集中的计划管理，并且由中央各部委具体负责，其他部门及企业的权限较小。同时，各企业、各部门的技术引进业务，均要委托对外贸易部所属专业总公司——中国技术进出口总公司具体办理，由该公司负责进行对外谈判、签约和执行合同。

（二）稳步发展阶段（1979—2012年）

在改革开放后至21世纪第一个10年，中国的技术引进面貌发生了本质性变化，主要体现在以下四个方面。

第一，技术引进规模增长迅猛。在引进技术用汇来源方面，除了增加自有外汇投入外，我国还积极争取和利用外国政府贷款以及国际金融组织贷款，并通过外商直接投资引进技术。1979年中国引进合同项目数为95项，成交金额为24.85亿美元。2012年，中国技术引进合同书上升至12988项，成交金额达到442.74亿美元。

第二，技术引进方式日趋合理。成套设备和关键设备在技术引进金额中的占比稳步下降。例如，1995年成套设备进口额占合同总金额的比例为86.3%；到了1999年，技术许可、技术咨询、技术服务等纯技术引进方式占合同金额的比重为45.2%，而成套设备和关键设备的占比为40.3%，纯技术引进的合同金额占比首次超过了成套设备和关键设备。2010年，成套设备和关键设备的引进金额占比进一步下降到14%左右。同年，中国共登记技术引进合同11253份，合同金额256.4亿美元，其中技术费为218.5亿美元，占合同总金额的85.2%。

第三，技术来源趋向于多方位。随着中国同世界上越来越多的国家建立了经济技术合作关系，已经能够从自身需求出发，有选择地引进所需要的技术与装备。在地理上，技术来源遍及欧洲、美国、日本等70多个国家和地区，其中，欧盟成为中国技术引进的最大来源地。技术引进项目广泛涉及国民经济各个领域，主要包括上海地铁、三峡工程、广州地铁、黄河小浪底水利枢纽、天津石化公司聚酯工程以及中国南车青岛四方公司动车组项目等。

第四，技术引进主体实现多元化。除了国有大中型企业，越来越多的外商投资企业和民营企业也加入技术引进行列。

（三）高质量发展阶段（2013至今）

2012年召开的党的十八大明确提出了实施创新驱动发展战略，指出要“提高原始创新、集成创新和引进消化吸收再创新能力”。自2013年开始，中国的技术引进规模呈连续下降态势，无论是技术引进合同数量还是合同金额均出现了递减。但这并不表示中国对技术引进的重视程度下降了，而是从一个侧面说明，随着自主创新能力的提升，中国对国外技术的依赖程度有所减轻，技术引进开始步入注重高质量引进的新阶段。这一阶段，我国技术引进的主要特点如下。

第一，技术引进主要集中在东部发达地区。我国东部地区经济较发达，对国外技术的需求和消化吸收能力也较为强劲，因而技术引进也最多。2019年，我国共签订技术引进合同7360项，总金额为352.01亿美元。而东部地区的国外技术引进合同数共5742项，合同金额为300.04亿美元，占全国合同总金额的85.2%。按合同项目数排名，上海、江苏、浙江位居全国前三位；按合同金额排名，北京、广东、上海名列三甲。

第二，纯技术引进成为主导方式。虽然技术引进整体规模在递减，但技术许可、技术咨询与服务、计算机软件进口等都表现出增长态势。其中，专有技术许可或转让与技术咨询和技术服务的合同项目数排名第一、第二位。2019年，技术费金额占全国引进国外技术合同金额的比重为89.3%。这其中，专有技术的许可或转让费为162.9亿美元，技术咨询和技术服务费为71.87亿美元，其占合同总金额的比重分别为51.8%和20.4%。

第三，技术引进部门主要集中在制造业。2019年，制造业引进国外技术合同金额为253.23亿美元，占全国合同金额的80.6%，排名第一；信息传输、软件和信息技术服务业位居第二，合同金额为18.93亿美元；位于第三位的行业是科学研究和技术服务业，合同金额为14.97亿美元。

第四，技术依存度呈逐年下降态势。技术依存度可以衡量一国对国外技术的依赖程度，通常以技术引进费占R&D经费支出的比值来测算。该比值越低，说明该国的自主创新能力和技术开发能力越强，反之则越弱。2013年，中国的技术依存度为0.22；2019年该指标下降为0.098。技术依存度数值的缩减，从侧面说明了中国的科技实力在不断增强。

二、中国技术引进的成效

一个国家实现技术进步的途径一般有两条，一是自主创新，二是引进国外先进技术。对于发展中国家来说，技术创新一般会耗费大量的人力物力，且风险较高，因而完全依靠自主研发来实现技术进步的成本很高，甚至不够现实。经验表明，通过直接引进和学习模仿以缩小与先进国家的技术差距，甚至实现赶超，往往是发展中国家的现实选择。中国在各个阶段的技术引进成效，充分证明了这一点。

（一）第一阶段（1950—1978 年）技术引进的成效

20 世纪 50 年代的技术引进，使中国从无到有地建立起了重型机床、电器、汽车、飞机、船舶、机车车辆等机械工业部门，逐步形成了门类较为齐全的工业体系。第一个五年计划结束后，中国在重轨、大型型钢、无缝钢管等材料以及化学农药、机械设备等方面的自给率都有明显提升。20 世纪 60 年代和 70 年代，中国从西方国家引进了诸多项目，填补了国内的技术空白，并且技术引进的着眼点逐步延伸至与民生相关的领域。例如在 20 世纪 70 年代中期，技术引进使得中国的合成氨生产能力提高了 30% 以上，化肥工业迅速发展，农业产量随之大幅增加，对于解决好民众吃饭穿衣问题发挥了巨大作用。

总体来说，该阶段虽以硬件设备引进为主，规模也有限，但对于促进国内相关产业发展，对于建立同西方发达国家的经贸合作关系，以及对于后续的技术贸易战略调整，都起到了承前启后的作用。

（二）第二阶段（1979—2012 年）技术引进的成效

20 世纪 80 年代后，中国在技术引进中开始重视消化吸收问题，并逐步掌握了一批关键技术，加快了交通、能源、原材料等国民经济领域及国防领域的建设，提高了人民的生活水平，增强了企业的国际竞争能力。具体而言，该阶段技术引进的成效主要体现在以下三个方面。

1. 优化了产业结构，推动工业技术水平跃上一个新台阶

20 世纪 80 年代前，我国的产业结构不尽合理。农业和轻工业发展极为落后，难以满足人民生活需要；而重工业中高技术水平的设备缺乏，生产能力较弱，难以为农业和轻工业提供高水平的装备支持。20 世纪 80 年代后，在大规模技术引进促进下，在企业更新设备、提高生产能力的同时，三大产业也得到了长足发展，产业结构逐步趋向合理，形成了“三二一”结构。主要表现为：①第一产业比重下降。1978 年第一产业增加值在 GDP

中的比重为 28.2%，2012 年下降至 10.1%，下降 18.1 个百分点。②第二产业比重也小幅下降。与 1978 年相比，2012 年第二产业比重下降 2.6 个百分点，其增加值占 GDP 的比重为 45.3%。③第三产业比重大幅上升。2012 年，第三产业增加值占比为 44.6%，较 1978 年上升了 20.7 个百分点。

2. 缩小了同世界先进技术水平的差距

20 世纪 80 年代后，通过技术引进，一大批国有企业更新了设备和技术，技术人员也借助出口培训等途径，提升了科研水平。我国的技术创新能力出现了飞跃，机械、电子、化工、轻工、能源、交通、邮电等行业的技术水平实现了实质性提升。由国外引进国内没有的新技术，跳过某些传统技术的初级研发环节，直接开发和利用新一代技术，有助于缩短同国际先进水平的差距。例如，改革开放前我国的铁路装备制造业技术严重滞后，国外高速列车时速已达 300 千米，而当时国内客运列车的时速仅为 43 千米。21 世纪初，我国从德国西门子、加拿大庞巴迪及日本川崎重工引进了各类相关技术，通过消化吸收再创新，为中国高铁关键核心技术的国产化奠定了坚实基础。如今，中国在世界范围内被公认为高铁发展的领先国家。中国研发出了世界上跑得最快的高速列车，铺设了世界上最为稳定可靠的高速铁轨，并且造价成本大大低于德国、日本等发达国家。

3. 提高了产品国际竞争力

我国企业通过引进国外先进技术并进行消化吸收和再创新，增强了自主研发能力，提高了生产率，产品的技术含量得到明显提高。以电视机产业为例，20 世纪 80 年代中国的电视工业产能较低，远远落后于日本等发达国家。为发展电视机这一消费类电子产品，国家批准花费巨额资金由日本引进彩色电视机装配及其关键元器件配套工程项目，于 1982 年建成了陕西显像管总厂。这是改革开放后引进的第一条现代化彩色显像管生产线，标志着中国彩色电视工业进入一个新阶段。经过 10 余年的发展，1996 年国产品牌彩色电视机的市场占有率达到 72.5%。1985 年前，我国彩色电视机消费主要依赖进口满足需求，20 世纪 90 年代后即开始出口，2000 年彩色电视机出口突破 1000 万台，2010 年突破 1 亿台。

（三）第三阶段（2013 至今）技术引进的成效

2013 年前，中国引进技术的基本理念是“技贸结合”和“以市场换技术”，走的主要是技术模仿路线。2013 年以后，随着技术引进规模的不断扩大，我国的科技实力也在明显提高，与发达国家的技术水平差距持续缩小，技术引进开始更加注重引进技术的质量，要求在技术引进的基础上实现自主创新。经过长期努力和积累，该阶段我国自主创新能力有了显著提高，具体表现在以下三个方面。

1. 研发投入强度持续提升

为贯彻高质量引进的理念，中国在引进技术的同时注重其与自主创新的协同关系，研发投入不断增加。较充足的研发经费支持使得工业技术创新的主动性和开放性得以强化，企业技术创新的活力得到激发。2012 年，中国研发经费支出为 10298.4 亿元，其中企业支出为 7842.2 亿元，所占比重为 76.2%，工业企业的研发投入强度（企业研发经费与其主营业务收入之比）为 0.77%；2018 年，我国研发经费支出为 19677.9 亿元，较 2012 年增长 91.08%。其中企业经费支出为 15233.7 亿元，研发经费投入强度（研发经费与 GDP 的比值）为 2.19%①。2019 年，我国研发经费投入总量为 22143.6 亿元，研发投入强度为 2.23%，再创历史新高。如今，中国的研发投入强度已达到中等发达国家水平。

2. 高技术产业不断发展

随着引进消化吸收再创新能力的不断增强，中国高技术产业对进口的依赖越来越小，对外技术依存度显著下降。截至 2019 年年末，我国规模以上高技术企业法人单位为 35833 个，较 2013 年年末增长 33% 左右。2019 年，规模以上工业高技术制造业增加值增长 8.8%，快于全部规模以上工业增加值增速 3.1 个百分点。在我国高技术产业发展中，以华为公司为代表的电子与通讯设备制造业一直是主力，其次是医药制造业。

3. 重大创新成果竞相涌现

在引进技术的基础上，我国企业的引进消化吸收再创新工作也在持续加强，自主创新渐成主流，制造业不断涌现出新的科技创新成果，在多个领域取得重大突破，许多技术成果达到国际先进水平，为制造业的高质量发展提供了强有力科技支撑。代表性的重大创新成果主要包括：嫦娥四号首次成功登陆月球背面；长征五号遥三运载火箭成功发射；雪龙 2 号首航南极；北斗导航进入全球组网新时代；首艘国产航母正式列装；“神威·太湖之光”超级计算机多次蝉联全球超算 500 强榜首；首架国产客机 C919 正式升空等。2020 年，我国在全球创新指数排行中居第 14 位，比 2018 年上升 3 位，并连续两年位居世界前 15 行列。

三、技术引进中存在的问题

截至目前，技术引进为中国的经济社会发展做出了巨大贡献，但在其实施过程中也出现了部分问题，亟须引起重视并及时加以应对。

---

① 国家统计局 . 全国科技经费投入统计公报 [R]. 2019.

（一）技术引进中重数量、轻质量

在以往我国的技术引进中，常出现重复引进、盲目引进等低水平的技术引进现象，在造成宝贵外汇资金浪费的同时，引进的技术设备也并未发挥出应有效能。有些企业事先并未充分考虑自身技术条件，引进的技术设备超出了其能够接受的水平。还有一些企业由于在交易前未充分掌握信息，未进行充分论证，引进的并不是关键技术设备，其后被迫不断引进其他相关设备，从而受制于人。同时，大规模的重复引进，远远超出了正常市场竞争的需要，投产后生产能力大量闲置。例如，我国的彩色电视机、电冰箱、洗衣机、钢铁和汽车等行业的重复引进现象一度相当严重，几乎每个省份和地区都有这些行业的企业。这与宏观层面管理与规划的缺失和地方利益扩张的冲动，都有直接关系。

（二）技术引进后轻视消化吸收

部分行业和企业过于短视，仅为了使用而引进技术设备，重引进而轻消化吸收和再创新，当引进技术过时时就再次引进，缺乏长远决策思路。引进后若不加以消化吸收和再创新，就难以摆脱对技术先进国家的长期依赖，必然陷入“引进—落后—再引进—再落后”的恶性循环之中，关键时刻难免被人“卡脖子”。当前，我国在关键领域的科技创新与发达国家还存在着较大差距，关键核心技术的对外依存度高达 50%，高端产品开发 70% 依靠技术引进[①]。例如，中国的手机制造长期严重依赖国外芯片，基站芯片均采用美国厂商芯片，自给率几乎为零。当美国商务部以中兴公司违反美国出口管制法规为由，禁止美国企业向中兴通讯出售芯片时，中兴通讯只能接受制裁，被迫支付 8.9 亿美元的高额罚款。华为公司被美国制裁时，谷歌公司被禁止向华为提供安卓系统服务，使得华为业务遭遇重创。

（三）技术引进主体结构不尽合理

在 20 世纪 90 年代前我国的技术引进中，各级政府扮演了重要角色。政府部门往往根据本地区经济发展和政策导向的需要决定技术引进，其决策常常与市场需求脱钩，忽视了本地区企业自身的技术状况以及人力资源水平，造成技术消化吸收和再创新遭遇困难。20 世纪 90 年代以后，虽然企业开始取代政府，逐步成为技术引进的主体，但外商投资企业成为我国技术引进的主体，其引进花费金额占技术引进合同总金额的一半以上。长此以往，我国的技术创新容易受制于人，不利于本国民族企业自主创新能力的培育。

---

① 崔艳新．供给侧结构性改革视角下我国发展技术贸易的战略思考 [J]. 国际贸易，2018（3）：61-66.

（四）技术引进后的消化吸收和再创新投入偏低

技术引进不是最终目的，而是消化吸收和再创新的起点，但消化吸收和再创新需要有足额配套资金的支持。情况往往是，企业在引进技术和成套设备后，已经面临着巨大的资金短缺压力，而后继的消化吸收资金投入往往要求更高。消化吸收所需资金主要来自企业的自有资本，部分可通过贷款和技改资金的方式解决。高昂的资金需求经常造成企业对消化吸收引进技术的意愿不高、能力不足。长期以来，我国对技术消化吸收的经费投入与引进费用比例严重失调，处于较低水平。2018 年，我国规模以上工业企业消化吸收经费与技术引进经费的比值为 0.2 ： 1，远远低于同期日本及韩国 10 ： 1 的水平。

第三节　中国技术出口

进入 21 世纪以来，在各国对科学技术越发重视的情况下，国际技术贸易发展速度惊人，规模日益扩大。同时，随着中国经济与科技水平的提高以及企业技术实力的不断增强，技术出口成为中国出口贸易中增长较快的一个板块。

一、中国技术出口的发展阶段

20 世纪 70 年代以前，中国技术输出的主要方式，是向亚非第三世界国家提供技术和成套设备援助。20 世纪 80 年代初，贸易途径的技术出口开始起步。后随着企业综合实力的提升以及专利等技术成果的增多，中国技术出口逐步进入发展快车道。整体而言，改革开放以来我国的技术出口大致经历了以下四个发展阶段。

（一）第一阶段（1980—1985 年）：萌芽阶段

这一时期的技术出口多属企业自发、偶然的行为，缺乏国家宏观管理，没有明确的国家归口管理部门，也不存在技术出口的管理法规以及相应的鼓励扶植政策。出口项目多为新技术、新工艺等软件技术，出口对象为发达国家。例如，中国种子公司向美国西方石油公司出口杂交水稻技术，首都钢铁公司向卢森堡、英国、美国分别出口高炉喷煤粉技术和顶燃热风炉技术等。该阶段的技术出口规模较小，合计出口技术 60 项，合同成交金额 4600 万美元。

（二）第二阶段（1986—1989 年）：起步阶段

1986 年，外经贸部和国家科学技术委员会被国务院确定为技术出口归口管理部门。随后，一系列的技术出口政策陆续出台，包括出口审批权限和程序，以及鼓励技术出口的相关优惠政策等。同时，批准了一批具有技术出口经营权的公司。归口管理和有章可循助推了中国技术出口的起步，技术出口金额逐年增加。技术出口额由 1986 年的 2042 万美元，剧增至 1989 年的 8.9 亿美元。同时，技术出口方式及内容不断丰富，开始较多地采用成套设备出口和技术服务等方式，出口市场以发达国家为主并扩展至部分发展中国家。

（三）第三阶段（1990—1998 年）：初级阶段

在这一时期，中国技术出口已初具规模。1990 年，我国《技术出口管理暂行办法》颁布实施，标志着中国技术出口由单一行政管理转变为法制化管理，从而为技术出口提供了法制保障。1995 年，技术和成套设备出口增幅为 57.7%，首次超过一般贸易出口增幅，且高出 34.8 个百分点。技术出口市场也更为多元化，1997 年时已增至 110 个国家和地区，且出口市场由面向发达国家转变为主要面向发展中国家。包括联想集团、四通集团、北大方正、华为技术等在内的民营企业，也开始跻身我国技术出口企业行列。1997 年，我国民营企业技术出口额已经占到技术总出口额的 16.8%。

这一时期，中国对外签订技术出口合同共计 6269 项，实现合同总金额 203 亿美元。技术输出以贸易型出口为主，投资型出口比例不高。在当时优化出口商品结构的背景下，政府对企业出口大型、成套设备和高技术产品实施较强的政策倾斜，使得技术出口由中小型成套设备逐步向大型成套设备转变，典型技术出口项目包括巴基斯坦 30 万千瓦核电站项目、泰国炼油厂罐区工程、斯里兰卡日产 2000 吨水泥厂等。

（四）第四阶段（1999 至今）：发展阶段

1999 年年初，我国出台《科技兴贸行动计划》，开始实施科技兴贸战略。此后，从中央到地方，一系列鼓励技术出口的优惠政策陆续出台，涉及出口信贷、税收、补贴，乃至鼓励出口企业到境外注册商标或出国参展等各个方面，同时技术出口经营权也下放到了科研院所。诸多利好政策为中国技术出口增添了强劲动力。进入 21 世纪后，随着中国加入世界贸易组织以及综合国力的显著增强，我国企业的技术出口也日渐活跃，展现出了蓬勃的活力。综合来看，进入 21 世纪以来，中国技术出口的主要特点表现在以下五个方面。

1. 技术出口额稳步提升

实施科技兴贸战略以来，中国技术出口规模以年均约 15% 的速度增长，尤其是在国际金融危机爆发后，相比货物贸易出口相对疲软的增速，技术出口反而变得越发密集活跃。技术输出合同数量和覆盖范围均呈现出惊人增长。2000 年，全国技术出口合同金额约为 650 亿元，2016 年金额即突破 1 万亿元大关，2019 年达到 22398.4 亿元（如图 7-1 所示）。分地区来看，东部地区是中国技术出口的主力，占全国技术出口总额的比重超过 60%。2019 年，北京、陕西、江苏技术输出领跑全国，三地共成交技术出口合同 185380 项，占全国技术出口合同成交总数的 38.3%，成交额为 8634.15 亿元，占全国技术出口合同成交总额的 38.55%。

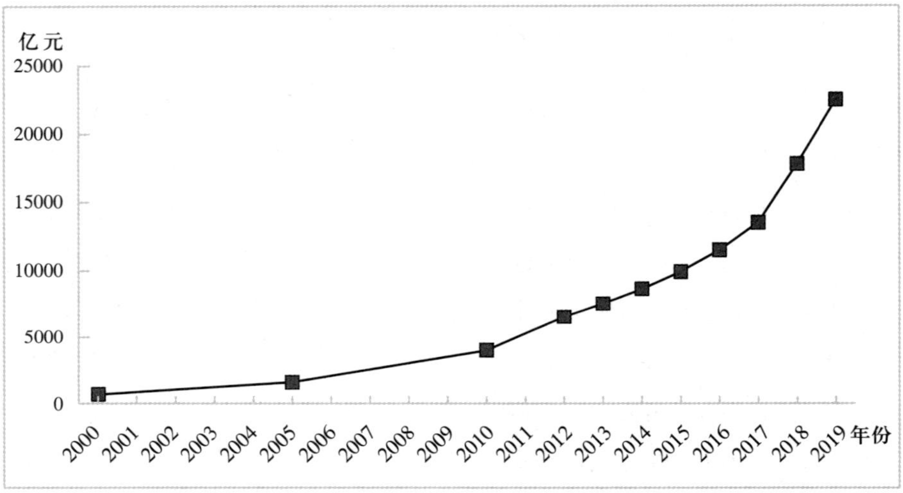

图 7-1　2000—2019 年中国技术出口规模趋势图

资料来源：历年《中国科技统计年鉴》。

2. 技术咨询与技术服务成为主要出口方式

2011 年后，中国技术出口结构发生了重大转变，技术咨询与技术服务取代计算机软件技术，成为技术出口的主要方式。2016 年，中国技术出口方式的前三位分别为技术咨询与技术服务、计算机软件技术、专有技术许可或转让，这三项合计占技术出口总额的比重超过九成。2011 年，计算机软件技术出口占比 89.2%，技术咨询与技术服务出口占比 4.6%；2016 年，计算机软件技术出口占比大幅下降至 13.9%，而技术咨询与技术服务出口占比上升为 72.8%。2019 年，我国完成软件业务出口额 505.3 亿美元，较 2018 年下降 1.1%，继续延续了这一态势。如今，技术咨询与技术服务已是我国技术出口的主导方式。

3. 技术出口市场实现多元化

中国技术出口的主要市场长期是发达国家，但随着“一带一路”倡议的实施，中国企业也加快了对发展中国家市场的开拓力度。2018 年，我国软件行业前 100 家企业对东南亚地区的软件出口同比增长 172%。同时，对非洲的软件出口保持较快增长，对南美洲的软件出口也有起色。而传统的主要出口和外包服务市场发展分化，对欧洲国家出口稳步上升，对美国、日本出口则下滑较大。

4. 企业保持技术输出主体地位

2001 年，我国企业的技术输出额首次超过科研机构和高等院校，自此一直占据着全国技术输出的榜首。2019 年，企业技术出口合同为 321777 项，成交额为 20494.04 亿元，占全国技术出口成交总额的 91.5%。值得一提的是，内资企业无论是在技术输出合同项目数还是合同金额上，均超过了在华外商投资企业。2019 年，内资企业技术输出合同数为 301134 项，成交额为 17977.99 亿元，占企业成交总额的 87.72%（如图 7-2 所示）。这也表示着，国内企业在将国外先进技术融会贯通后，通过核心技术的持续研发，增强了自主创新能力，研发成果的转化率不断提高。

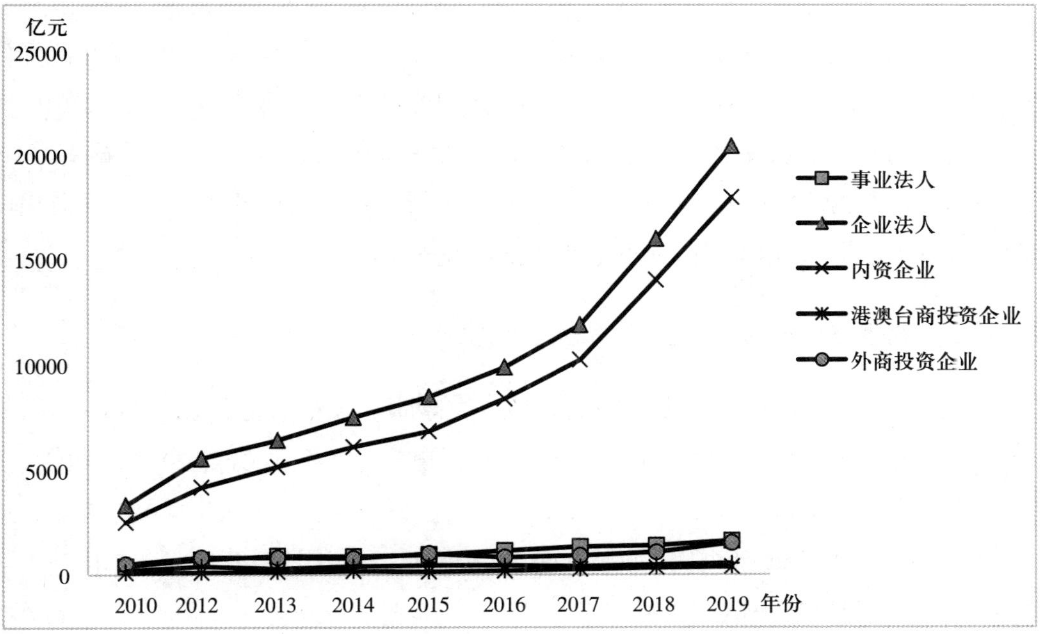

图 7-2 2010—2019 年按主体类型划分的全国技术输出交易合同金额

资料来源：历年《中国科技统计年鉴》。

5. 数字化技术贸易方式开始萌芽

当今世界，大数据、物联网和云计算等现代信息技术手段的迅速普及与广泛应用，给技术贸易带来了颠覆性变革。例如，云计算改变了软件服务供给，大数据应用下计算资源可以即时调配，整个软件产业正从许可使用付费转变为按需付费（on-demand payment），软件贸易的开源化也成为热门技术交付的首选方式。同时，软件开发的平台化和基于云计算的软件服务平台化成为新型商业模式，典型的如 SaaS（软件即服务）、PaaS（平台即服务）和 IaaS（基础设施即服务）等。在我国，基于数字技术的软件出口贸易也开始兴起，其内容正日益丰富并已得到较广泛的国际认可。

二、中国技术出口面临的挑战

近些年来，我国技术出口发展势头良好，成交金额逐年上升，在优化出口商品结构和提升中国在国际价值链中的地位等方面均发挥了积极作用。然而，作为发展中国家和国际技术贸易市场的后来者，我国在发展技术出口方面仍面临着诸多挑战。

（一）出口规模偏小以致逆差显著

相比西方发达国家，中国在“软技术”，尤其是知识产权方面的输出能力较弱。中国技术贸易长期处于逆差状态，主要原因就在于知识产权使用费上。2019 年，中国知识产权使用费出口金额为 66.44 亿美元，尚不及进口金额的 1/5，贸易逆差达到 276.28 亿美元，是全球知识产权使用费逆差最大的国家。根据联合国商品贸易统计数据库（UN Comtrade）的数据，2009—2019 年，中国知识产权使用费出口增长近 13 倍，但累计出口额仅为 172.2 亿美元，居全球第 20 位，仅为排名第一的美国的 1.4%。

（二）高技术产品出口以加工贸易方式为主

长期以来，中国高技术产品的出口贸易方式结构并未发生明显变化，虽然一般贸易出口比重有所提升，但加工贸易始终是高技术产品出口的主要方式。2020 年，中国高技术产品加工贸易出口额为 4192.6 亿美元，占当年高技术产品出口总额的 54.0%。其中，进料加工贸易出口额在加工贸易出口总额中占九成左右。这说明，中国企业出口的绝大部分高技术产品只是其他国家的贴牌代工产品，本土企业自身缺乏自主品牌，产品的关键核心技术并未被真正掌握。

（三）技术出口领域过于狭窄

在国家创新驱动发展战略助推下，我国高技术产业获得了良好发展契机，产业规模在不断壮大，技术出口潜力也在孕育之中。但从高技术产品出口涉及的领域来看，其行业内部的发展差异较为明显。长期以来，计算机与通信技术领域一直是高技术产品出口的主力产业。2020 年，计算机与通信技术行业出口占高技术产品出口总额的 63.0%；其次为电子技术行业，其占高技术产品出口总额的比重为23.7%。而其他高科技领域，如生命科学技术、航空航天技术、光电技术、生物技术领域等，其高技术产品的出口比重很低，说明这些行业的技术积淀还较为有限，技术出口尚未形成气候。

（四）适应新技术、新业态的知识产权法律有待完善

近些年来，大数据、人工智能、物联网等技术创新不断催生出新的业态，但在我国，与这些新业态相关的知识产权保护和贸易规则尚未完善。例如，大数据的有些形式和环节还不在知识产权保护的范围内，同时，与数据隐私、数据安全相关的立法进展也较为缓慢。人工智能（AI）虽是国家重点扶持的行业之一，但人工智能创造的成果是否应受知识产权保护，目前仍未有明确规定。此外，开源软件的知识产权保护法律规定也存在缺失。法律的缺位使得相关技术出口缺乏保障，难以大规模开展。

第四节　中国技术进出口管理

为了维护国家安全与社会公共利益，促进技术进出口健康发展，规范技术进出口经营行为，中国技术进出口管理实行有管理的自由进出口原则。改革开放后，特别是近些年来，中国制定和颁布了多部法律法规，以直接或间接地管理与调控技术进出口。总体来说，中国对技术进出口的管理可分为两个方面，即法制管理和行政管理。

一、中国技术进出口法制管理

为了促进技术进出口，同时确保国家安全和社会公共利益，我国制定了一系列的相关法律法规。

（一）统一适用的法律法规

我国的《对外贸易法》《技术进出口管理条例》和《技术进出口合同登记管理办法》，是国家管理技术进出口的最基本法律法规，同时适用于技术出口及技术进口法制管理。

1.《中华人民共和国对外贸易法》

我国《对外贸易法》第三章明确了国家管理技术进出口的基本原则，即进出口属于自由进出口的技术，应当向国务院对外贸易主管部门或者其委托的机构办理合同备案登记。国家基于某些原因，可以限制或者禁止有关技术的进口或者出口。例如，为维护国

家安全、社会公共利益或者公共道德，需要限制或者禁止进出口的；为保护人的健康或者安全，保护动物、植物的生命或者健康，保护环境，需要限制或者禁止进出口的；为建立或者加快建立国内特定产业，需要限制进口的；等等。第十九条规定，对限制进口或者出口的技术，国家实行许可证管理。

2.《中华人民共和国技术进出口管理条例》

《技术进出口管理条例》是我国管理技术进口的专门法规。该法规第七条规定“国家鼓励先进、适用的技术进口”。该项规定的意义在于，在进口技术时，企业和对外贸易经营者应将技术的先进性与适用性有机结合起来，避免盲目引进和重复引进。若技术引进企业脱离现有条件，片面追求引进技术的先进性而忽视其适用性，会造成引进技术“水土不服”。如果强调了引进技术的适用性而忽视其先进性，则会落入“引进—落后—再引进—再落后”的泥淖。这两种情形都不利于企业发展，会带来人力、物力和外汇资金的浪费。

3.《技术进出口合同登记管理办法》

为规范自由进出口技术合同管理，建立技术进出口信息管理制度，促进我国技术进出口发展，根据《技术进出口管理条例》的原则，2001 年外经贸部制定了《技术进出口合同登记管理办法》，并于 2002 年 1 月 1 日起施行。2009 年，商务部又对其做了修订。《技术进出口合同登记管理办法》第三条明确规定：“商务主管部门是技术进出口合同的登记管理部门。”

（二）技术进口相关法规

1.《禁止进口限制进口技术管理办法》和《中国禁止进口限制进口技术目录》

2019 年年底，我国施行了修订后的《禁止进口限制进口技术管理办法》。根据该管理办法，凡列入《中国禁止进口限制进口技术目录》（以下简称《目录》）中禁止进口的技术，不得进口；凡进口列入《目录》中限制进口技术的，应按上述管理办法履行进口许可手续。现行《目录》由商务部于 2007 年发布，其对禁止、限制进口的技术的参考原则做了详细规定，主要涉及危害我国国家安全或者社会公共道德的技术，严重影响人的健康或者安全、严重影响动植物的生命或者健康或者破坏我国生态环境的技术，淘汰的生产工艺技术，国际公约、国际协定规定需要禁止、限制进口的技术等。目前，关于该《目录》修订的公开征求社会意见工作已经结束。据悉，我国将大幅精简《目录》，更加突出市场调节的作用。

2.《中国鼓励引进技术目录》

为贯彻落实《国务院关于实施 < 国家中长期科学和技术发展规划纲要（2006—2020 年）> 若干配套政策的通知》，鼓励企业引进国外先进适用技术，2006 年 12 月，商务部和国家税务总局联合制定《中国鼓励引进技术目录》，供各部门、各地区及有关机构在开展技术引进工作时参考使用，其中明确规定：“如果技术先进并条件优惠的，在引进时可按程序申请享受外国企业所得税免征优惠。”

（三）技术出口相关法规

1.《中华人民共和国出口管制法》

《中华人民共和国出口管制法》（以下简称《出口管制法》）自2020年12月1日起施行，是我国出口管制领域的第一部专门法律。《出口管制法》第二条对管制物项做出了具体规定，指出管制物项包括两用物项、军品、核以及其他与维护国家安全和利益、履行防扩散等国际义务相关的货物、技术和服务以及与它们相关的技术资料等数据。两用物项是指既有民事用途、又有军事用途或有助于提升军事潜力的货物、技术和服务。《出口管制法》指出，国家实行统一的出口管制制度，通过制定管制清单、名录或者目录、实施出口许可等方式进行管理。出口经营者从事管制物项出口，应当遵守该法和有关法律、行政法规的规定；依法需要取得相关管制物项出口经营资格的，应当取得相应的资格。

2.《禁止出口限制出口技术管理办法》

2009年5月，我国施行了修订后的《禁止出口限制出口技术管理办法》（以下简称《办法》）。《办法》的实施是为了加强政府部门对技术出口的调控权，增加管理透明度，进一步促进技术自由出口。《办法》具体规定了限制、禁止出口技术的审查标准和具体管理程序，主要内容包括立法依据和目的、适用范围、管理机关、规范技术出口经营者和管理者的行为、明确对限制出口的技术实行许可证管理，以及国家保密技术出口规定等。但国防军工等专用技术的出口不适用该《办法》。

3.《中国禁止出口限制出口技术目录》

继2008年修订《中国禁止出口限制出口技术目录》（以下简称《目录》）后，2020年8月28日，商务部会同科学技术部再次调整和发布了《目录》。基于2008年版《目录》，此次调整共涉及53项技术条目：删除9项禁止类及限制类条目；新增23项限制类条目；对21项条目的控制要点和技术参数进行了修改。2018年，有关部门曾就《目录》修订广泛向社会各界征求意见，后经反复酝酿，结合当前国内外形势发展需要，进行了此次调整。据悉，该《目录》未来还将继续做删减调整，这对我国技术出口企业而言是利好消息。

4.《国家秘密技术出口审查规定》

为加强对国家秘密技术出口的管理，1998年10月，科学技术部、国家保密局和外经贸部联合发布《国家秘密技术出口审查规定》。其中第六条规定：“国家秘密技术出口时，申请单位必须依照本规定先行办理保密审查手续，获批准后，按有关规定履行技术出口许可手续，方可与外方进行实质性洽谈。”

二、中国技术进出口行政管理

（一）技术进口行政管理

1. 对技术进口主体（对外贸易经营者）实行登记管理

我国《对外贸易法》第九条规定：“从事货物进出口或者技术进出口的对外贸易经营者，应当向国务院对外贸易主管部门或者其委托的机构办理备案登记；但是，法律、行政法规和国务院对外贸易主管部门规定不需要备案登记的除外。备案登记的具体办法由国务院对外贸易主管部门规定。”同时规定：“对外贸易经营者未按照规定办理备案登记的，海关不予办理进出口货物的报关验放手续。”此处，对外贸易经营者是指依法办理工商登记或者其他执业手续，依照《对外贸易法》及有关法律、行政法规的规定，从事对外贸易经营活动的法人、其他组织或者个人。

全国对外贸易经营者备案登记工作的主管部门为商务部。对外贸易经营者备案登记工作实行全国联网和属地化管理。商务部委托符合条件的地方商务主管部门（以下简称“备案登记机关”）负责办理本地区对外贸易经营者备案登记手续，受委托的备案登记机关不得自行委托其他机构进行备案登记。对外贸易经营者在本地区备案登记机关办理备案登记。

2. 对技术进口项目实行分类管理

我国技术进口项目分为禁止进口的技术、限制进口的技术和自由进口的技术三类。商务主管部门对列入《中国禁止进口限制进口技术目录》的技术实行贸易审查和技术审查，主要审查内容包括：①是否危及国家安全、社会公共利益或者公共道德；②是否危害人的健康或安全和动植物的生命或健康；③是否破坏生态环境；④是否符合我国对外承诺的义务。

3. 对技术进口合同实行许可证管理和登记管理

商务主管部门对技术进口合同的真实性进行审查，对审查合格者，限制进口的技术，颁发技术进口许可证；对自由进口的技术，实行合同登记管理，经审查合格者，颁发技术进口合同登记证。具体管理程序如下。

（1）自由进口的技术。对属于自由进口的技术，实行网上合同登记管理。商务部负责对重大项目的技术进口合同进行登记管理。所谓重大项目是指项目资金来源中含有国家财政预算内资金、外国政府贷款、国际金融组织贷款的项目和国务院立项批准的项目。合同签订后，技术进口经营者应持技术进口许可意向书、合同副本及其附件、签约双方法律地位证明文件，到国家主管部门履行登记手续。商务部在收到上述文件起 3 个工作日内，对合同登记内容进行核对。经审查合格，向技术进口经营者颁发技术进口合同登记证。合同自依法成立时生效，不以登记为合同生效条件。技术进口合同登记证是技术进口经营者向海关、外汇、保险、税务等部门办理有关手续的重要凭证。

对于重大项目以外的自由进口技术合同，由各省、自治区、直辖市和计划单列市商务主管部门负责。中央管理企业的自由进出口技术合同，按属地原则到地方商务主管部门办理登记。各省、自治区、直辖市和计划单列市商务主管部门，可授权下一级商务主管部门对自由进出口技术合同进行登记管理。

（2）限制进口的技术。凡进口列入《中国禁止进口限制进口技术目录》中限制进口技术的，国家实行许可证管理。具体管理程序包括：①引进方（技术进口经营者）首先必须填写中国限制进口技术申请书并报送地方商务主管部门履行进口许可手续；②地方商务主管部门自收到上述申请书之日起 30 个工作日内，对申请进口的技术进行审查并决定是否准予进口；③技术进口申请经审查获得批准后，将颁发由商务部统一印制和编号的中华人民共和国技术进口许可意向书，其有效期为 3 年。只有在获颁意向书后，引进方方可对外签订技术进口合同；④技术进口合同签订后，引进方应持技术进口许可意向书、合同副本及其附件、签约双方法律地位证明文件，到地方商务主管部门申请技术进口许可证；⑤地方商务主管部门自收到文件之日起 10 个工作日内，对技术进口合同的真实性进行审查，并决定是否准予许可；⑥经审查合格后，向引进方颁发技术进口许可证，技术进口合同则自技术进口许可证颁发之日起生效；⑦引进方到地方商务主管部门领取技术进口许可证前，要登录商务部业务系统统一平台企业端（https：//ecomp.mofcom.gov.cn）办理相关业务；⑧引进方凭技术进口许可证，办理外汇、银行、税务、海关等相关手续。

（二）技术出口行政管理

我国对技术出口主体（对外贸易经营者）采取与上述技术进口经营者相同的管理方法，实行登记管理。

我国技术出口项目亦同样实行分类管理，分为禁止出口的技术、限制出口的技术和自由出口的技术三类。

按照《中国禁止出口限制出口技术目录》，对列入该目录的技术实行贸易审查和技术审查。贸易审查的内容包括：①是否符合我国对外贸易政策，并有利于促进对外贸易出口。②是否符合我国产业出口政策，并有利于促进国民经济发展。③是否符合我国对外承诺的义务。技术审查的内容则包括：①是否危及国家安全。②是否符合我国科技发展政策，并有利于科技进步。③出口成熟的产业化技术是否符合我国的产业政策，并能带动大型和成套设备、高新技术产品的生产和经济技术合作。对实验室技术，鼓励首先在国内开发，等转变为产业化技术后再出口。国内暂不具备条件转化应用的，则应在国家利益不受损害并取得知识产权有效保护的前提下方可出口。④出口的技术是否成熟可靠并经过验收或鉴定。未经验收或鉴定但已经生产实践证明的，应由采用单位出具证明。

（三）技术出口合同实行许可证管理和登记管理

商务主管部门对技术出口合同的真实性进行审查，经审查合格者，对限制出口的技术，颁发技术出口许可证；对自由出口的技术，实行合同登记管理，经审查合格者，颁发技术出口合同登记证。管理的具体程序如下。

（1）自由出口的技术。出口自由出口的技术时，技术出口经营者应当向国务院商务主管部门办理登记，并提交技术出口合同登记申请书、技术出口合同副本以及签约双方法律地位的证明文件。商务主管部门自收到上述文件之日起的3个工作日内，对技术出口合同进行登记，颁发技术出口合同登记证。申请人凭技术出口合同登记证办理外汇、银行、税务、海关等相关手续。

（2）限制出口的技术。凡出口国家限制出口技术及相关产品的，国家实行许可证管理。具体程序包括：①技术出口经营者首先填写中国限制出口技术申请书，报送商务主管部门，该部门自收到上述申请书之日起的30个工作日内，会同科学技术部分别对技术出口项目进行贸易审查和技术审查；②审查批准后，主管部门颁发技术出口许可意向书，其有效期为1～3年。技术出口经营者在申请出口信贷、保险意向承诺时，必须出具该意向书；③技术出口经营者签订技术出口合同后，持技术出口许可意向书、合同副本、技术资料出口清单（文件、资料、图纸、其他）、设备出口清单和相关产品出口清单、签约双方法律地位证明文件到商务部申请技术出口许可证；④商务部对技术出口合同的真实性进行审查，并自收到上述文件之日起的15个工作日内，对技术出口做出是否许可的决定，对许可出口的技术颁发由我国商务部统一印制和编号的技术出口许可证；⑤技术出口经营者到商务部领取技术出口许可证时，要登录商务部业务系统统一平台企业端（https：//ecomp.mofcom.gov.cn）办理相关业务。合同则自颁发技术出口许可证之日起生效。

思考题

1. 试阐述技术、国际技术转让及国际技术贸易的含义。

2. 中国开展国际技术贸易的主要方式有哪些？并简述其概念。

3. 中国引进技术的成效主要体现在哪些地方？如何完善我国的技术引进工作？

4. 试述发展我国技术出口的必要性。

5. 中国技术出口的原则及应注意的问题是什么？

6. 试阐述我国对技术进出口实行管理的必要性及基本情况。

第八章
中国服务贸易

20世纪80年代后，随着各国服务业的迅速发展，服务贸易在世界贸易中的比重日益上升，发展服务贸易已成为衡量一个国家现代化水平的重要标志。因此，各国都竞相参与服务贸易的国际合作与竞争。自改革开放特别是加入世界贸易组织以来，中国服务贸易有了较快发展，其年均增长率高于同期国民经济的增长率，也高于同期国内服务业的增长速度，强力助推了服务业的发展。在当下我国构建“双循环”新发展格局中，服务贸易将发挥出关键性的促进作用。

第一节　服务贸易概述

“服务贸易”（trade in services）一词最早出现于1972年9月经合组织（OECD）提交的《高级专家对贸易和有关问题的报告》中。1974年，美国在其《贸易法》第301条款中首次使用“世界服务贸易”这一概念。随着世界经济结构调整及服务业的兴起和发展，作为国际贸易的重要组成部分，服务贸易在经济活动中占据着越来越重要的地位。

一、服务贸易的基本概念

（一）服务贸易的含义

相对于产品而言，服务是指以提供活劳动（脑力或体力）的形式来满足他人需要并取得报酬的活动。服务与普通商品一样具有使用价值，但服务的使用价值不表现为物，而是表现为活动。因此，服务贸易和商品贸易有着显著区别：商品贸易交换的是物化为产品的劳动，而服务贸易所交换的则是服务者所提供的劳动本身。

严格地讲，服务贸易应分为国内服务贸易和国际服务贸易，但为表述方便，除非特别说明，本章所涉及的服务贸易均指国际服务贸易。简单而言，国际服务贸易是指跨国界的服务交换活动。1994年4月，关税与贸易总协定主持下的乌拉圭回合谈判签订的《服务贸易总协定》(*General Agreement on Trade in Services*，GATS)对服务贸易所下的定义，涉及跨境交付、境外消费、商业存在和自然人流动四种形式，具有一定的权威性和指导性，并为各国普遍接受。

1. 跨境交付(cross-border supply)

跨境交付又称跨境提供，是指服务提供者在本国国境内向另一国的消费者提供服务。这里的“跨境”是指“服务”的过境，通过电信、计算机联网等手段实现。例如国际金融中的电子清算与支付、国际电信服务、信息咨询服务、卫星影视服务等。

2. 境外消费(consumption abroad)

境外消费是指服务提供者在本国国境内，向来自他国的消费者提供服务。例如到国外旅游、留学、就医等均属于此类。

3. 商业存在(commercial presence)

商业存在是指服务提供者通过在他国境内设立商业实体提供服务。它是这四种服务提供方式中的最主要形式，往往涉及市场准入和直接投资，即允许一成员方的服务提供商在另一成员方境内投资设立机构并提供服务，包括设立合资、合作和独资企业，该机构的服务人员既可来自提供商母国，也可从东道国雇用。例如，外国企业到中国开办酒店、银行、保险公司、零售商店、律师事务所、旅行社等。

4. 自然人流动(movement of personnel)

自然人流动是指服务提供者以自然人身份进入其他国家并向当地消费者提供服务。如外国的教师、工程师或医生等来本国境内从事个体服务。

(二)服务贸易的特征

同货物贸易相比，服务贸易具有以下主要特征。

一是服务贸易的标的大都具有无形性，服务贸易提供的服务大多是无形的，如金融、保险、运输、广告等服务。

二是服务贸易所提供的服务往往是生产、销售与消费同时进行，因此具有同时性、不可贮存性和不可运输性等特点。服务的生产与出口过程，往往也是服务的进口与消费过程。

三是服务贸易往往涉及生产要素的跨国转移。服务是一个过程，因此服务贸易更多地依赖于生产要素的国际移动和服务机构的跨国设置。国际间的服务交换无论采取何种形式，都与资本、劳动力和信息等生产要素的跨国界转移相关。

四是服务贸易的标的是一种无形商品，买卖双方当事人关系复杂，其交易活动不是通过海关，而是通过国内相关立法来监管，而且涉及的法律也较复杂，服务的进出口不像货物那样都需要经过海关出入。

二、服务贸易的分类

国际服务贸易具有多样性和复杂性，使得目前尚未形成一个统一的分类标准。许多经济学家和国际经济组织出于分析及统计等需要，从各自选择的角度对国际服务贸易进行划分。鉴于世界贸易组织的影响力，这里重点介绍其对服务贸易的分类。

乌拉圭回合服务贸易谈判小组在乌拉圭回合中期审评会议后，加快了服务贸易谈判进程，并在对以商品为中心的服务贸易分类的基础上，结合服务贸易统计和服务贸易部门开放的要求，在征求各谈判方的提案和意见的基础上，提出了以部门为中心的服务贸易分类方法，将服务贸易划分为下列 12 大类。

第一类：商业性服务，指在商业活动中涉及的服务交换活动。服务贸易谈判小组列出 6 类此种服务，其中既包括个人消费的服务，也包括企业和政府消费的服务。具体为：①专业性（包括咨询）服务。专业性服务涉及的范围包括法律服务；工程设计服务；旅游机构提供服务；城市规划与环保服务；公共关系服务等；专业性服务中包括涉及上述服务项目的有关咨询服务活动；安装及装配工程服务（不包括建筑工程服务），如设备的安装、装配服务；设备的维修服务，指除固定建筑物以外的一切设备的维修服务，如成套设备的定期维修、机车的检修、汽车等运输设备的维修等。②计算机及相关服务。这类服务包括计算机硬件安装的咨询服务、软件开发与执行服务、数据处理服务、数据库服务及其他。③研究与开发服务。这类服务包括自然科学、社会科学以及人类学中的研究与开发服务、在纪律约束下的研究与开发服务。④不动产服务，指不动产范围内的服务交换，但不包含土地的租赁服务。⑤设备租赁服务，主要包括交通运输设备，如汽车、卡车、飞机、船舶等；非交通运输设备，如计算机、娱乐设备等的租赁服务。但不包括其中有可能涉及的操作人员的雇用或所需人员的培训服务。⑥其他服务，指生物工艺学服务，翻译服务，展览管理服务，广告服务，市场研究及公众观点调查服务，管理咨询服务，与人类相关的咨询服务，技术检测及分析服务，与农、林、牧、采掘业、制造业相关的服务，与能源分销相关的服务，人员的安置与提供服务，调查与保安服务，与科技相关的服务，建筑物清洁服务，摄影服务，包装服务，印刷、出版服务，会议服务，其他方面的服务等。

第二类：通信服务，主要指所有有关信息产品、操作、储存设备和软件功能等的服务。通信服务由公共通信部门、信息服务部门、关系密切的企业集团和私人企业间进行信息转接和服务提供，主要包括邮电服务；信使服务；电信服务，其中包含电话、电报、数据传输、电传、传真；视听服务，包括收音机及电视广播服务；其他电信服务。

第三类：建筑服务，主要指工程建筑从设计、选址到施工的整个服务过程。具体包括：选址服务，涉及建筑物的选址；国内工程建筑项目，如桥梁、港口、公路等的地址选择等；建筑物的安装及装配工程；工程项目施工建筑；固定建筑物的维修服务；其他服务。

第四类：销售服务，指产品销售过程中的服务交换。主要包括：商业销售，主要指批发业务；零售服务；与销售有关的代理费用及佣金等；特许经营服务；其他销售服务。

第五类：教育服务，指各国间在高等教育、中等教育、初等教育、学前教育、继续教育、特殊教育和其他教育中的服务交往，如互派留学生、访问学者等。

第六类：环境服务，指污水处理服务、废弃物处理服务、卫生及相似服务等。

第七类：金融服务，主要指银行和保险业及相关的金融服务活动。具体包括：①银行及相关的服务；银行存款服务；与金融市场运行管理有关的服务；贷款服务；其他贷款服务；与债券市场有关的服务，主要涉及经纪业、股票发行和注册管理、有价证券管理等；附属于金融中介的其他服务，如贷款经纪、金融咨询、外汇兑换服务等。②保险服务；货物运输保险，其中含海运、航空运输及陆路运输中的货物运输保险等；非货物运输保险，具体包括人寿保险、养老金或年金保险、伤残及医疗费用保险、财产保险服务、债务保险服务；附属于保险的服务，如保险经纪业、保险类别咨询、保险统计和数据服务；再保险服务。

第八类：健康及社会服务，主要指医疗服务、其他与人类健康相关的服务；社会服务等。

第九类：旅游及相关服务，指旅馆、饭店提供的住宿、餐饮服务、膳食服务及相关的服务；旅行社及导游服务。

第十类：文化、娱乐及体育服务，指不包括广播、电影、电视在内的一切文化、娱乐、新闻、图书馆、体育服务，如文化交流、文艺演出等。

第十一类：交通运输服务，主要包括货物运输服务，如航空运输、海洋运输、铁路运输、管道运输、内河和沿海运输、公路运输服务，也包括航天发射及运输服务，如卫星发射等；客运服务；船舶服务（包括船员雇用）；附属于交通运输的服务，主要指报关行、货物装卸、仓储、港口服务、起航前查验服务等。

第十二类：其他服务。

三、世界服务贸易的发展

自 20 世纪 80 年代以来，世界服务贸易迅速增长，在国际贸易中的地位日益提高。服务业和服务贸易的重要性，不仅在于其已逐渐成为促进国民经济效率提高和经济总量增长的主导力量，也在于其成为未来国际市场竞争的核心。

（一）世界服务贸易迅速发展的动因

随着经济全球化进程加快、科学技术日新月异、知识经济兴起，以及资本和劳动力从物质生产部门向服务领域的加速转移，社会分工更加深化，服务贸易也得到了迅速发展。

1. 现代科技的发展和应用

随着现代科学技术的进步，特别是信息技术革命的兴起，服务的不可存储性等传统特性发生了改变，将服务输出到任何国家和地区成为可能，如银行、保险、商品零售等可以通过计算机网络在全球范围内开展业务，为跨国服务创造了条件；高新技术被广泛应用于服务产业，提高了服务的可贸易性；生产专业化迅速发展，使得世界服务贸易的种类增加、范围扩大，由传统的运输、工程等领域向知识、技术和数据处理等新兴领域拓展。

科技革命还加快了劳动力和科技人员的世界流动，特别是促进了专业科技人员和高级管理人员的跨国流动，使服务贸易的方式增加，服务质量出现了质的飞跃。尤其是随着科技进步，产品生产和服务生产中的知识、信息投入比重不断提高，从而推动服务贸易结构升级，以劳动密集型为特征的传统服务贸易地位日渐式微，以资本密集、技术密集和知识密集为特征的新兴服务贸易迅速崛起。

2. 各国产业结构调整

随着科技进步与生产力水平提高，各国在产业结构调整中大力发展服务业，使得服务业产值在国民经济中的比重大幅提升，从而为世界服务贸易的发展奠定了雄厚的基础。20 世纪 60 年代，主要发达国家已基本完成工业化进程，其国内经济开始进入后工业化时期，经济重心向服务业倾斜。统计资料表明，发达国家服务业在其国民经济中的比重一般占 45% ~ 65%，发展中国家也占到 30% ~ 45%。例如，美国服务业的就业人口和产值在其国民经济中的比例都已超过 2/3。在各国国民经济重心日益转向服务业的背景下，世界服务贸易也相应迅速发展。

3. 世界货物贸易量的提升

在科学技术日新月异的背景下，货物贸易与服务贸易的关系日益紧密，主要体现在以下三个方面：①货物贸易的急剧扩大是服务业产生和发展的重要前提条件，因为货物贸易需要服务业的参与才能完成，像货物进出口就离不开运输、通信、保险等服务。②服务业已成为制成品生产和销售过程中不可分割的一部分，能向制造业提供从工程设计到数据处理等多种必要的投入，并能以售后服务的方式促进产品销售。③服务已成为提高货物贸易竞争力的主要手段和重要基础。经济全球化中，非价格竞争已逐步取代价格竞争而成为世界市场的主要竞争手段，服务业为货物贸易的非价格竞争力提升提供了重要保障。货物贸易的发展反过来也会大力促进服务贸易的增长，并使服务贸易成为生产国际化的一个重要环节。

4. 各类组织对服务贸易的推动

作为多边国际机构的世界贸易组织及各国政府对服务贸易自由化的支持与推动，以及作为服务贸易的微观组织同时也是主要实体的跨国公司的迅速发展，都对世界服务贸易的发展起到了促进作用。

（二）世界服务贸易的发展特征

20 世纪 80 年代以来，世界服务贸易发展迅速，其在规模、速度、结构和自由化等方面，都体现出了新的发展特征。

1. 发展迅速，速度和总量均持续增长

世界服务贸易的迅速发展不仅体现在速度上，而且总量增加也很可观。据世界贸易组织统计，1985 年全球服务贸易额仅为 3835 亿美元，2019 年则达到 5.9 万亿美元，增长了 15.4 倍（2009 年受国际金融危机影响，服务贸易额下降较为明显，但同期货物贸易额也明显下降）。同时，服务贸易在世界贸易中的比例不断攀升，从 1985 年的 16.3% 上升至 2019 年的 23.6%。表 8-1 显示，自世界贸易组织成立以来，世界服务贸易的发展速度和总量都在持续增长。预计在不久的未来，服务贸易比重将赶上甚至超过货物贸易的比重，服务贸易将成为世界贸易的主要内容。

表 8-1　1995—2019 年世界服务贸易情况统计

年 份	服务出口额及增长率		服务进口额 / 亿美元
	出口额 / 亿美元	增长率 /%	
1995	11781	13.0	11952
1996	12629	7.2	12599
1997	13157	4.2	12941
1998	13537	2.9	13221

续表

年份	服务出口额及增长率		服务进口额 / 亿美元
	出口额 / 亿美元	增长率 /%	
1999	14021	3.6	13742
2000	14910	6.3	14638
2001	14921	0.1	14822
2002	15969	7.0	15613
2003	18500	15.8	17925
2004	22478	21.5	21457
2005	25928	15.3	25881
2006	29248	12.8	19193
2007	34788	18.9	34716
2008	39300	13.0	39228
2009	35171	−10.5	35112
2010	38465	9.4	38403
2011	43137	12.1	43060
2012	44293	2.7	44236
2013	46953	6.0	46888
2014	50609	7.8	50511
2015	48516	−4	48346
2016	49044	1.1	48981
2017	53024	8.1	52992
2018	57442	8.3	57417
2019	58989	2.7	58980

资料来源：世界贸易组织国际贸易统计数据库（International Trade Statistics Database）。

2. 新兴服务贸易比重上升

第二次世界大战后，随着第三次科技革命和产业革命的出现，金融、电信、信息、商贸等领域的服务贸易迅速发展，在整个服务贸易中的比重逐步上升，而传统服务贸易项目（如运输、旅游、劳务输出）所占比重逐渐下降。据统计，1970 年国际运输服务贸易占比为 38.5%，国际旅游服务贸易占比为 28.2%，其他服务贸易占比为 33.3%；到 2019 年，运输服务贸易仅占 18.8%，旅游服务贸易仅占 23.9%，而其他服务贸易占比高达 57.3%。这里的其他服务主要包括通信，建筑，计算机和信息，保险，金融，专有权使用费和特许费，其他商业服务，个人、文化和休闲服务等部门的服务。特别地，通信服务、计算机和信息服务在其他服务中的占比稳步增加，从 2005 年的 14.7% 上升至 2019 年的 20.4%。这些新兴服务贸易增长速度很快，在世界服务贸易中的比重不断上升。表 8-2 对比了不同年份的运输、旅游和其他服务占世界服务贸易出口总额的比重。

表 8-2　世界服务贸易出口部门构成

项目	出口额 / 亿美元	比重 /%		
	2019 年	1990 年	2000 年	2019 年
全球服务出口总额	58989	100.0	100.0	100.0
运输服务	11090	28.5	23.0	18.8
旅游服务	14071	33.9	32.4	23.9
其他服务	33828	37.6	44.6	57.3

资料来源：根据世界贸易组织贸易统计资料整理。

3. 世界服务贸易发展不平衡

世界经济发展的不平衡性决定了服务贸易的不平衡发展，发达国家在世界服务贸易中一直居于绝对优势地位。这种优势不仅反映在世界服务贸易的排名中，而且还体现在贸易平衡和贸易结构上。从世界服务贸易额排名来看，2019 年居前 10 位的除中国和印度外，其他均为发达国家，其服务贸易额占世界服务贸易总额的五成左右；从贸易平衡看，发达国家在服务贸易中长期是顺差，而大部分发展中国家则长期为逆差；从服务贸易结构看，发达国家主要输出技术、知识和资本密集型服务，而发展中国家则主要输出劳动密集型服务。

就具体国家而言，美国无疑是当今世界服务贸易的超级大国，2019 年其出口额占世界服务出口总额的 14.8%，进口额占世界服务进口总额的 11.2%。同时，英国、德国、法国、日本、荷兰、爱尔兰等，也是服务贸易重要的进出口大国。南北方国家在科技水平等方面的巨大差距，以及服务贸易的高度信息化和知识化趋势，必将加剧这种不平衡状态。

4. 服务贸易自由化和保护主义并存

《服务贸易总协定》的签署在很大程度上推进了世界服务贸易的自由化进程。世界贸易组织成立后通过的《金融服务协议》《基础电信协议》《信息技术协议》等，更促进了各成员在金融、电信等领域的开放。总体上看，各成员方遵守市场开放的具体承诺，保证各项贸易措施具有透明度、公正性和统一性，从而有力推动了世界服务贸易不断向自由化方向发展。

与此同时，由于服务业和服务贸易发展的不平衡性，发达国家具有比发展中国家更为明显的优势，同时服务市场的开放又涉及国家主权与安全、政治与文化等一系列敏感问题，因此，世界服务贸易市场的自由化程度远不及世界货物贸易。无论是发展中国家还是发达国家，都以种种理由和方法，对服务贸易实行不同程度的贸易保护主义政策与措施。

四、服务贸易壁垒与服务贸易自由化

服务贸易自由化，是指世界各国减少乃至消除妨碍服务贸易自由、公平进行的法律法规，扩大本国服务市场的准入程度，最终使服务业在各国或地区间自由流动。世界服务贸易的发展取决于服务贸易自由化的实现程度，而自由化的实现程度则取决于各个成员方服务贸易壁垒的逐步消除，以及对国际服务贸易规则的遵守程度。

（一）服务贸易壁垒

服务贸易壁垒是指一国政府对国外生产的服务的销售所设置的具有阻碍作用的政策措施，以增加国外服务生产者的成本进而达到限制外国服务进入的目的。这是服务贸易政策中贸易保护主义措施的体现。

随着服务贸易在各国经济发展中的作用日益增强，加之服务业的特殊性、敏感性及其难以估量的市场前景，无论是发达国家还是发展中国家，都很重视对国家服务贸易壁垒的研究及设置。据统计，世界上现行的服务贸易壁垒措施多达2000多种，用于保护本国的金融、电信、运输、旅游、劳务输出等服务部门。并且随着世界服务贸易的不断发展，服务贸易壁垒形式也在不断变化。

1. 服务贸易壁垒的特点

服务贸易壁垒在形式和内容上，均比货物贸易壁垒复杂得多，主要体现在以下四个方面。

（1）主要通过国内法律法规加以限制。服务贸易基本上属于无形贸易，服务的跨国流动不需海关登记，而且海关难以评估，无法用关税形式对其进行限制。国际服务贸易领域中广泛使用的是非关税壁垒，其主要内容就是国内的法律法规。

（2）以对自然人或法人的资格和活动的限制为主。对服务贸易的限制主要分为两类：一类是市场进入的限制，指政府对外国服务的进入设置障碍；另一类是对外国服务提供者在该国境内从事服务活动的阻碍。这两类限制针对的都是自然人或法人的资格与活动。

（3）强调国家安全与主权利益。金融、电信、运输大多属于关系国计民生的敏感、特殊行业，因此各国在设置贸易壁垒时，除了传统的商业利益考虑外，更多的是出于对国家安全和主权利益的考量。

（4）灵活性及选择性强。世界上现行的2000多种服务贸易壁垒中，技术标准、认证制度是最主要的壁垒。而且随着国际服务贸易的不断发展，服务贸易壁垒的形式也在不断推陈出新。在世界服务贸易中，发达国家比发展中国家更多地运用这些贸易壁垒，使其对服务业和服务贸易的保护手段选择性更强，更加灵活隐蔽，更符合贸易规则而不易被察觉，从而也保护得更加有效。

2. 服务贸易壁垒的形式

对服务贸易壁垒主要有以下两种分类方法。

第一种，按乌拉圭回合谈判采纳的方案分类，主要是市场准入壁垒和国民待遇壁垒。

（1）市场准入壁垒，指通过禁止或限制外国服务提供者进入本国市场从而抑制市场竞争的措施。主要有六种形式：对服务提供者数量的限制；对服务交易或总资产的限制；对服务业务总数或服务产出总量的限制；对特定服务部门或服务提供者可以雇用的人数的限制；限制或要求通过特定类型的法律实体或合营企业形式才能提供服务的措施；对外国资本参与的比例限制，或对外国资本总额的限制等。

（2）国民待遇壁垒，指在法律、规章和管理等方面有利于本国企业但歧视外国企业的措施，包括为国内生产者提供成本优势，或增加外国生产者进入本国市场的成本。例如，日本要求外国货运者通过一系列仓库转运其货物，但日本航空公司承运的货物只需通过一个仓库即可。

第二种，将服务贸易方式与服务提供、消费的壁垒结合起来，主要分为服务产品移动壁垒、信息移动壁垒、人员流动壁垒、资本流动壁垒和开业权壁垒五种形式的壁垒。

（1）服务产品移动壁垒，是指影响服务产品移动和消费者购买的措施，包括数量限制、当地成分要求、补贴、政府采购、实行技术标准、税收制度和落后的知识产权保护体系等。例如，有些国家规定禁止在本国应用国外处理的数据，限制外国数据通信的进口；限制外国服务载体在本国的流通，增加外国服务在本国的经营成本及本国货物和服务在外国服务中的含量，从而达到阻碍外国服务在本国销售、保护本国服务业的目的。

（2）信息移动壁垒，是指由于信息传递模式涉及国家主权、垄断经营和国家公用电信网、私人秘密等敏感性问题，各国普遍存在的各种限制措施。例如，在技术标准，网络进入，数据处理、复制、储存、使用和传递，补贴、税收与外汇控制和政府产业控制政策等方面的限制或歧视性措施。这些措施不仅阻碍信息服务贸易的发展，由于信息流动又是金融、旅游、运输、仓储、建筑、会计、审计、法律等领域的服务者提供服务的先决条件，因而还同时制约着其他服务贸易的进行。

（3）人员流动壁垒，是指通过各种措施对外国劳动力进入本国工作或就业进行限制，包括各种移民限制和烦琐的出入境手续等。例如，规定有一定的投资额和股权额，才可移民或暂时入境提供服务；要求雇用东道国工作人员，暂时入境只能是高层管理人员；外国服务者必须熟悉东道国语言和法律，专业人员要接受东道国教育和培训并取得其考试机构的资格证书；等等。

（4）资本流动壁垒，是指东道国禁止或限制外国企业资本自由流动方面的措施，主要形式有外汇管制、浮动汇率以及汇出投资收益等方面的限制。外汇管制是指政府对外汇在本国境内的持有、流通和兑换以及外汇的出入境采取的各种控制措施，可以限制外国服务提供者在本国所设企业的收入来源、外汇的兑换和汇出。通过汇率，增加经营者的经营成本，或者削弱消费者的购买力，使得外国服务成本不再具有竞争性。对投资者收益汇回母国的限制，如限制外国服务提供者将利润、版税、管理费等汇回其母国，或限制外国资本抽出调回其母国，或限制汇回利润的额度等措施，也在相当程度上制约了服务贸易发展。

（5）开业权壁垒，是指禁止或限制外国服务提供者以商业存在的形式进入本国的服务市场，包括禁止和限制外商进入的部门、企业形态、使用雇员和投资的比例等措施。例如，不允许外国服务提供者在特定服务领域设立经营机构；限制外国服务提供者在本国设立的企业形态；限制外国服务提供者在企业中的股份、权益和投票权；对外国企业的活动进行限制等。

（二）服务贸易自由化

服务贸易自由化的要求，主要体现在世界贸易组织于 1995 年正式运作的《服务贸易总协定》，以及 1997 年通过的《基础电信协议》《金融服务协议》和《信息技术协议》等。

《服务贸易总协定》是管理全球服务贸易、具有法律约束力的多边协议。其宗旨是为服务贸易建立一个多边框架，在透明度和贸易逐步自由化的条件下扩大服务贸易，促进所有贸易伙伴和发展中国家的经济增长和发展。

1.《服务贸易总协定》的框架和主要内容

《服务贸易总协定》由正文、附件和市场准入承诺表三部分组成。

（1）正文分 6 个部分，由 29 个条款组成，主要规定了服务贸易自由化的原则和规则。具体包括协定的宗旨、适用范围，服务贸易的一般义务和纪律、具体承诺的义务，逐步自由化原则，组织机构设置，争端解决机制及最后条款。

（2）附件是根据第 29 条的规定成为该协定的有机组成部分，其目的是对一些较特殊的服务部门做出更有针对性的规定，以使框架协议的基本原则和规定更好地适用这些部门。该附件具体有最惠国待遇例外附件、自然人流动附件、航空运输服务附件、金融服务附件、海运服务谈判附件、电信服务附件、基础电信谈判附件等 8 个方面。

（3）市场准入承诺表是根据第20条的规定，成为该协议的重要组成部分。它明确了各参加方在双边谈判基础上承担的关于国民待遇和市场准入的义务。

2.《服务贸易总协定》的主要原则

为实现其宗旨，《服务贸易总协定》为各成员方确定了以下各主要原则。

（1）最惠国待遇原则。世界贸易组织最惠国待遇（most-favored-nation treatment，MFN）的含义是指在货物、服务和知识产权领域，一个世界贸易组织成员给予任何其他国家或地区（不论其是否为世界贸易组织成员）的优惠待遇，应立即和无条件地给予其他成员方。在《服务贸易总协定》法律框架下的最惠国待遇，是指每一缔约方给予任何缔约方的服务或服务提供者的待遇，应立即和无条件地给予其他任何成员的相同服务或服务提供者。同时，由于服务贸易的特殊性使得服务与服务的提供者不可分离，《服务贸易总协定》也规定了最惠国待遇责任的若干例外与免除，也就是说，世界贸易组织成员在特定情况下，经世界贸易组织允许可以对最惠国待遇实行暂时的例外，即在某些特定服务领域，成员间可以暂不履行最惠国待遇的义务。服务贸易领域的最惠国待遇原则有其独到之处。它允许各成员方在进行最初承诺的谈判中，将不符合最惠国待遇的措施列入最惠国待遇例外清单，附在各自的承诺表之后。例如，在基础电信、金融服务和海运服务方面，在其他成员方市场遇到市场关闭的情况下，已放宽市场准入的成员方可以提出最惠国待遇的登记免除。

（2）透明度原则。透明度原则是指任何成员除非在紧急情况下应立即并最迟在其生效前，公布所有有关或影响《服务贸易总协定》执行的相关措施。《服务贸易总协定》成员也应公布其签署参加的有关或影响《服务贸易总协定》的国际协议。透明度义务要求各成员方应至少一年一度地对本国新法规或现存法规的修改做出说明介绍，并对其他成员方的询问做出迅速答复。任何成员方若认为某些成员采取的措施影响了《服务贸易总协定》的实施，可通知服务贸易理事会。按规定，各国政府必须公布所有与服务贸易有关的法律和规定，并且必须在世界贸易组织成立后的两年内，在政府机构中建立咨询点。这样，外国企业和政府便可利用这些咨询点，获得有关任何服务部门的法律法规信息。透明度的一个例外附则是，对于任何一参加方的那些一旦公布即会妨碍其法律的实施，或对公共利益不利或将损害具体企业的正当商业利益的机密资料，可以不予公布。

（3）国民待遇原则。《服务贸易总协定》对国民待遇（national treatment）的要求，是作为具体承诺列入特定义务的承诺表中的，而不像关贸总协定那样作为一般义务，这主要是考虑到发展中国家的利益。《服务贸易总协定》第17条规定，各成员方在其提交的具体承诺的部门内，应依照承诺表中的条件和资格，给予其他成员方相应的待遇，而且应与给予本国的待遇相同，否则即被认为是对其他成员方不利。这一待遇不仅包括设立商业存在时的同等待遇，也包括设立之后商业存在所享受的待遇。

（4）市场准入原则。市场准入（market access）指成员方以其承诺清单中所列举的服务部门及其准入条件和限制为准，对其他成员方开放其本国的服务市场。每一成员给予其他成员的服务和服务提供者的待遇，不应低于其承担义务计划安排中所承诺的期限、限制和条件。市场准入是一种经过谈判而承担的义务，实施对象既包括服务也包括服务的提供者。市场准入是《服务贸易总协定》中的关键性条款，而其中的承诺表是各国在谈判基础上达成开放市场的承诺。《服务贸易总协定》法律框架下的市场准入的实施与最惠国待遇的实施是不同的，市场准入是具体的承诺义务，是通过谈判而适用于各成员在承诺表具体承诺范围的服务部门，而最惠国待遇是一种普遍义务，适用于所有服务部门。市场准入是作为《服务贸易总协定》的具体承诺而出现的，要求每一成员方给予其他成员的服务和服务提供者的待遇，应不低于提交的承诺表中所同意的规定期限、限制和条件。除非在承诺表中明确规定，各成员不得采用数量配额、垄断和专营服务提供者的方式，或要求测试经济需求的方式，限制服务提供者的数量。

（5）发展中国家更多参与原则。通过协商承担义务使发展中国家能更多地参与，包括促进其商业技术获取、销售渠道和信息网络改善，以及采用有利于发展出口贸易的方式。发达国家应为发展中国家企业获得有关市场资料提供方便，包括商业和技术服务，登记、认可和提供服务的条件，获得服务技术的可能性等。

（6）国内管制原则。成员方的有关措施应合理、客观和公正，应有相应的司法、仲裁、行政手段和程序，对有关行政决定及时审议和补救。有关资格条件和程序、技术标准与许可证要求，不应构成贸易障碍。

（7）承认原则。成员方之间可通过多边协议或其他安排，相互认可对方服务提供者的教育水平、经验、符合资格条件的经营许可证和其他证明，不应实施歧视。认可应尽可能地基于国际上认同的标准。

（8）垄断及专营服务提供者原则。垄断服务提供者不应滥用其垄断地位从事与其承担义务不相一致的行动。成员方也不应只批准或建立少量的服务提供者，或阻止服务提供者进行竞争。

（9）政府采购原则。最惠国待遇、市场准入和国民待遇条款，不适用于约束政府机构采购服务的法律、法规及要求。

（10）一般例外和安全例外原则。在不构成不公正的歧视或对贸易变相限制的条件下，成员方可以采取措施，来维持公共道德和公共秩序，保护个人资料，保障国家安全利益。不得要求成员方提供与其国家安全有关的资料，不得阻止成员方直接或间接地为军事机构提供服务，以及战时或国际关系紧急等情况下采取的行动。

（11）补贴原则。《服务贸易总协定》要求应举行谈判来制定反补贴程序，同时应确认补贴在发展中国家发展计划中的作用，以考虑发展中国家在该领域的灵活性需要。成员方应交换其提供给本国服务提供者补贴的所有资料。为维护非歧视、自由、透明和公平竞争的多边贸易秩序，协议从性质、目标和数量上是否具有贸易扭曲效应出发，将政府补贴分为被禁止的补贴（prohibited subsidies）、可起诉的补贴（actionable subsidies）和不可起诉的补贴（non-actionable subsidies）三大类。参照交通规则原理，三类条款分别被称为“红灯条款”“黄灯条款”“绿灯条款”。

（12）承担义务的谈判原则。成员方应本着平等互利、权利与义务相平衡的原则，定期举行谈判，以减少或消除贸易障碍。对发展中国家逐步开放市场给予适当的灵活性，对其已开放的市场，应把重点放在发展中国家更多参与条款的目标上。

第二节　中国服务业开放与服务贸易发展

改革开放以来，中国服务业不断发展壮大，服务贸易也快速增长，贸易领域持续拓宽，贸易结构也发生了很大变化。加入世界贸易组织以来，中国一如既往地坚定履行服务业市场开放承诺，稳健地促进中国服务贸易自由化。

一、中国服务业开放

服务业是现代产业体系的重要组成部分。经历了40余年的改革开放后，中国服务业由过去的“无足轻重”到如今占据国民经济的“半壁江山”，且其地位和作用还在不断提升，开放领域也在不断拓宽。

（一）中国服务业开放的主要进程

改革开放以来，中国服务业的开放进程可以划分为以下四个阶段。

初始阶段（1978—1992年）。在此阶段，中国服务业对外开放总体滞后于制造业，开放时间较晚，所受限制也较多，处在服务业对外开放的初始阶段。

迅速发展阶段（1992—2001年）。这一时期的服务业对外开放推进迅速，理论、政策和实践层面都从初始期的较多限制转向鼓励开放。外资进入中国市场的热情较高，其主体为制造业，但金融保险、交通运输、商贸流通、房地产也吸纳了不少外资。

全面开放过渡阶段（2001—2012年）。按照“入世”协议，此阶段为全面开放的过渡阶段。在这一时期，中国打破服务业垄断和壁垒，逐步开放服务业市场，开放广度和深度逐年递增。

全面开放新格局阶段（2012年至今）。该阶段的开放力度不断加大，开放质量明显提高，服务业全面开放新格局基本形成。

（二）中国服务业开放的主要原则

概括而言，我国服务业对外开放的原则主要包括：①渐进开放、由易到难；②以开放促发展、推改革；③引进来和走出去相结合，对外开放是“引进来”和“走出去”的有机统一，两者不可偏颇；④对外对内双向开放，完整意义上的服务业开放既包括对外开放，又包括对内开放，两者必须兼顾，不能“厚外薄内”。即凡是对外资开放的，也必须同步对内对等开放，在降低相关行业垄断的同时，避免外资享有超国民待遇。

（三）中国服务业的开放现状

2019年7月，国家发展改革委和商务部发布《外商投资准入特别管理措施（负面清单）（2019年版）》和《自由贸易试验区外商投资准入特别管理措施（负面清单）（2019年版）》，进一步缩减了限制条目，在服务业、制造业、农业、采矿业领域均推出更为开放的措施，自2019年7月30日起施行。

其中，为扩大服务业对外开放，主要举措包括：在交通运输领域，取消国内船舶代理必须由中方控股的限制；在基础设施领域，取消50万人口以上城市燃气、热力管网必须由中方控股的限制；在文化领域，取消电影院、演出经纪机构必须由中方控股的限制；在增值电信领域，取消国内多方通信、存储转发、呼叫中心三项业务对外资的限制。

2020年6月，国家发展改革委和商务部联合发布了《外商投资准入特别管理措施（负面清单）（2020年版）》和《自由贸易试验区外商投资准入特别管理措施（负面清单）（2020年版）》，自2020年7月23日起施行。清单按照只减不增的原则，进一步缩减了外商投资的限制范围。在金融领域，取消证券公司、证券投资基金管理公司、期货公司、寿险公司外资股比限制；在基础设施领域，取消50万人口以上城市供排水管网的建设、经营必须由中方控股的规定。

扩大服务业对外开放有利于推动我国经济高质量发展，同时也有利于持续改善民生。当前，中国服务业占GDP的比重已超过52%，服务业对外开放意义重大。未来，中国持续推动服务业对外开放，着力点应放在狠抓落实、推动投资便利化方面。

1. 外资对服务业高质量发展作用大

在我国50万人口以上城市基础设施建设已告一段落的背景下，继续强调服务业对外开放，一方面是为了推动经济高质量发展，持续改善民生；另一方面，中国已正式启动加入世界贸易组织《政府采购协议》谈判且正从商品和要素流动型开放转向制度型开放，需要继续深化交通运输、基础设施、文化、增值电信等服务业领域的改革。

当前，我国生产和生活服务业供给侧结构性改革非常迫切。总体上看，中国服务业竞争仍不充分，服务质量尚不能满足企业和居民的现实需求。服务业要走高质量发展路线，外资在其中扮演着关键角色。交通运输、基础设施、增值电信等服务业的高质量外资服务，有着理念先进、服务质量高、管理方式更加注重以人为本等特色。通过扩大开放引入外资，强化相关行业市场竞争，不断提升服务业发展质量和水平，是实现经济高质量发展的题中应有之意。

在实践层面，上海自贸试验区扩大对外开放先行先试以及北京扩大服务业开放综合试点，都为服务业进一步开放做了有益探索，积累了宝贵经验。2015 年 5 月，北京正式启动服务业开放综合试点工作，截至 2019 年 4 月，北京市新设服务企业 64 万家。2017 年，北京市实际利用外资首次跃居全国首位，2018 年实际利用外资是试点前的 1.9 倍。实施试点以来，北京市已形成了 68 项服务业开放创新成果。①

2. 服务业仍是对外开放重头戏

未来，我国将顺应经济全球化和社会信息化发展潮流，秉持开放态度进一步向遵守中国法律法规和国际法的外国投资者扩大开放服务业市场。开放是为了更好地构建人类命运共同体，而中国的发展是世界发展重要的一部分。当前，中国服务业占 GDP 的比重已超过 52%，而外商投资超过 70% 都是投向服务业，并对投资我国服务业保持着很高的积极性。从长远来看，生产性服务业落后会制约制造业转型升级，影响生产效率，而生活性服务业发展不充分、不平衡又直接影响着民众生活质量。以往出于对国家安全等方面的考虑，我国在一些服务业行业对外商投资设置限制，现今需要在既保障国家安全又保障生产生活质量的前提下，加大服务业的对外开放力度。

（四）中国服务业的开放策略

1. 推动服务业供给侧结构性改革，提高服务业发展水平，夯实服务业开放基础

近年来，中国服务业进步显著，但整体发展水平与西方发达国家相比还有较大差距，面临着诸多挑战。例如，行业附加值率偏低，以劳动密集型服务业为主，传统服务业比重偏高，附加值高的知识密集型服务业和专业服务业严重滞后；制造业和生产性服务业发展严重脱节，生产性服务业对制造业转型升级的推动不足；服务业领域竞争不充分，

① 张敏 . 服务业扩大开放有序推进 [N]. 国际商报，2019-07-04.

服务业管制过多，监管与治理难以适应新经济、新服务的发展需要等。对此，需要积极推进服务业领域的供给侧结构性改革，补齐发展短板，提高服务业供给水平，增加服务业知识含量和附加值，推动服务业的高质量发展。

2. 确立“服务先行”的对外贸易战略

从对外贸易发展历程来看，中国虽早已制定了较为完善的对外贸易发展战略，但对服务出口的重视程度还不够。在服务贸易领域，尚缺乏纲领性发展规划。基于服务贸易逆差持续扩大的态势，应把发展服务贸易放在整个对外贸易的优先地位，制定“服务先行”战略，就服务贸易发展战略目标、方针、原则、任务、保障等予以明确。当前，服务领域正成为我国新一轮开放的重点。2016 年，国务院批复同意在上海、海南等 15 个地区开展服务贸易创新试点；2018 年，国务院批复同意深化试点，范围扩大到北京、雄安新区等 17 个地区；2020 年 8 月，国务院批复同意全面深化服务贸易创新发展试点，新一轮试点地区扩围至 28 个，鼓励试点地区在体制机制、发展模式、促进政策等方面开展探索试验，加快推动我国服务贸易高质量发展。①

3. 健全服务业开放的相关法律制度

当前我国服务业相关法律法规还不够健全，尤其是“入世”时所承诺的部分领域尚未完全立法。因此，需要根据服务业相关部门的重要性，早日健全中国服务业相关法律制度。同时，探索服务业利用外资新模式，在外国企业和外资项目投资过程中实行完全国民待遇。此外，放宽相关领域的外资准入限制，推进电信、互联网、文化、教育、交通运输等部门的有序开放。

4. 寻求中国服务业在全球价值链中的合理定位

国际经济已进入服务经济时代，服务经济正成为世界经济的主导，国际分工也由此进入全球价值链分工的新阶段。以往，服务在我国对外贸易中的作用长期被忽略。然而，从全球价值链视角看，运用新的增加值贸易测算和分解方法，重新测算分析中国服务业在出口贸易中的作用可以发现，服务业增加值占出口的比重达 31.32%，较传统总值贸易方法计算的服务业比重（13.92%）高出 17.4 个百分点。显然，服务业的作用被低估了。充分重视服务业的作用，通过服务贸易发挥比较优势和竞争优势，有利于定位我国服务业在国际价值链中的位置，进而带动服务业的进一步发展。

① 李华林．中国服务，为世界发展带来新机遇 [N]. 经济日报，2020-09-04.

二、中国服务贸易发展

（一）中国发展服务贸易的意义

当前，世界经济正在向服务型经济转型，服务贸易成为世界经济发展的制高点，也是新形势下各国经济竞争的焦点。加快发展服务贸易，是中国构建“双循环”新发展格局、建设贸易强国的战略选择，在新时代具有重大的战略意义。

1. 促进对外贸易增长方式转变，推动中国从贸易大国向贸易强国迈进

发展服务贸易，能够减少资源和能源消耗，获得产业高端附加值的服务和产品。从整体上看，世界服务贸易规模在不断扩大。1980—2018 年，世界服务贸易出口额增长了约 15 倍，占世界贸易出口总额的比重由 1/7 增长到近 1/4。这预示在全球经济转向服务经济的过程中，服务贸易的发达程度，标志着一国对外贸易增长的协调性和可持续性，也标志着一国贸易增长方式的科学性和合理性。

随着世界新一轮产业结构调整和贸易自由化的推进，服务贸易在各国贸易中的比重还将持续上升，成为各国在国际贸易中获得实际利益多寡的标志。因此，加快发展服务贸易、增强服务贸易竞争力已成为各国关注的焦点。世界各国纷纷制定加快本国服务贸易发展的战略，在世界贸易组织新一轮谈判以及区域性经济合作谈判中，服务贸易都是主要议题之一。

改革开放 40 余年来，中国积极扩大制造业领域的对外开放，抓住第三次国际制造业跨国转移的重大机遇，大力发展货物贸易，已成为一个名副其实的货物贸易大国。但在此过程中，也过度支付了能源、原材料消耗成本，过度支付了生态与环境代价，过度压低了劳动者福利，还频繁引发国际贸易摩擦。中国对外贸易的增长，总体上看仍是规模的扩张、速度的扩张、外延的扩张和数量的扩张，属于粗放型增长方式，这种方式难以支撑中国对外贸易的长期发展。加快发展服务贸易，调整和优化对外贸易结构，不仅是提高中国参与国际分工和竞争能力的新举措，也是转变对外贸易增长方式、实现对外贸易高质量发展、推动中国从贸易大国向贸易强国迈进的重要内容。

2. 抓住新一轮服务业跨国转移重大机遇，提高承接国际服务外包能力和竞争力

一个时期以来，服务外包以其有效降低成本、增强企业核心竞争力等特性，成为越来越多的企业采取的一项重要商业措施。由外国直接投资产生并通过境外商业存在形式，即服务外包形式实现的国际服务贸易规模迅速扩大，已超过跨境方式的服务贸易。

随着竞争战略的调整，以及系统、网络、存储信息技术的迅猛发展，许多跨国公司不断扩大其服务外包业务范围，由业务流程外包（BPO）和信息技术外包（ITO）组成的服务外包，正成为服务贸易的重要形式。据联合国贸发会议（UNCTAD）预测，服务外包将长期保持较高的增长速度，全球服务外包市场潜力巨大。

在全球外包支出中，美国约占 2/3，欧盟和日本占近 1/3，发达国家和地区是主要服务外包输出地。发展中国家则是服务外包业务的主要承接地，而亚洲是承接服务外包最多的地区，约占全球服务外包业务的 45%。印度是亚洲的服务外包中心，墨西哥是北美的服务外包中心，东欧和爱尔兰是欧洲的服务外包中心，中国、菲律宾、俄罗斯等正成为承接外包较多的国家。据国际知名咨询机构麦肯锡（McKinsey）的调查，印度是最受离岸外包业务青睐的地区，目前是 IT 离岸外包市场的中心，据称至少 80% 的全球外包业务去了印度。

从中国目前的承接能力来看，与印度等国还有较大的差距。据分析，服务外包对国内增加值的贡献是来料加工的 20 倍。印度 500 亿美元软件的出口额，给其国内创造的增加值相当于中国制造业 1 万亿美元创造的价值。两种贸易形态，创造了完全不同的价值量，且服务外包的资源、能源和生态环境的代价很小。在上一轮全球制造业转移中，中国是最大受益国之一。因此，必须充分认识到承接服务业国际转移的重要性，抓住全球兴起的离岸服务外包的历史机遇，采取综合、配套的措施提高承接服务业国际转移的能力，以赢得这一场新的国际竞争。

3. 加快推进工业化进程，提升制造业在国际产业分工和价值链中的地位

一个国家的贸易结构、贸易方式和贸易政策，是该国经济发展水平、产业水平和比较优势在贸易上的真实反映。改革开放至今，中国贸易结构之所以以获得附加值较少的加工贸易为主，就是因为工业化程度低、产业化程度低、组织化程度低和现代化程度低，制造业发展主要是采用加工组装型、生产主导型、模仿型和粗放型的模式。由于缺乏资本、技术、人才、管理经验和产业运营模式，不得不走这样的路。某种意义上讲，模仿也是进步，但到了一定阶段，只靠模仿就一定无法进步。中国现主要是世界“加工厂”和世界“组装车间”，未来应成为世界的现代化大工业制造基地，应该是世界“办公室”和世界“创造基地”，成为资本密集、技术密集和人才密集的区域。中国制造业长期在国际产业链和价值链中处于低端，今后应主要向高端发展。

提升中国制造业发展水平，应特别注重生产性服务贸易的发展，促进现代制造业与现代服务业高度融合，细化深化专业分工，把生产过程中的服务流程部分分离出去，通过服务流程的再造，提高制造业的资源整合和利用水平。生产性服务贸易在服务贸易中的比重，直接反映了一个国家制造业的工业化程度和现代化程度。中国服务贸易还不够发达，主要原因在于制造业中的高端服务环节尚未充分形成，高端服务无法分离出来成

为可贸易的服务产品，例如中国的工业设计服务能力较低，难以创造出具有自主知识产权的专利、品牌等价值量高的服务和产品。

中国制造业的发展到了一个重要的转型时期，到了需要进行设计研发创造、品牌价值创造和营销渠道创造等高端服务环节创造利润、创造附加值的阶段。服务贸易的发展对提升中国的产业层次和地位具有重要作用。必须抓住国际资本向服务业和高技术产业转移的契机，积极吸引优质跨国公司，形成跨国公司在中国的先进服务业基地、先进制造业基地、研发中心和地区总部，通过服务外包的“溢出效应”，促进中国进入全球产业链的高端环节，在利润创造、效率提升和创新方面赶上世界水平。制造业流程管理和生产性服务业的专业化、精细化、系列化经营，使得制造业中的服务环节可以像制造环节一样离岸经营，可以将服务环节在全球外包布局并高效配置资源，可以把制造业中的工业设计服务、现场安装服务、技术支持、生产流程控制咨询、物流服务等以往隶属于制造业的辅助业务，从制造业中剥离出来并形成专业化的服务机构。

4. 提升中国现代服务业发展水平，开辟崭新的财富创造方式

世界各国产业结构变动的一般规律，是农业在国民经济中的份额持续下降，工业份额在工业化阶段迅速增长，服务业份额在工业化中后期持续上升，劳动力从农业先转移到制造业，进而转移到服务业，最终形成服务业在国民经济增长中占据主要份额的局面。一个国家向国际市场提供服务的能力，直接受其国内服务业发展水平的影响。20 世纪 80 年代后，发达国家服务业加速发展，制造业随着在全球配置资源而在其本国市场的比重相对降低，日益兴起的现代服务业，在发达国家经济增长中成为新动力。服务业发展水平成为衡量一个国家现代化程度和社会经济发达程度的重要标志，也成为发展服务贸易的基础和支撑。

随着构建“双循环”新发展格局，中国服务业正面临着巨大的发展机遇。大力发展服务贸易，成为发挥现代流通对经济运行先导性作用的高端和前端，也成为通过服务贸易带动和提升现代服务能力，形成在国际市场交易和交换、创造增值价值的财富实现方式。使服务业尤其是现代服务业成为国民经济的主导产业，是提高中国服务贸易水平的根本措施，是推进经济结构调整、实现高质量发展的必由之路，是有效缓解能源、资源短缺瓶颈制约和提高资源利用效率的迫切需要，是适应对外开放新形势、实现综合国力整体跃升的有效途径。

5. 解决大量高素质人才的就业问题

服务贸易特别是离岸外包转移的工作岗位，主要集中在知识密集型和服务技术密集型行业。发展服务贸易，关键是把高端劳动力变为有竞争力的人才。越来越多的精通外语、掌握世界前沿科技、与海外市场联系广泛的人才脱颖而出，将为中国发展高端服务

贸易奠定重要基础。

当前，跨国公司向中国转移服务环节，已不单满足于从一般劳动者身上获取剩余价值，它们更看好的是能够创造更多价值的高素质人才，是中国能源源不断地提供它们现在和将来所需要的人力资本。相比发达国家，中国要素价格的比较优势明显，特别是劳动力价格，不仅普通产业工人的劳动力价格仍具有优势，高级设计师和高端人才的劳动力价格同样具有比较优势。

承接外包服务可以拓展更多的现代服务业发展，创造更多的高端人才就业岗位，把中国的高端劳动力造就为可以创造更多财富的人力资本，同时缓解目前的就业压力，解决高素质人才的就业问题。当下高素质人才就业难的关键原因不仅是教育问题，更重要的是没有适当的产业来吸纳他们，发挥其智力优势。服务外包提供的就业规模巨大，不亚于当年制造业向中国转移所创造的机会。对中国而言，"世界工厂"的头衔还不可丢弃，但也不能忽视由服务外包所带来的世界"办公室"这一机遇。当出现世界服务从人力成本高的地区向成本低的地区转移，大量服务性、知识性的白领岗位重新布局的潮流时，主动予以承接和吸纳，就为本国高素质人才就业找到了出路。

通过大力发展服务贸易，转变经济和对外贸易增长方式，提升制造业和现代服务业发展水平，改善在国际分工中的地位，提高承接离岸服务外包的能力，以新的方式引进服务业外商投资，增加服务业对外投资，发挥高端人才的比较优势，发展出口导向型服务业，这是当前中国应做出的战略抉择。

（二）中国服务贸易发展的特点

1. 增长速度较快，占比持续攀升

改革开放以来，中国服务贸易规模不断扩大，在全球服务贸易总额中所占比重逐步上升。服务贸易进出口总额从 1982 年的 47 亿美元，增长到 2017 年的 6957 亿美元，年均增长 15.4%（见表 8-3）。国家统计局数据显示，2018 年和 2019 年，中国服务贸易总额分别为 7919 亿美元和 7434 亿美元。2014—2019 年，中国服务贸易总额已连续 6 年居世界第二位，仅次于美国。

表 8-3 1982—2017 年中国服务贸易进出口额、增长率及贸易差额

年份	进出口		出口		进口		差额 / 亿美元
	金额 / 亿美元	同比 /%	金额 / 亿美元	同比 /%	金额 / 亿美元	同比 /%	
1982	47	—	27	—	20	—	6
1983	48	1.4	28	3.6	20	−1.5	8

续表

年份	进出口		出口		进口		差额 / 亿美元
	金额 / 亿美元	同比 /%	金额 / 亿美元	同比 /%	金额 / 亿美元	同比 /%	
1984	59	24.9	31	11.7	29	43.3	2
1985	56	−5.5	31	0.3	25	−11.7	6
1986	61	9.2	39	24.6	23	−9.8	16
1987	66	7.0	41	5.7	25	9.2	16
1988	87	32.5	51	24.9	36	45.0	15
1989	101	16.2	62	21.2	39	8.5	23
1990	124	22.8	81	30.0	44	11.3	37
1991	137	10.1	95	18.4	41	−5.3	54
1992	220	61.0	126	31.7	94	128.9	31
1993	266	20.9	146	15.9	120	27.6	25
1994	365	37.1	202	38.5	163	35.4	39
1995	496	36.0	244	20.9	252	54.7	−8
1996	506	1.9	280	14.6	226	−10.5	54
1997	622	23.0	342	22.4	280	23.8	63
1998	519	−16.6	251	−26.8	268	−4.0	−18
1999	610	17.6	294	17.2	317	17.9	−23
2000	712	16.7	350	19.3	362	14.3	−11
2001	784	10.2	392	11.8	393	8.6	−1
2002	928	18.2	462	18.0	465	18.5	−3
2003	1066	15.0	513	11.0	553	18.9	−40
2004	1452	36.2	725	41.3	727	31.5	−2
2005	1683	15.9	843	16.3	840	15.5	3
2006	2038	21.1	1030	22.1	1008	20.1	21
2007	2654	30.2	1353	31.4	1301	29.0	52
2008	3223	21.4	1633	20.7	1589	22.1	44
2009	3025	−6.1	1436	−12.1	1589	0.0	−153
2010	3717	22.9	1783	24.2	1934	21.7	−151
2011	4489	20.8	2010	12.7	2478	28.2	−468
2012	4829	7.6	2016	0.3	2813	13.5	−797
2013	5376	11.3	2070	2.7	3306	17.5	−1236
2014	6520	21.3	2191	5.9	4329	30.9	−2137

续表

年份	进出口		出口		进口		差额 / 亿美元
	金额 / 亿美元	同比 /%	金额 / 亿美元	同比 /%	金额 / 亿美元	同比 /%	
2015	6542	0.3	2186	−0.2	4355	0.6	−2169
2016	6616	1.1	2095	−4.2	4521	3.8	−2426
2017	6957	5.1	2281	8.9	4676	3.4	−2395

资料来源：WTO 国际贸易统计数据库（International Trade Statistics Database），中国商务部服务贸易统计。

2. 出口额占贸易出口额的比重偏低

长期以来，在中国对外贸易出口中，货物贸易出口额一直远高于服务贸易出口额。目前中国已成为世界货物贸易第一大国，而服务贸易发展时间较短，出口额也相对较低。中国服务贸易仍处于初级发展阶段，与货物贸易发展相比明显滞后。从全球范围来看，世界服务贸易出口占比平均在 20% 左右，即货物出口占比一般维持在 80% 以下。以 2019 年为例，中国服务贸易出口额为 2420 亿美元，货物出口总额为 24990 亿美元，服务贸易出口占全部出口的比例不到 10%，不及世界平均水平的一半。

3. 以传统服务贸易为主体，新兴服务贸易部门增速较快

20 世纪 80 年代，中国服务贸易所涉及的领域逐步扩大，国际旅游、银行及保险、对外工程承包和劳务合作、技术贸易等取得了较快发展，其中国际旅游收入和银行收入在整个服务贸易出口额中的占比最大。20 世纪 90 年代后，新型服务的贸易额在上升，但传统服务贸易依旧占据主导地位。进入 21 世纪以来，服务贸易的主要项目既有运输、旅游、建筑服务等传统出口项目，通信、保险、信息等新型服务项目也在快速增长。中国服务贸易的优势部门主要集中在传统项目上，对货物贸易的依赖性较强，同货物贸易直接关联的传统服务贸易发展较快，运输及旅游服务贸易的出口占中国服务贸易出口的一半以上。而在全球服务贸易量较大的金融、保险、咨询、计算机信息服务等技术密集和知识密集型的高附加值服务行业，中国仍处于初级发展阶段，国际竞争力还不高。

4. 服务贸易处于长期逆差状态

1995 年中国服务贸易开始出现逆差。进入 21 世纪第二个 10 年后，服务贸易逆差扩大态势明显。根据商务部统计数据，2009 年，我国服务贸易总额为 3025 亿美元，其中出口额为 1436 亿美元，进口额为 1584 亿美元，逆差为 148 亿美元。2019 年，我国服务贸易总额为 7434 亿美元，其中出口额为 2420 亿美元，进口额为 5014 亿美元，逆差达 2594 亿美元。

5. 贸易伙伴主要集中在发达国家和地区

中国服务贸易的对象主要集中于发达国家和地区。以 2018 年为例，中国香港、美国、

欧盟、日本和东盟为中国的前五大服务贸易伙伴，中国与它们的服务贸易额约为 4355 亿美元，占中国服务贸易总额的 55% 左右。其中最大的服务贸易伙伴为中国香港，服务贸易金额为 1584 亿美元，占中国服务贸易总额的比重为 20%；美国是中国的第二大服务贸易伙伴，金额为 1346 亿美元，占中国服务贸易总额的 17% 左右。

6. 服务贸易地区发展不均衡

服务贸易的特殊性，使得中国服务贸易主要集中在沿海发达地区，地区发展水平极不均衡。沿海发达地区由于具备优越的地理条件和较发达的现代服务业，在运输、保险、计算机和信息、咨询及广告服务等领域较中西部地区具有明显的优势，是目前中国服务贸易主要的出口地区。特别地，北京、上海、广东三地的服务进出口额占到全国的 60% 以上。

第三节　中国服务贸易竞争力的提升

改革开放以来，中国服务业取得了长足发展，服务贸易也增长迅速，占世界服务贸易的比重和位次均有很大提升。然而与当今世界服务贸易强国相比，中国服务贸易的差距还相当明显，实现成为服务贸易强国的目标依然任重道远。

一、中国服务贸易竞争力分析

贸易竞争力指数（trade competitive power index），即 TC 指数，是分析一国（地区）服务贸易国际竞争力时较常使用的测度指标之一，它表示一国进出口贸易的差额占其进出口贸易总额的比重，常用于测定一国某一产业的国际竞争力。该指标作为一个与贸易总额的相对值，剔除了通货膨胀等宏观因素波动的影响，即无论进出口绝对量是多少，指数值均在 ±1 之间。指数值越接近 0，表示竞争力越接近于平均水平；指数值越接近 1，则表示竞争力越大，等于 1 时表示该产业只出口不进口；指数值越接近 −1，表示竞争力越薄弱，等于 −1 时表示该产业只进口不出口。

表 8-4　1997—2017 年中国服务贸易行业竞争力指数

年份	总体	运输	旅游	建筑	保险	金融	计算机及信息	专利费和特许费	其他商业
1997	−0.10	−0.55	0.09	−0.34	−0.71	−0.84	−0.47	−0.82	0.19

续表

年份	总体	运输	旅游	建筑	保险	金融	计算机及信息	专利费和特许费	其他商业
1998	－0.09	－0.57	0.16	－0.31	－0.64	－0.72	－0.43	－0.74	0.07
1999	－0.09	－0.53	0.13	－0.22	－0.81	－0.20	0.09	－0.83	0.02
2000	－0.08	－0.48	0.11	－0.25	－0.92	－0.11	0.15	－0.88	0.07
2001	－0.08	－0.42	0.12	－0.01	－0.85	0.12	0.14	－0.89	0.12
2002	－0.08	－0.41	0.14	0.13	－0.88	－0.28	－0.30	－0.92	0.28
2003	－0.04	－0.40	0.07	0.04	－0.87	－0.21	0.03	－0.94	0.40
2004	－0.07	－0.34	0.15	0.05	－0.88	－0.19	0.13	－0.90	0.31
2005	－0.06	－0.30	0.15	0.23	－0.92	－0.05	0.06	－0.94	0.29
2006	0	0	0	0	－0.15	－0.05	0.01	－0.31	0.01
2007	0	0	0	0	0	0	0	0	0
2008	0	0	0	0	－0.01	0	0	－0.01	0
2009	0	0	0	0.	0	0	－0.01	0	0
2010	－0.04	－0.30	－0.09	0.26	－0.80	－0.02	0.44	－0.88	0.12
2011	－0.10	－0.39	－0.20	0.20	－0.74	0.06	0.47	－0.90	0.13
2012	－0.17	－0.37	－0.34	0.23	－0.72	－0.01	0.50	－0.89	0.17
2013	－0.23	－0.43	－0.43	0.27	－0.69	－0.07	0.38	－0.92	0.17
2014	－0.33	－0.43	－0.68	0.24	－0.66	－0.04	0.31	－0.94	0.41
2015	－0.33	－0.38	－0.70	0.38	－0.28	－0.06	0.39	－0.91	0.32
2016	－0.37	－0.41	－0.71	0.39	－0.51	0.23	0.36	－0.91	0.25
2017	－0.34	－0.43	－0.74	0.26	－0.44	0.39	0.18	－0.71	0.30

资料来源：根据 1997—2017 年《中国国际收支平衡表》整理计算。

由表 8-4 可以看出，整体而言，中国服务贸易竞争力较为薄弱。中国服务贸易竞争力指数长期为负数，表明中国服务贸易整体上仍处于比较劣势，服务贸易的国际竞争力较弱。1997—2017 年，从各具体行业上看，中国服务贸易进出口结构不平衡。只有建筑服务和其他商业服务的贸易竞争力指数长期保持在正数状态，具有一定的竞争力。近年来旅游业的竞争力呈现出越来越弱的态势，说明出境游比重越来越大于入境游。而一向被认为属于劳动密集型的运输服务的贸易竞争力指数却长期呈负数，这是因为自 20 世纪 80 年代以来，随着远洋集装箱运输的盛行，运输服务已日益向资本、技术密集型服务方向转变，而中国在资本、技术两方面的基础还较薄弱，越来越显现出相对的比较劣势。建筑服务的贸易竞争力指数近年来有所改善，这主要是由于中国建筑行业劳动力资源丰富且劳动力成本低，使其具有了一定的比较优势。计算机和信息服务大多时间内呈现出正数状态，其优势获得主要是依靠国家政策性垄断和服务外包的发展。在保险、金融、专利权使用费和特许费等高附加值的服务贸易领域，贸易竞争力指数基本上为负数，反映出中国资本和技术密集型服务贸易的国际竞争力水平较低，特别是专利权使用费和特许费在21年间的TC指数平均值为−0.73，表明该行业对进口的依赖较大。

通过以上分析可知，中国服务贸易在劳动密集型服务部门具有较强的国际竞争力，而资本技术密集型服务部门的出口竞争力较弱。中国应抓住当前国际产业结构梯度转移以及共建"一带一路"的机遇，积极推动服务业"走出去"，大力发展服务贸易。

二、提升中国服务贸易竞争力的策略

提升中国服务贸易竞争力，不是一件可以一蹴而就的事情。服务贸易的发展比货物贸易的发展涉及的面更广，政策、策略等因素也更为复杂，必须采取综合措施全方位推进。

（一）加速发展国内服务业

一个国家服务业的发展程度，直接决定着该国服务贸易的发展程度。如果没有发达的服务业作为基础，服务贸易就不可能具有较强的国际竞争力。近年来，中国服务业发展较快，2013年服务业增加值在GDP中的占比首度超过制造业，2019年服务业占GDP的比重达53.9%。数据显示，全球平均服务业占比在60%以上，美国等高收入国家达到70%或80%。这也说明服务业占比与一国经济结构升级和经济发展息息相关。中国服务业发展还有巨大空间。只有加快发展现代服务业，进一步提高服务业在国民经济中的比重，才能为中国服务贸易竞争力的提升打下坚实的产业基础。

（二）优化服务产业结构，促进服务业产业升级

随着科学技术的日新月异，世界服务业的发展逐步由劳动密集型向资本密集型、技术和知识密集型转变。产业性质决定贸易性质，资本、技术、知识密集型的服务项目在贸易中的份额不断扩大。基于国情和经济发展水平的现实，中国服务业的产业内部结构仍以劳动密集型服务业为主。然而，要想使服务出口有较大发展，必须优化现有出口结构，跟上世界服务产业和服务市场变化的步伐。

当前，中国应大力发展现代服务业，为服务贸易发展提供基础条件。在借鉴国际成功经验的基础上，以承接国际服务离岸外包为切入点，以国内制造业业务流程再造、分

离辅助业务和服务环节为突破口，积极发展基础性服务业和现代服务业，提高服务业的开放程度，积极参与服务业全球化进程，为中国发展服务贸易创造社会基础和经济基础。因此，要在充分发挥劳动密集型服务业竞争优势的同时，分阶段、有重点地发展高层次的技术、知识密集型服务产业，优化服务业内部结构，不断提升服务贸易的技术档次，使服务业发展真正建立在提高劳动生产率的基础之上。

（三）发挥比较优势，创造新的竞争优势

在优化中国服务出口结构、促进服务产业升级的过程中，要注意处理好发挥比较优势与培育竞争优势的关系。中国服务贸易方面的比较优势集中于旅游、对外工程承包等劳动密集型领域，在扩大开放的情况下，应进一步发挥好这些领域的优势，扩大出口。与此同时，要以国际市场为导向，大力发展信息、科技、咨询、金融等对中国总体服务贸易国际竞争力有较大影响的战略性行业，创造新的竞争优势。积极发展新兴服务业，如物业管理、社区服务、教育培训等服务，以尽快缩短与发达国家的差距。

（四）多方式、多层次地发展服务出口

长期以来，中国服务出口主要表现为劳务输出和消费者移动，而跨境交付和商业存在方式则运用得不多。因此，应从发展服务业的角度，突破狭隘传统的服务贸易范畴，利用多种方式发展服务贸易出口。

此外，还应多层次发展服务出口贸易。除了投资传统的维修、保养、售后服务等业务外，还可投资设立一些高附加值的综合型服务企业，如国际咨询、综合型的技术服务公司、工程设计服务公司等专业性强的服务性企业。

中国国际服务贸易交易会（以下简称“服贸会”）脱胎于中国（北京）国际服务贸易交易会（以下简称“京交会”）。2020 年，全新的服贸会正式取代京交会，成为国际级、国际性和综合型的服务贸易平台，同中国国际进口博览会（以下简称“进博会”）、中国进出口商品交易会（以下简称“广交会”）一起，成为中国对外开放的三大展会。目前，服贸会是全球首个且规模最大的服务贸易领域综合展会。我国服务贸易一直处于逆差地位，贸易的质量和核心竞争力不强，而服贸会的举办有利于我国服务业企业和品牌“走出去”，促进服务贸易出口，提升服务产品的附加值和质量，改变贸易逆差地位。

（五）增强服务业企业的国际竞争力

服务业发展与服务出口的扩大，最终都取决于企业的国际竞争力。我国应鼓励非公有制经济在更广领域参与服务行业竞争，加快国有企业改革步伐，建立起规范的现代企

业制度。要加快企业兼并重组，尽快培育具有中国特色的跨国企业集团，通过开展专业化、集约化、规模化的生产经营，增强竞争实力、经营活力和规避风险的能力。与此同时，鼓励中小型服务企业进军国际市场，促进其积极参与国际竞争。

（六）加大教育力度，大力开发人力资源

国际服务贸易的开展离不开了解并能熟练从事国际商法、国际运输、国际金融、国际商务代理、国际旅游、国际展览、国际通信网络等方面业务的人才。鉴于人力资本在服务业和服务贸易中的巨大作用，各国在发展服务贸易的同时，都会重点关注本国人力资本要素的提升。当前，中国服务贸易的专业人才还比较匮乏，特别是一些新兴服务业和知识型服务业所需的外向型高层次、复合型人才。因此，有必要制定人力资源开发和素质提高计划，有步骤地开发、培训人力资源，通过多种渠道，培育出一大批既懂外语、掌握专业技能，又具有现代管理理念、新的思维模式和开拓创新精神的高级专业人才，以满足服务贸易快速发展的需要。在开发人力资源的同时，必须建立有效的激励机制，使企业培养的人才能够继续为企业所用。

（七）加强政府对服务企业的扶持

波特的国家竞争优势理论认为，要素条件、需求条件、相关及支撑产业，以及企业的战略、结构和竞争这四个基本要素，加上机遇和政府这两个辅助要素，将决定一个国家某一产业的国际竞争力。虽然该理论是以发达国家的市场经济为研究基础的，但对中国这样的经济转型国家同样具有指导意义。就中国服务贸易的国际竞争力来说，政府可采取多种手段，选择一批有潜在优势的新兴服务业、知识型服务企业进行重点扶持。例如，可采取鼓励性税收政策，对这些企业实行减免税。政府在采购方面可实行倾斜，对于能满足其需要的服务，优先考虑这些企业。政府还应重点考虑这些企业的人才配置和培训，帮助其尽快获得更多、更准确的国际服务贸易信息等。

（八）建立和完善服务贸易统计体系，建立与国际接轨的服务贸易指标体系

为建立符合国际规范的服务贸易统计体系，科学、有效地开展服务贸易统计工作，并为国家制定服务贸易政策提供数据信息服务，根据我国《对外贸易法》和《统计法》及其实施细则，我国制定了《国际服务贸易统计制度》，并于 2008 年 1 月 1 日颁布实施。其后，为完善服务贸易统计体系，促进服务贸易健康发展，商务部、国家统计局遵循国际服务贸易统计的最新标准，借鉴世界发达国家的服务贸易统计方法，并结合近年来我国服务贸易发展的实际情况和特点，对上述《国际服务贸易统计制度》做了数次修订，

新版《国际服务贸易统计制度》自2014年9月起施行。

（九）确定服务贸易发展的重点区域

在区域布局上，应先从制造业和服务业发展水平较高的长江三角洲、珠江三角洲和环渤海经济圈开始，实现服务贸易对部分货物贸易的替代。当前，上述地区的货物贸易由于受到劳动力成本上升、环境保护等因素的影响，所受压力加大。而服务贸易的特点，决定了上述地区通过大力发展服务贸易，可实现对部分货物贸易的替代。这种安排一方面可以摆脱一部分货物贸易的压力，另一方面又可以实现宏观产业结构的调整和优化升级。

思考题

1. 试说明服务贸易的含义及特征。
2. 简述世界服务贸易迅速发展的原因及特征。
3. 服务贸易壁垒的特点是什么？服务贸易壁垒是如何分类的？
4. 《服务贸易总协定》的主要原则有哪些？
5. 中国服务业开放的主要原则和策略包括哪些？
6. 试论述中国发展服务贸易的主要意义。
7. 举办中国国际服务贸易交易会的意义主要体现在哪些方面？
8. 简述中国服务贸易发展的特点。提升中国服务贸易的竞争力，应重点从哪些方面着手？

第九章

中国数字贸易

近年来，随着现代信息技术在全球范围内的深度应用以及数字经济的快速发展，以互联网为基础的数字贸易蓬勃兴起。不同于电子商务，数字贸易运用数字技术进行研发、设计和生产，并通过互联网和现代信息技术手段，为用户交付产品和服务，是以数字服务为核心、数字交付为特征的贸易新形态。当前，我国数字贸易已初具规模，正成为"双循环"中的重要业态，是中国对外贸易和开放型经济最大的增量空间。未来，我国将以提升数字贸易竞争力为核心，建设数字贸易大国，同时积极参与国际数字贸易规则制定，增强在全球数字贸易治理中的话语权。

第一节　数字贸易概述

一、数字贸易的兴起

技术进步是经济增长的源泉。当前，正在兴起的第四次工业革命以互联网、人工智能、大数据等新兴数字技术为代表，给人们的生产方式和交易方式带来了巨大变革。数字贸易正是基于各类数字技术的研发、生产和应用而产生的。在数字技术推动下，传统国际贸易体系正在向以数字贸易为中心的新型国际贸易体系升级。

（一）技术进步推动数字贸易兴起

近半个世纪以来，随着互联网、通信技术及数字化技术快速发展，人工智能、物联网、增材制造、3D 打印和区块链等数字技术不断渗透于人们的生产和生活之中。20 世纪

90年代初至今，全球电信互联网终端用户订阅量年均增长13%[①]。其间，跨境带宽使用量提升100多倍，全球数据呈爆发式增长。2018年，全球互联网用户为38.9亿人，占全球总人口的51.3%。继资本、劳动、土地等传统生产要素之后，数据成了新的生产要素，数据优势也成为企业除人才、资本及传统技术优势之外的又一项核心优势。据统计，移动互联网技术和服务直接或间接地创造了320万个工作岗位，产生经济价值3.9万亿美元，占2018年全球GDP的4.6%，已成为全球创新与经济发展的重要引擎。

随着互联网的创新与普及，即时信息沟通降低了信息搜寻成本，交易双方间的信息不对称问题得到较好解决，交易成本大幅降低。企业可根据终端用户的消费习惯和体验反馈，实现定制化生产与精准服务。在数字技术作用下，实物产品和服务可转化为数字形式，用户足不出户即可进行产品与服务交易。数字平台的拓展将全球价值链上的各个参与者连接起来，实现了“全球买、全球卖”的交易格局，数字贸易因而如雨后春笋般迅速勃发。

（二）经济结构嬗变推动数字贸易兴起

经济全球化中，世界经济正朝着服务经济的方向转型。绝大多数发达经济体的经济结构已呈现去工业化特征，服务业占其GDP的比重已经超过了第一、第二产业。在发达国家主推下，国际服务贸易发展突飞猛进。同时，主要发展中经济体正努力调整经济结构，服务业在其GDP中的比重也在持续攀升。在服务经济时代，制造业服务化与服务型制造实现了互相渗透，加之数字技术在服务业中愈加广泛的运用，催生了包括数字内容、搜索引擎、社交媒体以及云计算等在内的新型服务产业。这些均为数字贸易的兴起奠定了产业基础。

（三）消费习惯换挡推动数字贸易兴起

近年来，多数国家在互联网及通信基础设施建设方面进展迅速。互联网开阔了人们的视野，丰富了人们的社会生活，带来了足不出户知世界的时代。数字技术深刻改变了人们的生活方式，尤其是消费习惯。电子商务、移动互联网和智能手机的普及，使得人们可以即时购物和在线支付。同时，中产阶层的兴起和消费观念的转变，使得人们对包括进口商品在内的高质量产品的需求与日俱增，而网络购物能够突破物理时空约束的特点，正好满足了各国居民的需求。居民需求高企和消费习惯转变因而构成数字贸易兴起的市场基础。

---

① 数据来源于国际电信联盟（ITU）官方网站。

二、数字贸易的内涵

当前，国际上对于数字贸易的内涵尚未形成统一认识，部分主要国家及有关国际组织基于其自身认识，先后给出了关于数字贸易的定义范畴。

（一）美国的定义

数字贸易的概念最先由美国国际贸易委员会（USITC）提出。2013 年 7 月，USITC 发布研究报告《美国和全球经济中的数字贸易 I》，指出数字贸易是“通过互联网传输产品和服务的国内商务和国际贸易活动”。该报告界定数字贸易包括四个方面的内容：一是数字内容，如音乐、游戏等；二是社交媒体，如社交网络网站、用户评价网站等；三是搜索引擎；四是其他数字化产品和服务，如软件服务、在云端交付的数据服务等。由于该定义排除了大部分实体商品贸易，其范围相对狭窄。

2014 年 8 月，USITC 又发布了《美国和全球经济中的数字贸易 II》，对数字贸易的范围进行了扩延，将其定义为“互联网和互联网技术在订货、生产或交付产品和服务环节发挥重要作用的国内商务和国际贸易活动”。该定义已将实体商品在线购买纳入数字贸易的内容中，强调数字贸易是传统贸易的数字化体现。

2017 年 8 月，在其研究报告《全球数字贸易的市场机遇和主要贸易限制》中，USITC 再次修订了数字贸易的内涵，认为数字贸易可以是通过固定网络或无线数字网络开展的产品和服务交割，也包括电子商务平台上的在线商品和服务销售行为。该报告从六个方面阐述了数字贸易现状：一是互联网基础设施及网络通信服务；二是云计算服务，如数据处理、数据存储、数据分析和软件应用；三是数字内容、搜索和新闻服务；四是电子商务、数字支付和记录服务；五是产业中数字技术的应用，如与物联网相关的互联设备和数据管理技术、机器人数字技术、人工智能等；六是消费者通信服务以及互联设备，如智能家居、远程医疗监护、可穿戴设备等。

此外，2017 年美国贸易代表办公室（USTR）在其发布的《数字贸易的主要障碍》中指出，数字贸易是个宽泛概念，不仅指互联网上消费者产品和在线服务的买卖，也包括实现全球价值链的数据流、实现智能制造的服务以及各种形式的平台和应用。几乎每家企业都或多或少涉足数字化，并且每个行业都在运用数字技术参与国际竞争。

2017 年的 USITC 报告和 USTR 报告均未明确阐明数字贸易的定义，而是从多方面介绍发展数字贸易的做法。由此可见，美国并未深究数字贸易的内涵，而是通过模糊化处理，将任何与数字技术相关的产品、服务及商业活动均纳入其中。

（二）国际组织的定义

曾几何时，国际组织将电子商务等同于数字贸易。1998年，世界贸易组织在其《电子商务工作计划》中，将电子商务定义为“通过电子方式生产、分销、营销、销售或交付货物和服务”。其后一段时间里，该定义被普遍用作“数字贸易”的概念。

经合组织（OECD）指出，关于数字贸易的定义尚未达成世界共识，唯一的共识是，数字贸易包含由数字化技术促成的商品和服务的交易，这种交易可以是数字交付或是物理交付，其牵涉到消费者、企业和政府三方。这里强调，并非所有数字贸易都必须通过数字交付，例如从网上商城购买书籍然后线下交货，通过应用软件预订住宿然后现场付款等。此外，数字贸易的基础是数据流动，数据本身不仅是生产方式，也是可贸易的产品，是组织全球价值链和服务交易的方式。

2019年，经合组织、世界贸易组织和国际货币基金组织联合发布《衡量数字贸易手册》，其中提出了数字贸易的概念框架。该框架阐述了数字贸易在哪儿发生、如何进行、交易什么内容以及谁在进行交易这四个问题。该框架的提出是为制定贸易政策而服务的（如图10-1所示）。基于上述国际组织的阐释可知，它们对数字贸易的理解是广义的，且偏向电子商务形式。在这些国际组织看来，只要产品和服务是通过数字化渠道进行了交易并且存在支付行为，就可当作数字贸易，无论交易的产品和服务是实体还是数字形式。

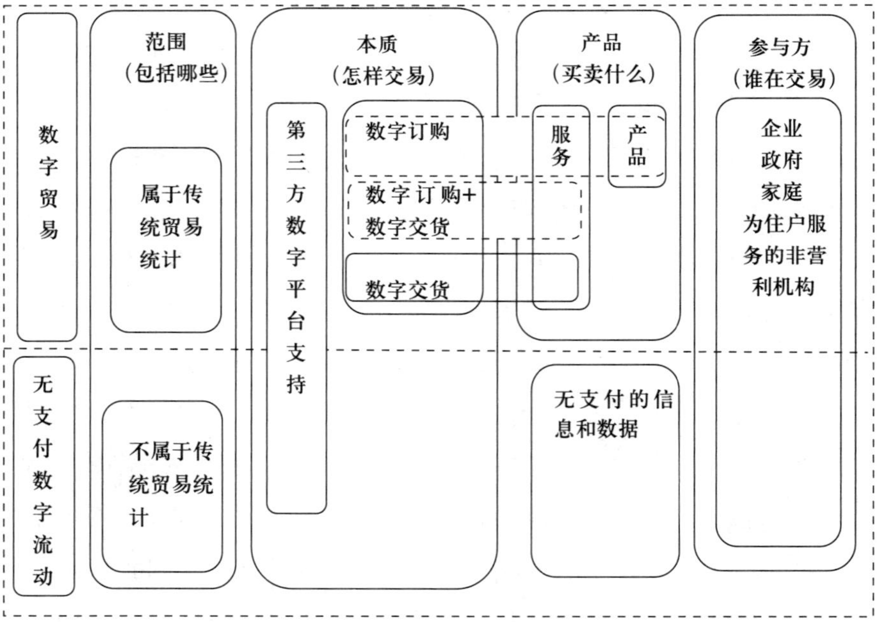

图10-1　数字贸易概念框架

资料来源：《衡量数字贸易手册》。

（三）中国的定义

在中国，关于何为数字贸易同样也存在不同解释。商务部研究院于 2018 年发布的报告中认为，数字贸易“分为数字货物贸易、数字服务贸易和数据贸易三类。其中数字货物贸易包括交易对象为数字货物的贸易和跨境电子商务，数字服务贸易包括服务贸易数字化内容（数字旅游、数字教育、数字医疗和数字金融等）和数字内容服务贸易（数字媒体、软件贸易等），数据贸易包括搜索引擎、通过云提供的数据服务和数据的跨境流动”[①]。

2019 年，上海市发布了《上海市数字贸易发展行动方案（2019—2021 年）》。这是我国首个省级行政区域发布的关于数字贸易的行动方案。该方案将数字贸易定义为：是数字服务与产品在线交付和高效交换的跨境贸易活动，是传统国际贸易在数字经济时代的创新和拓展，是外向型数字经济的核心内容和重要载体。根据该方案，上海市发展数字贸易主要涉及云服务、数字内容、数字服务的行业应用以及跨境电子商务这四个领域。

作为一种新兴事物，数字贸易的发展形式多样，且仍在不断演化之中，这自然带来其边界和内涵尚难以界定的问题。但可以确定的是，数字贸易发展速度惊人且正在迅速融入各行各业，将成为拉动经济增长的强大力量。

三、数字贸易与传统国际贸易的区别

数字贸易以现代数字技术为支撑，体现为一种新型国际贸易模式。与传统国际贸易相比，数字贸易在贸易标的物、贸易交易速度、贸易参与主体及贸易基础设施等方面，均有显著不同之处。

（一）贸易标的物

传统国际贸易中，贸易标的物是有形实体货物或无形服务。出于降低运输成本等方面的考虑，传统国际贸易合同的标的物多为批量大、金额高的商品。数字贸易问世后，部分货物和服务被数字化形式所取代。例如，传统纸质书籍和录影带变成了电子书和音像文件。再如，跨国公司可将医疗假肢及其零部件等产品生产所需的标准化技术文件出口至第三方，再由第三方基于 3D 打印技术在当地进行生产和交易。传统的出国旅游预订酒店，也变成足不出户即可在线预订酒店住宿等。由于数字贸易，货物和服务的物理空间被打破，低价值、小批量商品的进出口交易成为现实。

---

① 李俊 . 全球服务贸易发展指数报告（2018）：数字贸易兴起的机遇与挑战 [M]. 北京：社会科学文献出版社，2018.

（二）贸易交易速度

传统进口业务中，买方必须首先寻找适合的供应商，了解对方产品在数量、价格、质量等方面是否满足自己的要求，再将详细的采购计划和需求信息传递给供应商。供应商根据买方要求组织生产，若产品达标则双方签订合同，然后卖家发货，买家付款。整笔业务流程耗时长、速度慢。而在数字贸易下，跨境电子商务无时间限制，可全天候地进行网上交易，被称为“永不打烊的市场”。各类对外贸易第三方平台层出不穷，买家可通过第三方平台 24 小时浏览海量卖家信息，所有企业和产品的信息公开透明，买家可以轻松地货比三家，定位心仪的产品，然后与卖家即时接洽相关事宜。并且，卖家网站通常会提供订购交互格式框，买家一旦确定订购意向，只需在线填完订购单，合同即刻生效。整个交易流程时间短、效率高。

（三）贸易参与主体

一笔传统的出口业务，各环节所涉及的利益方众多，包括生产企业、出口企业、进口国批发企业、进口国零售商、进口国终端消费者等。众多利益方之间的信息传递、关系协调十分复杂。不仅生产方与供货方必须相互协调好，相关银行、配送物流中心、通信和技术服务等多个部门也需要通力协作，才能保障出口业务的顺利运作。与之相比，数字贸易下的综合服务平台，能够将生产方、出口方、银行、保险公司、货运公司、海关等一系列与进出口业务有关的单元整合起来，为出口方提供市场信息匹配、寻找货源、保险、结汇、融资、通关等一系列服务，传统贸易中出口方必须处理复杂关系的问题迎刃而解。在现今典型的跨境电子商务业务中，所涉及的当事人仅有出口方、服务平台和进口国终端消费者三方，这大大降低了出口业务的从业门槛。同时，传统国际贸易中的买卖双方通常均为企业，业务体现为由跨国公司主导的 B2B（business to business）形式；而在数字贸易中，由于市场准入门槛降低，小微企业及微商应运而生，单独个体也可在线直接跨国销售产品，传统国际贸易中的 B2B 已部分被 B2C（business to customer）、C2C（customer to customer），甚至是 C2B（customer to business）所取代。

（四）贸易基础设施

传统国际贸易的运输方式以集装箱式海洋运输为主，同时辅以铁路运输、航空运输等，因而海陆空交通基础设施是传统国际贸易运行的基础。在数字时代，数字贸易以数据为核心，利用互联网技术来展开进出口业务，宽带、互联网通信设施因此构成数字贸易开展的关键基础设施之一。此外，跨境电子商务作为数字贸易的一部分，其大部分交易属于小额零售形式，运输方式依赖邮政包裹、国际快递、专线物流和海外仓等，因而贸易国的物流服务体系也是重要的支撑设施。

第二节　全球数字贸易的发展

一、全球数字贸易的发展现状

近几年来，随着数字化技术的不断创新和广泛应用，全球数字贸易高速发展，呈现出以下主要特点。

（一）全球数字贸易规模急剧扩张

当前，一半以上的全球服务贸易已实现数字化，超过 12% 的跨境货物贸易是通过数字化平台实现的。[①] 作为数字贸易重要方式的跨境电子商务，以年均超过 20% 的速度强劲增长。阿里跨境电商研究中心与埃森哲（Accenture）联合发布的《全球跨境 B2C 电商趋势报告》显示，全球跨境 B2C 高达 27% 的年均增长，将使全球市场规模由 2014 年的 2300 亿美元提升至 2020 年的近 1 万亿美元；跨境 B2C 电商的消费者人数，也将由 2014 年的 3.09 亿人增加到 2020 年的超过 9 亿人，年均增幅超过 21%，从而形成一股强劲的数字消费力量。

全球数字贸易的核心要素是数据，全球数据流量在增速上已超过传统贸易流量。麦肯锡（McKinsey）的研究显示，跨境宽带在 2005—2014 年间增长了 45 倍，2015 年到 2021 年预计将增长 9 倍 [②]。信息和通信技术（ICT）在这背后起到了重要支撑作用。ICT 产品和服务对数字贸易至关重要。2017 年，ICT 产品全球出口总额达 1.9 万亿美元，远超 ICT 服务的出口总额（2018 年 ICT 服务出口额为 5680 亿美元）。数字经济时代，人们享受电信通信和计算机服务变得更为轻松方便，越来越多的服务能够远程提供并进行贸易。很多跨国公司将其商业活动实施服务外包（如营销和管理咨询等业务），这为发展中国家的企业生产和出口服务提供了机遇。通过 ICT 网络进行远程交付的服务被称为数字化交付服务，包括保险服务、金融服务、电信通信服务、计算机和信息服务、音像视频服务等。2018 年，数字交付服务出口总计 2.9 万亿美元，占全球服务贸易出口的 50%，其中企

---

① 商务部 . 中国数字贸易和软件出口发展报告 2017[R].2018.

② McKinsey Global Institute. Digital Globalization：The New Era of Global Flows[R]. 2016.

业服务出口占了最大比重，出口价值为1.2万亿美元。2005—2018年，数字交付服务出口年均复合增长率为6%～12%，高于服务贸易出口6%的平均增长率。

（二）全球数字贸易发展不平衡

世界各主要经济体均已意识到数字贸易推动国家经济发展的潜能，竞相不遗余力地发展数字贸易。由区域看，发达经济体是数字贸易发展的引领者，但发展中经济体的增速较快。在跨境电子商务领域，美国占据全球36%的B2B销售额，其后依次为英国（18%）、日本（14%）和中国（10%）。在欧洲，跨境网购普及率也表现出较大的地区差异，最高的是马其顿和葡萄牙，普及率均为85%，而最低的地区只有2%。①

从ICT产品和服务贸易来看，ICT产品出口来源地高度集中于东南亚地区。2017年，ICT产品出口排名前10位的经济体，依次是中国、欧盟、韩国、中国台湾、新加坡、美国、马来西亚、墨西哥、日本和越南。这10个经济体的出口额占全球ICT产品出口总额的99.6%。ICT服务贸易出口来源地则主要集中在欧美发达国家。2017年，爱尔兰的ICT服务出口占其服务出口总额的约45%。同时，在数字交付服务贸易领域，发达国家占据市场主导地位，2018年其出口规模为2232.1亿美元，占全球出口总额的76%，2005—2018年的年均复合增长率约为6%，其收入主要来自知识产权使用费、金融服务、音像视频和其他服务。2018年，发展中国家的数字交付服务贸易规模仅为659.87亿美元，收入主要来自电信通信、计算机和信息服务，但2005—2018年的年均复合增长率却高达11%。其中，增长率最高的是亚洲地区。非洲、转型经济体、西亚以及拉美和加勒比地区的数字交付服务贸易虽然也在增长，但与其他地区相比，其规模明显偏小。②

（三）全球数字贸易发展以平台为依托

在数字贸易中，平台企业的市场地位凸出。平台企业是基于市场驱动而形成的，其将全球价值链上各环节的利益方联系起来，有助于中小企业更好地参与国际贸易。2015年全球平台企业的市场价值为4.7万亿美元，2017年升至7万亿美元，涨幅为67%。平台企业的实力分布也呈现出区域集中特性。美国平台企业的市值占全球总值的72%，亚洲地区其次，占据25%，欧盟地区仅占2%。并且，美国的跨国平台企业赚取的利润占全球50强最大平台公司利润的80%，欧洲公司仅占5%③。其中，亚马逊（Amazon）是全球消费者进行跨境购物的首选平台，截至2018年，全球24%的消费者选择亚马逊，14%的消费者选择

① 艾瑞咨询.2019全球跨境电商市场与发展趋势研究报告[R].2019.

②③ 联合国贸发会议（UNCTAD）.2019年数字经济报告[R].2019.

eBay。[①]

2016 年 3 月，在博鳌亚洲论坛上，阿里巴巴创始人马云建议搭建一个由政府、民间、企业三方共同参与的 eWTP 世界电子贸易平台（全称 Electronic World Trade Platform）。2017 年 12 月，在阿根廷举行的世界贸易组织第十一次部长级会议上，eWTP 与世界贸易组织、世界经济论坛（WEF）联合发布“赋能电子商务”合作机制，三方宣布建立长期对话机制。eWTP 建立的目的是帮助发展中国家、中小企业以及个体更便利地参与全球市场，让中小企业在世界经济舞台上有更多的话语权，并为跨境电子商务的健康发展营造良好的政策和商业环境。迄今为止，马来西亚、埃塞俄比亚等国已同阿里巴巴签约共建 eWTP。

（四）全球数字贸易发展受到规则制约

当前，数字贸易规则问题部分约束了数字贸易的持续发展，主要体现在以下三方面。

第一，统一多边数字贸易规则阙如。数字贸易是新兴事物，至今全球尚无一套成体系的通用权威规则。世界贸易组织虽于 20 世纪 90 年代中期意识到了数字贸易的发展潜力，并制定了某些规则，但其规则制定明显滞后于数字贸易的发展现实。同时，世界贸易组织并未出台专门的数字贸易规则，只是制定了部分与其相关的规则，分散在该组织框架下的一些主要协定文本及其附件中。

第二，数字贸易规则呈碎片化。近年来，区域贸易协定谈判风起云涌，世界贸易组织协定文本中缺失的数字贸易规则，正被越来越多的区域贸易协定纳入其中。据世界贸易组织统计，截至 2020 年 8 月，向该组织通报且已生效的 305 个区域贸易协定中，超过 70% 的协定包含了与数字贸易有关的条款。在这些条款中，有些部分复制了世界贸易组织的现有条款，但也有部分是高于世界贸易组织的承诺的。同时，由于签约对象不同，区域贸易协定中的数字贸易相关条款也存在差异。

第三，各国国内数字贸易规则分化。由于全球数字贸易发展不均衡，各国数字贸易的立法进度及管辖力度也不尽一致。例如，与美国相比，欧盟在数字产品方面落后明显，因而在数字产品贸易上采取更苛刻的税收政策，不同意对数字产品永久性免征关税。此外，美国对数据存储实行非强制本土化的规则，而以欧盟为代表的世界多数经济体，则倾向于实施数据存储强制本土化的政策。

综上，在多边贸易体制下，全球数字贸易壁垒增多，贸易保护主义高企，企业贸易成本加大。据美国《福布斯》杂志报道，在 2018 年 5 月欧盟正式实施一项数据保护条例前的两年间，美国财富前 500 强企业即花费了 78 亿美元的合规成本，中型企业在此两年

---

① 艾瑞咨询 . 2019 全球跨境电商市场与发展趋势研究报告 [R].2019.

间平均花费的合规成本为 55 万美元。[①]

二、世界主要经济体的数字贸易发展战略

近年来，世界各主要经济体纷纷意识到发展数字经济的重要性，将其作为未来经济增长的新引擎，先后制定了自己的数字经济发展战略。鉴于数字贸易是数字经济的组成部分，各经济体的数字贸易发展战略在内容上主要体现于其数字经济发展战略之中。

（一）美国的战略

美国是最早倡导数字经济的国家，也是第一个制定数字经济发展战略的国家。1998 年，美国商务部发布了一份研究信息技术对经济产生影响的报告——《浮现中的数字经济》。该报告并未直接提及数字贸易，但开启了美国对新型贸易方式的探索。截至 2020 年 2 月，美国商务部已先后就数字经济发布了 13 份重磅报告，探讨数字经济领域的热点问题。特别地，2015 年 11 月美国商务部发布了《数字经济议程》，内容涉及营造自由开放的互联网、增强网络信任、提高互联网渗透率和推动创新四个方面，目的是帮助企业和消费者认识到数字经济推进经济增长和就业的潜力。为了推进该议程，美国商务部成立了数字经济咨询委员会，由其定期听取行业、学术界及民间团体的意见。

自 2013 年起，美国数字经济战略重点开始聚焦于数字贸易。USITC 发布了与数字贸易直接相关的多份报告，对美国数字贸易发展方向进行擘画。2016 年 7 月，USTR 成立数字贸易工作组，主要任务是汇总美国企业在参与全球数字贸易中遭遇的壁垒。自 2016 年起，USTR 每年均评估数字贸易的主要障碍，并在日后的世界贸易组织或双多边谈判中，以此为依据推行有利于其本国的数字贸易规则主张。

此外，1998 年以来，美国政府还制定了一系列与数字技术相关的战略规划，如 2011 年的《联邦云计算战略》、2012 年的《大数据研发倡议》、2013 年的《支持数据驱动型创新的技术与政策》、2016 年的《联邦大数据研发战略计划》及 2018 年通过的《网络外交法案》等。这些政策文件为美国数字贸易的扩张提供了更为全面的支撑。

（二）欧盟的战略

欧盟于 2010 年制定了“欧洲 2020 战略”，其宗旨是将欧洲经济打造成智能型、可持续、包容性的经济。该项战略明确了七项旗舰计划，其中之一即为“欧洲数字议程”，要

① 赵福帅 . 全球最严个人数据保护法 GDPR 实施之后 [J]. 凤凰周刊，2018（656），2018-07-05.

求加速启动高速互联网建设，在欧洲地区构建数字单一市场。

2012 年 12 月，欧盟公布了《2013—2014 年欧洲数字经济优先发展计划》，内容主要包括创造新的稳定的宽带管理环境、发展新的公共数字服务设施、制定网络安全战略和规范、更新欧盟版权框架、通过政府采购推动云计算发展、制定新的电子业战略等。欧盟将工作重点优先放在增加对宽带领域的投资上，期望发挥数字产业对欧洲经济复苏的最大促进作用。

为了消弭成员国之间的法律监管差异，2015 年 5 月，欧盟委员会出台了《数字单一市场战略》，目的是通过打破欧盟境内的数字市场壁垒，推进欧盟网络互联互通，实现数据资源的自由流动，进而为个人和企业提供优良的数字产品和服务。该战略的出台，标志着欧盟的关注重点开始向数字贸易领域聚焦。

2017 年 11 月，欧洲议会国际贸易委员会通过了《数字贸易战略》报告，涵盖电子商务、网络中立、保护在线消费者等议题。该报告同时指出，欧盟应对数字贸易的国际规则与协定设立标准，确保第三国开放数字产品和服务，应让贸易规则为消费者创造利益，促进数字贸易尊重消费者的基本权利。此外，该报告还呼吁欧盟应尽快在贸易协定中设立数据流动章节，禁止强制性要求数据本土化。欧盟《数字贸易战略》报告的内容，反映出其一方面确保跨境数据信息的自由流动，另一方面又将公民隐私和信息保护放在重要位置。

（三）日本的战略

日本较早就确立了以信息技术（IT）立国的战略。2001 年，日本制定并开始实施《e-Japan 战略》，目标是使日本到 2005 年成为世界上最先进的 IT 国家。该战略提出了制定电子商务交易规则、建设超高速互联网、建设电子政府等措施。2004 年，日本又推出基于物联网的国家信息化战略，又称《u-Japan 战略》，目标是到 2010 年将日本建成一个“无所不在”（ubiquitous）的网络社会。

日本的《i-Japan 战略 2015》于 2009 年出台。这是一项面向 2015 年的中长期信息技术发展战略，其重点是大力发展电子政府，推动公共部门信息化，积极实施以绿色信息技术为代表的环境、智能交通系统等重大项目。2018 年，日本经济产业省又发布了《通商白皮书》，呼吁政府应对跨境电子商务骤增的“数字贸易时代”，提出应建立自由公正的高水准贸易规则，并强调这将是日本企业的发展良机。

（四）中国的战略

中国数字经济起步虽晚于美国，但现已成为世界第二大数字经济体和全球最大的数字消费市场，在计算机出货量、手机出货量、网民数量、电商交易额、移动互联网、移动支付、5G、量子通信、云计算、在线教育等细分领域均为世界第一。这些成绩的取得与我国政府对数字经济的引导和扶持密不可分。

2015年，党的十八届五中全会提出要实施“互联网+”行动计划，发展共享经济和国家大数据战略。2016年国务院印发《国家信息化发展战略纲要》和《“十三五”国家信息化规划》，对中国信息化发展做出了战略部署，提出了网络强国战略。2017年，党的十九大提出要建设网络强国、数字中国和智慧社会，推动互联网、大数据、人工智能和实体经济深度融合。2020年4月，国家发展改革委和中央网信办联合印发《关于推进“上云用数赋智”行动 培育新经济发展实施方案》，支持在具备条件的行业领域和企业范围探索大数据、人工智能、云计算、数字孪生、5G、物联网和区块链等新一代数字技术应用和集成创新。

跨境电子商务在中国起步较早，发展成效较为显著，因而成为政府先期战略扶持的重点领域。2012年以来，国务院以及商务部和海关总署等部门相继出台了有关政策文件，如2012年的《关于利用电子商务平台开展对外贸易的若干意见》、2013年的《关于实施支持跨境电子商务零售出口有关政策的意见》、2015年的《关于促进跨境电子商务健康快速发展的指导意见》等。同时，数字产品与服务贸易也得到国家重视。2017年国家发展改革委公布《战略性新兴产业重点产品和服务指导目录》（2016版），其中包含了新一代信息技术产业和数字创意产业。

在国家宏观战略指导下，地方政府也在积极布局与数字贸易相关的区域发展战略。例如，2014年贵州省将发展大数据产业作为全省战略，2017年浙江省提出数字经济“一号工程”，2018年广东省制定《广东省数字经济发展规划（2018—2025年）》等。2019年，上海市发布了全国首份数字贸易发展行动方案——《上海市数字贸易发展行动方案（2019—2021年）》，率先提出将上海打造成“数字贸易国际枢纽港”。

第三节 中国数字贸易的发展

一、中国数字贸易发展现状

数字技术发展对国际贸易产生了深远影响，数字贸易已成为一国或地区对外贸易发展的新引擎。在我国，发展数字贸易是培育对外贸易竞争新优势的突破口之一。近几年来，在国家战略的大力推动下，我国数字贸易发展迅猛，2019年我国数字贸易进出口规模达到2036亿美元，占全国服务贸易总额的26%，同比增长6.7%，高出同期服务贸易规模增长率 8.1 个百分点。[①] 数字贸易已成为促进中国对外贸易可持续发展的生力军。整体来看，当前我国数字贸易发展呈现出以下主要特点。

（一）数字贸易对经济提质增效贡献大

进入 21 世纪以来，中国互联网和宽带基础建设呈指数级增长。截至 2020 年 3 月，中国网民规模为 9.04 亿人，互联网普及率达 64.5%，截至 2019 年年底的网站数量为 497 万个[②]。在数字经济背景下，高度联通的虚拟网络与贸易网络相互交织，全球信息更加透明，这使得越来越多的中国中小企业得以加入国际贸易之中。借助网络搜索引擎、云计算等新兴数字工具，中小企业降低了信息获取等交易成本，提高了业务效率。据亚太微中小型企业贸易联合会的分析，数字工具可使中小企业出口成本最多降低 82%，使出口时间最多减少 29%[③]。同时，第三方平台的涌现提高了企业的运行效率，有助于其更好地融入全球价值链体系。以阿里巴巴国际站为例，目前该网站的注册会员超过 1.5 亿家企业，海外活跃采购商有 2000 万家，产品类别超过 5900 个。

数字贸易助推了我国对外贸易，尤其是出口贸易，进而推动了经济增长，这对正处于转型换挡期的中国经济至关重要。据 2019 年 3 月全球化智库（CCG）和韩礼士基金会（Hinrich Foundation）联合发布的《数字革命：中国如何在国内外吸引数字贸易机会》报告，数字贸易为中国贡献了 3.2 万亿元的经济价值，若不考虑国内外数字贸易壁垒的影响，预计这一数值到 2030 年将达到 37 万亿元，增长超过 11 倍。

（二）跨境电子商务成为数字贸易发展的中坚力量

在中国数字贸易中，跨境电子商务的发展成效尤为突出，已成为推动数字贸易发展的中坚力量，其主要体现出以下特点。

1. 政策法律环境日益完善

近年来，我国政府部门高度重视跨境电子商务发展。2016 年底，商务部制定《对外贸易发展“十三五”规划》，提出要积极发展对外贸易新业态，促进跨境电子商务健康快速发展，培育一批对外贸易综合服务企业。其后，商务部又会同中央网信办及国家发展改革委联合发布《电子商务“十三五”发展规划》，再次强调“跨境电子商务发展行动”工作，提出要推进跨境电子商务综合试验区建设，积极参与电子商务国际规则制定和完

---

① 刘洋 . 数字经济稳促扩升新发展格局 [J]. 经济，2020（10）：53–55.

② 中国互联网络信息中心（CNNIC）. 第 45 次《中国互联网络发展状况统计报告》[R].2020.

③ 汤莉 . 中国数字贸易发展可谋更大空间 [N]. 国际商报，2019–03–26.

善跨境电子商务产业链。2019 年 1 月 1 日，《中华人民共和国电子商务法》(以下简称《电子商务法》) 正式实施，这使得保障电子商务各方主体合法权益、规范电子商务行为有了一部专门法。

2. 贸易规模稳健增长

10 余年来，我国跨境电子商务交易总额不断攀升，增幅明显高于传统对外贸易，在对外贸易中的地位愈发重要。2008 年中国跨境电子商务交易规模约为 0.8 万亿元，随后在政策激励和引导下逐步进入发展快车道，交易规模稳步上升，2018 年交易额已达 9 万亿元左右 (如图 10−2 所示)。另据海关统计，2019 年海关跨境电子商务管理平台上的零售进出口商品总额为 1862.1 亿元，增长 38.3%。

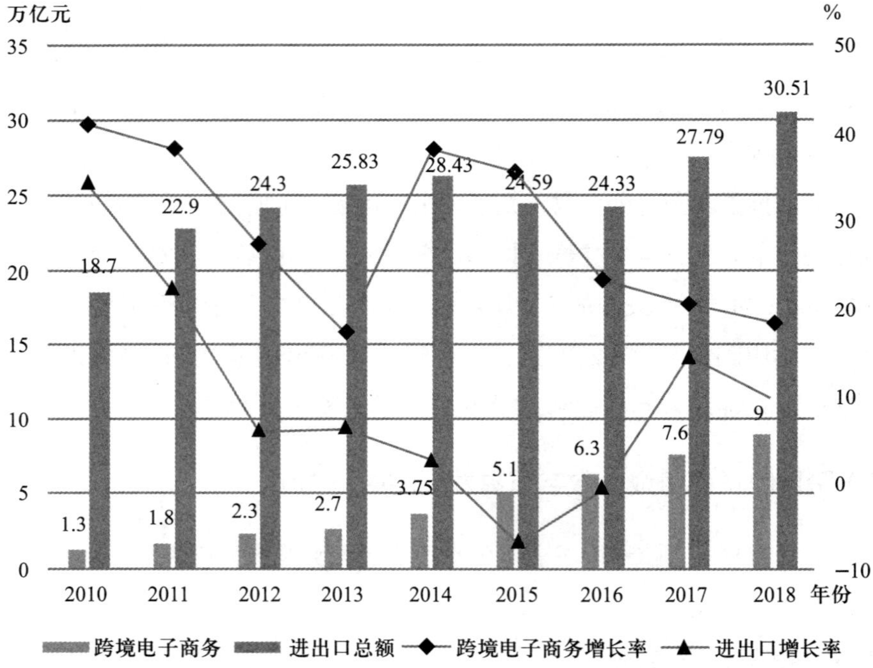

图 10−2　2010—2018 年中国货物进出口总额与跨境电子商务交易额对比情况

数据来源：根据中国海关总署、中国产业信息网、易观数据网等机构的公开数据整理。

注：图中进出口总额数据来自中国海关统计。鉴于跨境电子商务尚无权威定义，且在操作层面无法实现所有电子商务平台，尤其是境外电子商务平台与中国海关联网，因而海关难以获取全部交易数据。图中跨境电子商务数据为通过海关跨境电子商务管理平台发生的数据，并未涵盖中国跨境电子商务全貌。跨境电子商务数据来自市场咨询公司及企事业电子商务研究院所的公开资料，为非官方数据。

3. 跨境电子支付发展迅速

在跨境电子商务巨大市场规模的吸引下，跨境电子支付成为众多第三方支付机构实现转型突破的蓝海。为配合跨境电子商务发展，防范互联网渠道外汇支付风险，2013 年，以支付宝、财付通、银联、汇付天下等为代表的 17 家国内第三方支付平台，首批取得了跨境电子支付试点资格，国内第三方支付平台开始广泛介入跨境电子商务交易活动。2015年1月，在国家外汇管理局扩大试点范围后，已有200余家支付机构获得了支付业务许可证，可为跨境电子商务业务提供外汇资金收付及结售汇业务。例如，蚂蚁金服旗下支付宝“全球收全球付”业务已支持美元、英镑、欧元等18种货币结算。同时，蚂蚁金服还将技术和商业模式输出海外，推出支付宝本地钱包业务，在印度、泰国、韩国、菲律宾等多个国家为当地人士提供服务。此外，微信支付也加速了国际化进程，现已在40多个国家和地区实现合规接入。

（三）软件、数字及数据服务贸易保持中高速增长

总体来看，中国数字服务贸易发展潜力巨大，近些年来增势明显，贸易涉及范围也越来越广泛。

1. 软件出口

软件出口是我国数字服务出口的重要组成部分。2018年，中国实现软件出口额为412.27亿美元，同比增长9.8%。2019年，软件和信息技术服务业实现出口505.3亿美元[①]。其中，承接信息技术外包是我国软件出口的主要方式，执行金额为401.31亿美元，占比高达97.34%，保持10.2%的增速。软件出口主要市场为美国、欧盟、中国香港、日本和韩国等。特别地，由于“一带一路”沿线国家信息技术产业发展水平较弱，这为我国软件出口带来了新的商机。商务部发布的数据显示，2012—2018年，我国对“一带一路”沿线国家软件出口执行金额由26.87亿美元增至69.71亿美元，年均增速为17.2%，远高于我国同期面向全球的软件出口增速。

2. 数字内容贸易

我国数字内容贸易也在加速拓展海外市场。根据全球最大的社会化媒体专业传播企业We Are Social公司发布的《2019年全球数字报告》（Global Digital Report 2019），在全球活跃用户数量排名前10位的社交媒体网站中，中国社交媒体占有三席，分别为微信、QQ和Qzone。短视频、直播等领域的海外业务发展态势良好。2020年前3季度全球APP下载量排行榜中，中国抖音海外版（Tik Tok）已超越WhatsApp，高居榜首。[②]2013年上线的喜马拉雅APP目前已拥有超过5.3亿的手机激活用户，其中包括海外用户4000万，其占据了国内音频行业73%的市场份额，成为移动互联网领域成长最快的企业之一。2017年后，喜马拉雅在日本和美国相继成立了分公司。

① 工业和信息化部. 2019年软件和信息技术服务业统计公报 [R]. 2020.

② Sensor Tower. The Top Mobile Apps，andpublishers of 2020 [EB/OL]. Sensor Tower's Data Digest，2021-01-14.

在海外游戏市场，腾讯、三七互娱等中国游戏企业一方面借助 Facebook、谷歌商店、华为和小米等渠道推广产品，另一方面通过收购或自建平台来拓宽海外布局，为游戏产业“走出去”助力。2019 年，中国自主研发游戏在海外市场的实际销售收入达 115.9 亿美元，增长 21%，其中美国、日本、韩国市场占比近 7 成，而美国市场占比就在 3 成以上。2008—2019 年，中国游戏产业出口收入增长了 160 多倍（如图 10-3 所示）。

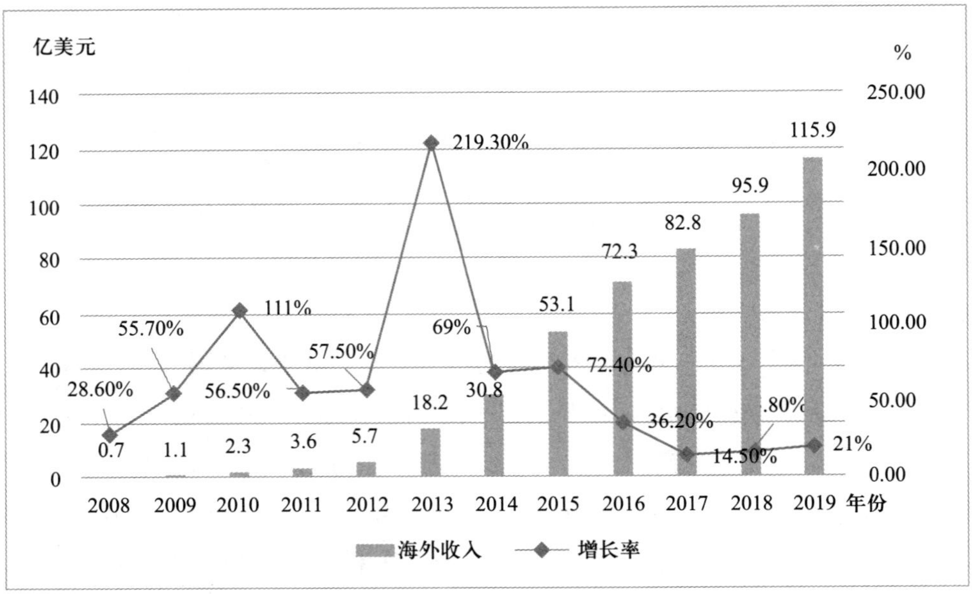

图 10-3　2008—2019 年中国自主研发网络游戏海外市场实际销售收入趋势

数据来源：中国音数协游戏出版工作委员会（GPC）、伽马数据（CNG）以及历年《中国游戏产业报告》。

3. 数据服务贸易

在搜索引擎领域，百度公司的百度地图现已覆盖全球，其境外信息点（point of information，POI）覆盖率达 98%，在境外出行服务领域广受用户欢迎。同时，百度公司还积极扩大其人工智能（AI）产品全球布局，百度海外版 AI 输入法 Facemoji 已成为最受美国年轻人群体欢迎的输入法，另一款海外版 AI 输入法 Simeji 则服务日本大众，是日本最大颜文字和绘文字内容的提供者。

（四）数字平台企业全球竞争力大幅提升

数字平台企业是指数字云平台企业、大数据中心企业和数字应用平台企业，其中数字应用平台企业又包括跨境电子商务平台与对外贸易综合服务平台。

1. 数字云平台

在全球搜索引擎市场中，百度公司的市场份额位居世界第三，仅次于谷歌和必应。

在云计算领域，中国的 BAT——百度、阿里巴巴和腾讯的实力也在不断上升。例如，Sort Benchmark 机构每年举办的排序基准评估竞赛，被誉为计算界的奥运会。排序是最基础的数据算法，其反映了平台的整体计算性能。2015 年，阿里云用时 377 秒完成了 100TB 的数据排序，比 2014 年纪录保持者 Apache Spark 公司的纪录 23.4 分钟快了 3 倍，一举打破了 4 项世界纪录。2016 年，腾讯云大数据联合团队又打破了阿里云的纪录，仅用时 99.8 秒就完成了 100TB 的数据排序，该纪录迄今未被打破。2016 年，阿里云在排序 1TB 数据上只需耗费 1.44 美元，该纪录保持至今。2016 年，支付宝公司每秒可以处理 12 万笔交易，而美国主要在线支付公司每秒只能处理 3.8 万笔交易，支付宝的处理数量是美国公司的 3 倍多。

2. 数字应用平台

在跨境电子商务领域，数字应用平台企业通过高效匹配市场需求和供给，为中小微企业提供公共云服务，大大降低了中小微企业的投资和技术门槛，帮助其提高了营业收入。例如，在阿里巴巴平台支持下，中国淘宝村数量从 2009 年的 3 个增加到 2019 年的 4310 个，淘宝镇数量达到 1118 个，覆盖 2.5 亿人口①。山东曹县原是国家级贫困县，依靠 124 个淘宝村，该县现已成为全球最大的木制品跨境电子商务基地。目前，全球各主要跨境零售电子商务平台中，亚马逊所占份额最大，其次即为中国的阿里速卖通。

二、中国数字贸易面临的问题

中国数字贸易规模现已位居世界第二，但与头号数字贸易大国美国相比，仍存在较明显的差距，整体综合实力尚有待提高。

（一）数字服务产业基础较为薄弱

当前，在电信计算机信息服务领域，我国有着较强的国际竞争力，但在保险、个人文化娱乐服务等领域则处于逆差状态，同时在数字内容、搜索引擎、社交媒介及其他数字产品和服务等方面仍处于起步阶段。2019 年，中国出版物出口额为 6079.69 万美元，其中音像制品、电子出版物和数字出版物出口额为 205.9 万美元，在出版物出口中占比仅为 3.4%。②2017 年，美国的出版物出口就达 88 亿美元，其中音像制品出口为 43.5 亿美元，

---

① 阿里研究院 . 中国淘宝村研究报告（2009—2019）[EB/OL]. 阿里研究院官网，2019-08-31.

② 国家统计局 . 中国统计年鉴 2020[M]. 北京：中国统计出版社，2020.

在出版物出口中占比 49.4%。[①] 两国在产业基础上的差距由此可见一斑。

（二）旗舰型数字企业实力仍有待增强

近年来，尽管中国数字产业的三家领军企业——百度、阿里巴巴和腾讯公司（BAT）实现了超常规发展，但与美国谷歌、亚马逊、Facebook 及推特等企业相比仍差距明显。截至 2020 年 2 月，谷歌的市值是百度的 22.3 倍，亚马逊的市值是阿里巴巴的 1.7 倍，Facebook 的市值是腾讯的 1.1 倍。2019 年全球访问量最大的前 20 个网址中，美国企业占明显优势，其中谷歌排名第一，中国上榜企业只有百度和腾讯两家公司，分别列第 4 位和第 18 位。

（三）数字化转型产业缺乏关键核心技术

中国制造业整体上尚处于全球价值链的中低端，主要原因在于缺乏核心技术。在生物制药、半导体及芯片、互联网、汽车制造等领域，核心零部件和核心装备均受制于西方跨国企业。我国传统企业在进行数字化升级改造时，由于关键核心技术匮乏，使得数字化转型企业在参与全球价值链时很难突破“低端锁定”困局，从而限制了其在数字贸易价值链中的地位攀升。

（四）数字贸易区域发展差异较大

受经济发展、基础设施建设、传统对外贸易发展水平等因素的影响，中国数字贸易存在明显的地区发展失衡问题。根据《2018 世界与中国数字贸易发展蓝皮书》，在中国 31 个省（自治区、直辖市）中，数字贸易发展水平综合排名居前三位的依次是广东、浙江和江苏，拥有较大市场潜力的地区是广东、江苏以及山东。相当数目的省（自治区、直辖市）在市场潜力和发展环境等方面尚不尽如人意。我国数字贸易发展在空间分布上呈现出东强西弱、南优北劣的局面，走区域均衡发展之路仍然任重道远。

（五）数字贸易法律法规建设迟缓

当前，中国尚未出台有关数字贸易的专门管理办法，管理规定只是散见于各个相关领域，诸多环节还存在着缺陷和疏漏。例如，在个人隐私权保护、消费者权益保护、跨境数据存储、内容审查、互联网企业承担平台责任认定机制以及数字版权贸易等方面，相关基础立法尚不完善，监测执行力度与欧盟等经济体相比也存在差距。

---

① 数据来自 UN Comtrade 数据库。

（六）数字贸易国际规则制定起步较慢

中国发展数字贸易起步较晚，在有关国际规则制定上已被发达国家抢得先机。例如，美国在其参与的双边或多边贸易谈判中一直坚持列入数字贸易条款。早在2003年，美国在与新加坡签署的自贸协定中就加入了电子商务章节，在同韩国的自贸协定中规定了最清晰的数字贸易规则，在“美墨加自贸协议”中增添了数字贸易规则，还于2019年同日本签订了双边数字贸易协定并自2020年1月1日起正式生效。同时，美国还在国际谈判中不遗余力地推广有利于其利益诉求的“美式模板”，为美国数字贸易在国际市场竞争中扫清障碍。相比而言，中国在有关双边及多边贸易协定中制定的与数字贸易相关的规则仍不足，多数情况下仅是被动适应国际规则，国际话语权较弱。

三、中国数字贸易的发展机遇

中国虽是数字贸易领域的后来者，但在数字贸易发展上业已展现出勃勃生机，未来前景广阔。

（一）庞大的国内市场体量

2018年，中国网民数量已居世界第一，实现电子商务交易额31.63万亿元[①]，网上零售规模为9.01万亿元。中国已连续多年是全球网络零售第一大国，这一领先地位的取得与中国庞大的国内市场是分不开的。数量可观的网民与庞大的国内消费市场，为中国数字创新企业提供了茁壮成长的土壤，使得中国企业更易借助较大的市场占有率率先实现规模经济，进而在参与国际竞争时充分发挥成本优势。

（二）5G时代的来临

2019年6月6日，我国工业和信息化部正式向中国移动、中国电信、中国联通及中国广电四大运营商发放5G商用牌照，这意味着5G时代正式来临。数字贸易的技术基础是通信技术，5G作为领先的通信技术，其商用落地将给数字贸易发展带来意想不到的变局。更为高速的网络、更加连续的带宽，将加速数据信息传输，使数字贸易的信息交换和搜索更加畅通，交易双方的沟通成本更加低廉。5G技术的快速进场也将加速传统企业

① 中华人民共和国商务部电子商务和信息化司．中国电子商务报告2018[EB/OL].中华人民共和国商务部官网，2019-05-30.

的转型和升级，加速产业跨界融合，打造生态产业链，催生出更多的新业态和新模式。

当前，中国在5G技术领域已走在世界前列。据德国专利数据公司IPlytics的统计，截至2019年4月，全球5G通讯系统的SEP①件数为6万多件，而中国企业申请量即占全球总数的34%，排名第一，华为公司更是成为世界5G专利的龙头。据悉，在“十四五”时期，我国将推动新型基础设施建设布局，包括加快5G网络建设、完善5G商业模式和业务应用等，同时将5G、集成电路等重点领域纳入“十四五”国家专项计划，进一步引导企业突破核心技术。

（三）共建21世纪数字丝绸之路

共建21世纪数字丝绸之路的愿景，是加强我国同“一带一路”沿线国家在数字经济、人工智能等前沿领域的合作，聚焦数字互联互通，推动沿线国家在大数据、云计算和智慧城市等方面的建设。“一带一路”沿线多数国家的信息化基础建设尚较为落后，这也为我国软件信息服务企业“走出去”创造了机遇。

在推进“一带一路”倡议背景下，中国与签署了共建“一带一路”合作文件的国家和地区的线上商贸关系发展迅速。2019年4月，由京东大数据研究院发布的《2019“一带一路”跨境电商消费报告》，描述了由跨境电子商务连接起来的“网上丝绸之路”。根据该报告，中国线上商贸关系已拓展至欧洲、亚洲及非洲多个国家，其中有不少非洲国家实现了零的突破。2018年，线上消费金额排前10位的国家为俄罗斯、以色列、乌克兰、波兰、韩国、越南、哈萨克斯坦、摩尔多瓦、意大利和白俄罗斯。在出口产品方面，手机及配件、家居、美容健康、电脑和网络产品是最受海外市场欢迎的中国商品。

同时，21世纪数字丝绸之路还可为中国数字贸易发展清除制度障碍。通过共建21世纪数字丝绸之路，我国应积极参与数字贸易标准规则制定，扩大数字贸易国际规则制定的话语权，防范他国的数字贸易壁垒和数字治理陷阱。

（四）国际治理体系逐步完善

当前，作为全球多边贸易体制的协调治理机构，世界贸易组织尚未制定专门的数字贸易国际规则，但数字经济已成为全球各大经济体的新增长点和发展战略制定的重点。数字贸易作为数字经济战略中的重要组成部分，已得到各国政府的高度重视。不难认识到，只有建立在互惠共赢基础上的贸易，才具有长久的生命力。通过宏观层面的求同存

① SEP（standard essential patent）意为“标准必要专利”，是指包含在国际标准、国家标准和行业标准中，且在实施标准时必须使用的专利。

异和政策协调，数字贸易在全球的营商环境会日益优化，这将为包括中国企业在内的各国数字贸易企业带来发展机遇。

（五）新冠肺炎疫情事件的出现

2020年年初暴发的新冠肺炎疫情在重创传统对外贸易的同时，却给数字贸易发展带来了难以预料的机遇。新冠肺炎疫情期间，大数据、人工智能、云计算等数字技术在疫情监测分析、防控救治、资源调配等方面起到了关键性作用。受新冠肺炎疫情影响，各国消费者的需求普遍从线下转移到线上，企业的传统办公也由线下挪至线上，网上消费、网络办公、远程会议逐步成为人们生活、工作的主流方式。为应对新冠肺炎疫情的影响，企业尤其是中小企业纷纷通过上线自救，传统产业被逼加速数字化转型迭代升级，数字化社会治理也被迫下沉。已有明显迹象表明，在新冠肺炎疫情减轻后，各国大众将会更为接受和适应数字化生活、数字化办公与数字化治理方式，数字消费将成为时尚和潮流。这对于已经部分赢得先机的中国数字贸易企业，无疑预示着一个新的发展阶段的来临。

第四节　数字贸易国际规则与中国监管政策

迄今为止，国际社会尚未形成统一的数字贸易治理体系。由于数字贸易具有虚拟性、渗透性和进化快的特点，使得相较于传统意义上的国际贸易规则，数字贸易规则要面更广、更复杂、更实时也更具不确定性。数字贸易规则的制定需要各国以包容、平等的态度通力合作，以便规范和推进全球数字贸易。作为正在兴起的数字贸易大国，中国也在适时制定和不断完善相关法律法规和监管政策，以促进本国数字贸易的发展。

一、数字贸易的国际规则

随着新技术成果不断涌现，数字贸易内容也在不断更新和拓展，相关的数字贸易规则也必须与时俱进。同时，由于数字贸易体现出多行业、多领域的相互渗透融合，因而其相关规则也分布于各个行业的规则之中。

概言之，数字贸易规则主要分为两部分：一部分是贸易投资领域衍生出的规则，另一部分是电子商务领域衍生出的规则。国际贸易投资领域衍生出的规则，主要涉及关税征收、电子票据的法律认可以及投资限制等。电子商务领域涉及的规则较多，主要关乎数据跨境流动、消费者权益保护、个人隐私保护、网络中介服务商的责任认定等。其中，有些内容已出现在多边贸易规则中，有些内容还只是存在于双边协定或国别政策之中。

（一）多边贸易规则中的相关规定

世界贸易组织虽未出台直接与数字贸易相关的规则，但其框架下的一些主要协议文本及附件文本，如《信息技术协定》（*Information Technology Agreement*，ITA）、《服务贸易总协定》（GATS）和《与贸易有关的知识产权协定》（TRIPS）等，其中的部分规定与数字贸易有着直接联系。此外，服务业挚友（Real Good Friends of Services，RGF）集团发起的《服务贸易协定》（*Trade in Service Agreement*，TiSA）中，也包含数字贸易规则。

1.《信息技术协定》

ITA 是世界贸易组织自 1995 年成立后的第一个关税减让诸边协定。1996 年，29 个成员方在新加坡部长级会议上通过了该协定，至今签约方已增至 82 个，代表了全球 97% 的信息技术产品贸易。该协定的目标是通过分期削减信息技术产品关税，到 2000 年 1 月 1 日关税降为零，在全球范围内实现信息技术产品贸易自由化。ITA 由正文、附件以及各参与方提交的关税减让表组成，附件包含关税减让模式和产品范围两个附表。产品范围涉及计算机、电信产品、半导体、半导体制造设备、软件和科学仪器（包括这些产品的零部件）6 大类。中国于 2003 年加入该协定。

2012 年 5 月，世界贸易组织启动扩大 ITA 产品范围谈判，54 个成员方（包括中国）加入了扩围谈判，并于 2015 年 12 月 16 日达成全面协议。谈判结果是在 1996 年版《信息技术协定》产品范围的基础上新增 201 项产品，所有产品于 2016 年 7 月 1 日起实施降税，绝大多数产品在 3 ～ 5 年后最终取消关税，并在最惠国待遇基础上对所有世界贸易组织成员适用。日本在上述协议实施时就立即取消了全部产品关税，美国则在 3 年内取消了全部产品关税。

2.《服务贸易总协定》

GATS 主文本中的第一、第二、第三、第六条内容为数字服务准入提供了原则性规定。第十四条的“一般例外”中列入了“保护与个人资料的处理和散播有关的个人隐私以及保护个人记录和账户秘密的”。该规定为“数据本土化”措施提供了法律依据。

同时，GATS 中的“电信服务附件”第 5 条规定，“各成员应保证任何其他成员的任何提供者按合理和非歧视的规定和条件进入和使用其公共电信网和服务”。这一规定对电子商务服务非常重要，它保证了在其他服务门类内已得到承诺的服务能够使用必要的电信网络。它意味着即使电信市场开放未能达成协议，电子商务其他方面的服务内容（如互联网内容服务、电子货物贸易等）依旧可以在一国的公用电信网络上进行。此外，“电信服务附件”还针对“跨境数据传输”和“数字保护”提出了可供遵循的原则。

3.《与贸易相关的知识产权协定》

TRIPS 协定以保护知识产权为宗旨，是世界知识产权保护领域里涉及面广、保护水平高、保护力度大、约束力强的一个国际条约。TRIPS 协定涵盖了数字贸易中的知识产权问题和数字版权问题。TRIPS 协定第二部分中的第十条“计算机程序和数据汇编”中规定，计算机程序，无论是源代码还是目标代码，应作为文字作品加以保护，以及“数据汇编或其他资料，无论机器可读还是其他形式，只要由于对其内容的选取或编排而构成智力创作，即应作为智力创作加以保护。该保护不得延伸至数据或资料本身，并不得损害存在于数据或资料本身的任何版权”。这些规定可适用于数字贸易中的源代码保护和源代码非强制本土化问题。

4.《关于全球电子商务宣言》

1998 年，世界贸易组织第二次部长级会议在日内瓦发表《关于全球电子商务的宣言》，并成立了电子商务工作组，这是在国际贸易领域较早建立的电子商务工作机制。当时，世界贸易组织成员方就“不对电子传输征收关税”达成了一致意见，但在其他方面却未有实质性的解决方案。2017 年 12 月，世界贸易组织第十一次部长级会议将电子商务作为会议的核心议题。2019 年 1 月，在瑞士达沃斯举行的电子商务非正式部长级会议上，中国、澳大利亚、日本、美国、欧盟、缅甸等 76 个世界贸易组织成员共同签署了《关于电子商务的联合声明》，希望在世界贸易组织现有协定和框架基础上，启动与贸易有关的电子商务议题谈判，并强调谈判进程应秉持开放、透明、包容和非歧视的精神。

5.《服务贸易协定》

TiSA 谈判由美国发起，并于 2013 年 4 月正式启动，其目的是以诸边协定更新 GATS 中不合时宜的旧规则，更大程度地推进服务贸易自由化。23 个经济体参与了 TiSA 谈判，代表了 70% 的全球服务贸易。TiSA 整合了世界贸易组织 GATS 以及各谈判方所签署的自贸协定的内容，这反映出 TiSA 在服务贸易更高水平开放方面的决心与承诺。在涉及的服务贸易领域方面，TiSA 涵盖了金融业、电信业、运输业、电子商务以及高级技术人员流动等。数字贸易作为 TiSA 框架下的重要组成部分，即以电子商务议题的形式呈现。

TiSA 谈判采用“绿屋会议”（the Green Room Meeting）的方式进行，谈判细节和结果都予以保密。截至 2016 年 11 月 17 日，已经进行了 21 轮谈判，现处于搁置状态。数字贸易议题（电子商务谈判）始于第 2 次谈判，各方一开始只是就电子商务初步交换意见，之后就展开了多轮深入讨论协商。就谈判内容来看，主要包括五个方面：网络访问、电子传输关税、电子认证和电子签名、在线消费者保护和垃圾邮件、网络中性和源代码开放。具体谈判细节涉及的议题包括：信息流动或跨境信息流动、转移和访问源代码、开放网络、网络访问和实用、计算设施本土化、数字产品关税、在线消费者保护、个人信息保护、垃圾电子邮件、电子认证和电子签名、国际合作。由最后一次谈判进展报告可知，成员方在处理垃圾电子邮件与国际合作两个议题上谈判进展顺利，但在其他诸多议题，尤其是数据跨境流动和计算设施本土化方面尚未达成共识。

TiSA 谈判之所以困难重重，主要原因在于 TiSA 参与方既有美国、欧盟、日本等发达经济体，又有墨西哥、巴基斯坦等发展中国家，国家间的数字鸿沟使得各自的利益诉求无法统一。在数字贸易谈判诸多议题上，美国与欧盟也分歧较大，产生了两种不同声音，被称为“美式模板”和“欧式模板”。

（二）区域贸易协定中的相关规定

数字贸易发展日新月异，而世界贸易组织框架下的有关规则已难以与之适应，在此背景下，区域贸易协定下的数字贸易规则遍地开花。2000 年签署的美国—约旦自由贸易协定，是全球第一个包含数字贸易条款的 FTA。截至 2020 年 3 月，已有近 200 多项区域贸易协定涵盖了数字贸易条款。无论是发达经济体还是发展中经济体，普遍赞同缔结包含有数字贸易条款的区域贸易协定，其中美国、欧盟、新加坡、日本和韩国的态度尤为积极。相比之下，中国的态度略显消极，而态度最不积极的当属印度。

各国签订的区域贸易协定中，有关数字贸易条款的内容较为零散复杂，一般涉及市场准入、数字通信监管、知识产权保护、无纸化贸易、电子政务、电子商务、国际合作和技术援助等方面。有些条款直接复制了世界贸易组织的现有条款或承诺，有些则是高于世界贸易组织承诺，内容上更为激进。在诸多区域贸易协定中，两大主流数字贸易规则业已成形，即“美式模板”和“欧式模板”。

1. 美式模板

迄今为止，美国已签订了 12 个包含有数字贸易的自贸协定。在这些协定中，美国沿着电子商务这条主线，不断完善有利于本国数字贸易发展的规则，并逐步形成了自身的数字贸易体系，即“美式模板”。美国缔结的自由贸易协定中的数字贸易规则的演变，可分为四个阶段。

第一阶段始于 2000 年美国与约旦缔结的双边特惠贸易协定。该协定形成了数字贸易交易规则的雏形，首次以专章形式规定了电子商务条款，并在协定中明确对电子传输免征关税、对电子传输（包括数字化产品）不设置非必要的障碍。

第二阶段以 2003 年美国同智利缔结的双边贸易协定为代表。相比于美国—约旦特惠贸易协定，该协定新增了部分数字贸易条款，且其内容更为具体。例如，协定中明确提出数字产品是指“计算机程序、文本、视频、图像、音频和其他数字编码和电子传输的产品”，并要求数字产品在生产、公布、存储、传输、签订合同等过程中，应得到非歧视性待遇，并免除其进口关税。同时，协定提出应通过合作消除中小企业开展电子商务的过程中遇到的障碍，在数据隐私、消费者信任、网络安全、电子签名、知识产权保护和电子政务等领域，开展信息交换和经验分享，确保信息跨境流动。

第三阶段以 2012 年签署的“美韩自贸协定”为代表。该协定标志着美国对数字贸易规则的要求更上层楼。具体表现为：①扩展了数字产品的定义，指出“数字产品包括计算机程序、文本、视频、图像、音频和其他数字编码形式存在并用于商业用途的产品，不管它们是否固定在有形载体上或是以电子形式传输”，从而明确数字产品既可以是无形的，也可以是有形的；②增添了新的数字贸易条款，如加强在线消费者保护，提出推动无纸化贸易，明确电子商务的互联网访问与使用原则，明确电子认证和电子签名原则，促进信息和数据跨境流动，努力避免对信息数据跨境流动施加不必要的障碍等。

第四阶段以 2020 年签署的“美墨加协议”（USMCA）为标志。USMCA 是北美自由贸易协定（NAFTA）的升级版，其中包含了迄今为止美国覆盖面最广、标准最高的数字贸易规则。USMCA 以跨太平洋伙伴关系协定（TPP）为基础，并对其中部分既有规则进行了深化扩展，涵盖电子产品非歧视待遇、个人信息保护、跨境数据流动、数据存储非强制本土化、源代码保护等方面。例如，TPP 中在电子产品非歧视待遇方面设置了“广播产品”例外条款，USMCA 却将该条删除。在数据存储非强制本土化方面，TPP 规定“任何缔约方均不得要求被缔约方在该缔约方的领土内使用或定位计算设施，作为在该领土内开展业务的条件，但有监管例外和公共安全例外”，而在 USMCA 中，“监管例外”和“公共安全例外”条款被剔除。USMCA 新增了交互式计算机服务者责任与公开政府数据的规定，这些内容在 TPP 中均不存在。USMCA 还提出，“缔约方应认识到交互式计算机服务提供者的重要性，在认定非知识产权侵权责任时要将这个交互式计算机服务的提供者与信息内容的提供者区分对待”。该项内容对网络平台的侵权责任问题做了认定，这在数字贸易规则制定上是一个重大突破。

2. 欧式模板

在英国“脱欧”（Brexit）前，欧盟有 28 个成员国，其利益诉求不尽一致，各成员国关于数字贸易的规定相对零散。在欧盟对外签订的自贸协定中，数字贸易条款大都散布于电信章、知识产权章、投资章和金融章中，内容较为单薄，未能像美国那样构成完整体系，但也形成了一套“欧式模板”。

迄今为止，欧盟共向世界贸易组织通报了 42 个自贸协定，其中首次出现数字贸易规则的是 2002 年签署的欧盟—智利自由贸易协定。当时欧盟态度尚比较保守，有关内容仅限于电信章节部分提出的鼓励合作。2010 年，欧盟与韩国缔结自贸协定，受到美国范本影响，此时的文本措辞已变得具体翔实，但态度依旧谨慎，涵盖范围较小，有关规定出现于贸易便利化和知识产权方面，而有关数据流动条例仅出现在金融服务领域内。2016年，欧盟与加拿大缔结了《综合经济贸易协议》(*Comprehensive Economic and Trade Agreement*，CETA)。这份协议在数字贸易规定上有了很大进步，增添了不少新规则。

2013年，欧盟同美国启动了《跨大西洋贸易与投资伙伴关系协定》(*Transatlantic Trade and Investment Partnership*，TTIP）谈判。目前双方谈判仍在进行中，但谈判中的"数字博弈"已呈升级态势。概括来说，"欧式模板"和"美式模板"在某些方面存在难以消弭的分歧。

(1）个人隐私权保护。个人隐私保护是欧盟在谈判中严防死守的领域，也是欧盟数字贸易规则中最为突出的一面。"棱镜门"事件[①]让欧盟意识到个人数据隐私保护的重要性，因而出台了全球最严格、最细致的数据保护规则——《通用数据保护条例》(*General Data Protection Regulation*，GDPR)。GDPR自2018年5月25日起正式生效，其赋予欧盟公民全面的个人数据控制权，对收集、处理和存储个人数据的公司提出了高标准的责任要求。企业在收集和处理个人数据前，必须事先征得数据所有者的许可。例如，当网站在加载页面的同时要加载追踪cookie，此时必须通知访客该网站会使用cookie。企业必须告知数据所有者关于其数据的用途和去向，当数据再用于原始目的时，数据所有者有权要求企业删除其个人数据。

GDPR不仅约束欧盟企业，其法律效果同时辐射至欧盟以外，适用于任何向欧盟消费者销售产品的企业。严重违反GDPR，将对每单违规行为处以2000万欧元或企业上一年全球营业额4%的罚款，且以较高者为准。2019年1月，法国国家信息与自由委员会就以谷歌违反GDPR两项规定的义务为由，宣布对谷歌处以5000万欧元的罚款。

GDPR已显现出强大的示范效应。在GDPR生效后，全球出现了重视数据隐私权立法的趋势。即使是美国，情况也在发生变化。2018年6月，美国加利福尼亚州颁布了《2018年加州消费者隐私法案》(CCPA)，并自2020年1月1日起生效。该法案的目的是防止消费者在不知情的情况下，其个人隐私信息遭到收集和用于商业行为。2019年11月，美国议员乔什·豪礼（Josh Hawley）向美国参议院提交了《2019国家安全与个人数据保护法提案》(*National Security and Personal Data Protection Act of 2019*，NSPDPA)，其出发点是通过实施数据安全要求和加强对外国投资的审查，保护美国人的数据不受外国威胁。同月，美国外国投资委员会启动了对Tik Tok（抖音海外版）收购美国社交媒体Musical.ly交易的国家安全审查，调查其在数据收集方面的问题。

---

① 2007年，美国国家安全局（NSA）和联邦调查局（FBI）启动了一个代号为"棱镜"的秘密监控项目，直接进入美国网际网络公司的中心服务器里挖掘数据、收集情报，多家国际网络巨头皆参与其中，被监听对象涉及多个国家。2013年该项目被曝光，引起国际舆论哗然。

（2）数据本土化。数据本土化是指数据必须在本国存储，必须在达到本国规定的条件下方可转移至国外，且本土数据必须在本国进行加工处理。美国以技术中立为原则，认为数据本土化不利于技术交流，并且数据存储在某一单一地域内，一旦设备遭到黑客攻击，所有数据将被毁损，因而反对数据本土化措施。此外，美国从企业视角出发，主张“不得禁止或限制数据跨境自由流动”。在美国看来，数据本土化乃是最大的数字贸易壁垒。然而欧盟态度强硬，要求数据存储强制本土化并限制跨境数据自由流动，因而在TTIP谈判中始终有所保留。

（3）网络服务提供者（ISPs）的责任划定。美国一直坚持网络服务提供者不应对有关的知识产权侵权行为承担连带责任。由于欧盟的互联网中介服务平台实力并不强，因而欧盟持同美国相反的态度。在《欧盟—韩国自由贸易协定》和《综合经济贸易协议》中，欧盟规定除少数例外情况外，网络服务提供者应当承担连带责任。

（4）文化例外原则。文化例外原则是指为保护本国文化多样性不被破坏，文化产品（如电影、音乐等视频、音频产品）不能完全适用于自由贸易原则。美国好莱坞电影在欧盟影视市场占比高达60%，因而美国一直主张文化产品自由贸易。而欧盟产品在美国影视市场的份额仅为5%，为保护其文化独立性，欧盟在TTIP谈判中果断地将文化产品排除在外。事实上，早在2002年签署的欧盟—智利FTA中，其服务贸易章项下即提出“该服务贸易章节的内容不适用于视听服务等文化产品”。在2017年签署的欧盟—亚美尼亚FTA中，文化例外原则依旧存在。

（三）新兴经济体的数字贸易政策

美国和欧盟作为全球数字贸易规则的引领者，其在国际谈判中的“数字博弈”不断升级，这是可以理解的。毕竟谁掌握了规则制定的话语权和主导权，谁就占据了未来新型贸易模式利益分配的制高点，就能为自身数字贸易发展创造更为有利的商业环境。主要新兴经济体由于居于弱势地位，为了保护本国幼稚产业，也在不断完善适合其国情的数字贸易政策。

1. 俄罗斯

为了推动其数字经济发展，俄罗斯推出《俄罗斯联邦数字经济规划》，并于2017年制定了《2017—2030年俄罗斯联邦信息社会发展战略》。为了保障数字经济领域的国家利益，俄罗斯以“欧式模板”为范本制定了数据保护和隐私权保护法律，规范组织获取个人及法人数据的渠道，并且实施数据强制本土化措施。

俄罗斯很早就建立起完善的信息和数据保护法律制度。从立法来看，俄罗斯管辖信息和数据的法律是2006年通过的《关于信息、信息技术和信息保护法》（第149号法令）

和《俄罗斯联邦个人数据法》(第152号法令)。这些法令规定了信息拥有者和信息运营商必须承担的信息保护义务，并明确为了保护公民权利及国家安全，可以终止或限制数据跨境传输行为。

2014年5月，《关于信息、信息技术和信息保护法》修正案通过，新增了“互联网信息传播组织必须在俄罗斯境内对网民个人信息（包括语音信息、书面文字、图像、声音或其他电子信息）进行保存”。该修正案取代了原法令，并自2014年8月1日起正式生效。2015年9月，《俄罗斯联邦个人数据法》进行了多项修正，重点是加强对个人信息的保护。根据该法律，俄罗斯公民的所有个人信息，包括网站注册信息、在线消费记录、电子邮件等，均必须存储在俄罗斯境内。若违反此项规定则关闭网站。同欧盟的做法一样，该法律的效力超越俄罗斯的地域范围，适用于所有涉及拥有俄罗斯公民个人信息的法人实体和个人，包括任何在俄罗斯没有任何形式的代表机构的境外实体。2019年1月，俄罗斯通信监管机构对Facebook和Twitter提起民事诉讼，要求这两家公司必须诚实说明对俄罗斯个人数据保护法的执行情况，否则将面临被封杀的结局。

2. 巴西

受2013年“棱镜门”事件影响，巴西出台了《网络民法》，并于2014年4月生效。该法律在巴西有“网络宪法”之称，其规范了网络中立和隐私保护等一系列互联网管理原则，明确了用户、企业和公共机构在巴西境内使用互联网的原则、权利与义务。为了能使该法律赶在2014年4月于巴西圣保罗举行的国际互联网治理大会之前生效，巴西政府甚至剔除了其中的数据本土化条款。

《网络民法》虽未明确规定数据本土化原则，但也强调在巴西收集、存储或处理数据的公司须遵守巴西法律，否则将面临在巴西境内营业额的10%的罚款，或暂停或永久停止其在巴西的商业活动。2019年12月，巴西司法部宣布对美国Facebook公司处以660万雷亚尔（约合1150万元人民币）的罚款，原因是Facebook允许其应用软件可不经过用户授权而访问和处理网站上的个人信息，从而严重侵害了用户的合法隐私权。

为了进一步完善本国的数据保护制度，巴西紧随欧盟于2018年8月通过了《通用数据保护法》(LGPD)，并自2020年2月15日起正式生效。LGPD就个人数据的收集、处理、使用和存储规定了详细规则，覆盖巴西所有行业，是一项综合性法律。值得一提的是，LGPD在很大程度上借鉴了欧盟的《通用数据保护条例》，如域外管辖效力、数据保护原则、数据主体权利以及处罚高达全球收入的2%等。

3. 印度

印度是一个信息技术较为发达的国家。早在2000年，印度政府就颁布了《信息技术法》(*Information Technology Act*)，该法律确立了电子合同、电子签名和电子认证的法律地位，规范了电子商务活动和防范打击网络犯罪，为印度电子商务发展提供了良好法律支持。其后于 2006 年、2008 年、2011 年，印度又陆续修订《信息技术法》，增添了网络中介服务提供者不承担责任的具体情形，并定义了新型网络犯罪行为。2019 年，印度政府计划再次修改《信息技术法》，拟加重对虚假新闻和儿童色情应用及网站的处罚，删除违反规定的应用程序和网站。若修正案获得通过，Facebook 和 Twitter 等社交媒体则必须审查印度政府认为不合适的内容。

在个人数据保护方面，2018 年 7 月，印度发布了《2018 年个人数据保护法（草案）》（*the 2018 Personal Data Protection Bill*）。该草案的核心框架与欧盟 GDPR 框架相一致。2019 年 12 月 11 日，印度电子和信息技术部部长向印度议会提交了印度《2018 年个人数据保护法（草案）》的修订版，其中更新了 2018 年草案中的部分内容。例如，放宽了数据本土化和数据传输限制，仅保留了对敏感及关键性的个人数据（如健康、宗教、政治信仰、生物特征和基因数据、财务信息等）的限制。一般的个人数据可以存储在印度境外，不受数据传输限制。同时，允许数据保护机构建立匿名化标准，抹除数据的个人化特征。

二、中国数字贸易规则与监管政策

与美国和欧盟相比，中国数字贸易立法明显落后于实践，相关规则还未形成体系，尚处于规则制定的探索阶段。中国对数字贸易保持着宽松、鼓励态度，同时将本国立场渗透于各国际贸易协定的谈判中。迄今为止，在中国缔结的区域自由贸易协议中，包含数字贸易内容的有七个，分别是中国—澳大利亚、中国—格鲁吉亚、中国内地—中国香港、中国—韩国、中国内地—中国澳门、中国香港—新西兰以及中国香港—格鲁吉亚。而且在这些自贸协议中，都是围绕电子商务来展开谈判的。

虽在如个人信息保护、数据安全等数字贸易的一些关键领域的立法还存在空白，但中国已出台了若干行政管理条例或规章来规范数字贸易发展，主要体现在以下几个方面。

（一）跨境电子商务

截至目前，中国数字贸易的发展集中体现于跨境电子商务的发展上，因而诸多法规都与跨境电子商务有关。事实上，在不占据先发优势的情形下，我国跨境电子商务之所以能在较短时间内迅速赶超欧美发达国家，这在很大程度上应归因于政府的制度创新。

1. 海关监管

通关曾是中国跨境电子商务发展的痛点，重点体现在跨境在线零售出口和进口两方面。

跨境电子商务发展的早期阶段，跨境电子商务出口企业面临着三大通关问题：①报关成本高。大部分出口商必须借助阿里速卖通、敦煌网、兰亭集势等第三方平台销售产品。由于是零售性质，因而每批次交易以单件为基础，出货频次高，商品品类繁多，进而带来巨额报关成本。②出口退税难。海外消费者通过平台购买中国产品时，只需点击鼠标，进行在线支付即可完成下单，而企业却无法获得增值税发票并提供报关单，小件邮包没有海关数据，无法享受出口退税优惠。③结汇渠道不顺畅。因无法提供报关单及出口收汇核销单等材料，企业也就无法将境外买家支付的外币在国内直接兑换成人民币，只能借助地下钱庄等灰色渠道完成兑换。

在进口方面，早期跨境电子商务进口主要借助海外代购和直邮两种方式完成。同样，由于商品是走邮政快递渠道入关，国内消费者一般不会主动去海关机构办理清关手续，这为海关查验商品增加了工作量，使得物流周期较长并带来了大量关税损失。为应对物流清关慢的问题，国内跨境电子商务企业还开发出保税仓进出口模式，即进出口商先将货物批量运至保税区存放，当在线订单发生时，企业再及时办理通关或清关手续发货。

海关通关效率低下掣肘了跨境电子商务的发展，也给国内电子商务企业带来了不利影响。为便利企业通关，我国海关部门做出了一系列努力。

（1）改革海关监管方式。海关总署公告 2014 年第 12 号决定增列海关监管方式代码“9610”，全称“跨境贸易电子商务”，适用于境内个人或电子商务企业通过电子商务交易平台实现交易、并采用“清单核放、汇总申报”的模式处理必须办理通关手续的电子商务零售进出口商品（通过海关特殊监管区域或保税监管场所一线的电子商务零售进出口商品除外）。

此后，为管理跨境电子商务进出口发展后期的保税模式业务，海关总署公告 2014 年第 57 号又增列了海关监管方式代码“1210”，全称“保税跨境贸易电子商务”，适用于境内个人或电子商务企业在经海关认可的电子商务平台实现跨境交易、并通过海关特殊监管区域或保税监管场所进出的电子商务零售进出境商品[①]。

海关总署公告 2016 年第 75 号再次增列海关监管方式代码“1239”，全称“保税跨境贸易电子商务 A”，适用于境内电子商务企业通过海关特殊监管区域或保税物流中心（B 型）一线进境的跨境电子商务零售进口商品。“1239”和“1210”监管代码的区别在于：

① 海关特殊监管区域、保税监管场所与境内区外（场所外）之间通过电子商务平台交易的零售进出口商品不适用该监管方式。

①“1210”监管代码用于进口时，仅限于经批准开展跨境贸易电子商务进口试点[①]的海关特殊监管区域和保税物流中心（B型）；“1239”监管代码对城市没有具体要求，只要满足“符合海关特殊监管区域或保税物流中心（B型）”即可。②“1210”对试点城市暂时免除通关单，可走特殊申报通道，但必须通过审单处；“1239”监管方式则必须提供通关单。

2020年7月1日，针对跨境电子商务B2B出口，我国海关总署又新增“9710”和“9810”两种监管方式。前者适用于跨境电子商务B2B直接出口的货物；后者适用于跨境电子商务海外仓的货物。

（2）采用无纸化报关。2014年7月1日，我国首个统一版海关总署跨境贸易电子商务通关服务平台在广东东莞正式上线运营。在跨境电子商务通关服务平台上，货物通关采用“三单对比”方式进行监管。“三单”是指电子商务企业或个人提供的报关单、支付企业提供的支付清单、物流企业提供的物流运单。“三单”数据确认无误后即可放行。此外，根据2018年海关总署《关于跨境电子商务零售进出口商品有关监管事宜的公告》，跨境电子商务零售进口商品申报前，跨境电子商务企业（包括平台企业）或其境内代理人、支付企业、物流企业，应分别通过国际贸易“单一窗口”或跨境电子商务通关服务平台，向海关传输交易、支付、物流等电子信息，进行数据对接，以备海关验核。并且提交《中华人民共和国海关跨境电子商务零售进出口商品申报清单》（以下简称《申报清单》），采取“清单核放”方式办理报关手续。跨境电子商务零售商品出口时，跨境电子商务企业或其代理人应提交《申报清单》，采取“清单核放、汇总申报”的方式办理报关手续。

2. 税收

为解决跨境电子商务出口退税难题，缓解企业资金困境，2013年，财政部、国家税务总局发布《关于跨境电子商务零售出口税收政策的通知》，规定自建平台的电子商务出口企业和利用第三方跨境电子商务平台开展电子商务出口的企业，如果已办理税务登记，或出口货物取得海关签发的出口货物报关单，或购进出口货物取得合法有效的进货凭证，即可享受增值税、消费税免税政策待遇。

对于进口，为避免税收损失，财政部、海关总署和国家税务总局几次调整征税方案，最新规定是2018年发布的《关于完善跨境电子商务零售进口税收政策的通知》。该通知规定，跨境电子商务零售进口商品按照货物征收关税和进口环节增值税、消费税。单次交易限值为5000元，年度交易限值为26000元。在限值以内进口的商品免征关税，进口

---

① 2020年1月，商务部等六部委联合印发《关于扩大跨境电商零售进口试点的通知》，将石家庄等50个城市（地区）及海南全岛纳入跨境电商零售进口试点范围。本次扩大试点后，跨境电商零售进口试点范围从37个城市扩大至海南全岛和其他86个城市（地区），覆盖31个省、自治区、直辖市。

环节增值税、消费税则按法定应纳税额的70%征收。完税价格超过5000元单次交易限值但低于26000元年度交易限值，且订单下仅一件商品时，可以自跨境电子商务零售渠道进口，按照货物税率全额征收关税和进口环节增值税、消费税，交易额计入年度交易总额，但年度交易总额超过年度交易限值的，应按一般贸易管理。

此外，2018年9月财政部联合其他部委联合发布了《关于跨境电子商务综合试验区零售出口货物税收政策的通知》，决定对跨境电子商务综合试验区[①]电子商务出口企业出口未取得有效进货凭证的货物，同时符合相关条件的，试行增值税、消费税免税政策。

3. 支付结售汇

中国跨境电子商务现有结汇方式包括：一是通过第三方支付平台结汇，如通过国外的Payoneer（以下简称“P卡”）、Worldfirst（以下简称“WF卡”）、PayPal和国内的PingPong金融和Skyee；二是集中报关结汇，主要适用于国内跨境电子商务平台，如阿里速卖通；三是用海外账户收汇；四是以比特币支付。

为规范支付机构跨境互联网支付业务，2013年，国家外汇管理局发布《支付机构跨境外汇支付业务试点指导意见》，明确“支付机构办理‘贸易外汇收支企业名录’登记后可试点开办跨境外汇支付业务”，规定跨境外汇支付业务应具有真实合法的货物贸易、服务贸易交易背景，以此防范互联网支付风险。在上述指导意见基础上，2015年，国家外汇管理局又制定了《关于开展支付机构跨境外汇支付业务试点的通知》，将支付机构跨境外汇支付业务试点范围扩展至全国，允许支付机构为跨境电子商务交易双方提供外汇资金收付及结售汇服务，并将网络购物单笔交易限额由等值1万美元提高至5万美元。2019年，京东集团全资子公司网银在线（北京）科技有限公司因违规将境内外汇转移至境外，被处罚2943.26万元。

4. 检验检疫

为建立和完善跨境电子商务零售出口的检验检疫监管制度，2013年，国家质量监督检验检疫总局发布《关于支持跨境电子商务零售出口的指导意见》，提出建立跨境电子商务企业及其产品备案管理制度，鼓励企业通过跨境电子商务平台进行备案。同时，建立

① 2015年至2020年4月27日，国务院先后发布了5批全国跨境电子商务综合试验区名单，共设立105个跨境电子商务综合试验区。按批准时间先后顺序，依次为杭州、天津、上海、重庆、合肥、郑州、广州、成都、大连、宁波、青岛、深圳、苏州、北京、呼和浩特、沈阳、长春、哈尔滨、南京、南昌、武汉、长沙、南宁、海口、贵阳、昆明、西安、兰州、厦门、唐山、无锡、威海、珠海、东莞、义乌、石家庄、太原、赤峰、抚顺、珲春、绥芬河、徐州、南通、温州、绍兴、芜湖、福州、泉州、赣州、济南、烟台、洛阳、黄石、岳阳、汕头、佛山、泸州、海东、银川、雄安、大同、满洲里、营口、盘锦、吉林、黑河、常州、连云港、淮安、盐城、宿迁、湖州、嘉兴、衢州、台州、丽水、安庆、漳州、莆田、龙岩、九江、东营、潍坊、临沂、南阳、宜昌、湘潭、郴州、梅州、惠州、中山、江门、湛江、茂名、肇庆、崇左、三亚、德阳、绵阳、遵义、德宏、延安、天水、西宁、乌鲁木齐。

电子商务出口产品全申报制度，通过跨境电子商务平台建立对出口产品的质量监管机制，对严重质量安全问题进行追溯、通报、预警和处置，加强宏观质量管理。

为探索“互联网 + 风险检测”的检验检疫监管新模式，2016 年 10 月，跨境电子商务产品质量安全风险国家检测中心在杭州检验检疫局正式上线运行，并与国内主要跨境电子商务平台以及国外主要网络站点对接，以建立跨境电子商务全链路产品质量管理体系。对跨境商品的质量抽检可由以往的上线后提前至目前的上线前，从而更有效地保护消费者和网络交易经营者的合法权益。

随着电子商务的蓬勃发展，出现的问题也越来越多。为克服行业弊端和规范市场行为，我国《电子商务法》于 2019 年 1 月 1 日起正式施行。作为电子商务领域的专门法律，《电子商务法》在促进电子商务产业健康有序发展方面意义重大。针对平台经营者在电子商务活动中的地位和发挥的作用，《电子商务法》规定了一系列具体的法律义务，如信息保存和报送义务、维护平台安全稳定义务、安全保障义务等。在电子商务平台经营者知识产权责任认定方面，《电子商务法》第四十五条明确规定，“对于平台内明显的侵权行为，电子商务平台经营者承担连带过错责任”，“若平台内的侵权行为不易发现，平台经营者仅承担一般的侵权责任，不承担连带责任”。

（二）个人信息保护

在互联网时代，个人信息事实上处于“半透明”状态。一个时期以来，非法收集、泄露个人信息的现象屡见不鲜。2011 年，中国专业 IT 社区 CSDN 网站遭黑客攻击，600 万用户账号及明文密码泄露。2019 年 2 月，“大数据行业第一股”数据堂（北京）科技股份有限公司因涉嫌倒卖数百亿条个人数据信息而被处罚。

迄今为止，中国还未正式出台专门的个人信息数据保护法。2013 年 2 月 1 日，我国首个个人信息保护国家标准——《信息安全技术、公共及商用服务信息系统个人信息保护指南》正式实施。该标准明确要求，在收集和利用个人敏感信息之前，必须获得个人信息主体明确的授权，从而为个人信息保护提供了指导性方向。

关于个人信息保护，现行有关法律当属自 2017 年 6 月 1 日起施行的我国《网络安全法》和 2019 年施行的《电子商务法》。《网络安全法》是我国第一部全面规范网络空间安全管理的基础性法律。该法律规定，个人享有信息的数据主权，有信息的删除权和更正权；采集用户信息应得到被采集者的许可，并且严格保密，不得随意篡改泄露；严禁个人信息的非法获取、非法出售和提供。

《电子商务法》也对个人信息保护做出了相关规定，其与《网络安全法》的内容既有联系也有区别。《电子商务法》的适用对象是电子商务经营者，其对个人信息主体的权利保护在某些方面要高于《网络安全法》。例如，《网络安全法》规定个人信息主体要求网络运营者删除其信息的前提是网络运营者有违法或违约的情况，而《电子商务法》对此则未设置任何前提条件。

2019 年年底，全国人大常委会第四十四次委员长会议将个人信息保护法和数据安全法列入 2020 年的立法规划中。2020 年 10 月 21 日，《中华人民共和国个人信息保护法（草案）》在中国人大网上公布，并向全社会公开征求意见。该草案进一步明确了如何保护公民个人信息，对于违法收集、处理个人信息的行为也制定了更为严厉的处罚措施。正式出台后，《个人信息保护法》将成为中国保障个人信息安全的专门法律。

（三）数据本土化

与欧盟相同，中国采用的也是数据存储本土化原则。我国《网络安全法》第三十七条规定："关键信息基础设施的运营者在中华人民共和国境内运营中收集和产生的个人信息和重要数据应当在境内存储。因业务需要，确需向境外提供的，应当按照国家网信部门会同国务院有关部门制定的办法进行安全评估；法律、行政法规另有规定的，依照其规定。"

此外，我国部分法规也提及了数据本土化要求。例如，《征信业管理条例》第二十四条规定，征信机构在中国境内采集的信息的整理、保存和加工，应当在中国境内进行。《地图管理条例》第三十四条规定，互联网地图服务单位应当将存放地图数据的服务器设在中国境内，同时还提出了设施本土化要求。《中国人民银行关于银行业金融机构做好个人金融信息保护工作的通知》第六条规定，在中国境内收集的个人金融信息的储存、处理和分析应当在中国境内进行。

（四）访问和使用互联网

原则上，消费者访问和使用互联网是自由选择的，但必要的网络管理不可或缺。中国实施互联网过滤审查制度。早在 2000 年，国务院发布的《互联网信息服务管理办法》即明确规定，互联网信息服务提供者应当向上网用户提供良好的服务，并保证所提供的信息内容合法，同时还规定了互联网信息服务提供者不得制作、复制、发布、传播信息的九种情形。2010 年，因谷歌公司不能接受中国使用"防火长城"过滤器对其进行网络内容审查，于是将其搜索服务退出中国内地市场并转至中国香港。

为了保证健康良好的上网环境，2017 年，我国工业和信息化部印发《关于清理规范互联网网络接入服务市场的通知》，规定未经电信主管部门批准，不得自行建立或租用专线（含虚拟专用网络 VPN）等其他信道开展跨境经营活动。对外贸易企业、跨国企业因办公自用等原因，需要通过专线等方式跨境联网时，可以向依法设置国际通信出入口局的电信业务经营者租用。

此外，为了构建清朗文明有序的网络空间，由国家互联网信息办公室印发的《互联网群组信息服务管理规定》自 2017 年 10 月 8 日起施行。该规定明确了互联网群组建立者和管理者应履行的责任，以及群组和群管理者应当承担管理的主体责任。

当前，全球数字贸易规则明显滞后于全球数字贸易实践，相关规则与标准的制定已迫在眉睫。作为数字贸易的后来者和重要利益相关者，中国应当及时补齐数字贸易规则制定中的短板，加快完善在个人信息保护、跨境数据传输、数据安全等领域的立法。在国际上，应积极主动地在自贸协定或多边贸易谈判中加入数字贸易议题，通过将跨境电子商务作为引领规则制定的切入口，率先形成一套符合世界贸易组织相关规则的标准体系，抢占数字贸易规则与标准制定的主动权。

思考题

1. 数字贸易与传统国际贸易的区别主要体现在哪些地方？
2. 简述中国政府对跨境电子商务的主要海关监管政策。
3. 简述跨境电子商务对政府监管带来的挑战。
4. 简述新冠肺炎疫情对跨境电子商务进出口的影响。
5. 论述数字贸易“美式模板”与“欧式模板”的分歧。
6. 论述新兴经济体的数字贸易规则。
7. 近年来我国跨境电子商务迅速发展的主要原因是什么？

第十章

中国对外贸易的有关问题

进入 21 世纪以来，随着经济全球化进程的不断加快和中国日益融入世界经济体系，中国对外贸易发展过程中也出现了一些新的热点问题，如贸易摩擦问题、知识产权问题、环境保护问题等。这些问题对中国对外贸易的发展产生了直接影响。

第一节　中国对外贸易中的贸易摩擦问题

对外贸易摩擦（foreign trade friction）是指由于贸易活动或与贸易相关的政策、制度等原因引起的国际经济关系紧张及争端事态。自“入世”以来，中国与其他国家或经济体发生贸易摩擦的频率也在上升。如何客观认识并积极应对国外对华贸易摩擦问题，是中国对外贸易持续发展过程中必须面对的重要课题之一。

一、国外对华贸易摩擦的类型

国外对华贸易摩擦类型可依据不同的视角进行分类，这里主要根据贸易摩擦的对象国、表现形式及产业加以区分。

（一）按贸易摩擦的对象国分类

国外对华贸易摩擦的国家基本上可以分为两大类：发达国家和发展中国家。

1. 发达国家对华贸易摩擦

在中国的主要贸易伙伴中，欧盟、美国和日本均位居发达国家行列，因而具有一定的相似性。由于产业转移的需要，它们同时也是对华直接投资的主要来源地。但在欧盟、美国、日本等发达经济体内部，出于对本身就业流失、经济增长失速等问题的忧虑而实施的贸易限制政策，使得中国出口产品屡屡受阻，造成发达经济体与中国贸易摩擦的数量持续增加，领域不断扩大。同时，发达经济体对华贸易摩擦也各具特点。

（1）欧盟对华贸易摩擦。观察历史统计数据可知，欧盟是对华产生贸易摩擦最多的经济体之一，其常见做法有反倾销、技术性贸易壁垒、普惠制待遇、单方面数量限制等。由于欧盟大部分成员国的科技较为发达，对产品的技术和环保水平要求很高，因此其对华贸易摩擦最多的还是技术性贸易摩擦。同时还应看到，随着不少与中国经济发展水平、劳动力成本、产业和贸易结构相近的中东欧国家加入欧盟，中国面临着来自欧盟的更多、更苛刻的反倾销和反补贴调查。

（2）美国对华贸易摩擦。长期以来，在中美经贸关系总体保持平稳和良好发展势头的同时，双方间的经贸冲突和摩擦也在日益增多。两国间的贸易摩擦具有复杂性和多层次的特点，以贸易不平衡为基本背景，包括反倾销、反补贴、保障措施、技术壁垒、知识产权等多种形式在内的一般贸易摩擦，常常与宏观经济政策、经济乃至社会制度层面的矛盾交织在一起。双方贸易摩擦的焦点主要集中在四个方面：美国对华大幅贸易逆差问题、知识产权保护问题、人民币汇率问题、对华纺织品设限与反设限问题。由于两国实行不同的政治制度，美国不承认中国的市场经济地位，以及美国时常采取贸易政策的单边主义和保护主义，其对华贸易摩擦更多地体现在制度性贸易摩擦方面。

（3）日本对华贸易摩擦。随着中国对日本出口产品结构的不断升级，两国间的产业分工与比较优势发生趋同的变化，贸易结构也逐步接近，使日本经济发展受到一定威胁，因而造成日益频繁的贸易摩擦。从贸易摩擦的方式和做法上看，日本采取的形式较为多样，包括技术壁垒、卫生检疫标准、环保标准等，以增强阻挡中国商品进入日本市场的效果。因此，日本对华贸易摩擦更多地是以遏制中国产业竞争力为目的。

2. 发展中国家对华贸易摩擦

在中国对外贸易快速发展的过程中，发展中国家对华贸易摩擦也进入高发期，典型标志是发展中国家对华反倾销事件频发。当前对中国反倾销最多的 5 个国家和地区，分别是印度、美国、欧盟、阿根廷、巴西。其中，除了美国、欧盟是发达经济体，其他都是发展中国家。世界贸易组织成立前，对中国反倾销的国家主要以美国、欧共体、澳大利亚、加拿大这 4 个发达国家和地区为主；但在世界贸易组织成立后，越来越多的发展中国家加入对中国进行反倾销的行列。总体而言，发展中国家对华贸易摩擦的主要特点，一是贸易摩擦形式较为单一，相比欧美发达国家对华贸易摩擦，发展中国家对华贸易摩擦主要表现为反倾销；二是摩擦程度较低，主要属于微观经济活动范围，基本不涉及制度和社会、政治层面。由于中国与其他发展中国家的产业结构具有一定的相似性，出口商品结构的竞争性易诱发此类贸易摩擦。

（二）按国外对华贸易摩擦的表现形式分类

国外对华贸易摩擦的表现形式主要有反倾销调查、反补贴调查、保障措施、技术性贸易壁垒、社会壁垒、汇率制度摩擦、知识产权摩擦等。

1. 反倾销调查

反倾销是世界贸易组织用于维护公平贸易的一种机制。然而近年来，反倾销常常被不少国家滥用，成为贸易保护的重要手段之一，也成为主要贸易伙伴对华贸易摩擦的最常用方式。中国遭遇的反倾销调查具有两个特点：一是次数不断增加，涉案金额巨大；二是立案国家多，被诉产品范围广。20 世纪 90 年代后，对华反倾销的国家从发达国家迅速向发展中国家蔓延，且反倾销越来越针对中国具有比较优势的产品，并且常常是同一种产品相继被多个国家反倾销。

2. 反补贴调查

与反倾销案件相比，对华反补贴案件相对较少。主要原因在于：首先，这类案件在政治上比较敏感，不仅要调查出口国的涉诉企业，还要调查出口国政府；其次，与计算反倾销的方法相比，反补贴的计算方法还不是很成熟，国外采用反倾销方式的胜算更大；最后，当前许多国家一般认为反补贴不适用于非市场经济国家，而中国仍被一些国家认为是非市场经济国家。在今后相当长的时期内，中国除将继续遭受大量国外反倾销调查外，遭受国外反补贴调查也将成为常态。从危害性上看，反补贴调查要远甚于反倾销调查。反补贴调查反的是政府的补贴行为，针对的是政府，但影响的是整个行业。一旦一种产品遭到国外反补贴调查成功，整个行业出口将受阻，甚至该类产品被完全逐出有关国家市场。

3. 保障措施

中国出口增长较快的产品主要是劳动密集型产品，这些具有较强比较优势产品的出口，势必会对贸易伙伴的相关产业造成一定冲击。因此，其他世界贸易组织成员为防止中国产品在较低的关税水平条件下冲击其国内产业，会不断采取保障措施。

4. 技术性贸易壁垒

所谓技术性贸易壁垒，是指一国以维护国家安全或保护人类健康和安全，保护动植物的生命和健康，保护生态环境，或防止欺诈行为，保证产品质量为由，采取的一些强制性或非强制性的技术性措施，这些措施成为其他国家商品自由进入该国的障碍。随着经济全球化和贸易自由化进程的加快，以技术法规、技术标准等为主要内容的技术性贸易措施成为最普遍、最难对付的贸易壁垒，成为各国保护本国产业和促进其对外贸易发展的重要手段，这对中国扩大出口贸易构成了显著影响。据我国国家知识产权局统计，当前国际贸易壁垒的80%来源于技术性贸易壁垒。

5. 社会壁垒

社会壁垒是指以劳动者劳动环境恶劣、生存权利受到损害为由而采取的贸易保护措施。社会壁垒由各种国际公约的社会条款（包括社会保障、劳动者待遇、劳动权利、劳动技术标准等条款）构成，其与公民权利和政治权利相辅相成。社会条款的提出是为了保护劳动者的权益，本来不应是贸易壁垒，但被贸易保护主义者利用为削弱或限制发展中国家企业产品低成本的优势而成为变相的贸易壁垒。在社会壁垒措施中，较引人注目的是SA 8000标准，该标准是从ISO 9000质量管理体系及ISO 14000环境管理体系演绎而来的道德规范国际标准。社会壁垒可能成为阻碍发展中国家劳动密集型产品出口的主要障碍，不但可能发展成为一种新的贸易壁垒，还可与环境壁垒联合起来构成一种更新型、更复杂、更难对付的环境—社会贸易壁垒。

6. 汇率制度摩擦

近年来，中外之间的贸易摩擦呈现出一个明显特点，即在贸易摩擦的背后交织着两国（地区）金融利益的博弈，在金融战略的背后隐藏着两国（地区）贸易与经济利益的争夺。而在金融博弈中，人民币汇率常常成为热点问题。当前，以美国为代表的部分经济体认为人民币汇率被人为压低，存在所谓的“根本性失衡”。因而在贸易争端及国际谈判中，它们便时常打“汇率牌”，向中国施压。在中美战略与经济对话中，美方提出人民币汇率问题是对话的焦点之一。

7. 知识产权摩擦

中外知识产权摩擦的实质，是有关国家利用其知识产权优势，对中国企业设置知识产权壁垒，从而占领市场。具体来讲，知识产权摩擦就是发达国家依托自身的知识产权优势和先进技术水平，利用知识产权制度和相关国家政策，在保护知识产权的“正当”名义下，限制中国企业在中国国内外市场竞争的不正当措施和策略，借此实现维护其知识产权优势和市场优势的目的。中外知识产权摩擦呈现出以下特性：一是从发展趋势来看，由美国一国到美国、日本、欧盟等多个发达国家和地区，由劳动密集型产品到高技术型产品，知识产权摩擦将成为中外经贸摩擦的主要形式，由中国“摩擦”他国向他国“摩擦”中国转变；二是在国际法承认的范畴内以保护知识产权的合理理由进行；三是具有无形性、时间性与地域性，这是由知识产权本身的特点决定的；四是与各国经济及国际贸易发展密切相关；五是从企业间的知识产权纠纷向知识产权制度层面冲突发展；六是摩擦主体由企业向企业和政府演化，从企业策略向国家战略演化。

（三）按国外对华贸易摩擦的产业分类

从国外对华贸易摩擦发生的产业来看，主要集中在机电、纺织品与服装、农产品、能源与主要原材料贸易等方面。

1. 机电产业贸易摩擦

近年来，中国机电产品出口贸易快速增长。2009 年，中国机电产品出口在世界机电产品出口国中的排名已上升至第一位，此后继续保持全球机电产品第一出口大国的地位。2020 年，中国机电产品出口达 1.54 万亿美元，出口占比为 59.5%。随着中国机电产品出口贸易规模的扩大和贸易不平衡等问题的加剧，机电产业贸易摩擦成为中外贸易摩擦的重点领域，特别是计算机与通信技术产品和电子技术产品的贸易。发达国家发难的对象往往是那些中国竞争力较强产业的高新技术出口产品，而发难的时机也多选在产品的高成长期，从而对中国高新技术产业发展造成了较大负面影响。

2. 纺织品服装贸易摩擦

中国是全球最大的纺织品与服装生产国和出口国，2020 年纺织品与服装出口达 2912.2 亿美元。全球纺织品贸易实现一体化后，配额取消使得中国部分纺织品长期被压抑的增长潜力在短期内迅速释放。欧美等一些国家和地区由于担心中国纺织品巨大的出口潜力，对我纺织品频繁采取各种贸易救济措施。以美国市场为例，美国是我纺织服装最大的单一出口市场，其巨大体量与持续稳定的市场需求，一直是我纺织服装出口的“稳定器”和“压舱石”。2009—2018 年，我国对美国纺织服装出口规模持续扩大，年均增幅达到 7.1%。自 2018 年 3 月美国单方面挑起贸易争端以来，良好态势被打破，中国纺织服装制造业和出口商受到严重冲击。同时，欧美设限案件频发，并不断向其他国家蔓延，这给中国的整体纺织服装出口造成较大困难，影响了一体化后纺织品贸易环境的稳定。

3. 农产品贸易摩擦

改革开放以来，随着中国对外贸易规模迅速扩大，农产品贸易也经历了较大进步和发展。目前，中国已成为世界第一大农产品进口国及世界第四大农产品出口国，2020 年农产品出口额为 760.3 亿美元。中国农产品贸易伙伴日益增多，主要出口市场包括日本、美国、韩国、欧洲等国家和地区，并且农产品贸易的种类繁多。随着中国农产品贸易快速发展，农产品出口也面临越来越多的障碍，从反倾销、保障措施等贸易救济措施，到检验检疫、技术标准、认证程序、进口配额管理制度等贸易壁垒，贸易摩擦涉及的农产品范围日趋扩大。

4. 能源与主要原材料贸易摩擦

随着中国经济迅速增长，对能源和铁矿石等主要原材料的需求急剧上升，国内供给已难以满足需求。随着对外能源及主要原材料贸易的扩大，中国与一些国家也产生了贸易摩擦。这里分别以石油和铁矿石贸易为例加以说明。

（1）石油贸易摩擦。中国与日本在争取国际石油供应方面日益显示出一种竞争关系。作为经济强国的日本，在能源资源上却是一贫如洗，石油、煤炭、天然气等主要能源产品几乎全部依赖进口。近年来，随着中国对石油需求的不断加强，中国和日本两国面临同样资源紧缺状况是不争的事实。能源对外依存度的相似性、主要进口油气资源的同源性以及地缘政治经济的相关性，不可避免地导致中日两国在国际石油市场上展开竞争。

中国与印度的石油之争也愈演愈烈。随着印度经济快速发展，其对石油及天然气等资源的需求也在不断增长，早已超过其国内能源供应的限度。面对油气供需严峻形势，中印两国在原油贸易和上游油气资源收购项目上的竞争日益激烈，且有不断升级之势。

中美在石油领域互为战略竞争对手。中美关系中潜在的最大“冲突源”之一，是两国对全球石油资源的竞争。美国与中国作为全球两个石油进口大国，石油进口来源地高度交叉甚至重叠，中美两国从中东、非洲所进口的石油数量、比重都很大。

（2）铁矿石贸易摩擦。国际市场上铁矿石的主要出口国是巴西、澳大利亚、印度、南非等国，主要进口国是欧盟国家及中国、日本、韩国等产钢大国。在国际市场上，铁矿石价格是在逐年谈判的基础上商定的，当供需双方就一种铁矿石的价格达成协议后，其他供需方就以此价格作为参照，这也导致了国际铁矿石价格谈判的多样和艰难。中国是世界上最大的铁矿石需求国，但中国在国际铁矿石谈判中却不具备举足轻重的议价能力，自2005年首次独立参加铁矿石谈判以来，历次谈判都未能取得理想的“中国价格”。连续多年痛失“话语权”，令中国钢铁业损失惨重。

二、国外对华贸易摩擦的成因

随着中国经济快速发展以及对外贸易的迅速增长，国外对华贸易摩擦日趋频发。究其原因，可主要从国际因素和国内因素进行分析。

（一）国外对华贸易摩擦的国际因素分析

1. 政治因素

特定时期世界或有关国家的经济和政治发展形势，直接影响着贸易摩擦的发生频率。由于存在着利益集团，它们在一定资源投入下，通过自己或其代理人使用投票、制造舆论等手段，游说政府做出有利于自己集团利益的政策决定，使得各国政府越来越多地直接参与到贸易争端的产生和解决过程中，通过贸易摩擦获得利益集团的认可，从而谋求贸易以外的政治利益。

2. 贸易保护主义

全球性的经济“新平庸”和整体经济复苏乏力引发了愈演愈烈的新贸易保护主义，导致贸易摩擦加剧，中国首当其冲。世界经济发展状况与贸易保护主义呈负相关关系。自2008年国际金融危机及2010年欧债危机以来，全球主要经济体都发生了经济衰退或增长迟缓，需求萎缩导致争夺市场的竞争白热化。2020年年初暴发全球新冠肺炎疫情，又使得除中国以外的世界各主要经济体的经济出现负增长。在经济紧缩和萧条时期，贸易政策更易趋于保守，各种新贸易保护主义的观点，如保证公平竞争、保护知识产权、保护生态环境和维护国家经济安全等，左右着政府贸易政策的制定，从而引发愈演愈烈的新贸易保护主义，贸易摩擦难以避免。

“中国威胁论”使中国遭遇更多的新贸易保护主义，成为贸易摩擦的一个重要诱因。中国是世界上最大的发展中国家，改革开放40余年来，随着综合国力日益增强，一些国家提出“中国威胁论”的论调。它们常常无端制造贸易争端和纠纷，使中国在国际贸易中遭遇了更多的、比常规贸易保护更隐蔽的新贸易保护主义，引发了多起贸易摩擦。

3. 世界贸易组织相关条款的模糊性及争端解决机制的缺陷

为了协调各缔约方之间的利益，避免贸易自由化对各国经济的过分冲击，世界贸易组织规定了一些例外条款和弹性条款，通过这些条款，缔约方可以以维护国际收支平衡、促进特定工业的建立、维护国家安全、保护环境等理由，暂停、修改或撤销世界贸易组织的各项义务。由于世界贸易组织个别条款在例外规定上存在模糊和漏洞，使其常常被贸易保护主义者所利用，成为实行进口限制的借口，导致贸易摩擦更加频繁。

（二）国外对华贸易摩擦的国内因素分析

1. 中国出口贸易额迅速增长、贸易顺差较大

经过40余年的对外开放，中国已成为贸易大国。1978年中国出口额仅占世界出口总额的0.76%，2009年中国即超过德国，成为全球第一大出口国，并持续保持出口世界第一地位至今。由于中国出口市场扩张较快、对一些国家贸易顺差较大以及人民币汇率被认为低估等原因，导致一些发达国家和部分发展中国家屡屡对中国出口产品实行严格限制，致使贸易摩擦加剧。

2. 出口市场相对集中

长期以来，虽然持续力推市场多元化战略，但中国对外贸易地理方向仍较集中，大部分出口产品销往欧盟、美国、日本这三大地区，而这些地区既是近年来经济“新平庸”的主流，也是贸易壁垒的主要发源地。当其传统产业受到迅速增长的中国质优价廉产品

出口的影响时，引发双边、多边贸易摩擦的概率随之加大。此外，中国与一些发展中国家的部分产品比较优势趋同，产业结构类似，产品可替代性强，因而在争夺国际市场份额的竞争中，出口产品与国外产品的竞争不可避免。这是近年来发展中国家对华发起反倾销和保障措施不断增多的主要原因。

3. 各项技术标准与国际标准存在差距

虽然中国已引进了不少国外先进技术，企业技术创新能力也有较大提高，但总体而言，技术吸收、消化和创新能力尚不强，与发达国家相比仍存在较大的技术差距，技术标准与国际接轨的程度也有待提高。这种同国际标准接轨程度不高的状况，不仅存在于技术标准方面，同时在知识产权保护、环境保护等涉及国际贸易的诸多领域均有表现，因而大大增加了中国同贸易伙伴产生贸易摩擦的概率。

4. 某些产品出口无序导致摩擦加剧

自“入世”以来，中国经历着修改和完善国内法律并不断向世界贸易组织规则靠拢的艰难历程。客观上讲，中国在某些领域法制尚不健全、执法不严，一些出口企业之间存在价格恶性竞争行为，某些产品出口经营不够契合国际竞争游戏规则，易被一些进口国抓住“把柄”，这在某种程度上也加剧了贸易摩擦。

三、国外对华贸易摩擦的效应分析

贸易摩擦对中国经济的负面影响是显而易见的，其直接抑制产品出口，减少贸易收益，致使国内相关产业萎缩、失业增加，阻碍经济增长。但同时也应认识到，贸易摩擦对中国的经济发展也有某种积极促进和优化作用。

（一）贸易摩擦的积极效应

中国对外贸易摩擦的频繁发生具有一定的合理性，因为它是中国经济和贸易发展特殊阶段和特殊国情下的正常现象，同时也是中国对外贸易进一步发展和提升层次的必需品和刺激物。也就是说，贸易摩擦具有一定的积极效应。

1. 有利于促进中国产业结构升级

当前中国出口劳动密集型产品的比重仍较大，贸易摩擦使得这些产品的出口减少，国内相关的产业规模就会缩减，因此而退出的资源和资金就会流向更高层次的产业，从而推动产业结构升级。一些特殊的贸易摩擦起因如技术性贸易壁垒，其直接要求的就是产品技术水平的提高，这对于刺激产业结构提升的作用更为明显。从中国处于经济转型期这个特殊国情来看，贸易摩擦可以起到某种积极的指引作用。按照西方经济学的观点，市场在某些领域会失灵，但贸易摩擦恰好起到了纠正市场失灵的作用。

2. 有利于培养中国的竞争优势产业

首先，贸易摩擦有利于优胜劣汰。贸易摩擦会淘汰部分竞争力孱弱的小企业，这有利于资源优化配置，优秀企业可以借机做大做强。其次，贸易摩擦会加剧国内相关企业间的竞争。经济理论和实证研究发现，竞争的引入和加强可以帮助企业提高劳动生产率和全要素生产率，竞争机制的加强还可刺激企业的技术创新，从而促进企业的发展和壮大。最后，贸易摩擦能诱导比较优势产业转变为竞争优势产业。如前所述，贸易摩擦可以淘汰小企业而发展大企业，大企业拥有雄厚的资金实力，通过提高技术和管理水平，能够更加适应国际市场竞争的需要，取得国际范围内的绝对竞争力，进而有助于形成竞争优势产业。

3. 可以刺激中国对外直接投资的发展

当前，世界经济不景气和发展不平衡，新的贸易保护主义抬头，是造成中国对外贸易摩擦频繁发生的外部根源。要绕开新贸易保护主义设置的贸易壁垒，一个重要途径就是扩大对外直接投资，到国外就地生产、就地销售。贸易摩擦刺激中国对外直接投资的增加是一种“逼迫效应”。也就是说，贸易摩擦阻止了有关企业的商品出口，使其市场缩小，商品价值无法实现，这时候有关企业为了走出困境，往往想方设法绕过国外贸易壁垒，通过对外直接投资求得发展。因而在贸易摩擦的压力下，企业对外直接投资增加，获利空间扩大，也有助于缓解中国的贸易摩擦问题。

4. 有利于实现中国对外贸易地理方向的多元化

中国对外贸易地理方向长期相对单一。以 2019 年为例，该年度中国进出口总值为 45761 亿美元，其中，欧盟继续为中国第一大贸易伙伴，双边贸易额为 7047 亿美元，占中国对外贸易总额的 15.4%，美国和东盟为中国的第二、第三大贸易伙伴，再加上日本、韩国等，前六大贸易伙伴占中国对外贸易总额的 60.6%（如表 10−1 所示）。一旦与其中某个贸易伙伴发生剧烈贸易摩擦，就可能给中国对外贸易带来严重冲击，直接影响到国内经济的稳定和发展。贸易摩擦的频繁发生，在一定程度上有助于促进中国对外贸易地理方向多元化。首先，贸易摩擦使人们认识到，对个别贸易伙伴的过分依赖蕴涵着极大风险，促使企业和政府部门认识到对外贸易地理方向集中的严重缺陷，从而致力于开拓多元化市场；其次，贸易摩擦阻碍了某些产品的出口，为了减少损失，出口商就会设法寻找其他国家的市场。随着新市场的成功开拓，中国对外贸易地理方向就会逐步实现多元化，从而有助于中国出口贸易的持续健康发展。

表 10-1　2019 年中国与主要贸易伙伴的贸易额及贸易占比

名次	国家或地区	双边贸易额 / 亿美元	双边贸易额占中国对外贸易的比重 /%
1	欧盟	7047	15.4
2	东盟	6407	14.0
3	美国	5414	11.8
4	日本	3150	6.9
5	中国香港	2880	6.3
6	韩国	2846	6.2

资料来源：根据国家统计局《中华人民共和国 2019 年国民经济和社会发展统计公报》资料整理。

（二）贸易摩擦的消极影响

虽然贸易摩擦对中国对外贸易乃至经济发展有一定的积极效应，但其产生的消极影响毕竟是现实的、直接的。贸易摩擦会直接抑制中国的出口贸易，减少贸易收益，致使国内相关产业萎缩、失业增加，阻碍经济增长。

1. 影响中国的贸易安全

加入世界贸易组织后，随着经济快速发展和出口大幅增长，中国面临的贸易摩擦也越来越多，频繁的贸易摩擦对中国的贸易安全造成不良影响。首先，从国外对中国出口产品发起的贸易救济措施看，其以反倾销、反补贴和保障措施为主，这些贸易救济措施大都披着合法的外衣，是造成中国贸易摩擦频繁发生的主要原因。特别是反倾销对中国企业影响巨大，高额反倾销税增加了出口商品的成本，严重削弱了中国出口商品的市场竞争力，给出口企业带来较大损失。其次，从国外对我国频繁实施的技术性贸易壁垒等措施看，同样影响到中国的贸易安全。近年来，世界贸易组织的一些发达成员如美国、日本、欧盟等，正在不断调整和提升其技术门槛，安全标准、卫生标准、技术标准、环境标准等越来越苛刻、复杂。烦琐的认证制度大大增加了中国出口商品的成本，削弱了其市场竞争力。技术性贸易壁垒已成为发达国家保护本国市场、占领别国市场、获取最大经济利益的武器。最后，从贸易不平衡引发的贸易摩擦看，由于中国出口市场主要集中于美国、欧盟、日本等少数发达国家和地区，特别是对美国贸易存在着大量顺差，由于美方认为中国低估人民币对外价值、滥用劳工权使得产品出口竞争力大幅度提高，因而强烈要求中国改革汇率制度，千方百计迫使人民币对外升值，从而使中美贸易摩擦从微观经济层面向宏观经济政策、体制和制度层面延伸。

2. 破坏中国与贸易对象国双边正常贸易关系

贸易摩擦的频繁发生，在一定程度上破坏了中国与贸易伙伴的正常贸易关系。很明显，贸易摩擦直接造成中国出口减少，出口创汇能力降低，从而影响到中国与贸易对象国的贸易往来。中国有时也需要采取一定的反制措施，其结果往往是两败俱伤。对于进口国而言，虽然贸易摩擦能暂时保护其国内市场，使其夕阳产业再延续一段生存时间，但保护的结果必然制约进口国的技术更新和产业结构升级，从长远看也不利于这些国家的经济发展。

3. 打击中国相关地区和企业的发展

频繁的贸易摩擦必然给涉案中国企业带来某些难以预料的损失，一些企业由于被贸易摩擦所牵连，其正常经营受到严重影响，有的甚至被迫退出国际市场，进而打击了中国出口地区的相关产业发展。此外，中国的对外贸易摩擦主要集中于劳动密集型和资本密集型产品，这两类产品一般不具备较高的技术含量，对中国经济的主要贡献是吸纳大量就业人员。随着中国与其他国家贸易摩擦的增加，加重了就业问题。

4. 引发对外贸易摩擦的连锁效应

对外贸易摩擦连锁效应体现在两个方面：一是地区连锁效应，即某国对中国某一产品产生贸易摩擦后，往往引发其他国家对中国同一产品产生贸易摩擦。例如，继 2012 年 9 月、10 月欧盟和美国相继对中国光伏产品展开贸易调查和制裁后，印度也随即对中国光伏产品展开反倾销调查。二是产品连锁反应，即某国对中国某一产品产生贸易摩擦后，会引发其对中国其他相关产品也产生贸易摩擦。连锁效应的结果是随着中国贸易摩擦案件数量的增加，其他国家对中国摩擦涉及的行业和产品呈现出多元化格局。

综上所述，中国对外贸易摩擦的频繁发生有其合理性与必然性，这决定了其对中国对外贸易有一定的积极效应，但同时也产生了抑制出口、减少贸易收益等消极影响。因此，在制定具体应对策略时，既要考虑到贸易摩擦所产生的积极作用，又要尽量消弭其消极影响。这就需要我国政府部门、出口企业以及相关行业组织共同付出努力。

四、应对国外对华贸易摩擦的策略

从发展趋势看，中国对外贸易规模在未来仍会维持扩张，国外对华贸易摩擦也将在相当长的一段时期内成为一种常态。因此在制定具体应对策略时，既要充分考虑和发挥贸易摩擦所带来的积极效应，也应看到贸易摩擦对经济的扭曲和对贸易的阻碍，通过积极应对使其消极影响最小化。为此，长期内要发挥市场机制的作用，完善中国的市场体系，短期内则应规避贸易摩擦对中国对外贸易和经济的冲击，构建政府部门、中介组织和企业“三位一体”的摩擦应对机制。

（一）政府部门的应对策略

由于国外对华贸易摩擦很多是由中国的发展中国家地位、对主要伙伴国的贸易盈余大、与现行国际贸易制度存在差异等所引起的，因此对于我国政府部门来说，为促进对外贸易的健康发展，应积极调整对外经贸发展战略，并辅以相应的产业保护战略，以求将贸易摩擦的损失降到最低程度。

1. 加快产业结构调整，促进产业升级，调整对外贸易发展战略

中国已是世界贸易大国，但仍非贸易强国，主要原因在于出口产品缺乏核心技术和国际知名品牌，出口产品国内增值率不高。要实现由贸易大国向贸易强国的转变，必须转变对外贸易增长方式，优化对外贸易商品结构，实施以质取胜、市场多元化和科技兴贸战略。要扶持企业提高自主研发和技术创新能力，使其掌握具有自主知识产权的核心技术，通过提高出口商品的附加值，带动产业升级，从传统的追求贸易规模转变到追求贸易结构优化，提高国际竞争力。此外，还应鼓励和引导跨国公司把高技术、高增值的加工制造环节和研发机构转移到中国，通过技术溢出和后向关联效应促进带动国内企业提升技术水平。

（1）促进加工贸易转型升级。中国加工贸易的国内采购率较低，加工链条短，只是承担了产品增值链条中附加价值较低的加工组装环节，一旦发生贸易摩擦，“两头在外”（设计在外、市场在外）的生产模式就会使自身变得很被动。要鼓励企业从事产品深加工和精加工，增强国内配套能力，提高出口商品的国产化率，延长产业链条，释放加工贸易的辐射能力和聚集效应，打造一批带动性强的龙头企业和配套协作型企业。要发挥政府部门的管理效能，使加工贸易与国内工业体系融为一体，把加工贸易作为承接新一轮国际产业转移的载体，把产业结构调整同出口高质量发展结合起来，向高附加值产品方向发展，真正把中国发展成为具有较强竞争力的世界工厂。

（2）调整对外贸易发展战略，转变经济增长方式。当前，中国对外贸易存在贸易摩擦增多、出口产品未反映真实成本、资源消耗高、缺乏自主品牌和核心竞争力等问题，影响了对外贸易的可持续发展。为此，应调整对外贸易发展战略，转变外贸增长方式。要彻底改变传统的以出口创汇为首要目标的发展模式，从出口主导型转变为出口与进口相平衡，从重视开拓国际市场转为“内需”和“外需”共同拓展，从关注贸易顺差转向贸易平衡，从“高物耗、高能耗、高污染、低附加值”的粗放型经济发展方式转向高效、集约型的经济发展方式。如此才能提升中国的贸易产品结构，纾解由于同部分发展中国家的产品结构趋同而产生的贸易摩擦问题。

2. 构筑贸易保障体系

为了防止贸易摩擦持续升级，保护已有市场，应加快建立多层次、多渠道的贸易壁垒预警机制。一个有效的预警系统，需要政府、行业组织和企业各司其职。政府应提供宏观政策指导；行业协会应正确定位，积极为政府部门提供合理的政策建议；企业应以市场为导向进行生产和销售，关注市场动态，并积极研究其对自身的影响。

对外贸易职能部门要依托各行业协会和主管部门，建立包括重要产品出口数量、出口价格走势等内容在内的动态监控系统，争取把握应对贸易摩擦的主动权。特别是对重点敏感出口产品，要做好出口价格、出口目标市场的监测工作，发现存在竞价销售、扰乱出口秩序的现象要坚决制止，有效帮助各类企业、行业协会及时了解并适应国际市场变化，提高商品国际竞争力，防范和减少贸易纠纷的发生。同时，政府部门应及时给予被调查企业必要的协调和指导，鼓励和支持企业以积极心态参与调查，使其树立正确的应诉理念，克服畏惧心理，准确把握应诉期限，运用法律武器积极答辩和及时抗辩，努力通过交涉和协商来应对贸易摩擦。

3. 构筑贸易摩擦援助体系

国内出口企业面对国外贸易摩擦调查时，普遍存在资金不足、信息不灵、不了解国外调查程序等问题。为此，政府部门应构筑贸易摩擦援助体系，协助企业应对贸易摩擦调查。

首先，帮助企业熟悉和适应贸易摩擦的环境，掌握应对贸易摩擦的法律程序与内容，准确抓住化解案情的关键点，加强国际沟通和政策协调，通过谈判及其他途径进行交涉，寻求恰当的解决方案。其次，建立健全专业化、全方位、多形式的贸易摩擦援助机制，设立贸易摩擦应诉基金，对应诉企业提供资金、信息和人才培训等方面的便利。引导企业、行业协会积极参与贸易摩擦应对工作，支持其走出国门，开展游说和抗辩工作，引导企业同进口国贸易、投资合作伙伴建立长效联系，结成利益同盟共同应对贸易摩擦。对重点贸易摩擦案件实行全程跟踪，注重通过典型案例，加强对公平贸易工作的推动和业务指导。最后，建立健全律师救援机制，选聘经验丰富的律师，利用国内外律师的权威力量，帮助企业做好国外政策动态的跟踪调查，协助企业严密审慎地快速应对贸易摩擦诉讼，降低发案率，提高胜诉率。

（二）企业的应对措施

贸易摩擦发生后，受影响最大、最直接的还是出口企业。因此，企业理所当然地成为应对贸易摩擦的主体力量。

1. 熟悉和掌握世界贸易组织争端解决机制，积极应诉

面对国外频繁发起的贸易摩擦，中国企业必须积极应诉，否则对方就会变本加厉，

带来更大的损失。企业应熟悉并利用世界贸易组织有关规则来维护自身权益，避免或及时应对各种可能的指控，如此才能在贸易摩擦中处于有利地位。企业还可利用世界贸易组织争端解决机制针对发展中国家的特殊条款，为自己在抗辩中争取有利地位。

企业应增强主体意识，不应过度依赖政府。要积极利用世界贸易组织关于倾销和反倾销的有关规定，确保在应诉中处于有利地位，应诉后要积极配合有关组织的调查，悉心提供对企业自身有利的证据，证明自己的出口价格是合理的、不存在倾销的事实，而政府在应对反倾销调查中则主要起协调作用。

2. 实施多元化的市场战略，积极“走出去”

当前，中国产品出口尚主要集中于欧盟、美国、日本等传统市场。出口市场过于集中，往往导致多家国内厂商的同类产品大量进入同一国家，如此就易遭到国外采取保障措施等限制性措施。因此，一方面，企业在继续深化、均衡扩大对传统市场出口的同时，应积极开拓“一带一路”沿线国家及非洲、拉丁美洲等市场，并根据其特点采取不同的开拓方法，提高对新兴市场的出口比重，形成出口多元化格局，以分散风险，增强应变能力；另一方面，企业要加快实施“走出去”。“走出去”不仅可以巩固海外市场，还可以巧妙转移贸易摩擦。在国外投资设厂从事生产和销售，既可绕开东道国贸易壁垒，还可向周边国家辐射，分享有关国家经贸互惠协议带来的好处，并将发生贸易摩擦的风险降到最低程度。

3. 发展出口产品的自有技术和自主品牌

发展具有自主知识产权和自主品牌的高新技术产品出口，是减少贸易摩擦的根本出路。为此，一是企业必须增加科技投入，强化研发和技术创新能力，积极开发新产品，推动产品的升级换代与技术改造；二是研发具有自主知识产权的技术，提升出口商品的技术含量，增强企业核心竞争力；三是要加强对知识产权的保护，在做好产品技术专利国内申请的同时，注意把具有自主知识产权且国际市场前景较好的专利技术拿到国外申请专利，以更好地保护知识产权和技术领先优势；四是要注重创立国际知名品牌，强化品牌意识，提升品牌价值。只有这样，才不会处处受制于人。

（三）充分发挥行业协会的作用

面对频繁发生的贸易摩擦，相关出口商会、行业协会的行业协调和服务功能仍有待发挥。为此，应加快行业协会建设，进一步明确行业协会的权威性和协调作用，使行业协会能切实维护企业利益。就当前对外贸易实践看，行业协会可提供有关对外出口信息，促使会员企业加强自律，建立完善的协商、调解制度。在维护行业利益、企业利益和化解贸易摩擦方面，行业协会是政府、企业的合适“代言人”，可以充分发挥其主导作用。

行业协会需要担负起规范、协调进出口贸易秩序的职能，特别是在价格协调方面发挥作用，以维护产品在国际市场上的合理价格，尽可能地减少贸易摩擦。

第二节　中国对外贸易中的知识产权问题

随着对外贸易的发展，知识产权壁垒开始成为制约中国出口贸易的主要壁垒之一。因此，如何认识并克服国外知识产权壁垒，成为中国对外贸易面临的一项重要课题。

一、知识产权与国际贸易

（一）知识产权的主要特征

所谓知识产权（intellectual property），根据世界贸易组织《与贸易有关的知识产权协定》（*Agreement on Trade-related Aspects of Intellectual Property Rights*，TRIPs）的解释，是指版权、商标、专利、工业设计、地理标识、集成电路、外观设计、未披露的信息等。

概括起来，知识产权的特征有以下六个方面。

（1）是一种无形财产权。知识产权是靠智力活动创造的成果权，其客体是智力成果。智力成果不具有物质形态，不占据一定的空间。因此，知识产权是一种客观上无法被人们实际占有和控制的无形财产。

（2）其确认或授予必须经国家专门立法直接规定。知识产权的客体是无形的智力成果，但这种无形智力成果必须借助一定的物质形式表现出来，如果创造人的智力成果不能借助一定的物质形式表现出来，就无法得到法律的确认，也就得不到相关法律的保护。

（3）双重性。知识产权既有某种人身权（如签名权）的性质，又包含财产权的内容。人身权是指创造智力成果的人的特定身份所享有的精神权，人身权与智力成果的创造人的人身不可分离、不能转让、不能赠与、不能继承。财产权是指智力成果的创造人获得的财产报酬和奖励，而这些有形的财产是可以转让、赠与、继承的。但商标权是一个例外，它只保护财产权，不保护人身权。

（4）专有性。知识产权为权利主体所专有。权利人以外的任何人，未经权利人的同意或法律的特别规定，都不能享有或使用这种权利。

（5）地域性。某一国法律所确认和保护的知识产权，只在该国领域内发生法律效力。

（6）时间性。法律对知识产权的保护规定有一定的保护期限，知识产权在法定期限内有效。有效期届满，创造人创造的智力成果即进入社会公有领域，成为社会的共同财富，任何人都可以自由、无偿地使用。

（二）国际贸易中的知识产权保护

世界贸易组织的 TRIPs，第一次把知识产权与国际贸易问题联系在一起，同时又规定了一些强制性措施，成为知识产权制度发展的里程碑。与以往的知识产权国际公约相比，TRIPs 是一个更高标准、更严要求的公约。它具有以下显著特点：第一，首次将最惠国待遇原则引入知识产权的国际保护领域；第二，要求成员对知识产权提供更高水平的立法保护；第三，要求成员采取更为严格的知识产权执法措施；第四，要求成员的知识产权获权和维持程序必须公平合理；第五，将成员方之间的知识产权争端纳入贸易争端解决机制，加强协议的约束力。TRIPs 的出现，统一了国际知识产权标准的保护制度，对知识产权的范围、类别、保护和争端解决等问题做出了比较详细的规定，有利于维护各个国家和地区的知识产权不受侵犯和国际间知识产权贸易的进一步发展。然而，由于大部分世界先进技术为发达国家所拥有和控制，广大发展中国家如何在使用发达国家先进技术的同时，最大限度地维护自身的利益和提高经济效益，成为其面临的一项重大挑战。

二、国际知识产权壁垒与中国的应对措施

（一）国际知识产权壁垒

所谓国际知识产权壁垒，是指超越正当的知识产权保护标准或要求，对国外含有知识产权的商品采取不公平贸易限制的各种措施。与其他非关税壁垒相比，国际知识产权壁垒明显具有隐蔽性、广泛性、针对性、歧视性和报复性。

（1）隐蔽性。知识产权壁垒往往与各国的知识产权立法、执法紧密联系，披着合法的外衣，这是其具有隐蔽性的主要原因。一般的非关税壁垒都主要依靠行政手段或不公开的限制措施发挥作用，其致命弱点和受到经常性谴责的原因在于缺乏法律依据。而知识产权壁垒与知识产权立法、执法密切相关，法律依据公开确凿，法律的主体、客体、边界和解释权均由一国法律当局掌握，法律程序与执法环节复杂，外来竞争者很难尽晓其奥妙。

（2）广泛性。由于目前绝大多数国家已实行了知识产权保护制度，国际贸易中涉及知识产权的商品和服务越来越多，占世界贸易的比重也越来越大。随着知识经济的加快发展，这一趋势还在不断加强。因此，知识产权壁垒具有一定的递增性和广泛性。

（3）针对性。知识产权壁垒的宽严取决于各国经济发展与技术进步、知识产权保护水平以及对外贸易的竞争力状况。一般来说，知识产权壁垒的作用总是集中体现在维护本国的优势产业地位和保护本国的幼稚产业不受损害。但当一国的传统产业受到外来竞争威胁时，知识产权壁垒也会被有针对性地延伸使用。例如，美国贸易法的“特别 301 条款”既用于保护美国的高端产业如计算机软件、集成电路布图，也用于保护传统产业如服装、纺织品等。因此，知识产权壁垒具有特殊的针对性。

（4）歧视性。知识产权壁垒通常出自贸易保护主义的动机，表现为一国对本国产品与外国产品采取歧视性的双重标准。例如，美国、日本、英国、法国等对涉及知识产权较多的平行进口持不同看法，美国认为平行进口违法但有许多例外，日本认为平行进口合法但附有条件。又如，各国对冒牌货的认定条件有差异，极易产生双重标准，进而造成知识产权方面的歧视性待遇。

（5）报复性。在有关国家的立法、执法过程中，知识产权侵犯的调查、诉讼、判案、执行等具有完整的法律程序，法律对知识产权侵犯的惩处、报复规定了相应的条款。因此，知识产权壁垒产生的不公平贸易待遇会通过法律上的强制性和报复性，强加于其他国家的出口商。

由于知识产权壁垒的上述特征，近些年来发达国家凭借自身在知识产权方面的优势，对发展中国家的出口产品频繁发动知识产权侵权调查和报复，迫使发展中国家接受某些超出其经济承受能力的知识产权保护要求，对发展中国家的出口贸易造成了不利影响。

（二）中国应对知识产权壁垒的策略

面对国际知识产权壁垒的严峻挑战，我国政府部门和企业应采取相关措施予以应对。

1. 政府应对知识产权壁垒的策略

（1）深入实施国家知识产权战略。自《国家知识产权战略纲要》颁布实施以来，各地区、各部门认真贯彻党中央、国务院决策部署，推动知识产权战略实施工作取得新进展和成效，基本实现了《国家知识产权战略纲要》确定的目标，对促进经济社会发展发挥了重要支撑作用。随着知识经济和经济全球化深入发展，知识产权日益成为国家发展的战略性资源和国际竞争力的核心要素。深入实施知识产权战略是全面深化改革的重要支撑和保障，是推动经济结构优化升级的重要举措。

（2）建立知识产权壁垒预警与应急机制。应建立有关国家和地区知识产权壁垒的法律法规及技术标准的动态数据库，并建立相应的信息咨询服务网络，如知识产权壁垒信息发布机制及产品出口知识产权壁垒预警机制，为出口企业提供可靠的经营决策信息来源。组建各行业或各专业的专利网，使企业能够及时了解本行业或本专业的专利研发情况，从编制的专利网中寻求突破口，通过对专利网的分析，有关部门能够及时发出专利预警，如出口预警和研发预警等。同时，政府部门应主动搜集和掌握国外对华贸易政策的发展趋势、正在实施或拟定中的与贸易相关的知识产权壁垒措施，建立和完善知识产权壁垒通报和快速反应机制，以便在获知贸易伙伴贸易政策和措施的变化后，能迅速有效地评估该变化对有关产业和对外贸易产生的影响，并分析其是否符合多边贸易规则。同时通知有关国内产业，适时采取调整和适应措施，充分利用企业资源，实现政府与企业间的良好互动。

（3）构建知识产权壁垒管理体系。首先，应建立专门的知识产权壁垒咨询机构。其次，要加快国内技术标准体系建设并积极参与国际标准化活动。在采用国际标准的同时，应组织更多国内标准化专家参与国际标准的制定，打破发达国家对国际标准制定的垄断。对于国外知识产权权利滥用，国家应当进行干预。

（4）以反垄断法规制滥用知识产权行为。对于外国企业滥用知识产权的行为，应当依法加以规制。美国等国家的反垄断法甚至将其法律效力延伸到了国外，中国的反垄断法对此也应采取对等措施。同时，应建立专门的限制知识产权滥用的执法审查机构，增加法律的确定性和可操作性。

（5）合理运用法律手段。从法律运用角度看，中国应建立一种机制或渠道，使企业能及时向政府反映其在出口方面所受到的各种不公，使政府部门能及时获悉这种呼声，并能在必要时尽快启用世界贸易组织争端解决程序。对国外的知识产权壁垒，应学会运用作为世界贸易组织成员的权利，联合相关利益方，以谈判与磋商的方式降低知识产权壁垒的影响，合理利用法律设置自身的保护条件。

（6）加强国际沟通和联系，为产品出口的市场准入创造条件。加强涉外知识产权工作，公平公正保护知识产权，对国内外企业和个人的知识产权一视同仁、同等保护。加强与国际组织的合作，巩固和发展与主要国家和地区的多双边知识产权交流。提高专利审查国际业务承接能力，建设专利审查高速路，加强专利审查国际合作，提升我国专利审查业务国际影响力。加强驻外使领馆知识产权工作力度，跟踪研究有关国家的知识产权法规政策，加强知识产权涉外信息交流，做好涉外知识产权应对工作。建立完善多双边执法合作机制，推进国际海关间知识产权执法合作。

（7）积极推动建立与完善产品出口的商会、行业协会等专业组织和中介组织，充分发挥其在调研、协调、协商、服务等方面的职能。

（8）与其他发展中国家一道，争取获得参与世界贸易组织相关知识产权协定的制定和修改的主动权。例如，TRIPs 虽然承认可以对“最不发达国家”采用不同于发达国家的知识产权制度，但对于广大发展中国家却无任何区别，这本身就是违背世界贸易组织原则的。在某种意义上，TRIPs 可被视为是“撤掉发展中国家向上攀登的梯子”，维护的是发达国家的利益。应当倡导对 TRIPs 进行根本性改革，如允许发展中国家对知识产权实行相对较弱的保护，对特许权支付较低的费用，通过设立专利权的国际税收来提高发展中国家的科技能力等。

（9）加快对专门人才的培养。政府部门可以采取多种形式，培养一批通晓世界贸易组织规则、精通外语、熟悉知识产权贸易壁垒的专门人才。这些专门人才可以成为知识产权贸易壁垒预警系统的主要人力资源。

2. 企业应对知识产权壁垒的策略

（1）针对产品出口的知识产权壁垒，出口企业应把握国际市场消费需求变化趋势，掌握国外政策最新动态和有关信息，改变以往主要通过增加产品出口数量来发展出口贸易的模式，确立依靠科技进步、提高产品科技含量、降低产品成本、提升产品品质、扩展产品功能的发展思路。

（2）针对国外知识产权壁垒，企业应强化知识产权意识，了解出口国相关知识产权的法律法规，搜集相关信息，建立知识产权预警机制，避免因知识产权壁垒而造成的损失。企业应通过发展具有自主知识产权的主导技术和产品，突破国外的知识产权壁垒。

（3）面对国外滥用诉权和知识产权，应大胆起诉或及时应诉，主动运用世界贸易组织的争端机制进行抗辩。

第三节　中国对外贸易中的环境保护问题

在当前经济全球化进程中，随着经济增长和生活水平提高，环境问题也日益突出，环境保护理念逐渐被人们所接受和重视。如何对待和处理贸易与环境的关系，成为世界各国关注的焦点之一。中国已进入高质量发展阶段，也应更多地关注对外贸易发展中的环保问题。

一、国际贸易与环境保护问题

国际贸易中环境问题的出现主要有两个原因：一是一些国家试图利用贸易措施影响其他国家的环境政策，或者以保护环境的名义，筑起贸易壁垒，保护本国的利益；二是由于环境问题的全球化，各国所采取的行动对贸易有着重大影响。当前，各国政府已达成的有关臭氧及气候变化的《蒙特利尔议定书》、有关生物多样性的《濒危野生动植物种国际贸易公约》、涉及危险废物的《巴赛尔公约》等，都含有与贸易密切相关的内容。

随着国际贸易的发展，贸易与环境的关系问题日益引起世界各国的重视。贸易与环境的结合已是大势所趋。发达国家以保护环境和保障人身安全为由，通过立法制定严格的强制性技术标准，以限制不符合其环保标准的外国产品进口，而发展中国家则强调环境壁垒对其对外贸易的消极影响。因为国家的经济发展水平不同，发达国家的生产工艺、技术和检验检疫手段都比发展中国家先进，能够提出更高水平的环境要求而将发展中国家的产品拒之门外，从而起到贸易保护的作用。并且，这种保护是一种以环保为名的新型壁垒，即绿色壁垒，其形式更为隐蔽，针对性更强。

二、环境贸易壁垒及其对中国出口贸易的影响

随着环境保护运动的兴起，国际贸易中出现了以保护环境为由而实行的贸易限制，被称为环境贸易壁垒或绿色壁垒。这种贸易壁垒对中国对外贸易产生了很大影响，使中国出口产品的竞争力受到了较大冲击。

（一）环境贸易壁垒的特点及表现形式

环境贸易壁垒，是指以保护人类和动植物的生命、健康或安全，保护生态或环境为由而采取的直接或间接限制甚至禁止贸易的法律、法规、政策与措施。

1. 环境贸易壁垒的特点

（1）名义合理、合法。以保护资源环境和动植物及人类健康为目标，关注生态可持续发展，无论是在国际和国家层面，还是在团体、企业和消费者层面，均能得到认可和接受，具有明确的法律依据。

（2）内容广泛而系统。不但包括初级产品，而且涉及所有的中间产品和工业制成品；不仅涉及资源环境，而且涉及动植物与人类健康；不仅包括商品生产、销售，而且涉及生产方法与过程；不仅涉及法律法规，而且涉及产品标准；不仅涉及产品内在品质，而且涉及产品的外观与包装等。

（3）形式复杂且技术性强。发达国家利用其科技优势，通过制定大量系统而严密的农牧业标准和法律法规，以满足其农牧业生产、加工、贸易活动有序进行的多种要求，而且对产品的生产、使用、消费和处理过程的鉴定等，都包含较多的科技成分。

（4）发展多变且具有隐蔽性。许多发达国家借绿色之名行贸易保护之实，通过灵活多变的管理办法、检测内容和实施标准等，使出口方往往难以预见其具体的内容及其变化。因而，与其他非关税壁垒相比，环境贸易壁垒更容易回避贸易对方的指责。而且，

各种检验标准极为复杂，往往使出口国尤其是发展中国家难以及时应对而蒙受损失。

（5）具有歧视性和不公正待遇。在政策和标准的制定上，各国主要依据其国内资源技术条件和国内生产者及消费者的需求，有些条例是专门针对出口国或其商品而制定的，甚至制定一些明显或隐蔽的双重环境标准。执行这些措施和标准时，隐含着歧视性和非公平待遇，往往是有利于本国生产者而不利于外国出口商。

（6）影响范围广且具有争议性。环境贸易壁垒的做法容易受到模仿而迅速扩散，产生连锁反应，涉及范围也逐渐由传统产业向高新技术产业扩展，影响范围大。但由于标准不统一且很难协调，往往容易产生分歧及贸易摩擦。

2. 环境贸易壁垒的表现形式

（1）环境技术标准。发达国家凭借自身科技水平较高的优势，专门订立一些严格的、强制性的环保技术标准，限制国外尤其是发展中国家商品的出口。由于这些标准是根据发达国家的技术水平制定的，对于发达国家来说是可以达到的，但对于发展中国家则是难以达到的。

（2）卫生检疫检验制度。关贸总协定通过的《卫生与动植物卫生措施协议》规定各成员方政府有权采取措施，保护人类与动植物的健康，使人、畜免遭污染物、毒素、添加剂的影响，确保人类免遭进口动植物携带疾病而造成的伤害。为保护国内消费者的利益，各国海关、商检机构都制定了种类繁多的卫生检疫制度，对进口商品的品质进行检测和鉴定。大多数发达国家对食品、药品的进口制定了严格标准，其食品安全卫生指标、农药残留、放射性残留、重金属含量、细菌含量等指标的要求极为苛刻。发展中国家由于受生产水平和技术条件的限制，其出口发达国家的农产品、食品、药品等受到极大影响。

（3）环保标志。环保标志也称生态标志或环境标志，是由政府部门按照严格的程序和环境标准颁发给厂商印在其产品及包装上的一种图案，用以向消费者表明该产品从生产、使用到回收处理的整个过程均符合环保要求。发展中国家的产品为了获得这种“绿色通行证”，一方面要花费大量的检验、测试、评估、购买仪器设备等费用，另一方面还必须支付不菲的认证申请费和标志使用费。

（4）环保包装。环保包装是指能节约资源、减少废弃物、使用后易于回收再利用，易于自然降解、不污染环境的包装，这类包装在发达国家已广泛流行。发达国家纷纷制定各种法规，要求简化包装，或使用可再生回收再循环包装、多功能包装，或要求以纸包装代替塑料包装等。这些“环保包装”法规有利于环境保护，但同时大大增加了出口商的成本，也给发达国家制造环境贸易壁垒提供了借口。

（5）环境关税和市场准入。主要发达国家以保护环境为由，对一些污染环境、影响生态平衡的进口产品征收进口附加税，或者限制、禁止其进口，甚至实行贸易制裁等。

（6）环境补贴。为了保护环境和资源，有必要将环境和资源费用计算在成本当中，使环境和资源成本内在化。发达国家还把一些严重污染环境的产业转移到发展中国家，以降低环境成本，导致发展中国家的环境成本因此而提高。此外，发展中国家绝大部分企业无力承担治理环境污染的费用，政府有时只能为此给予一定的环境补贴。发达国家又以这种补贴违反世界贸易组织的规定为由，限制发展中国家向发达国家的出口。

（二）环境贸易壁垒对中国出口贸易的影响

1. 对农产品和食品出口的影响

（1）严格的技术标准，直接限制了中国农产品和食品出口。发达国家在实施环境壁垒的过程中，通过立法形式制定严格的技术标准，限制外国产品进入本国市场。对于中国而言，发达国家在生产、包装、处理等方面的苛刻技术要求，极大地抑制了我国农产品和食品的出口。

（2）严格的环保标准，削弱了中国传统农产品和食品的出口优势。在传统农产品和食品国际贸易中，中国的花生、茶叶、蜂蜜等产品长期处于优势地位。但随着发达国家提出“自然食品”“生态食品”等口号，并对产品包装标准也提出新的要求，部分中国农产品和食品已难以达到发达国家要求的标准。

（3）严格的绿色卫生检疫制度，增加了中国农产品和食品开拓国际市场的难度。发达国家制定了一系列严格且烦琐的卫生检疫制度，阻止外国农产品和食品进入本国，并且利用世界贸易组织协议中关于环境问题规定的漏洞打擦边球，实行贸易歧视，增加了中国农产品和食品开拓国际市场的难度。

2. 对机电行业的影响

欧盟最早设置了针对机电产品的严格技术性贸易壁垒。CE 标志是工业品进入欧盟市场的通行证，欧盟各国海关有权拒绝未加贴 CE 标志的产品入关。美国则对电子产品进口设置《控制放射性的健康与安全法》，对汽车制定《空气净化法》和《防污染法》，不达标的产品将被拒之门外。日本也制定了名目繁多的技术法规和标准，对机电产品的限制是 JIS 标准，其中许多项目高于国际标准，不达标就不能进入日本市场。国外环境贸易壁垒现已涵盖机电产品的研发、生产、加工、包装、运输、销售和消费的全过程，成为中国机电产品出口的一大障碍。

3. 对纺织服装及染料行业的影响

纺织服装业是中国的主要传统产业，其产品出口在我国出口总额中占比较大。近年来，国外对纺织品服装生产过程中的印花、染色和后期整理等工艺中使用化学物质的要求日益严格。例如，欧盟 REACH 法规[①]条款规定，若物品中含有“高度关注的物质”（substances of very high concern，SVHC）候选清单中的物质，且该物质的质量分数和或出口量达到一定要求，将触发企业相关责任。截至 2019 年 7 月 16 日，SVHC 清单中的物质已增加到 201 种。美国也提出对非环保染料的限令性要求，对纺织品中的偶氮染料、甲醛、五氯苯酚、杀虫剂、有机氧化物等的含量都实施了严格限制。由于进口染料价格较国产染料普遍高出 3 ~ 5 倍，纺织企业若使用进口染料将使纺织品出口价格增加，影响产品的整体竞争力。

4. 对皮革行业的影响

近年来，中国皮革制品出口量较大，2019 年皮革行业实现出口额 868.45 亿美元。由于皮革行业属于典型的重污染行业，因此遭遇的环境贸易壁垒更为繁多。欧盟 REACH 法规的实施，对中国的皮革化工、制革、皮革制品等行业产生了较为深刻的影响。为了获取认证，中国皮革企业不仅要支付大量的检验、测试、评估、购买先进仪器设备等间接费用，还必须支付较高的认证申请费和标志的使用年费等直接费用，导致出口产品成本大幅上升。若产品被检测结果不合格，则可能由于未达到 REACH 法规要求而导致贸易失败。

5. 对包装行业的影响

近年来，发达国家对商品包装材料的要求迅速提高。例如，美国禁止使用稻草捆扎商品或作为包装的填充材料，英国则要求必须事先进行杀菌、灭虫等预防处理。德国要求纸箱包装材料表面不能上蜡、涂油，也不允许涂上塑料、沥青等防潮化学物。欧盟规定，包装材料的设计、生产和销售必须使其能够再利用和再生产，严格管制不可回收和不可降解材料的使用。日本也规定，制作购物袋等包装物所用的塑料必须是生物降解性塑料。虽然中国近年来在适应国际潮流和加强自身环保方面付出了较大努力，但对比国际上高标准的要求仍有一定差距。

6. 对其他行业及产品的影响

中国陶瓷尤其是各类陶瓷餐具中的含铅量、烟草中的有机氯含量、玩具中的软化剂以及鞋类的黏着剂含量，均存在超标或被国外禁用等问题。合成洗涤剂是中国的主要洗涤材料，但因其对水体污染严重，发达国家的环保法规对生产合成洗涤剂使用的各种化学物质有着严格限制，尤其对三聚磷酸钠、烷基苯磷酸钠、荧光增白剂等物质的含量提出了严格要求。

---

① REACH：Registration，Evaluation，Authorization and Restriction of Chemicals，即化学品注册、评估、许可和限制，是欧盟对进入其市场的所有化学品进行预防性管理的法规，于 2007 年 6 月 1 日正式实施。

综上，环境贸易壁垒已越来越广泛地影响着中国出口产品及相关产业，成为中国扩大出口贸易的巨大障碍。

三、中国对外贸易发展对环境的影响

（一）出口贸易造成的环境问题

据2014年8月21日《南方周末》报道，有关研究显示，在2006年的中国污染物生成中，36%的二氧化硫、27%的氮氧化物、22%的一氧化碳是由于生产出口产品而排放的。另据2015年6月25日《南方周末》报道，根据一家非政府机构2015年6月的报告，中国出口到印度的原料药和高级中间体年增长率近20%，由2004年的8亿美元增长至2014年的34亿美元。然而，“中国承受着原料药生产带来的严重污染，而原料药的生产又恰恰是整个生产环节中利润最低的一环”。长期以来，由于国内资源税和资源补偿费过低，加之环境污染没有真正被计入企业成本，资源性产品过度供给，相应刺激了下游重化工业的过度投资，并且导致高耗能、高污染、资源密集型产品大量出口。这相当于用中国的资源和原材料去补贴国外消费者，同时把大量污染留在国内，造成中国居民福利的净损失。

（二）进口贸易造成的环境问题

中国曾一度进口数量较大的象牙、虎骨、豹骨、犀牛角等野生动物制品。这些产品的进口极不利于国际珍稀濒危物种的保护，国家现已明令禁止进口，但管理任务仍相当繁重。沿海地区从美国、日本、西欧、中国香港等20多个国家和地区进口大量旧船拆卸废钢，使油污、船锈以及电焊渣等污染物直接排入滩涂、江海中，给人工养殖带来严重危害。中国每年从国外进口废金属、废纸等废旧物资，如果管理不善也会导致“洋垃圾”入境。随着中国废弃物资源进口量的增长，非法废弃物进口屡禁不止，造成了严重的环境问题。

四、促进中国对外贸易与环境协调发展的策略

面对世界贸易发展新趋势以及国内构建“双循环”新发展格局的现实，我国应制定和完善经济与对外贸易的可持续发展战略，使对外贸易在可持续发展的良性循环中健康发展，在数量增长的同时，实现对外贸易发展的实质性目标。

（一）制定并完善贸易与环境协调发展的政策

1. 把握对外贸易与环境保护关系，均等政策协调力度

一方面，应通过相关贸易与投资政策的制定和执行，防止和抑制国外有害废弃物及环境污染产业向国内转移，鼓励和引导相关环境技术的引进和运用，同时限制有害废物和化学品的出口，防止污染进一步扩大；另一方面，应通过税收、收费及运用环境标志等政策措施，促进国内生产方式的逐步转变。2017 年 7 月，国务院办公厅印发《关于禁止洋垃圾入境推进固体废物进口管理制度改革实施方案》，要求全面禁止“洋垃圾”入境。2018 年中国正式启动“洋垃圾”入境新规，停止进口包括废塑料、未分类的废纸、废纺织原料等垃圾在内的 24 种“洋垃圾”。据生态环境部信息，2017 年、2018 年和 2019 年，我国固体废弃物进口量分别为 4227 万吨、2263 万吨和 1348 万吨，与 2016 年的 4655 万吨相比，降幅明显。自 2021 年 1 月 1 日起，中国禁止以任何方式进口固体废弃物。

2. 完善对外贸易政策，遵守世界贸易组织有关原则

我国一方面应积极应对国外以保护环境为名而实施的贸易保护措施，有效利用世界贸易组织有关贸易争端的解决规则和机制，维护国家经济利益；另一方面，也更为重要的是，进一步完善我国对外贸易政策，使对外贸易政策既充分顾及环境保护，同时又不会因此而制约贸易发展。这也符合世界贸易组织有关贸易与环境的规定。

3. 加强环境保护立法，落实环境保护措施

首先，主动落实在多边贸易协定和多边环境协定中达成的协议，并使之转化为国内立法，以履行成员方的义务；其次，广泛实施世界贸易组织所允许的绿色环保措施，如环境税收等；最后，强化环境国际标准的实施与管理。在现阶段，应继续推广和实施 ISO 14000 产品环境标准。ISO 14000 强调根据本国环境状况，符合本国而非出口市场所在国的环保法律法规，这体现了贸易对等原则，有助于消除技术性贸易壁垒。

4. 借鉴欧盟贸易与环境协调机制的经验

欧盟在协调环境与贸易关系上有两个好的做法：一是为保障贸易自由化，欧盟在环境标准的协调上采取多种不同的方式，如对有的产品制定统一标准，对有的产品制定最高标准或最低标准；二是为协调贸易自由与环境保护之间的关系，欧盟让其司法机关和立法机构发挥重要作用，欧盟立法机构通过发布具有法律约束力的指令来指导成员国的行动。上述做法值得我国借鉴。

（二）实施可持续发展的对外贸易战略

1. 建立和完善环境经济核算体系，实现贸易与环境的均衡发展

借鉴国外经验，建立适合我国国情的环境经济分析方法和政策体系，加强对环境变化对资源、人体健康、社会经济影响的定量化研究，将不可再生资源的损耗、可更新再生资源的消长、环境的破坏与修复改善、污染的治理，作为社会成本列入核算体系，逐步做到资源与环境的商品化、价格的合理化和消耗资源与破坏环境的有偿化，实现资源的集约使用和有效管理，走可持续发展之路。

2. 调整出口商品结构，大力发展环保产业

要密切关注环境问题全球化进程，认真研究发达国家绿色消费浪潮的基本趋势，积极推进清洁生产，发展无污染和少污染产品的工业，引导各类企业将环境保护作为其主要价值取向之一，使环保指标和其他质量指标一起构成优质产品的内涵，从而建立起可持续发展的出口贸易商品结构。要把绿色产业作为提升出口产业结构的重点方向，实施战略性产业政策，通过财政、税收、金融等优惠政策加以扶持，培植规模经济优势，在大力开展环保产品国际贸易的同时，提高企业防治污染的能力，为我国出口产品冲破国际贸易中的绿色壁垒提供硬件上的支持。

3. 实施绿色高科技战略，提高产品的技术含量

要进一步加强国际交流与合作，跟踪世界最先进科技成果，积极引进国外先进清洁生产技术、污染治理技术、“三废”综合利用技术，并有计划地建立一批环保高新科技和产品的研究开发基地及高新技术孵化、辐射基地，研究和开发具有自主知识产权的核心技术和主导产品，走技术引进与自主开发并举之路，推动产品和技术的升级换代。环境壁垒实质上是绿色高科技壁垒，对于企业而言，提高产品的科技含量是突破国外环境壁垒的关键所在。

4. 推行 ISO 14000 国际认证，做好标准化工作

我国应借鉴国外企业的成功经验，积极推行 ISO 14000 环境管理体系认证工作，并向通过该项认证的企业颁发“绿色标志”。要在实施环境认证制度的基础上，建立和完善我国的环境标准和技术法规体系，积极参与国际标准互认，签订多边或双边互认协议，以便从制度上消除贸易摩擦。要理性对待环境标准化工作的双重效应，通过渐进提升环境标准要求，推动资源合理利用，降低产品成本，提高国际竞争力。

5. 利用世界贸易组织机制，抵制“绿色保护主义”行为

要充分利用世界贸易组织的多边贸易体系谈判机制、合理对抗机制、报复措施、非歧视原则以及对发展中国家特殊照顾的规定，维护自身合理的经济权益。在发生环境贸

易纠纷时，要依据上述规定和原则，向有关国家和国际机构提出交涉或申诉，力争通过磋商和谈判解决争端。要坚持权利与义务平衡的原则，在享受国际贸易赋予的比较利益的同时，承担与我国经济和社会发展水平相称的环境保护义务，反对西方国家在环境保护的名义下，实际推行以邻为壑、奖出限入的新重商主义行为。要积极参与世界贸易组织关于环境问题的贸易规则的修改与制定工作，以限制环境壁垒的活动空间，为我国企业开展国际经贸活动争取主动权。

思考题

1. 国外对华贸易摩擦的类型可依据哪些方法进行分类？主要有哪些类型？

2. 国外对华贸易摩擦的成因及效应有哪些？我国政府、企业和中介组织如何应对？

3. 何谓国际知识产权壁垒？我国政府和企业如何应对？

4. 环境贸易壁垒的特点和表现形式是什么？对中国出口贸易的影响如何？

5. 中国对外贸易发展对环境的影响有哪些？中国对外贸易与环境协调发展的策略是什么？

参考文献

［1］裴长洪，赵忠秀，彭磊．经济全球化与当代国际贸易 [M]. 北京：社会科学文献出版社，2007.

［2］裴长洪，王万山．共和国对外贸易 60 年 [M]. 北京：人民出版社，2009.

［3］黄晓玲．中国对外贸易概论 [M]. 3 版．北京：对外经济贸易大学出版社，2016.

［4］中华人民共和国海关总署办公厅．今日中国海关（2017）[M]. 北京：中国海关出版社，2017.

［5］杨圣明．中国对外经贸理论前沿 [M]. 北京：社会科学文献出版社，1999.

［6］国家计划委员会对外经济贸易司，对外经济贸易部技术进出口司．中华人民共和国技术引进四十年（1950—1990）[M]. 上海：文汇出版社，1992.

［7］江小涓，杨圣明，冯雷．中国对外经贸理论前沿Ⅱ [M]. 北京：社会科学文献出版社，2001.

［8］叶朗，费振刚，王天有．中国文化导读 [M]. 北京：生活・读书・新知三联书店，2007.

［9］李钢，李俊．迈向贸易强国——中国外经贸战略的深化与升级 [M]. 北京：人民出版社，2006.

［10］曲如晓．中国对外贸易概论 [M]. 2 版．北京：机械工业出版社，2009.

［11］徐复．中国对外贸易 [M]. 3 版．北京：清华大学出版社，2018.

［12］任泽平，罗志恒．全球贸易摩擦与大国兴衰 [M]. 北京：人民出版社，2019.

［13］董彦峰．大摩擦时代来临？——中国与世界经济新变局 [M]. 北京：经济管理出版社，2019.

［14］杨巧．知识产权国际保护 [M]. 北京：北京大学出版社，2015.

［15］岳树梅．涉外知识产权法律实务 [M]. 厦门：厦门大学出版社，2017.

［16］李秀香．贸易与环境 [M]. 大连：东北财经大学出版社，2015.

［17］孙元欣．2019 中国自由贸易试验区发展研究报告——建设新时代改革开放的新高地 [M]. 上海：格致出版社，2019.

[18] 陈文敬，李光辉 . 中国的科技兴贸战略与实践：从贸易大国走向贸易强国的必由之路 [M]. 北京：中国商务出版社，2007.

[19] 上海国际经贸研究所 . 科技兴贸战略构思 [M]. 上海：上海科学技术文献出版社，1993.

[20] [美] 迈克尔・波特 . 国家竞争优势（上、下）[M]. 李明轩，邱如美，译 . 北京：中信出版社，2012.

[21] 张二震，马野青 . 国际贸易学 [M]. 5 版 . 南京：南京大学出版社，2015.

[22] 卢仁祥 . 新新贸易理论中的国际分工问题研究 [M]. 北京：中国经济出版社，2014.

[23] 夏长杰 . 服务业改革开放 40 年 [M]. 北京：经济管理出版社，2018.

[24] 陈晓东 . 改革开放 40 年技术引进对产业升级创新的历史变迁 [J]. 南京社会科学，2019（1）：17–25.

[25] 武汉大学开放式创新研究课题组 . 开放式创新体系中的引进消化吸收再创新研究 [J]. 经济纵横，2019（6）：55–61.

[26] 武常岐，刘小溪，涂政 . 技术转移经济学：基于新中国 70 年发展的研究 [J]. 山东大学学报（哲学社会科学版），2020（1）：60–69 .

[27] 曲维玺 . 知识产权使用费贸易发展趋势及政策建议 [J]. 私法，2019（3）：314–332.

[28] 蓝庆新，窦凯 . 美欧日数字贸易的内涵演变、发展趋势及中国策略 [J]. 国际贸易，2019（6）：48–54.

[29] 王拓 . 数字服务贸易及相关政策比较研究 [J]. 国际贸易，2019（9）：80–89.

[30] 周念利，王千 . 美式数字贸易规则对亚洲经济体参与 RTAs 的渗透水平研究 [J]. 亚太经济，2019（4）：30–37.

[31] 段平方，候淑娟 . 基于美式模板和欧式模板下中国数字贸易规则体系的构建 [J]. 南华大学学报（社会科学版），2019（5）：51–59.

[32] 周念利，陈寰琦. 数字贸易规则“欧式模板”的典型特征及发展趋向 [J]. 国际经贸探索，2018（3）：96–106.

[33] 吴伟华 . 我国参与制定全球数字贸易规则的形势与对策 [J]. 国际贸易，2019（6）：55–60.

[34] 宗良，林静慧，吴丹 . 全球数字贸易崛起：时代价值与前景展望 [J]. 国际贸易，2019（10）：58–63.

[35] 浙江大学“大数据 + 跨境电子商务”创新团队 . 世界与中国数字贸易发展蓝皮书（2018）[R]. 浙江社科网，2018.

[36] 李俊，李钢，崔艳新，等 . 从“科技兴贸”向“知识产权强贸”迈进 [J]. 国际贸易，2015（1）：26–29.

[37] 徐元. 打造外贸发展战略升级版——新形势下我国外贸发展从“科技兴贸”向“创新强贸”转变的思考 [J]. 国际贸易，2013（12）：23-27.

[38] 杨圣明. 科技兴贸：建设贸易强国的基础 [N]. 人民日报，2013-06-14.